'Ujün al ahbâr, nach den Handschriften zu Constantinopel und St. Petersburg. Herausgegeben von Carl Brockelmann. Teil 2-4

Berichtigungen und Nachträge.

Im 3. Hefte des Ibn Qutaiba, dessen Druck durch eine Erkrankung des Setzers längere Zeit unterbrochen war und dann sehr beschleunigt wurde, so dass ich selbst nur eine Korrektur lesen konnte, bitte ich folgende Fehler zu verbessern:

269$_{11}$ l. جحره. 273$_{16}$ l. دُخول. 277$_{12}$ l. الجَذَع. 278$_{16}$ l. خَطّ. 281$_{1}$ النجيب. 283$_{15}$ انّى l. الى. 289$_{12}$ ولكـ*ـن. $_{16}$ l. قلّ مالك. 290$_{14}$ l. عِذْقا. $_{19}$ l. ان لاقى. 291$_{1}$ l. الأدنين. 292$_{1}$ واحدّ so C, l. واحداد. 294$_{15}$ l. حُبْسةً. 295$_{8}$ l. غزيرة, حالبة. 300$_{10}$ l. تنهكوا. 302$_{10}$ l. لما $_{12}$ l. اواعدهم $_{16}$ l. علّقتمونى. 304$_{16}$ l. تجرت, التاجرة. 304$_{18}$ l. الدابره. 305$_{3}$ l. هذا. 308$_{3}$ l. سَبَدٌ. 309$_{9}$ l. اللُّوماء. 310$_{4}$ l. كثّير. 310$_{16}$ l. لأَظْفَرَ. 311$_{15}$ l. دراهم $_{18}$ l. كذا. 315$_{3}$ l. رفعة, قدرة $_{12}$ l. العيد. 316$_{20}$ l. علىّ. 319$_{4}$ l. يعرّج. 320$_{19}$ l. خلقتما. 321$_{3}$ l. احد. 322$_{2}$ l. بغلة. 323$_{5}$ l. عليه حديثا. Ib. $_{8}$ l. تفرّق. Ib. $_{11}$ l. المشاورة. 324$_{6}$ l. السنو. 330$_{5}$ l. ادنى. Ib. $_{9}$ l. التمييز. 331$_{7}$ l. فاقرعوا. 332$_{15}$ l. فانْفلت. $_{16}$ l. تنخنج. 333$_{11}$ l. لأَمرٍ. 334$_{22}$ امّت so C. l. انت من Conj. 335$_{14}$ l. والحلم. 336$_{17}$ l. اختلفنا. 337$_{2}$ ما l. امّا. 338$_{18}$ l. قدّر. 339$_{16}$ l. الانسان. 340$_{5}$ l. السير. 341$_{10}$ l. حمدُ النعَم. 341$_{16}$ l. حرّ. 343$_{2}$ l. يُخطمَ. 350$_{9}$ l. ابعد. Ib. $_{11}$ l. العَدَد.

351_{6} l. اذكى für اندى. 363_{7} l. تَرُدُّ. 364_{10} l. البناء. 368_{1} l. اما. 370_{7} بدبدن II so C. l. بد. 371_{8} l. تخطشاك. 373_{14} l. ربيب 373_{19} l. المؤلف. 375_{16} وِكَاحذ 376_{13} l. تكن. 378_{1} l بعم وأفرط. 380_{9} l. تَحْنْ. 381_{7} l فأبلعنه. Ib. $_{11}$ l. حلقة آلا دعوتمت. 385_{16} l. آلا. 387_{7} من l. ثمن. Ib. $_{17}$ l. يحبس. 390_{17} تنكى l. تنْدى. 391_{14} l. اختما

Der Freundlichkeit S Fraenkels verdanke ich die folgenden Verbesserungen.

270 l. 1 l. ملتاث (von لاث) so l. auch Gâḥiz Baj. 20 l. 24 — 270 l 2 l. أحدق „mit grosser Pupille“. — 271 l. 4 l. النكارة „List“. — 277 l. 7 بغِرّ („durch einen Unerfahrenen“). — 281 l. 7 l. خَعْص u نزاع (Lane s.v. خعص. Ham 137. Muwaśś. 180, 5. Ibn al Faḳîh 48). — 282 l. 9 l. اشيعوا („verbreitet“) — 283 l. 13 l بين الزنْب. — 284 l. 15 l. ماثلة الصوى („mit verschwundenen Wegzeichen“). — 286 l. 15 l. يعنفر („wer verarmt“). l. 16 l. ان تُحُمِّلا („und sein Schweigen gilt als Unvermögen, wenn sein Beistand gebraucht wird“ cfr. Tabari Gloss. CCIII). — 287 l. 17 l. ولا نُعزرك („und es wird Dich nicht beklagen“ Ag XIII 119 يعزرك). l. 18 l. عن حقّ und للوالى mit Ag („während doch das Gut dem Nächsten gebührt“). — 288 l. 8 u. 9. Die beiden Verse gehören nicht zusammen. — 289 l. 4 l. عروه. l. 8 l. وتلقى l. 19 l. من يُنسل. — 290 l. 2 l. كاس („die Geduld bekleidet, wenn auch der Handteller nackt ist“ d. h. wenn man nichts hat“). — 292 l. 3 l. وَطِيًا (Ibn al Faḳîh 48, 20). ib. بَلَدًا (I. al Fak.). — 296

l. 3 l. عِزٌّ. — 297 l. 2 l. أَنَّكَ (abhängig vom Vorhergehenden). — 298 l. 18 l. كَسْتَ. l. 19 l. يُحَلِّفُهُ („bringt es wieder ein“). — 304 l. 14 l. mit C مَن (für مَمَّن). — 306 l. 17 l. مَتُون. — 308 l. 20 خَمِلِ الذِّكْرِ (weil man dann nicht in Gefahr kommt; vgl. 312 l. 7). 309 l. 1 l. إِنَّما (für انما). l. 12 l. عَذَابٌ. l. 19 l. مِتَانٌ (für مُنَال). — 310 l. 1 l. mit C فُرِدًا. l. 17 l. حَسِبْتَهُنَّ. — 311 l. 9 l. إِلَّا (für وَلَا). — 313 l. 9 l. تَوَاضَع. l. 10 l. تَكَبَّرِ. — 316 l. 12 l. بَرَى. — 320 l. 8 muss etwas ausgefallen sein. — 320 l. 19 فَسَاءَ — 324 l. 3 بِالسَّبَرِ. — 327 l. 14 „Er glänzt mit „Ja“ (zu jeder Bitte, Bild von der Wolke) dann l. بلا مُجَانَب „ohne auszuweichen“ (Part. Pass. für den Inf.). Agâni VI. 165 بلا متباعد. — 328 l. 19 لِمَعَاد („für das Jenseits“). — 331 l 5 l. مله. — 332 l. 18 l. رَجُلٌ (für الرجل) — 333 l. 1 ، nach عَلَّى. — 333 l. 8 l. لِنَجِرَّ حالبه فنجرّ („wir wenden ihn um, um seine Milchadern zu streichen und streichen aus ihnen Edelsinn und Sanftmuth.“ Vergleich des ممدوح mit einem zu melkenden Thiere). — 334 l. 1 l. جُمُعًا. l. 2 l. صَدَدًا. l. 12 l. فاني اصْمَتُّ („ich habe die Schmähungen der Leute als junger Mann zum Schweigen gebracht“). — 335 l. 16 l. قيل (für وصل) — 337 l. 4 l. صَعْصَح. — 337 l. 6 l. واكثر ما. 337 l. 9 l. فَبِتّي (für فأنّى). — 338 l. 15 l. بِجِرْص. — 342 l. 12 l إِذًا u. ناضحًا Ḥam. 215. l. 17 l. أَمْلَحَتْ — 343 l. 13 l. فمن لا احسن جواره اذلّ من مربب. — 343 l. 20 l. الرَّعْبُ. — 344 l. 6 l. vielleicht مُرْعِقٌ (C عرحعك, „Schrecken einflössend“). — 345 l. 16 l. لِذَوِي. — 349 l. 6 l. حُبًّا (C حبا) „Krug“. — 349 l. 18 l. دمِق الحِذَاء („mit dünner Sandale“, da im Vorhergehenden nur Fussbekleidung erwähnt wird). — 350 l. 10 l. الذهْن? l. 10 l. تُظْهِرُ. — 354 l. 13 l. ويل (für ذل) und streiche

ابن عباس). — 355 l. 4 l. جمعاهن. l. 17 l. بجدك (von أجدى)? — 356 l. 10 دبلان Bekrî 221. l. 18 l. ولا نشقى. — 357 l. 3. 4 l. فعل انه — 359 l. 3 l. أحقهم. — 360 l. 3. Das zweite Hemistich ist zu lesen ألا هبى بصحنك فاصبحينا das ist der Anfang der Mu'allaka des 'Amr. Es liegt hier also ein Citat vor (ebenso wohl auch im zweiten Hemistich des ersten Verses). l. 12 l. فعلت, l. 13 بمستحبين, ولا نطيع etc Sure 68, 10. — 368 l. 9 l. بالطرف — 371 l. 16 l. وما بأس („und was schadet es?") — 371 l. 17 l. معزفة نضرب به. — 374 l. 19 l. wohl أحذاء („ist ein Sandalenmacher, der für den Propheten arbeitet, besser" etc l. نعله?). — 378 l. 16 l. سلمى. — 387 l. 6 l. ما قمت إذا („dann stünde ich nicht" mit C) l. 8 l. واحدا, — 389 l. 18 l. الشح („der Geiz stiehlt die guten Eigenschaften"). — 390 l. 2 l. ومستفتح. — 390 l. 9 l. من حشبته („wenn er im Leben für den Gast keine Gabe fände, würde er ihm die Hälfte seiner Todtenbretter spenden"). l. 15 l. نقوم. —

C. Brockelmann.

IBN QUTAIBA'S ʿUJÛN AL AḪBÂR

Nach den Handschriften zu Constantinopel und
St. Petersburg

herausgegeben von

CARL BROCKELMANN

TEIL II

Gedruckt mit Unterstützung
der Konigl Preussischen Akademie der Wissenschaften

STRASSBURG
VERLAG VON KARL J. TRUBNER
1903

ZEITSCHRIFT

FÜR

ASSYRIOLOGIE

UND VERWANDTE GEBIETE

IN VERBINDUNG MIT

J. OPPERT IN PARIS, EB. SCHRADER IN BERLIN, UND ANDEREN

HERAUSGEGEBEN VON

CARL BEZOLD

IN HEIDELBERG

Semitische Studien

BEIHEFT ZUM XVII. BAND:

IBN QUTAIBA'S 'UJÛN AL AḪBÂR

HERAUSGEGEBEN VON

CARL BROCKELMANN

TEIL II

This is continued from "Semitistische Studien, Ergänzungshefte zur Zeitschrift für Assyriologie, Heft 18."

STRASSBURG
VERLAG VON KARL J. TRÜBNER
1902

كتاب الحرب

وهو الكتاب الثانى من عيون الاخبار
تاليف الشيخ الامام ابى محمّد عبد الله
ابن مسلم بن قتيبة رحمه الله[1]،

109v بسم الله الرحمن الرحيم *ربّ يسّر برحمتك[2]

آداب الحروب[3] ومكايدها

*قال ابو محمّد عبد الله بن مسلم بن قتيبة[4] حدّثنى محمّد بن عبيد قال حدّثنا معوية بن عمرو عن ابى اسحق عن هشام والاوزاعىّ عن يحيى ابن ابى كثير[5] قال قال رسول الله صلعم لا تتمنّوا[6] لقاء العدوّ[7] فعسى ان تبتلوا بهم ولكن قولوا اللّهمّ اكفنا وكفّ عنّا بأسهم واذا جاءوكم وهم[8] يعزفون ويرجفون[9] ويصيحون[10] فعليكم الارض جلوسا ثمّ[11] قولوا اللّهمّ انت ربّنا وربّهم ونواصينا ونواصيهم بيدك فاذا غشوكم[12] فثوروا فى وجوههم،

---

1 P الكتاب الثانى من عيون الاخبار وهوكتاب الحرب + C ويروى انّ عمرو بن العاص قال لعائشة رضى الله عنها لوددت انك كنت قُتلت يوم الجمل فقالت لِمَ لا ابا لك فقال كنت تموتين باجلك وتدخلين الجنّة ونجعلك اكبر التشنيع على علىّ عليه السلم،

2 *–* C وبالله التوفيق 3 C الحرب 4 *–* > C 5 P كبير 6 C تمنوا 7 Buhârî k. at tamannî nr. 8 (IV 154) 8 > C 9 C ويرجفون 10 C ويضحكون 11 C و 12 P ohne Punkte

حدّثنى محمّد بن عبيد عن معونه عن أبى[1] اسحق عن سعيد[2] بن عبد العزيز عَمّنْ حدّثه أنّ أبا الدرداء قال *أيها الناس[3] عمل صالح قبل الغزو فانّما تقاتلون بأعمالكم[4]، حدّثنا القسم بن الحكم[5] عن الحسين[5] بن الربيع عن ابن المبارك عن حيوه بن شريح قال كان عمر بن الخطّاب رضه[6] 110r اذا بعث امرآء الجيوش اوصاهم بتقوى الله العظيم[7] ثمّ قال عند عقد الألوية[8] بسم الله وعلى عون[9] الله امضوا[10] بتأييد الله بالنصر ولزوم[11] الحقّ والصبر[12] فقاتلوا فى سبيل الله *من كفر بالله[13] ولا تعتدوا انّ الله لا يحبّ المعتدين لا تجبنوا عند اللقاء ولا تمثّلوا عند القدرة[14] ولا تسرفوا عند الظهور ولا تقتلوا هرما ولا امرأة ولا وليدا وتوقّوا قتلهم اذا التقى الزحفان وعند جمّة الغضاب[15] وفى شنّ الغارات ولا تغلّوا عند الغنائم ونزّهوا الجهاد عن عرض الدنيا وابشروا بالرباح فى البيع الّذى بايعتم به وذلك هو الفوز العظيم، استشار قوم أكثم بن صيفى فى حرب قوم أرادوهم وسألوه ان يوصيهم فقال[16] أقلّوا الخلاف على امرائكم واعلموا أنّ كثرة الصياح من الفشل والمرء يعجز لا محالةَ[17] تثبّتوا فانّ احزم الفريقين الركين وربّ[18] عجلة تعقب[19] ريثا واتّزروا[20] للحرب وادّرعوا الليل فانّه اخفى 110v للويل ولا جماعة لمن اختُلف عليه[21]، وقال بعض الحكماء قد جمع الله لنا ادب الحروب[22] بقوله[23] يَآأَيُّهَا ٱلَّذِينَ آمَنُوا إِذَا لَقِيتُمْ فِئَةً فَٱثْبُتُوا

---

1 P ابن 2 > P 3* > C 4 Buḫârî k. alǵihâd wassair nr. 13 (II 87_1) 5 C الحسن 6 > P 7 > C 8 ʿIqd I 37_{17-20} 9 P am Rande 10 C وامضوا 11 C وبلزوم 12 > P 13* P امضوا بالله 14 C الغارة 15 C النهضات 16 ʿIqd I 28_{34-36} 17 P المحالة 18 C وربّه 19 C تهب 20 P واتزروا 21 > C 22 C الحرب 23 Sûra 8_{47}; C فى قوله

وَٱذْكُرُوا ٱللَّهَ كَثِيرًا لَعَلَّكُمْ تُفْلِحُونَ وَأَطِيعُوا ٱللَّهَ وَرَسُولَهُ ولا تَنَازَعُوا
فَتَفْشَلُوا وَتَذْهَبَ رِيحُكُمْ وَٱصْبِرُوا إِنَّ ٱللَّهَ مَعَ ٱلصَّابِرِينَ، حدّثنى محمّد
ابن عبيد قال حدّثنى[1] معوية بن عمرو عن أبى إسحق عن الاوزاعىّ قال قال
عتبة بن ربيعة يوم بدر لأصحابه[2] ألا ترونهم يعنى أصحاب النبىّ صلعم
جُثيًّا[3] على الركب كأنّهم خرس يتلمّظون تلمّظ الحيّات، قال[4] وسمعتهم
عائشة يكبّرون يوم الجمل فقالت لا تكثروا الصياح[5] فإنّ كثرة التكبير
عند اللقاء[6] من الفشل[7]، وذكر ابو حاتم عن العتبىّ عن ابى[8] ابرهيم
قال اوصى ابو بكر رحمة[9] يزيد بن أبى سفيان حين وجّهه *الى الشام[10]
112r فقال يا يزيد سر[11] على بركة اللّه فاذا دخلت بلاد العدوّ فكن بعيدا من
الحملة فانّى لا آمن عليك الجولة واستظهر بالزاد[12] وسر بالأدلّاء ولا تقاتل
بمجروح فانّ بعضه ليس منه واحترس من البيات فانّ فى العرب غـرّة
وأَقلل من الكلام فانّما لك ما وُعى عنك واذا اتاك كتابى فأنفذه فانّما أعمل
على حسب إنفاذه فاذا[13] قدمت عليك وفود العجم فأنزلهم معظمين[14]
معظم عسكرك وأسبغ عليهم النعمة[15] وامنع الناس عن محادثتهم
ليخرجوا جاهلين كما دخلوا جاهلين ولا تلحّن فى عقوبة *فانّ ادناها
وجع[16] ولا تُسرعنّ اليها وانت تكتفى بغيرها واقبل من الناس علانيتهم
وكِلْهم الى اللّه فى سرائرهم ولا تجسّس عسكرك فتفضحه ولا تهمله
فتفسده واستودعك اللّه الّذى لا تضيع ودائعه، *قال ابو بكر لعكرمة

---

1 C حبا   2 ʿIqd I $29_{2\cdot3}$ 3 P جثى   4 > P   5 P التكبير   6 C القتال   7 C فشل   8 > P   9 C رضه   10* > C   11 ʿIqd I 37_{20-25}
12 C فى الزاد   13 C واذا   14 > C   15 C النفقة   16* > C

حين وجّهه الى عمان يا عكرمة سر على بركة الله ولا تنزل على مستأمن 11r ولا تؤمّننّ على حقّ مسلم واهدر الكفر بعضه ببعض وقدّم النذر بين يديك ومهما قلت انّى فاعل فأفعله ولا تجعل قولك لغوا فى عقوبة ولا عفو ولا ترجّ اذا امنت ولا تخاشنّ اذا خوّفت ولكن أنظر متى تقول وما تقول ولا تعدّنّ معصية بأكثر من عقوبتنا فان فعلت اثمت وان تركت كذبت ولا تؤمّننّ شريفا دون ان يكفل بأهله ولا تكفّلنّ ضعيفا أكثر من نفسه واتّق الله فاذا لقيت فأصبر[1]، واوصى[2] عبد الملك *بن صالح[3] *اميرا سيّره الى بلاد[4] الروم فقال انت تاجر الله لعباده فكن كالمضارب الكيّس[5] الّذى[6] ان وجد ربحا تجر[7] والّا احتفظ برأس المال ولا تطلب الغنيمة حتّى تحوز السلامة وكن من احتيالك على عدوّك اشدّ حذرا[8] من احتيال عدوّك عليك، و[9]حدّثنى محمّد بن عبيد *عن ابن عيينة[10] قال اخبرنى رجل من اهل المدينة انّ رسول الله صلعم قال لزيد بن حارثة 12r او لعمرو بن العاصى اذا بعثتك فى سريّة فلا تنتقّهم واقطعهم[11] فإنّ الله ينصر القوم بأضعفهم، حدّثنى محمد بن عبيد *عن ابن عيينة[12] عن عمرو بن دينار عن عبيد بن عمير قال غزا نبىّ من الانبياء او غير نبىّ فقال لا يغزونّ معى رجل بنى بناء ثمّ[13] لم يكمله او[14] رجل تزوّج امرأة ثمّ[13] لم يبتنِ[15] بها او[14] رجل زرع زرعا ثمّ[16] لم يحصده[17]، *وذكر ابن عبّاس عليّا فقال ما رايت رئيسا يوزن به لرأيته يوم صفّين وكأنّ عينيه

1* > C 2 C اوصى, ʿIqd I 38_{21-24} 3* > P 4* C اميرسرية ببلاد
5 P ohne Punkte 6 > C 7 C انجر 8 C خوفا 9 > C 10* > P
11 C وقتطعهم 12* > C 13 > C 14 C ولا 15 C يبن 16 C و
17 Deuteron. XX 5—7, Buḫârî k. an nikâḥ 58, k alǵihâd 112/3, Muslim II 49

سراجا سليط وهو يُحمس اصحابه الى ان انتهى الىّ وأنا فى كنف فقال معشر المسلمين استشعروا الخشية وعُنّوا الاصوات وتجلببوا السكينة وأكملوا اللوم واخفوا الخون وأقلقوا السيوف فى الغُمُد قبل السلّة والحظوا 112v الشزر واطعنوا النبر ونافحوا بالظُبَى وصلوا السيوف بالخُطَى والرماح بالنبل وامشوا الى الموت مشية سُجُحًا، وله الرواق المطنّب فاضربوا ثبجه فانّ الشيطان راكد فى كسره نافج خصيبه مفترش ذراعيه قد قدّم للوثبة يدا وأخّر للنكوص رجلا[1]، ولمّا ولّى يزيد بن معوية سلم بن زياد خراسان قال له انّ اباك كفى اخاه عظيما وقد استكفيتك صغيرا فلا تتّكلنّ على عذر منّى فقد اتّكلت على كفاية منك وايّاك منّى قبل ان اقول ايّاى منك فانّ الظنّ اذا اخلف فيك *اخلف منك[2] وانت فى ادنى حظّك فاطلب اقصاه وقد أتعبك ابوك فلا تريحنّ نفسك *وكن لنفسك تكن لك[2] واذكر فى يومك احاديث غدك *ترشدْ ان شاء اللّه[2]، قال[3] الاصمعىّ قالت امّ جبغويه[4] ملك طخارستان لنصر بن سيّار الليثىّ[5] ينبغى للامير ان تكون له ستّة أشياء وزير يثق به ويفشى اليه سرّه 113r وحصن يلجأ اليه اذا فزع[6] فينجيه[7] يعنى فرسا وسيف اذا نازل به الأقران لم يخف خونه وذخيرة خفيفة المحمل اذا نابته نائبة أخذها وامرأة اذا دخل عليها اذهبت همّه وطبّاخ اذا لم يشته الطعام صنع له ما يشتهيه، و[8]بلغنى عن عباد بن كثير[9] عن عقيل *بن خالد[10] عن

1* > C 2* > C 3 Sulwân al muṭâ' (Tunis 1279) p. 60, Wâsiṭat al mulûk (eb.) p. 99, an Nahǵ al maslûk (cod. Leid. 342) 7r 4 P جعونة; vgl. Nöldeke Pers. Stud. I 399, n. 1 5 P الينى 6 P + اليه 7 P انجاه 8 > C 9 P كبير 10* > C

الزهرى[1] عن عبيد الله بن عبد الله عن ابن عبّاس قال قال رسول الله صلعم خير الأصحاب أربعة وخير السرايا اربع مائة وخير الجيوش اربعة آلاف وما غُلب جيش يبلغون اثنى عشر ألفا اذا اجتمعت كلمتهم ، *وقال رجل يوم حنين لن نُغلب اليوم عن قلّة وكانوا اثنى عشر ألفا فهزم المسلمون يومئذ فانزل الله عزّ وجلّ[2] وَيَوْمَ حُنَيْنٍ اِذْ أَعْجَبَتْكُمْ كَثْرَتُكُمْ الآية[3] ، وقالوا[4] ثلاث مَن كُنّ فيه كنّ عليه البغى قال[5] الله تعالى[6] يَاأَيُّهَا النَّاسُ اِنَّمَا بَغْيُكُمْ عَلَى أَنْفُسِكُمْ والمكر قال[5] الله تعالى[7] وَلَا يَحِيقُ المَكْرُ السَّيِّئُ[8] اِلَّا بِأَهْلِهِ والنكث قال[5] الله *عزّ وجلّ[9] فَمَنْ نَكَثَ فَاِنَّمَا يَنْكُثُ 113^{v}
عَلَى نَفْسِهِ ، وقرأت فى كتاب للهند[10] لا ظفر مع بغى ولا صحّة مع نهم ولا ثناء مع كبر ولا صداقة مع خبّ ولا شرف مع سوء أدب ولا برّ مع شحّ ولا اجتناب محرم مع حرص ولا محبّة مع زهو[11] ولا ولاية حكم مع عدم فقه ولا عذر مع اصرار ولا سلم[12] مع غيبة[13] ولا راحة قلب مع حسد ولا سودد مع انتقام ولا رياسة مع عزازة[14] وعجب ولا صواب مع ترك المشاورة ولا ثبات ملك مع تهاون وجهالة وزراء ، خرجت خارجة[15] بخراسان على قتيبة *بن مسلم[16] فأهمّه ذلك فقيل له ما يهمّك منهم وجّه اليهم وكيع بن ابى سود فانّه[17] يكفيكهم[18] فقال لا[17] انّ وكيعا رجل[17] به كبر يحتقر[19] أعداءه ومن كان هكذا قلّت مبالاته بعدوّه فلم يحترس منه فيجد عدوّه منه غرّة[20] ، وقرأت فى بعض كتب العجم انّ

1 C الزهرى   2 Sûra 9_{25} 3* > C   4 C وكان يقال   5 C يقول   6 C عزّ وجلّ; Sûra 10_{24} 7 > P, Sûra 35_{41} 8 P النبىّ   9* > P, Sûra 48_{10} 10 vgl. Guidi Studij XVI $_{13-16}$ 11 C هزء   12 C سلامة   13 C ربية   14 P غرارة   15 C جارية   16* > P   17 > P   18 C يكفيكهم   19 P يتحاقر   20 C غرته

١١٤ᵃ بعض¹ ملوكهم سئل اى مكايد للحرب احزم فقال اذكاء العيون واستطلاع الاخبار وافشاء الغلبة واظهار السرور وامانة الفرق والاحتراس من البطانة من غير اقصاء من² يُستنصح ولا استنصاح من² يُستغشّ³ ولا تحويل⁴ شىء عن شىء الّا بسدّ⁵ ناحية *عن المراتب⁶ وحسن مجاملة للـظنون واشتغال الناس عمّا ثمّ⁷ فيه من⁷ الحرب بغيره وسئل عن وثائق الحزم فى القتال فقال مخاتلة العدوّ عن الريف واعداد العيون على الرصد واعطاء المبلّغين على الصدق ومعاقبة المتوصّلين⁸ بالكذب ولا تحوّج⁹ هاربا الى قتال ولا تضيّق أمانا على مستأمن ولا تشبّ¹⁰ عن أصحابك للبغية ولا تدعشك¹¹ الغنيمة *عن المحاذرة¹²ᵃ وقرات¹³ فى كتاب للهند¹⁴ الحازم يحذر عـدوّه على كلّ حال بحذر¹⁵ المواثبة ان قرب والغارة ان بعد والكمـين ان انكشف والاستطراد ان ولّى والمكر¹⁶ ان رآه وحيدا ويكره¹⁷ القتـال ما ١١٤ᵇ وجد بدّا لانّ النفقة فيه من الأنفس والنفقة فى غيره من المال، وقرات¹⁸ فى الآيين قد جرت¹⁹ السنّة فى المحاربة ان يوضع من *كان من²⁰ الجنـد اعسر فى الميسرة ليكون²¹ لقاؤه يسرا ورميه شزرا وان يكـون اللقاء من الفرسان قدما وترك ذلك *على حال²² مايلة او مجانبة²³ وان يرتاد للقلب مكانا مشرفا ويلتمس وصعه²⁴ فيه فانّ اصحاب الميمنة والميسرة لا يُقهرون ولا يغلبون وان وان زالتا بعض الزوال²⁵ ما ثبت المادّتان فان *زالت المادّتان²⁶

¹ C سئل   ² C لمن   ³ C تستغش   ⁴ P تجديد   ⁵ P سدّ   ⁶* C من المرتب   ⁷ C <   ⁸ P الموصلين   ⁹ C يخرج   ¹⁰ P تشبّ   ¹¹ C تشدعنك   ¹²* P <   ¹³ C <   ¹⁴ Cal. w. Dimn. 183₈₋₁₂, 'Iqd I 46₁₈₋₂₀,   ¹⁵ C يرهب   ¹⁶ P والمكمن   ¹⁷ 'Iqd I 41₁₀₋₁₁   ¹⁸ P و   ¹⁹ C+ فى   ²⁰* C فى   ²¹ P ونيكن   ²²* C <   ²³ C محانحة   ²⁴ P وصفه   ²⁵ P <   ²⁶* C زال المادّيان

لم يُنتفع بثبات الميمنة والميسرة *واذا عبّى الجند فليناوش اهل الميمنة والمادّتان فأمّا الميسرة[1] فلا *يشذّ منهم[2] أحد الّا ان يبدُر اليه[3] من العدوّ من يتخوّف[4] بائقته[5] فيردون عادتهم مع انّ أصحاب الميمنة والمادّتين لا[6] يقدرون على لقاء من يناوشهم[7] والرجوع الى اصحابهم عاطفين واصحاب الميسرة لا يقدرون على مناوشة الّا ما يلين ويُحجزهم الرجوع عاطفين ولا يألونّ صاحب الجيش على حال من الحال ان يستدبر جنده عين الشمس والريح ولا يحاربنّ جندا الّا على اشدّ الضرورة وعلى حال لا يجد[8] معها 115r
من المحاربة بدّا[9] فاذا كان كذلك فليجهد صاحب الجيش ان يدافع الحرب[10] الى آخر النهار وينبغى على كلّ حال ان يخلّى بين المنهزمين وبين الذهاب ولا يحبسوا وان كان الجند قد نزلوا على ماء واراد العدوّ ان ينالوا من الماء فليس من الراى ان يحال بينهم وبينه لئلّا يخرجوا الى الجدّ فى محاربتهم وان كان العدوّ قد نزلوا بماء[11] واراد الجند غلبهم[12] عليه فانّ وقت طلب[13] ذلك عند رىّ العدوّ من الماء وسقيهم دوابّهم منه وعند حاجة الجند اليه فانّ اسلس ما يكون الانسان[13] *عن الشىء[14] عند استغنائه عنه واشدّ ما يكون طلبا للشىء عند حاجته اليه ولتسر الطلائع فى قرار من الارض ويقفوا على التلاع ولا يجوزوا[15] ارضا لم يستقصوا خبرها وليكن[16] الكمين فى الخمر والاماكن الخفيّة وليطرح الحسك 115v
فى المواضع التى يُتخوّف[17] فيها البيات وليحترس صاحب الجيش من

1* > C 2* C يشذن منها 3 C اليها 4 C يخاف 5 C باقيته
6 > P 7 C ناوشهم 8 C بوجد 9 C بد 10 C بالحرب 11 P ماء
12 C غلبتهم 13 > C 14* C بالشىء 15 P تجوز 16 C وليكفن 17 P تحوف

انتشار الخبر عنه فانّ فى انتشاره فساد العسكر وانتقاضه واذا كان اكثر من فى الجند من المقاتلة مجرّبين ذوى حنكة وبأس فبدار العدوّ[1] الجند *الى الوقعة[2] خير للجند واذا كان اكثرهم اغمارا ولم يكن من القتال بدّ فبدار الجند الى مقاتلة[3] العدوّ افضل للجند وليس ينبغى للجند[4] ان يقاتلوا عدوّا الّا ان تكون[5] عدّتهم اربعة اضعاف عدّة العدوّ او ثلاثة اضعافهم فان غزاهم عدوّهم لزمهم ان يقاتلوهم *بعد ان يزيدوا على عدّة العدوّ مثل نصف عدّتهم وان توسّط العدوّ بلادهم لزمهم ان يقاتلوهم[6] وان كانوا اقلّ منهم وينبغى ان ينتخب للكمين[7] من الجند اهل جُرْءة وشجاعة وتيقّظ وصرامة وليس بهم أنين ولا سعال ولا عطاس ويختار لهم من الدوابّ ما لا يصهل ولا يغنث[8] ويختار لكمونهم مواضع لا تغشى ولا تؤتى قريبة من الماء ليتناولوا[9] منه ان طال مكثهم وان يكون اقدامهم 116r
بعد الروّية[10] والتشاور والثقة باصابة الفرصة ولا يخيفوا سباعا *ولا طيرا[a] *ولا وحشا[11b] وان[12] يكون ايقاعهم كضريم الحريق وليجتنبوا الغنائم ولينهضوا من الكمين[13] مفترقين اذا ترك العدوّ الحراسة واقامة الربايا واذا اونس[14] من طلائعهم توانٍ وتفريط واذا أمرجوا دوابّهم فى الرعى وأشدّ ما يكون *البرد فى الشتاء[a] و[15]*اشدّ ما يكون[b] *الحرّ فى الصيف[15c] وان يرفضّوا ويفترقوا *اذا ثاروا[a] *من مكمنهم[17b] بعد ان يستخبر بعضهم بعضا وان يسرعوا الايقاع بعدوّهم ويتركوا التثبّت[18] والتلفّت وينبغى

---

1 P + الى 2* P بالوقعة 3 C مقابلة 4 C لجند 5 C يكون
6* > P 7 C للكمون 8 ?P يعبث, C يعنت 9 C حتّى ينالوا 10 C
الروبة so 11 C b*a* 12 > C 13 C المكمن 14 P اوبس 15 C او 16 C
c*b*a* 17 P b*a* 18 C التلبّث

للمبيّتين ان يعترضوا[1] البيات اذا هبّت ريح أو اونس[2] من نهر *قريب[3] منهم[4] خرير فانّه أحذر ألّا[5] يُسمع لهم حسّ وان يتوخّى بالوقعة نصف الليل أو أشدّ ما يكون اظلاما وان يصير جماعة من الجند وسط[6] العدوّ ويعبّئهم حوله ويبدأ بالوقعة من يصير منهم فى الوسط[7] ليُسمع بالصيحة[8] 116v
والضوضاة[9] من ذلك الموضع لا من حوله وان يشرّد قبل الوقعة الافره فالافره من دوابّهم ويقطع ارسانها وتهمز[10] بالرماح *فى أعجازها[11] حتّى[12] تتحيّر وتعدو ويسمع لها ضوضاة[13] وان يهتف هاتف ويقول يا معشر اهل العسكر النجاء النجاء فقد قتل قائدكم فلان وقتل خلق وهرب خلق ويقول قائل أيّها الرجل استحْيى[14] لله ويقول آخر العفو العفو وآخر[15] آوه آوه ونحو هذا[15] من الكلام[16] *وأعلم أنّما[17] يحتاج فى البيات الى تحيير العدوّ واخافته وليجتنبوا[18] التقاط الامتعة واستباق الدوابّ واخذ الغنائم قال[19] وينبغى فى محاصرة الحصون ان يستمال من يقدر على استمالته من اهل الحصن و[20]المدينة ليظهر منهم خصلتين احداهما استنباط أسرارهم والاخرى اخافتهم وافزاعهم بهم وان يُدسّ منهم[21] من يصغّر شأنهم ويؤيسهم من المدد ويخبرهم أنّ سرّهم منتشر فى مكيدتهم[22] 127r
وان يقاص حول الحصن ويشار اليه بالايدى كأنّ منه[23] مواضع حصينة

---

1 P يختاروا موضع 2 P اوبس 3 C مرتب 4* P منهم قريب, C + له 5 C ان لا 6 C عكر 7 C + منهم 8 C بالضجة 9 C والضوضا 10 C ونطعن 11* > P 12 C ل 13 C صوضا 14 P استحييني 15 P ويقول الاخر 15 C ذلك 16 C +: وانشده فاوّه بذكراها اذا ما ذكرتها ومن بعد ارض دونها وسماء 17 C انّه وليعلم 18 P وليجتنب 19 > P 20 P من 21 > P 22 so, schon von Rosen hierher gestellt. 23 C فيه

وأُخر دليلة ومواضع ينصب المجانيق عليها ومواضع تهيّأ العرّادات لها ومواضع تنقب نقبا ومواضع توضع[1] السلالم[2] عليها ومواضع يتسوّر منها ومواضع يضرم النار فيها ليملأهم ذلك رعبا ويكتب على نشابة[3] إيّاكم[4] أهل الحصن والاغترار *واغفال الحراسة[5] عليكم بحفظ الابواب فإنّ الزمان خبيث واهله اهل غدر فقد[6] خُدع أكثر اهل الحصن واستميلوا[7] او يرمى بتلك[8] النشابة فى الحصن ثمّ يدسّ لمخاطبتهم المنطيق المصيب الدهىّ[9] المؤارب المخاتل غير المهذار *ولا المغفل[10] وتؤخّر الحرب[11] ما أمكن ذلك فإنّ *فى المحاربة[12] جرأة منهم على من حاربهم ودليلا على الحيلة والمكيدة فان كان لا بدّ من المحاربة فليحاربوا[13] بأخفّ العُدّة وأيسر الآلة وينبغى ان يغلب العدوّ على الارض ذات
الخمر والشجر والانهار للمعسكر ومصافّ[14] الجنود ويخلّى بين العدوّ وبين 127v
بساط الارض ودكادكها[15] ء وفى بعض كتب العجم انّ بعض الحكماء سئل عن اشدّ الأمور تدريبا للجنود وشحذا لها فقال استعادة القتال وكثرة الظفر وان تكون[16] لها موادّ من ورائها وغنيمة فيما أمامها ثمّ الاكرام للجيش[17] بعد الظفر والابلاغ بالمجتهدين[18] بعد المناصبة والتشريف للشجاع على رؤوس الناس[19] ء *قال[a] المدائنى[20 b] *قال نصر بن سيّار[21] كان عظماء الترك يقولون للقائد العظيم ينبغى ان تكون[16] فيه خصال

---

1 C يوضع 2 C السلاليم 3 P + منها 4 P + معشر, C + و
5* C والاغفال للحراسة 6 P وقد 7 P فاستميلوا 8 P تلك 9 P الرامى
10* > P 11 C المحاربة 12 P الحرب 13 P فليحارب 14 P ومصاف
15 P ودكاكها darüber د von 2ter Hand. 16 C يكون 17 P فى الجيش
18 P للمجتهدين 19 C الجماعة 20* C, ba 21* > C

من اخلاق الحيوان شجاعة الديك وتحنّن الدجاجة *+وقلب الأسد وحملة
الخنزير[a] +وروغان الثعلب وختل الذئب[1b]، *وكان يقال فى صفة الرجل
الجامع له وثبة الأسد وروغان الثعلب وختل الذئب[2] وجمع الذرّة
وبكور الغراب[3]، وكان[4] يقال اصلح الرجال للحرب المجرّب الشجاع
الناصح، حدّثنى ابو حاتم عن الاصمعىّ عن أبى[5] الأصمّ قال قيل لعمر 117r
ابن معونة العقيلىّ وكان صاحب صوائف بم ضبطت الصوائف[6] قال
بسمانة الظهر وكثرة الكعك والقديد[7]، *وفى كتاب[8] الآيين ليكن[9] أوّل[10]
ما تحمله معك خبزا ثمّ خبزا ثمّ خبزا واتّاك والمعارش والتباب، *ابو
اليقظان قال[11] قال شبيب الخارجىّ الليل يكفيك الجبان ونصف الشجاع
وكان اذا أمسى قال لأصحابه اتاكم المدد يعنى الليل، و[12]قيل لبعض
الملوك بيّت عدوّك قال أكره ان أجعل غلبى سرقة، المدائنىّ قال لمّا
اشتغل[13] عبد الملك بمحاربة مصعب بن الزبير اجتمع وجوه الروم الى
ملكهم فقالوا قد امكنتك الفرصة من العرب بتشاغل بعضهم ببعض
فالرأى ان تغزوهم فى بلادهم فنهاهم عن ذلك وخطّأ رأيهم ودعا بكلبين
فأرّش بينهما فاقتتلا قتالا شديدا ثمّ دعا بثعلب فخلّاه بينهما[12] فلمّا رأى
الكلبان[14] الثعلب تركا ما كانا فيه واقبلا *على الثعلب[15] حتّى قتلاه فقال 117v
لهم[16] ملك الروم هذا مثلنا ومثلهم فعرفوا صدقه *وحسن رأيه[17] ورجعوا
عن رأيهم، و[16]أوصى[18] بعض الحكماء ملكا فقال لا يكن[19] العدوّ الذى

1* C, b + a + 2* > C 3 P الخنزير 4 C و 5 C بن 6 C +
اى الثغور 7 P والدقيق 8* C وقالت العجم فى *8 9 P ليكون 10 > C
11* P و 12 > C 13 C شغل 14 P am Rande, im Text الكلاب
15* C عليه 16 > C 17* > C 18 ‘Iqd I 79_{29-33} 19 C يكونن

قد[1] كشف لك عن عداوته بأحذر[2] عندك[3] من الظنين الذى يستتر لك بمخاتلته[4] فانّه ربّما تخوّف الرجل السمّ الذى هو أقتل الأشياء وقتله الماء الذى يحيى الاشياء وربّما تخوّف ان يقتله الملوك التى تملكه ثمّ قتلته[5] العبيد التى يملكها فلا تكن[6] للعدوّ الذى تناصب بأحذر منك للطعام الذى تأكل وانا لكلّ أمر أخذتّ[7] منه نذيرك[8] وان عظم آمن منّى من كلّ أمر عزّيته[9] من[10] نذيرك[11] وان صغر واعلم انّ مدينتك حرز من عدوّك ولا مدينة تحرز فيها من طعامك وشرابك ولباسك[12] وطيبك وليست من هذه الاربع واحدة الّا وقد تقتل[13] بها الملوك. وذكر عبد الملك[14] بن صالح الهاشمىّ[15] انّ خالد بن برمك حين فصل مع قحطبة 118r
من خراسان بينا هو على سطح بيت فى قرية قد نزلاها وهم يتغدّون نظر الى الصحراء فرأى أقاطيع ظباء قد اقبلت من جهة الصحارى حتّى كادت تخالط العسكر فقال لقحطبة[16] أيّها الأمير نادِ فى الناس يا خيل الله اركبى[17] فانّ العدوّ قد نهد اليك وحثّ وغاية اصحابك ان يسرجوا ويلجموا قبل ان يروا سرعان الخيل فقام قحطبة مذعورا فلم يرَ شيئاً يروعه ولم يعاين غبارا فقال *لخلد ما هذا الرأى فقال خلد[18] أيّها الأمير لا تتشاغل بى[19] ونادِ فى الناس أما ترى اقاطيع الوحش قد أقبلت وفارقت مواضعها حتّى خالطت الناس انّ وراءها لجمعا كثيفا قال فوالله ما اسرجوا ولا الجموا حتّى رأوا ساطع الغبار فسلموا ولولا ذلك لكان[20]

---

1 > C 2 C باخوف 3 C منك 4 P لمخاتلته 5 P تقتله 6 C يكونن 7 P احدث 8 C نذيرتك 9 P عدّيته 10 C منه 11 C نذيرتك 12 > P 13 C يقتل 14 C اللّه 15 > C 16 C خلد 17 C اركبوا 18* P له خلد 19 > P 20 C كان

الجيش قد اصطلم[1]، وقال بعض الحكماء لبعض الملوك آمرك بالتقدّم والامر ممكن وبالاعداد[2] لغد من قبل دخولك فى غد كما تعدّ السلاح لمن 118v
تخاف ان تقاتلك وعسى ألّا[3] يقاتلك وكما تأخذ عتاد البناء من قبل ان تصيبه السماء وانت لا تدرى لعلّها لا تصيبه بل كما تعدّ الطعام لعدد الأيّام وانت لا تدرى لعلّك لا[4] تاكله، وكان يقال كلّ شىء طلبته فى وقته فقد مضى وقته[5]، وقرأت[6] فى كتاب[7] سير العجم[8] ان فيروز بن يزدجرد بن بهرام لمّا ملك سار بجنوده نحو خراسان ليغزو[9] اخشنوار[10] ملك الهياطلة ببلخ فلمّا انتهى الى بلاده اشتدّ رعب اخشنوار منه وحذره له[11] فناظر اصحابه ووزراءه فى امره فقال له رجل منهم أعطنى موثقا وعهدا تطمئنّ اليه نفسى ان تكفينى[12] اهلى وولدى وتحسن اليهم وتخلفنى فيهم ثمّ أقطع يدىّ ورجلىّ وألقنى على طريق فيروز حتّى يمرّ بى هو واصحابه فأكفيك مؤونتهم وشوكتهم[13] وأورّطهم مورطا تكون[14] فيه هلكتهم فقال له اخشنوار وما الّذى تنتفع به من سلامتنا وصلاح[15] 119r
حالنا اذا أنت قد[16] هلكت ولم[17] نشركنا فى ذلك قال انّى قد بلغت ما كنت أحبّ ان ابلغه من الدنيا وأنا موقن *بأنّ الموت[18] لا بدّ منه وإن تأخّر أيّاما قلائل فأحبّ أن أختم عمرى بأفضل ما تُختم به الأعمار من النصيحة لإخوانى والنكاية فى عدوّى فيشرف بذلك عقبى واصيب

---

1 P اطلّهم 2 P والاعداد 3 C ان لا 4 P الا 5 Hier folgt in C (fol. 49r) 125v₉ ff 6 In C im Anschluss an 123v₁₁ vgl. zu 188v 7 C كتب 8 Tabarî I 874 ff. (Nöldeke Sasan. 123 vgl. 121 n. 1) 9 C بغزوا 10 Tha‘âlibî Hist. d. rois de Perse 578 ff.: خشنواز 11 > P 12 C يكفى 13 > C 14 C يكون 15 C وحسن 16 > C 17 C فلم 18* P بالموت

*سعادة و[1]حظوة فيما أمامى[2] ففعل به ذلك وأمر به[3] فألقى بحيث[4] وصف له[5] فلمّا مرّ به فيروز سأله عن أمره[6] فأخبره انّ اخشنوار فعل ذلك به وانّه احتال حتّى حمل الى ذلك الموضع ليدلّه[7] على عَورته وغُرّته وقال انّى ادلّك[8] على طريق هو اقرب من هذا الّذى تريدون[9] سلوكه وأخفى فلا يشعر اخشنوار حتّى تهجموا[10] عليه فينتقم اللّه لى منه[11] بكم وليس فى هذا الطريق من المكروه الّا تفويز يومين ثمّ تفضون الى كلّ ما تحبّون 119v فقبل فيروز قوله[12] بعد أن أشار *عليه[a] وزراؤه[13b] بالاتّهام له والحذر منه وبغير ذلك فخالفهم وسلك الطريق حتّى انتهى بهم الى موضع[14] من المفازة لا[15]صَدَرَ عنه ثمّ بيّن لهم امره فتفرّقوا فى المفازة يمينا وشمالا يلتمسون الماء فقتل العطش أكثرهم ولم يخلص مع فيروز منهم[16] الّا عدّة يسيرة وانّهم[17] انطلقوا معه حتّى اشرفوا على اعدائهم وهم مستعدّون لهم فواقعهم[18] على تلك[19] من حالة *وعلى ما بهم[20] من الضرّ والجهد فاستمكنوا منهم واعظموا النكاية فيهم ثمّ رغب فيروز الى اخشنوار وسأله ان يمنّ عليه وعلى من بقى من اصحابه على ان يجعل لهم[21] عهد اللّه وميثاقه[22] الّا[23] يغزوه ابدا *فيما يستقبل من عمره[24] و[25]على انّه[26] يجدّ فيما بينه وبين مملكته حدّا لا يجاوزه[27] جنوده فرضى اخشنوار بذلك وخلّى سبيله وانصرف[28] الى مملكته فمكث فيروز برهة من دهره كئيبا

1* > C   2 C امانتى   3 > P   4 C حيث   5 C لهم   6 P verb. aus حاله, so auch C   7 C ليدل   8 C دالك   9 C تريد   10 C يهاجموا   11 > P   12 > P   13* > C b a   14 C الموضع   15 C ولا   16 > P   17 C فانّهم   18 C فوافقهم   19 P ذلك   20* P وما به   21 > P   22 Vgl. Wâsiṭat al mulûk p. 68 ff., Sulwân al muṭâʿ p. 20 ff.   23 C ان لا   24* > C   25 > P   26 C ان   27 C يتجاوزه   28 C فانطلق

ثمّ حمله الأنف على ان يعود لغزوه ودعا أصحابه الى ذلك فردّوه عنه وقالوا إنّك قد عاهدته[1] ونحن نتخوّف[2] عليك عاقبة البغى والغدر مع 120r ما فى ذلك من العار وسوء المقالة فقال لهم إنّى إنّما شرطت له ألّا اجوز الحجر الّذى جعلته[3] بينى وبينه فأنا[4] آمر بالحجر ليحمل[5] على عجلة[6] أمامنا فقالوا له[7] أيّها الملك إنّ العهود والمواثيق التى يتعاطاها الناس بينهم لا تحمل على ما يُسرّ المعطى[8] لها ولكن على ما يعلن المعطى وإنّك إنما جعلت له[9] عهد الله وميثاقه[10] على الأمر الّذى عرفه لا على أمر[11] لم يخطر بباله فأبى فيروز ومضى فى غزاته حتّى انتهى الى الهياطلة وتصافّ الفريقان للقتال فأرسل اخشنوار الى فيروز يسئله ان يبرز فيما بين صفّيهم ليكلّمه فخرج اليه[12] فقال له اخشنوار قد ظننت انّه لم يدعك[13] الى غزونا[14] الّا الأنف ممّا أصابك ولعمرى إن[15] كنّا احتلنا لك الّا بما رأيت لقد كنت التمست منّا اعظم منه وما ابتدأناك ببغى ولا ظلم ولا أردنا الّا دفعك عن انفسنا وعن[16] حريمنا ولقد كنت جديرا ان تكون[17] من 20v سوء مكافاتنا بمنّنا[18] عليك وعلى من معك من نقض العهد والميثاق الّذى وكّدت على نفسك أعظم أنفا واشدّ امتعاضا[19] ممّا نالك منّا فانّا أطلقناكم وانتم اسرى ومننّا عليكم وأنتم *مشرفون[a] على الهلكة[20 b] وحقنّا دماءكم وبنا *قدرة[a] على سفكها[21 b] وانّا لم نجبرك على ما شرطت

---

1 C عاهدته 2 C نخاف 3 > P 4 P وانا 5 C فيجعل 6 PC عجل 7 > C 8 C للمعطى 9 > P 10 C + له 11 P الامر آلذى 12 C اليهم 13 P يدعوك 14 C معامك هذا 15 C لئن 16 C و 17 P تكون, C يكون 18 P بمنّتنا 19 C امتعاظا 20* C ba 21* C b a

لنا بل كنت انت الراغب الينا فيه[1] والمؤيّد لنا عليه ففكّر فى ذلك
ومثّل[2] بين هذين الأمرين فانظر أيّهما أشدّ عارا وأقبح سماعا ان طلب
رجل أمرا فلم يُتَحْ[3] له وسلك سبيلا فلم يظفر فيها ببغيته واستمكن
منه عدوّه على حال جهد وضيعة منه وممّن معه فمنّ عليهم وأطلقهم
على شرط شرطوه وأمر اصطلحوا عليه فاضطرّ[4] لمكروه القضاء واستحيا من
121r النكث والغدر أن[5] يقال امرؤ نقض[6] العهد وختر الميثاق مع أنّى قد
ظننت أنّه يزيدك نجاحا[7] مع ما تثق[8] به من كثرة جنودك وما[9] ترى من
حسن عدّتهم *وطاعتهم لك[10] وما اجدنى أشكّ أنّهم او اكثرهم كارهون
لما كان من شخوصك بهم[11] عارفون بأنّك قد حملتهم على[11] غير الحقّ
ودعوتهم الى ما يسخط اللّه فهم[12] فى حربنا غير مستبصرين ونيّاتهم فى
مناصحتك اليوم مدخولة فانظر ما قدر غناء من يقاتل على مثل[13] هذه
الحال *وما عسى أن تبلغ نكايته فى عدوّه[14] اذا[15] كان عارفا بأنّه[16] ظفر فمع
عار وان قتل فالى النار[17] فأنا أذكرك اللّه الّذى جعلته على نفسك كفيلا
ونعمتى عليك وعلى من معك بعد يأسكم من الحياة واشفائكم على الممات
وأدعوك الى ما فيه حظّك ورشدك من الوفاء بالعهد والاقتداء بآبائك الّذين
مضوا على ذلك فى كلّ ما أحبّوه أو كرهوه فأحمدوا عواقبه وحسن عليهم
121v أثره ومع ذلك انّك لست[18] على ثقة من الظفر بنا[19] والبلوغ لنهمتك
فينا وانّا تلتمس منّا امرا نلتمس[20] منك مثله وتناوى[21] عدوّا لعلّه

---

1 > P 2 P ومثل 3 P يتم 4 P فاصطبر 5 P ام 6 C نكث 7 C لحاجه 8 C يثق 9 C و 10* > C 11 > P 12 P بهم 13 > P 14* > C 15 C اذ 16 C انه 17 C نار 18 C لنت 19 P منّا 20 C ونتادى 21 P يلتمس

بمنح النصر عليك *فقد بالغت فى الاحتجاج عليك وتقدمت فى الاعذار اليك[1] ونحن نستظهر بالله الذى اعتززنا به[2] ووثقنا بما جعلته[3] لنا من عهده اذا استظهرت بكثرة جنودك وازدهتك عدة اصحابك فدونك هذه النصيحة فوالله[4] ما كان أحد من[5] نصحائك ببالغ لك اكثر منها ولا زائد لك عليها *ولا يمنعنك[6] منفعتها مخرجها منى فانه لا يزرى بالمنافع عند ذوى الرأى أن كانت من قبل الاعداء كما لا يحبب[7] المضار اليهم ان تكون على أيدى[8] الأولياء واعلم أنه ليس يدعونى الى ما تسمع من مقالتى ضعف احسه من نفسى ولا قلة من[9] جنودى ولكنى احببت أن أزداد بذلك حجة واستظهارا وأزداد به *من الله [a] للنصر والمعونة[10 b] استيجابا 22r
ولا أوثر على العافية والسلامة شيئا ما وجدت اليهما[11] سبيلا فأبى فيروز الا تعلقا[12] بحجته فى الحجر الذى جعله حدا بينه وبينه *وقال لست ممن يردعه عن الأمر يهم به وعيد ولا يقتاده التهدد والترهيب ولو كنت أرى ما اطلبك غدرا منى ما كان أحد أنظر ولا أشد اتقاء[13] منى على نفسى فلا يغرنك منا الحال التى صادفتنا عليها فى المرة الأولى من القلة والجهد والضعف[14] قال[15] اخشنوار لا يغرنك ما تخدع به نفسك من حملك الحجر أمامك فان الناس لو كانوا يعطون العهود[16] على ما تصف من إسرار أمر وإعلان آخر *إذا ما كان ينبغى لأحد أن يغتر بأمان ولا يثق بعهد وإذا[17] لما قبل الناس شيئا *مما يعطونه من ذلك[18] ولكنه 22v

---

1* > C   2 P البه   3 C جعلت   4 C فبالله   5 > P   6* C ولا يحرمنك   7 P تحبب   8 P يد   9 > P   10* C b a   11 P اليها
12 C تعلقا, P بعلقه   13 P ohne Punkte   14* > C   15 C فقال له
16 P العهد   17* > C   18* C ولا اغتر احد بامان وعهد

وضع على العلانية وعلى نيّة من تعقد[1] العهود والشروط له[2] فانصرفا[3] يومهما ذلك[2] فقال فيروز لأصحابه لقد كان اخشنوار حسن المحاورة وما رأيت للفرس الّذى كان تحته نظيرا[4] فى الدوابّ[5] فإنّه لم يزل قوائمه ولم يرفع حوافره عن موضعها ولا صهل ولا احدث شيأ يقطع به المحاورة فى طول ما تواقفنا وقال اخشنوار لأصحابه لقد واقفت فيروز كما علمتم[6] وعليه السلاح كلّه فلم يحرّك[7] رأسه ولم ينزع رجله[8] من ركابه ولا حنا ظهره ولا التفت يمينا ولا شمالا ولقد تورّكت أنا[9] مرارا وتمطّيت على فرسى وتلفّتّ الى من خلفى ومددت بصرى فى أمامى وهو منتصب ساكن على حالة ولولا محاورته ايّاى لظننت أنّه لا *يكلّمنى ولا[10] يبصرنى وانّما أرادا بما وصفا من ذلك أن ينتشر هذان الحديثان فى أهل عسكريهما فيشغلوا[11] بالإفاضة فيهما عن النظر فيما تذاكراه فلمّا كان [123r] فى اليوم الثانى اخرج اخشنوار الصحيفة الّتى كتبها لهم فيروز فرفعها على[12] رمح لينظر اليها أهل عسكر فيروز فيعرفوا غدره وبغيه ويخرجوا من متابعته[13] فانتقص عسكر فيروز واختلطوا[14] وما لبثوا[15] إلّا يسيرا حتّى انهزموا وقتل منهم خلق كثير وهلك[16] فيروز فقال اخشنوار لقد صدق الّذى قال لا رادّ[17] لما قُدّر ولا أشدّ إحالة لمنافع الرأى من الهوى واللجاج ولا اضيع من نصيحة يُمنحها من لا يوطن نفسه على قبولها والصبر على مكروهها ولا اسرع عقوبة ولا[18] اسوأ[19] عاقبة من البغى

1 C + له　2 > C　3 C ثم انصرفا　4 C نظرا　5 C الذواب　6 C رأيتم
7 C يتحرّك على　8 P رجليه　9 > P　10* > C　11 P ويشغلوا
12 P فى　13 C مبايعته　14 C واختلفوا　15 C تلبثوا　16 C واصيب
17 P زوال　18 C و　19 P اسوى

11*

والعذر ولا أجلب لعظيم العار والفضوح من اشراط *العجز والأنفة[1] ،
وقال[2] أبو اليقظان لمّا خرج شبيب بن يزيد بن نعيم الخارجيّ بالموصل بعث اليه الحجّاج قائدا فقتله ثمّ قائدا فقتله كذلك حتّى أتى على خمسة قوّاد قتلهم[3] وهزم جيوشهم[4] وكان أحد القوّاد موسى بن طلحة 123r ابن عبيد الله ثمّ خرج شبيب من الموصل يريد الكوفة *وخرج الحجّاج من البصرة يريد الكوفة[5] فطمع شبيب[6] أن يلقى الحجّاج قبل ان يصل الى الكوفة فأقحم الحجّاج خيله فدخل الكوفة[7] قبله ومرّ شبيب بعتّاب ابن ورقاء فقتله ومرّ بعبد الرحمن بن محمّد بن الأشعث فهرب منه وقدم شبيب[8] الكوفة وآلى ألّا يبرح[9] عنها أو يلقى الحجّاج فيقتله او يُقتل دونه فخرج الحجّاج اليه[10] فى خيله فلمّا قرب منه عمد الى سلاحه فألبسه أبا الورد مولاه وحمله على الدابّة الّتى كان[11] عليها فلمّا تواقفا قال شبيب أرونى الحجّاج فأومأوا له[12] الى أبى الورد فحمل عليه فقتله ثمّ خرج من الكوفة يريد الأهواز فغرق فى دجيل وهو يقول ذلك تقدير العزيز العليم ،

[13]الأوقات الّتى تختار *للسفر والحرب[14]

قال[15] حدّثنى محمّد بن عبيد قال حدّثنا يزيد بن هارون عن محمّد ابن اسحق عن عبد[16] الله بن أبى بكر عن الزهرىّ قال كان أحبّ الأيّام 124r الى رسول الله صلعم *أن يعقد فيه رايته يوم الخميس وكان احبّ الى

1* C العجز والانف 2 C im Anschluss an 188r9 3 > P 4 C جيوشه
5* > P 6 C + فى 7 > P 8 > C 9 C ينتحى 10 > C 11 P am Rande + الحجاج 12 > C 13 C fol 51v im Anschluss an P 186v4
14* C للحرب والسفر 15 > C 16 C عبيد

رسول الله صلعم[1] ان يسافر فيه يوم الخميس[2]، وقالت[3] العجم[4] أخِر الحرب ما استطعت فان لم تجد بدّا فاجعل ذلك[5] آخر النهار، وحدّثنى محمّد بن عبيد عن معوية *بن عمرو[6] عن أبى اسحق عن ابن عون عن محمّد بن سيرين[7] *أنّ النعمان بن مقرّن[8] قال لأصحابه إنّى لقيت مع رسول الله صلعم فكان من احبّ ما يلقى فيه اذا لم يلق فى أوّل النهار اذا زالت الشمس وحلّت الصلوة وهبّت الرياح ودعا المسلمون، ويروى[9] عن علىّ *بن أبى طالب[10] رضّه أنّه كان يكره الحجامة والابتداء بعمل فى
محاق القمر وفى حلوله فى برج العقرب، *وقال بعضهم كنت مع عمرو بن 124v
عبد العزيز فوق سطح وهو يريد الركوب فنظرت فاذا القمر بالدبران فقلت أنظر الى القمر ما أحسن استواءه فرفع رأسه ثمّ نظر فرأى منزلته فضحك وقال إنّما أردت أن ننظر الى منزلته وإنّا لا نقيم لشمس ولا لقمر ولكنّا نسير بالله الواحد القهّار[11]، وكان يقال يوم السبت يوم مكر وخديعة ويوم الأحد يوم غرس وبناء ويوم الاثنين يوم سفر وابتغاء رزق ويوم الثلثاء يوم حرب ودم ويوم الأربعاء *يوم الأخذ والاعطاء[12] ويوم الخميس يوم دخول على الامراء وطلب الحوائج ويوم الجمعة يوم *خطب و[13] نكاح،

1* > C   2 Buḫârî k. alǵihâd wassair nr. 102 (II 101)   3 C وكانت   4 C + تقول   5 C + فى   6* > C   7 C النعمان   8* > C   9 C + قوم   10* > P   11* > C   12* P لا أخذ فيه ولا عطاء   13* C جلب

الدعاء عند اللقاء

حدّثنى محمّد بن عبيد قال حدّثنا معوية عن أبى إسحق عن أبى رجاء قال كان النبىّ صلعم يقول إذا اشتدّت حلقة البلاء وكانت الضيقة تضيّقى وتفرّجى ثمّ يرفع يديه[1] فيقول بسم الله الرحمن الرحيم لا[2] حول ولا قوّة 125r
الّا بالله[3] العظيم اللّهمّ ايّاك نعبد وايّاك نستعين اللّهمّ * اكفف عنّا[4] بأس الّذين كفروا إنّك أشدّ بأسا وأشدّ تنكيلا ثمّ يخفض يديه المباركتين[5] حتّى ينزل الله النصر و[6] حدّثنى محمّد بن عبيد عن معوية عن أبى إسحق[7] عن موسى بن عقبة عن سالم أبى النضر مولى عمر بن عبيد الله وكان كاتبا له قال كتب عبد الله بن أبى أوفى حين خرج الى الحروريّة إنّ[8] النبىّ صلعم فى بعض أيّامه الّتى لقى فيها العدوّ وانتظر حتّى مالت الشمس ثمّ قام فى الناس فقال لا تتمنّوا لقاء[9] العدوّ واسألوا[10] الله العافية فاذا لقيتموهم فاصبروا[11] واعلموا أنّ الجنّة تحت ظلال السيوف ثمّ قال اللّهمّ منزل الكتاب ومجرى السحاب وهازم الاحزاب اهزمهم وانصرنا عليهم وقال ابو النضر وبلغنا انّه دعا فى مثل ذلك فقال اللّهمّ[12] 125v
انت ربّنا وربّهم وهم عبيدك ونحن عبيدك ونواصينا ونواصيهم بيدك فاهزمهم وانصرنا عليهم و حدّثنى[13] محمّد بن عبيد قال لمّا صافّ قتيبة ابن مسلم الترك وهاله أمرهم سأل عن محمد بن واسع ما يصنع قالوا[14] هو فى اقصى الميمنة جانح على سية قوسه ينضنض باصبعه نحو السماء

---

1 C يده, P add المباركين so   2 C ولا   3 C + العلى   4* C كف
5 P المباركين   6 > C   7 Buḫârî k. alǵihâd wassair m 155 (II 108)
8 P الى   9 > P   10 C وسلوا   11 C فاثبتوا واصبروا   12 > C   13 Ǧâḥiẓ k. al bajân II 129_{9-11} 14 P قال

فقـال[1] قتيبة تلك الاصبع[2] الفاردة احبّ الىّ من مائة الف سيـف شهير ورمح[3] طرير فلمّا[4] فتح الله عليهم قال لمحمّد[5] ما كنت تصنع[6] قال كنت آخذ لك بمجامع الطرق[7]،

*الحضّ على الصبر عند اللقاء[8]

حدّثنى سهل بن محمّد قال حدّثنا الأصمعىّ قال كان[9] عاصم بن الحدثان رجلاً من العرب عالما قديما وكان رأس الخوارج بالبصرة وربّما جاءه الرسول منهم[10] من الجزيرة ويسئله[11] عن بعض[12] الأمر يختصمون فيه فمرّ بـه الفرزدق فقال لابنه أنشد أبا فراس فأنشده فقال[12] 126r

وهم اذا كسروا الجفونَ أكارمٌ * صُبُرٌ وحين تُحلّـل الأزرارُ
يغشون حَومات المَنونِ وانّها * فى اللّه عند نفوسهم لصِغارُ
يمشون فى الخَطّىّ لا تثنيهم[13] * والقوم اذ ركبوا الرماحَ تِجارُ

فقال له[12] الفرزدق ويحك[14] اكتم هذا لا يسمعْه النسّاجون فيخرجوا[15] علينا بحفوفهم فقال عاصم يا فرزدق هذا شاعر المؤمنين وأنت شـاعر الكافرين، حدّثنا سهل *قال حدّثنا[16] الأصمعىّ قال قال[17] سليط بن سعد قال بسطام بن قيس لقومه تردون على قوم آثارهم آثار نساء وأصواتهم ذا أصوات صردان ولكنّهم صُبُر على الشرّ يعنى بنى يربوع، وفى هاؤلاء يقول معوية لو أنّ النجوم تناثرن[18] لسقط قمرها فى حجور بنى يربـوع، قال الأصمعىّ قلت لسليط أكان عيينة بن الحرث ضخما قال[19] لا ولا من قوم 126v

1 P قال 2 P الاصابع 3 C وسنان 4 C ولما 5 C له 6 P + اخذ
7 In C folgt 129^v_9; vgl. zu 118^v_5 8* C الصبر وحضّ الناس يوم اللقاء
9 ʿIqd I 31_{3-8} 10 > C 11 C ويسال 12 > C 13 C يثنيهم عليه
14 C ويلك 15 P فيخرجون 16* C عن 17 > C 18 C تناثرت 19 C فقال

ضخام بعنى بنى يربوع، *وقال عمر بن الخطّاب لبنى عبس كم كنتم يوم الهباءة[1] فقال كنّا مائة كالذهب لم نكثر فنتواكل ولم نقلّ فنذلّ قال فكيف كنتم تقهرون من ناواكم ولستم بأكثر منهم عددا ولا مالا قال كنّا نصبر بعد اللقاء هنيهة قال فلذلك اذًا، قيل لعنترة العبسى*[2] كم كنتم يوم الفَروق قال كنّا مائة لم نكثر فنفشل ولم نقلّ فنذلّ*[3]، ومن احسن ما قيل فى الصبر قول نهشل بن حَرِّىّ بن ضَمرة[4]

ويومٍ كأنّ المصطلين بحَرّةٍ * وإن لم تكن[5] نار قيام على الجَمْرِ
صبرنا له حتّى يَفضَى[6] وانّما * تُفرَّج أيّام الكريهة بالصّبْرِ

*ومثله قول الآخر[7]

بكى صاحبى لمّا رأى الموت فوقنا * مطلاًّ كإظلال السحاب اذا اكْفَهَرّْ
فقلتُ له لا تبك عينُك انّما * يكون غدًا حُسْنُ الثناء لمن صَبَرْ
فما أُخِّرَ الاحجام يوما معجّلا[8] * ولا عجّل الاقدام ما أُخِّرَ القَدَرْ 128r
فآسى على حال يَقِلُّ[9] بها الأَسَى * وقاتل حتّى[10] استبهم الوِرْدُ والصَّدَرْ
وكرّ حفاظا خشية العار بعدما * رأى الموت معروضا[11] على منهج المَكَرّ

**وقال[12] ابو بكر الصدّيق[13] *رحمه الله[14] لخالد *بن الوليد[15] *حين وجّهه[16] احرص على الموت توهبْ لك الحياة، *وتقول العرب[17] الشجاع موقّى، وقالت الخنساء[18]

1 P الهباة vgl. Bekrî 826_3 2 ‘Iqd I $39_{9\cdot10}$ 3* > C, dafur وكان بفعال النصر مع الصبر 4 ‘Iqd I 31_{12-19}, Ḫiz I 151/2, Wâsitat al mulûk p. 17, Sulwân al mutâ‘ p 4 u, Nahg al mulûk fol. 12v 5 C بكن 6 C يبوخ 7* C وقال آخر 8 P مقدّما 9 C تعل 10 C Glosse unter d Z. الصبر 10 C حين 11 P معروفا 12 ‘Iqd I $29_{26\ 27}$ 13 > P 14* C رضى الله عنه 15* > P 16* > C 17* C والعرب تقول 18 ed. Bairût I 74_3, ‘Iqd I 30_{25}

نُهِينُ[1] النفوسَ وهَونُ النفو * سِ يومَ الكريهة أوقى لها

وقال[2] يزيد بن المهلّب[3]

تأخّرتُ أَستبقى الحياةَ فلم أَجِدْ * *لنفسى[a] حياةً[b][4] مثلَ أَنْ أتقدّما[5]

**وقال قطرىّ[6] بن الفجاءة

وقولى كلّما جشأتْ وجاشت[8] * من الأبطال ويحكِ لا تُراعى[9]

فإنّكِ لو سألتِ حياةَ يومٍ * سوى الأجَلِ الذى لكِ لم تطاعى[10][11]

**وقال[12] معاوية بن أبى سفيان شجّعنى على علىّ بن أبى طالب قول عمرو بن 128v الاطنابة[13]

أَبَتْ لى عِفّتى وأَبَى بلائى * وأخذى الحمدَ بالثّمنِ الرّبيحِ

وإقدامى على المكروه نفسى * وضربى هامةَ البطلِ المُشيحِ[14]

وقَوْلى كلّما جشأت لنفسى * مكانَكِ تُحمَدى أو تستريحى

لأدفعَ عن مآثِرَ صالحاتٍ * وأَحْمِىَ بعدُ عن عِرضٍ صحيحِ

*ابتْ لى ان أُقِضّىَ فى فعالى * وان أُغْضِى على امرٍ قبيحِ[15][16]

وقال ربيعة بن مقروم[17]

ودعَوْا نَزالِ فكنتُ أوّلَ نازلٍ * وعَلامَ أركبه اذا لم أنزِلِ

**وكان[18] خالد بن الوليد يسير فى الصفوف يذمّر[19] الناس ويقول يأهل

---

1 P يهين 2 C وكان 3 C + يتمثّل, vgl. ʿIqd I $30_{23 \cdot 24}$ 4* C ba 5** s. 11 6 C القطرى 7 ʿIqd I 30_{31-33} 8 C لنفسى 9 P يراع 10 P تطاع 11**: C 11** 5**, dazwischen fol. 187^r_{3-12} 12 ʿIqd I 30_{27-30} 13 v. 1—3 Mubarrad 753_{13-15}, 1a, 2b, 2a, 1b, 3. Ṭabarî I 3300_{14-16}, v. 1. 3. Tahḏîb b. as Sikkît 443 u LA I 40 III 331 v. 3. Belâḏorî Ahlw. $218_{12 \cdot 18}$. Ḫiz I 423_4 14 in P Glosse über d. Z. المجد 15* P am Rande von zweiter Hand 16** > C 17 Ḫiz III 62_{12} 18 ʿIqd I $29_{29 \cdot 30}$ 19 C Glosse am Rande اى يقوى

الاسلام إنّ *الصبر عزّ وإنّ[1] الفشل عجز وإنّ *النصر مع الصبر[2][3]

**وقال بعض ابطال العرب[4]

إنّ الشِواءَ والنَّشِيلَ[5] والرُّغُفْ * والقَيْنَةَ الحَسْناءَ والكأسَ الأُنُفْ

للضاربين الهَبْلَ[6] والخيلُ قُطُفْ[7]

وقال أعرابيّ الله يُخلف ما أتلف الناس والدهر متلف ما جمعوا وكم من ميتة علّتها طلب الحياة وحياة سببها التعرّض للموت[8]، ومثله قول *أبي 129r بكر[9] الصدّيق[10] لخالد احرص على الموت توهب لك الحياة، وقدمت منهزمة الروم على هرقل وهو بأنطاكية فدعا رجالا من عظمائهم فقال ويحكم أخبروني ما هؤلاء الذين تقاتلونهم أليسوا بشرا مثلكم قالوا بلى يعني العرب قال فأنتم أكثر أم هم قالوا بل نحن أكثر منهم أضعافا في كلّ موطن قال ويلكم فما بالكم منهزمون كلّما لقيتموهم فسكتوا فقال شيخ منهم أنا أخبرك أيّها الملك من أين تؤتَون قال أخبرني قال إذا حملنا عليهم صبروا وإذا حملوا علينا صدقوا ونحمل عليهم فنكذب ويحملوا علينا فلا نصبر قال ويلكم فما بالكم كما تصفون وهم كما تزعمون قال الشيخ ما كنت أراك إلّا وقد علمت من أين هذا قال له من أين هو قال لأنّ القوم يصومون بالنهار ويقومون بالليل ويوفون بالعهد ويأمرون بالمعروف 129v وينهون عن المنكر ولا يظلمون أحدا ويتناصفون بينهم ومن أجل أنّا نشرب الخمر ونزني ونركب الحرام وننقض العهد ونغصب ونظلم ونأمر بما

1* > P   2* C مع الصبر النصر   3** s. 7   4 Mubarrad $428_{10.11}$ (قال لعبط بن زرارة) Tahdib b. as Sikkit $219_{7.8}$ 5 in C Glosse über der Zeile اللحم   6 P الهام   7** C vor 3**   8 Hier folgt in C fol. 186^{r}_{6} ff.   9* > C   10 > P

يُسخط الله وننهى عمّا يرضى الله ونفسد فى الأرض قال صدقتنى والله لأخرجنّ من هذه القرية فما لى فى صحبتكم خير وأنتم هكذا قالوا نُشهدك الله أيّها الملك تدع سوريّة وهى جنّة الدنيا وحولك من الروم عدد الحصى والتراب ونجوم السماء ولم يُوتَ عليهم،

ذكر[1] الحروب[2]

*قالت العرب[3] الحرب غَشوم[4] لأنّها تنال غير الجانى، وقال[5] الكميت[6]

النَّاس فى الحرب شَتّى وهى مقبلة * ويستوون اذا ما أَدبر القُبُلُ
كُلٌّ بأَمْسِيّها[7] طَبٌّ مُوَلِّيَةً * والعالمون[8] بذى[9] غُدْوِيّها قُلُلُ

130r وقال عمر *بن الخطّاب[10] *رحمه الله[11] لعمرو بن معدى كرب[12] أخبرنى عن الحرب قال مُرّة المذاق اذا قلصت عن ساق من صبر فيها عُرف ومن ضعف عنها تلف، وهى كما قال الشاعر[13]

الحرب أوّل ما تكون فَتِيّة * تسعى بزينتها لكلّ جَهول
حتّى اذا استعلت[14] وشبّ ضرامها * عادت عجوزا غير ذات خليل
شمطاء جَزّت[15] رأسها وتنكّرت * مكروهة للثّم[16] والتقبيل

كان يزيد بن عمر بن هبيرة يحبّ ان يضع من نصر بن سيّار فكان لا يمدّه بالرجال ولا يرفع ما يرد[17] عليه من أخبار خراسان فلمّا كثر[18] ذلك على[19] نصر قال[20]

---

1 C im Anschluss an 125_8 2 C الحرب 3* C كان يقال 4 vgl. Ṣ. s.v. غشم 5 C قل 6 ʻIqd I 28₄.₅ 7 P بامسها 8 P والعاملون 9 P لدى 10* > P 11* C رضى الله عنه 12 ʻIqd I 27_{pu}—28_2 13 C القائل 14 C استعرت 15 P جرّت 16 C للشمّ 17 P يورده 18 C رأى 19 > C

20 v. 1—3, Aġ VI 123_{5-7}, Ǵâḥiẓ Bajân I 67_{7-10} mit einem anderen 4ten Vers, Dînaw. 356_{16-20} mit noch 2 Versen, v. 1—2. ʻIqd I 28_{6-8}, Frgm. hist. ar. I 189_{46} (dort cit. b. Ḫall. nr. 382, b. Ḫald. fol. 224r, Fachrî 170).

أرى خلل الرّماد ومِيض جَمْرٍ * ويُوشِكُ[1] ان يكون له ضِرامُ
فإنّ النّار بالعُودَيْن تُذْكى * وإنّ الحربَ أوّلها الكلامُ[2]
*فإن لم يُطْفِها عقلاء قومٍ * يكون وَقودَها جُثَثٌ وهامُ[3]
فقلتُ من التعجُّب ليت شِعْرى * أأيقاظٌ أُميّةُ أمْ نِيامُ

ونحو قوله الحرب اوّلها الكلام[4] قول حُذيفة إنّ[5] الفتنة تلقح بالنجوى 130v وتنتج بالشكوى، العدىّ عن أبيه قال قال علىّ بن أبى طالب رضى الله عنه *لابنه لحسن[6] يا بنىّ لا تدعونّ أحدا إلى البراز ولا يدعونّك أحد اليه إلّا أجبته فإنّه بغى،

فى[7] العدّة[8] والسلاح

حدّثنى محمد بن عُبيد قال حدّثنا سفيان بن عيينة عن يزيد بن خُصيفة[9] عن السائب بن يزيد *فيما حفظت[a] إن شاء الله[10][b] أنّ النبىّ صلعم *كانت له[11] درعان يوم أُحُد، قيل لعبّاد بن الحُصين وكان من أشدّ رجال أهل البصرة فى أىّ شىء[12] تحبّ أن تلقى عدوّك قال فى أجل مستأخر، حدّثنى[13] زياد بن يحيى قال حدّثنا بشر بن المفضّل قال حدّثنا داود بن أبى هند عن عكرمة قال لمّا كانت ليلة الأحزاب قالت الجنوب للشمال انطلقى بنا نمدّ رسول الله صلعم فقالت الشمال انّ الحرّة لا 131r تسرى بالليل فكانت الريح الّتى أُرسلت عليهم الصبا، حدّثنى سهل ابن محمّد قال حدّثنا الأصمعىّ قال حدّثنا ابن أبى الزناد[14] قال ضرب الزبير

---

1 P واوشك   2 C كلام   3* > P   4 C كلام   5 > P   6* C للحسن ابنه   7 > C   8 C العدد   9 P حصيف   10* C b a   11* C كان عليه   12 C عدة   13 C حنا   14 ʿIqd I 50_{23-29}

ابن العوّام يوم الخندق عثمان بن عبد الله بن المغيرة فقطعه[1] الى القربوس فقالوا ما أجود سيفك فغضب يريد[2] أنّ العمل ليده لا لسيفه، وقال الوليد[3] بن عبيد البحترى يصف سيفا

ماضٍ وان لم تُمضِه يد فارس * بَطَلٍ ومصقولٌ وان لم يُصقَلِ
متوقّدٌ يَفْرى[4] بأوّل ضربة * ما أدركتْ ولَوَ انّها فى يَدِ يَذْبُلِ

وقال آخر[5]

وما السيف الّا بَزُّ غادٍ لزينة * اذا لم يكن أمضى من السيف حامِلُهْ

رُوِى[6] الجرّاح بن عبد الله فى بعض الحروب وقد ظاهر بين درعَيْن فقيل 131ᵛ له فى ذلك فقال انّى لست أَقى بدنى وانّما أَقى صبرى، واشترى يزيد بن حاتم أدرُعا[7] وقال انّى لم أَشترِ أدرعًا[7] انّما اشتريت اعمارًا، وقال[8] حبيب ابن المهلّب ما رأيت رجلا فى الحرب مستلئما الّا كان عندى رجلين ولا رأيت حاسرَين الّا كانا عندى واحدا فسمع هذا الحديث بعض أهل الكوفة[9] فقال صدق إنّ للسلاح[10] فضيلةً أمَا[11] تراهم ينادون *عند الصريخ[12] السلاح السلاح ولا ينادون الرجال الرجال، *قال[13] المهلّب لبنيه يا بَنىّ لا يقعدنّ أحد منكم فى السوق فان كنتم لا بُدّ فاعلين فالى زرّاد أو سرّاج أو ورّاق[14]، وقال[15] عمر بن الخطّاب رضه[16] لعمرو بن معدى كرب أخبرنى عن السلاح قال[17] سَلْ عمّا شئت منه[18] قال الرمح قال اخوك وربّما خانك

---

1 C فقطه 2 P فقال الزبير 3 C ابو لبيد 4 C يبرى 5 P darunter von zweiter Hand وهو البحترى (ohne Punkte); C ايضا 6 P زرى; ‘Iqd I $50_{10\cdot 11}$ 7 C ادراعا 8 C قال 9 C المعرفة 10 P السلاح 11 P انما 12* > C 13 ‘Iqd I 50_{12}, El Fachrî ed. Ahlw. $3_{12\cdot 13}$ 14* > C 15 C قال ‘Iqd I 50_{18-19}, Belâḏorî Futûḥ 279_{8-13} 16 > P 17 C فقال 18 C عنه

قال النبل قال منايا تخطىٔ وتصيب وقال الترس قال ذاك المجنّ الّـذى[1] عليه تدور الدّوائر وقل الدرع قال مشغلة للراجل مُتعِبة[2] للفارس وانّها لحصن حصين وقل السيف قال ثمّ قارعتك أمّك عن الثكل قل عمر بل أمّك قال الحُمّى أضرعتنى إليك، وقال الطائىّ يصف الرماح[3] 132r

مثقّفات سلبن الرومَ زُرْقتَها * والعُرْبَ سُمرتَها[4] والعاشقَ القَصَفا[5]

وقال دعبل يصف الرمح

وأسمر فى رأسه أزرق * مثل لسان الحيّة الصادى

وقال الشاعر[6]

تلمّظ السيف من شوق الى أنَس * فالموت يلحظ والأقدار تنتظر

اظلّه منك حَتْفٌ قد تجلّله[7] * حتّى يؤامر فيه رأيَكَ[8] القَدَرُ

أمضى من السيف الّا عند قدرته * وليس للسيف عَفْوٌ حين يعتذر[9]

وقال[10] آخر

متى تَلْقَنى تَعدُو بِبِزّى مُقلِّصٌ * كُمَيت بهيم أو أغرّ محجَّلُ

تلاقِ امرءًا إن تَلْقَه فبسيفه * تُعلّمك الأيّام ما كنت تجهل

وقال[11] علىّ رضه السيف أنمى عددا واكثر[12] ولدا *وفى الحديث بقيّة 132v السيف مباركة يعنى أنّ مَن نجا من ضربة السيف ينمو عدده ويكثر ولده[13]، وقل المهلّب ليس شىء أنمى من سيف، ويقال لا تجد اسرع من حدّ سيف، وكانت[14] درع علىّ رضه[15] صدرا لا ظهر له فقيل له فى ذلك

1 C و   2 P متبعة   3 ʻIqd I 51_6 4 C الوانها   5 C Glosse am Raude = Ṣ (Bûlâq 1292) II 53^u, 54_1 6 C بعض الشعراء   7 P تخلّله   8 C ربّه   9 C يعتذر   10 > C   11 C قال   12 C واكرم   13* > P   14 C كانت ; ʻIqd I 50_9 15 C عم

فقال اذا استمكن العدوّ[1] من ظهرى فلا يبقى[2]، وقال أبو الشيص

ختلتْه المنونَ بعد احتيال * بين صفّين من قَنًى ونصال

فى رداء من الصفيح[3] صقيل * وقميص من الحديد مُذال،

بلغ[4] أبا الأغرّ أنّ اصحابه بالبادية قد وقع بينهم شرّ فبعث[5] أبنه[6] الأغرّ وقال يا بُنىّ كن يدا لأصحابك على من قاتلهم وإيّاك والسيف فانّه ظلّ الموت واتّق الرمح فانّه رشاء المنيّة ولا تقرب السهام فانّها رسل لا تؤامر من يرسلها قال فبما ذا اقاتل قال بما قال الشاعر

جلاميد يَمْلَأْنَ[7] الأكُفَّ كأنّها * رؤوس رجال حُلقت *فى المواسم[8]

133r وقال الخزيمىّ فى بغداد أيّام فتنتها[9]

يا بُؤْس بغداد دار مملكة * دارت على أهلها دوائرُها

أمهلها الله ثمّ عاقبها * لمّا أحاطت بها كبائرُها

رقّ به الدّين واستُخِفّ بذى * الفَضْل[10] وعزّ الرجال فاجرُها

وصار ربَّ الجيران[11] فاسقهم * وابتزّ[12] أمر الدروب شاطرها

يَحرِق[13] هذا وذا[14] يهدّمها * ويشتفى بالنهاب ذاعرها

والكرخ أسواقُها مُعطّلة * يُسْتَنّ شُذّابها[15] وعائرها

أخرجت الحربُ من أساقطهم * آساد غيل غُلْبًا تساورها

---

1 C عدوّى 2 C يبقى 3 P الصحيف 4 ʿIqd I 50_{33-36} 5 C فوجه 6 P اليه 7 P يميلان 8 P بالمواسم 9 Ṭabarî III $875_{15\cdot16}$, $876_{4\cdot6}$, $877_{2\cdot3\cdot4\,5\cdot8}$ 10 P الدين 11 P الخبران 12 P وابتز 13 P يخرق 14 C وذاك 15 so nach Ṭabaqât aš šuʿarâ, ms. Leid. 1697 p. 4 ff. (cit. bei Ṭab.); P شدانها, C شذاتها dazu am Rande: شداتها متفرقها وعائرها يذعب ويجى

من البوارى تراسها ومن * الحوص اذا استلمت مغافرها
لا الرزق تبغى ولا العطاء ولا * يحشرها بالعناء حاشرها

ونحوه[1] قول علىّ بن أميّة

دَهَتْنا أمور تُشيبُ الوليدَ * ويخذل[2] فيها الصديق الصدوق
فناءٌ مُبيدٌ وذُعْرٌ[3] عتيد * وجُوع شديد وخوف وضِيق
وداعى[4] الصباح بطول الصياح * السلاحَ السلاحَ فما يستفيق 133ᵛ
فبالله نبلغ[5] ما نرتجى[5] * وبالله ندفع[5] ما لا نطيق[5]

جى[6] قوم من اهل اليمامة[7] جنابة فارسل * اليهم[a] السلطان[b][8] جندا من محاربة[9] ابن زياد فقال[10] رجل من أهل البادية يذمر قومه[11] يا معشر العرب ويا بنى المحصنات قاتلوا عن احسابكم ونسائكم والله[12] لئن ظهر هؤلاء عليكم لا يدعون بها لبنة حمراء[13] ولا نخلة خضراء الّا وضعوها بالأرض ولا اغرّكم من[14] نُشاب معهم فى جعاب كأنّها أيور الفِيَلة ينزعون فى قسىّ كأنّها العتل تئطّ[15] احداهنّ اطيط الزرنوق بمغط[16] احدهم فيها حتى ينفرق شعر ابطيه[17] ثمّ يرسل نشّابة كأنّها رشاء منقطع فما بين احدكم وبين ان تنفضخ[18] عينه و[19] ينصدع قلبه منزلة فخلع * قلوب القوم[20] وطاروا رعبا[21]

1 C وفى نحو هذا 2 C وبخذل 3 C وعذر 4 P وذاع 5 P تَ
6 ʿIqd I 52 pu—53_5 7 P البادية 8 * C b a 9 P محازبة, cf. Gloss. Tab
10 C فعام 11 C + فعال 12 P فوالله 13 C جما 14 C فى 15 C تنط
16 P يمعط 17 P ابطه 18 P ب، 19 C او 20* C قلوبهم 21 P هربا

آداب الفروسة[1]

134r حدّثنى محمد بن عبيد قال حدّثنا معوية بن عمرو عن ابى اسحق عن عاصم بن سليمان عن ابى عثمان قال[2] كتب عمر رضه[3] ائتزروا *وارتدوا وانتعلوا[4] وألقوا الخفاف وارموا الأغراض وألقوا الركب وانزوا نزوا *على الخيل[5] وعليكم بالمعدّيّة او قال العربيّة ودعوا التنعّم وزىّ العجم ولا تلبسوا الحرير فإنّ رسول الله صلعم نهى عنه الّا هكذا ورفع اصبعيه وقال ايضا[6] لن تخور[7] قوًى ما كان صاحبها ينزع وينزو يعنى ينزع فى القوس وينزو على الخيل من غير استعانة بالرُكب، وقال العمرىّ كان عمر بن الخطّاب يأخذ بيده *اليمنى أُذنه اليمنى[8]* وبيده اليسرى اذن فرسه اليسرى[9] ثمّ يجمع جراميزه ويثب[10] فكأنّما خُلق على ظهر فرسه[11]، **وقال علىّ *بن ابى طالب[12] رضه يوم صِفّين عضّوا على النواجذ من 134v الأضراس فإنّه أنبأ[13] للسيوف عن الهام، وأقاموا رجلا بين العقابين فقال له ابوه طِدْ رجلك وأصرّ إصرار الفرس واذكر احاديث غد وإيّاك وذكر الله فى هذا الموضع فإنّه من الفشل[14]، *وقال غيره طد رجليك اذا اعتصيت بالسيف والعصا وأنت مخيّر فى رفعه ساعة المسالمة والموادعة[15] وقرأت فى الآيين أنّ من اجادة الرمى بالنشّاب فى حال التعلّم إمساك[16] المتعلّم القوس بيده اليسرى بقوّة عضده الأيسر والنشّابة بيده اليمنى وقوّة عضده الأيمن وكفّه *الى صدره[17] وإلقاؤه ببصره الى موضع[18] معلّم

1 C الفروسيّة 2 ʿIqd I 52$_{34-36}$ 3 > P 4* C b a 5* > C 6 ʿIqd I 52$_{36}$ 7 P تحور 8 C اليسرى 9* > C 10 > P 11* s. zu p. 172r 12* > P 13 C انى 14** in C zu Anfang des Kap. 15* > C 16 C بامساك 17* C اصدريه 18 > C

الرمى واجادته نصب[1] القوس بعد ان يطأطئ من سبتها بعض الطأطأة وضبطه اياها بثلاث اصابع وحناؤه[2] السبّابة على الوتر وامساكه بثلاثة[3] وعشرين كأنّها ثلاثة وستّون وضمّه الثلاثة ضمّا وتحويله ذقنه الى منكبه الأيسر[4] واشرافه[5] رأسه وارخاؤه عنقه وميله مع القوس واقامته ظهره 135r وايراده[6] عضده ومغطه القوس مترافعا ونزعه الوتر الى أذنه ورفعه بباص عنبه *من غير تصريف لأسنانه وتحويل لعينه وارتعاش من جسده[a] واستبانته[7] موضع زِحَاجِه[8] النشّاب[b][9]، **وقرأت فى الآيين من اجادة الضرب بالصوالجة[10] *ان يضرب[11] الكُرة قِدَمًا ضربة[12] خلسة يدير فيها يده الى أذنه ويميّل صولجانه الى[13] أسفل من صدره ويكون ضربه متشازرا مترقّعا[14] مترسّلا ولا يغفل[15] الضرب *ويرسل السنان[16] خاصّة وهو الحامية لمجاز الكره الى غاية الغرض ثمّ الجرّ للكرة من موضعها[17] والتوخّى للضرب لها تحت محزم الدابّة من قبل لببها[18] فى رفق وشدّة المزاولة والمجاحشة فى[19] تلك الحال والترك للاستعانة فى ضرب الكرة بسوط والتأثير * فى الأرض[20] بصولجان والكسر له جهلا باستعماله او عقر قوائم دابّته[21] 135v والاحتراس من ايذاء من جرى معه فى ميدانه[22] وحسن الكفّ للدابّة فى شدّة جريه والتوقّى من الصرعة والصدمة على تلك الحال والمجانبة للغضب والسبّ والاحتمال والملاهاه والتحفّظ من القاء كرة على ظهر بيت

---

1 P امساك 2 P واحناوه، C وانحاه 3 C ثلثة 4 > C 5 C واشراقه 6 P واارادنه 7 C واستباثتنه 8 P رحجة 9* C ba 10 C بالصولجان 11* C او بصرب 12 C ضرب 13 > C 14 C مترفعا 15 P يعقل 16 C نرسلا النبيّان sol 17 C موفعها 18 C لبنتها 19 C على 20* P للأرض 21 C الدابة 22 P ميدانها

وان كان ستّ كربين بدرهم وترك طرد[1] النظّارة والجلوس على حيطان الميدان[2] فإنّ عرض الميدان[2] انّما جعل ستّين ذراعا لئلّا يحال ولا يصال[3] من جلس على حائطه[A]، وقال ابو مسلم صاحب الدعوة لرجاله[4] أَشعروا قلوبكم الجرأة عليهم[5] فإنّها سبب الظفر واذكروا الضغائن[6] فإنّها تبعث على الإقدام وٱلزموا الطاعة فإنّها حصن المحارب[B][7]،

*المسير فى[8] الغزو والسفر[9]

136r حدّثنا[10] شبابة عن القسم بن الحكم عن اسمعيل بن عيّاش[11] عن معدان بن جرير[12] الحضرمىّ عن عبد الرحمن بن جبير بن نفير عن ابيه قال قال رسول الله صلعم مثل الّذين يغزون من أمّتى ويأخذون الجعل يتقوّون به على عدوّهم كمثل أمّ موسى ترضع ولدها وتأخذ أجرها، حدّثنى محمّد بن عبيد عن ابن عيينة عن عبد الرحمن بن حرملة عن سعيد بن المسيّب قال لمّا نزل النبىّ عم المعرّس أمر مناديا فنادى لا تطرقوا النساء فتعجّل[13] رجلان فكلاهما وجد مع امرأته رجلا، وكانت العرب تقول[14] السفر ميزان[15] القوم وتأمر بالمحلّات[16] وهى الدلو والفأس والسفرة[17] والقدر والقدّاحة وإنّما قيل لها محلّات لأنّ المسافر *بها[a] يحلّ[b][18] حيث شاء ولا يبالى ألّا[19] يكون بقربه أحد، **حدّثنى عبد

136v الرحمن بن الحسين عن عبد المنعم عن ابيه عن وهب بن منبّه قال قال لقمان لابنه يا بنىّ اذا سافرت فلا تنم على دابّتك فإنّ كثرة النوم

1 C ضرب 2 C المداين 3 P يصار 4 C لاصحابه 5 C عليها
6 P الظعائن 7** C BA 8* > C 9 C + والمسير 10 C حدثنى
11 P عبّاس 12 C حُدَير 13 P فتجعل 14 Maidânî (K. 1310) I 232₂ v.u
15 C محلاة 16 Ṣ. s. v. حلل 17 P والشفرة 18* C b a 19 C ان لا

سريع فى دبرها فاذا[1] نزلت أرضا مكلئة فأعطها حظّها من الكلأ وابدأ[2] بعلفها وسقيها قبل نفسك واذا بعدت عليك المنازل *فعليك بالدلج فانّ الأرض تطوى بالليل واذا أردت النزول[3] فلا تنزل على قارعة الطريق فانّها مأوى *الحيّات[a] والسباع[b][4] ولكن[5] عليك من بقاع الأرض بأحسنها لونا[6] وألينها[7] تربة وأكثرها كلأً فانزلها واذا نزلت فصلّ ركعتين قبل أن تجلس وقل ربّ أنزلنى منزلا مباركا وأنت خير المنزلين واذا أردت قضاء حاجة فأبعد المذهب *فى الأرض[8] وعليك بالسُترة واذا ترحّلت[9] من منزل فصلّ ركعتين وودّع الأرض التى ارتحلت عنها وسلّم عليها وعلى أهلها فانّ لكلّ بقعة من الأرض أهلا من الملائكة فاذا[10] مررت ببقعة *من الأرض[11] او 137r
واد او جبل فأكثر ذكر الله فانّ الجبال والبقاع تنادى بعضها بعضا هل مرّ بكنّ اليوم ذاكر لله وان استطعت ألّا[12] تطعم طعاما حتى تتصدّق منه فافعل وعليك بذكر الله *جلّ وعزّ[13] ما دمت راكبا وبالتسبيح ما دمت صائما وبالدعاء خاليا واياك والسير فى أوّل الليل وعليك بالتعريس والدلجة من نصف الليل الى آخره واياك ورفع الصوت فى سيرك[14] الّا بذكر الله وسافر *بسيفك[a] وقوسك[b][15] وجميع[16] سلاحك وخفّك وعمامتك وابرتك وخيوطك وتزوّد معك الأدوية تنتفع بها وتنتفع[17] من صحبك من المرضى والزمنى وكن لأصحابك موافقا فى كلّ شىء يقرّبك الى الله ويباعدك من معصيته وأكثر التبسّم فى وجوههم وكن كريما على زادك بينهم واذا دعوك 137v

---

1 C واذا 2 C وابد 3* > C 4* C b a 5 P و 6 C لونها
7 P والينها 8* > P 9 C ارتحلت 10 C واذا 11* > P 12 C ان لا
13* > C 14 C مسيرك 15* C b a 16 P و 17 C وتنفع بها

فأجبهم وإذا استعانوك فأعنهم وإذا استشهدوك على الحقّ فأشهد لهم واجهد رأيك وإذا رأيتهم يمشون فأمش معهم او يعملون فاعمل معهم *وإن تصدّقوا او أعطوا فأعط[1] واسمع لمن هو أكبر منك وإن تحيّرتم في طريق فانزلوا فإن[2] شككتم في القصد فتثبّتوا وتأمّروا وإن رأيتم خيالا واحدا فلا تسئلوه عن طريقكم فإنّ الشخص الواحد في الفلاة هو الّذى حيّركم واحذروا الشخصين ايضا إلّا أن تروا ما لا أرى فإنّ الشاهد يرى ما لا يرى الغائب وإنّ العاقل[3] اذا أبصر شيئًا بعينه[4] عرف الحقّ بقلبه[5]، علّم أعرابىّ بنيه إتيان الغائط في السفر فقال لهم[6] اتّبعوا الخلاء وجانبوا الكلأ واعلوا الضراء وأفحجوا إفحاج النعامة وامتسحوا بأشملكم، *وقال عمرو بن العاص للحسن بن علىّ بن ابى طالب رحمهما الله يأبا محمّد هل تنعت الخراءة فقال نعم تُبعد المشى في الأرض الصحصح حتّى 138r
تتوارى من القوم ولا تستقبل القبلة ولا تستدبرها ولا تستنج بالروثة ولا العظم ولا تبل في الماء الراكد[7]، أراد الحسن البصرىّ[8] الحجّ فقال له ثابت[9] بلغنى أنّك تريد الحجّ فأحببت أن نصطحب *فقال ويحك دعنا نتعايش بستر الله إنّى أخاف أن نصطحب[10] فيرى بعضنا من[11] بعض ما نتماقت عليه، وفي الحديث المرفوع عن بقيّة عن الوضين بن عطاء عن محفوظ بن علقمة قال قال رسول الله صلعم لرجل من اصحابه أما إنّك إن ترافق غير قومك يكن أحسن لخلقك وأحقّ أن يقتفى بك، أتى رجل هشاما أخا ذى الرمّة الشاعر[12] فقال له[13] إنّى أريد السفر فأوصنى قال[14]

1* > C   2 C وإذا   3 C العامل   4 C بعينيه   5** in C Anfang des Kap.   6 > C   7* > C   8 > C   9 P ابنه يابت   10* > P   11 P في   12 > P   13 > C   14 C فقال

صلِّ الصلاة لوقتها فانّك مصلّيها لا محالة فصلّها وهى تنفعك وإيّاك وأن
تكون كلب رفقتك فإنّ لكلّ رفقة كلبا ينبح دونهم فإن كان خيرا شركوه 138r
فيه وإن[1] كان عارا تقلّده دونهم، حدّثنى محمّد بن عبيد عن معٰوية
عن ابى اسحق عن عثمان بن عطاء عن ابيه قال اذا ضلّت لأحدكم
ضالّة فليقل اللّهمّ ربَّ الضالّة تهدى[2] الضالّة وتردّ[3] الضالّة أرددْ علىّ
ضالّتى اللّهمّ لا تبلنا بهلاكها[4] ولا تعنّنا[5] بطلبها ما شاء اللّه لا حول ولا
قوّة الّا باللّه يا عباد اللّه الصالحين ردّوا علينا ضالّتنا، وإذا أردت أن تحمل
الحمل الثقيل فقل[6] يا عباد اللّه اعينونا، *وقال ابو عمرو اذا ضلّت لأحدكم
ضالّة فليتوضّأ فيحسن الوضوء ثمّ يصلّى ركعتين ثمّ يتشهّد ويقول بسم
اللّه اللّهمّ يا هادى الضالّ ورادّ الضالّ اردد علىّ ضالّتى بعزّتك وسلطانك
فإنّها من فضلك وعطائك[7]، حدّثنى محمّد بن عبيد عن حمزة بن وعلة 139r
عن رجل من مراد يقال له ابن[8] جعفر عن محمّد بن علىّ عن علىّ رضه
قال قال النبىّ صلعم يا علىّ أمان لأمّتى من الغرق اذا ركبوا الفلك ان
يقولوا بسم اللّه الملك الرحمن وما قدروا اللّه حقّ قدره *والأرض جميعا
قبضته يوم القيامة والسمٰوات مطويّات بيمينه سبحانه وتعالى[9] عمّا
يشركون بسم اللّه مجراها ومرساها انّ ربّى لغفور رحيم، حدّثنى محمّد
ابن عبيد عن معوية عن ابى إسحق عن[10] محمّد بن عجلان عن عمرو بن
شعيب قال أراد عمر أن يغزى البحر جيشا فكتب اليه عمرو بن العاص
يأمير المؤمنين البحر خلق عظيم يركبه خلق ضعيف دود على عود

---

1 P فان   2 C تهدنى   3 C وتودى   4 C بهلاكنا   5 C تتعبنا
6 C قلت   7* > C   8 C ابو   9* C الى قوله   10 > P

بين غرق وبرق[1] قال عمر لا يسئلنى الله عن أحد حملته فيه، وحدّثنى
139r ايضا عن معٰوية عن ابى اسحق عن يزيد بن[2] ابى زياد عن مجاهد قال
كان ابن عمر يقول *فى السفر[3] اذا اسحر سمع سامع[4] يقول[5] *بحمد الله
ونعمته وحسن[6] بلائه عندنا[7] ويقول اللّهمّ صاحبنا فأفضل علينا ثلثا
اللّهمّ عائذ بك من النار ثلثا لا حول ولا قوّة الّا باللّه، وعن الأوزاعىّ عن
حسّان بن عطيّة أنّ رسول اللّه صلعم قال فى سفره حين هاجر الحمد للّه
الّذى خلقنى ولم أك شيئًا مذكورا اللّهمّ أعنّى على أهاويل الدنيا
وبوائق[8] الدهر ومصيبات الليالى والأيّام واكفنى شرّ ما يعمل الظالمون فى
الأرض اللّهمّ فى سفرى فأصحبنى وفى أهلى فأخلفنى وفيما رزقتنى فبارك لى
ولك فى نفسى فذلّلنى وفى أعيُن الصالحين فعظّمنى وفى خلقى فقوّمنى
وإليك ربّ فحبّبنى الى من تكلنى ربّ المستضعفين وأنت ربّى، وحدّثنى
140r ايضا عن معوية عن ابى اسحق عن عاصم عن عبد اللّه بن سرجس قال
كان النبىّ[9] صلعم اذا سافر يقول اللّهمّ إنّى أعوذ بك من وعثاء السفر وكآبة
المنقلب والحور[10] بعد الكور ودعوة المظلوم وسوء المنظر فى الأهل *وزاد غيره[11]
اللّهمّ اطو لنا الأرض وهوّن علينا السفر، *وقال مطرّف بن عبد اللّه لابنه
الحسنة بين السيّئتين وخير الأمور اوساطها[12] و[13]شرّ السير الحقحقة،
وفى[14] الحديث لا تحقحق فتنقطعَ ولا تجلس[15] فتُسبقَ ولكن[16] اقصد
تبلغْ والحقحقة[17] أشدّ السير، وفى حديث آخر إنّ المنبتّ لا ارضا

---

1 C او ترق 2 P عن 3* > C 4 P سامعا 5 > C 6* P بحمده وبنعمته وبحسن 7 C علينا 8 P وبوادق 9 C رسول اللّه 10 P والجور 11* > P 12* > C 13 C + كان يقال 14 C + بعض 15 C تباطا 16 > P 17 > P

فطع ولا ظهرا انقى، وقال المرّار

تفطّع بالنزول الأرض عنّا * وبُعد الأرض *تفطع بالنزول[1]

الأصمعيّ قال قمل لوجل اسرع فى سيره كيف كان مسيرك قال[2] كنت آكل 140r الوجبة وأعرّس اذا اسحرت وأرتحل اذا أسفرت وأسير الوضع وأجتنب الملع فجئتكم لمسى سبع، قال ابو اليقظان من[3] السير المذكور مسير ذكوان مولى آل عمر بن الخطّاب سار من مكّة الى المدينة فى يوم وليلة فقدم على ابى هريرة وهو خليفة مروان على المدينة فصلّى العتمة فقال له[4] ابو هريرة حاجّ غير مقبول منه قال له[4] ولِمَ قال لأنّك نفرت قبل الزوال فأخرج[5] كتاب مروان بعد الزوال وقال

ألم ترى كلّفتُهم سير ليلة * من آلِ منى نصّا الى آل يثرب
فأقسمت لا تنفكّ ما عشت سيرتى * حديثا لمن أمسى[6] بجمع المحصّب،

ومن السير المذكور مسير[7] حذيفة بن بدر وكان أغار على هجائن النعمان[8] ابن المنذر بن ماء السماء وسار فى ليلة مسيرة ثمان فقال قيس بن الخطيم 141r

همّنا بالاقامة ثمّ سرنا * كسير حُذيفة الخير بن بدر،

قال[9] الشرقيّ بن القُطامى[10] خرجت من الموصل أريد الرقّة فصحبنى فتى من أهل الحيرة *وذكر أنّه[11] من ولد عمرو[12] بن كلثوم ومعه مزود وركوة وعصا ورأيته لا يفارقها مُشاةً كنّا أو ركبانا ويقول أنّ الله جعل جماع أمر[13] موسى و[14]أعاجيبه وبراهينه ومآربه فى عصاه ونُكثر من هذا وأنا أضحك متهاونا *بما يقول[15] فتخلّف المكارى فكان حمار

1* يقطعه النزول   2 C فقال   3 > P   4 > P   5 C خرج   6 C وافى
7 P سير   8 > C   9 Gâḥız Bajân II 61₁₈ ff   10 C قطامى   11* > P
12 P عمر   13 > P   14 P فى   15* C بقوله

الفتى اذا وقف أكرهه بالعصا ويقف[1] حمارى ولا شىء فى يدى فيسبقنى الى المنزل فيستريح ويريح ولا أقدر على البراح حتّى يوافينى المكارى فقلت له هذه واحدة ثمّ خرجنا *من غد[2] مُشاةً فكان اذا أعيا توكّأ
141v على العصا وربّما أحضر[3] ووضع طرفا على الأرض فاعتمد عليها ومرّ كأنّه سهم زالج حتّى انتهينا وقد تفسّخت[4] من الكلال واذا فيه فضل كثير فقلت وهذه أخرى فلمّا كان فى اليوم الثالث هجمنا على حيّة منكرة فسارت[5] الينا فأسلمته اليها[6] وهربت عنها[6] فضربها بالعصا حتّى قتلها فقلت هذه ثالثة[7] * وهى أعظمهنّ[8] وخرجنا فى اليوم الرابع وبنا قرم الى اللحم فاعترضتنا أرنب فحذفها بالعصا حيّة وأدركنا ذكاتها فقلت هذه رابعة فأقبلت عليه فقلت لو أنّ عندنا نارا ما أخّرت أكلها الى المنزل فأخرج عويدا من مزوده ثمّ حكّه بالعصا[9] فأورت ايراء المرخ والعفار ثمّ جمع ما قدر عليه من الغثاء والحشيش وأوقد[10] نارا وألقى الأرنب فى جوفها
142r فأخرجناها وقد لزق بها من الرماد والتراب ما نغّصها التى فعلّقها بيده اليسرى ثمّ ضرب جنوبها بالعصا[11] وأعراضها ضربا رقيقا حتّى انتشر كلّ شىء عليها فأكلناها[12] وسكن القرم وطابت النفس فقلت هذه خامسة ثمّ نزلنا بعض الخانات واذا البيوت ملآنة[13] روثا وترابا فلم نجد موضعا نظلّ فيه فنظر الى حديدة[14] مطروحة[15] فى الدار فأخذها فجعل العصا نصابا لها ثمّ قام فجرف[16] جميع ذلك الروث والتراب وجرّد الأرض حتّى

---

1 P ويكف 2* > P 3 C اخصب 4 C تفضحت 5 P فثارت
6 > C 7 C الثالثة 8* > C 9 C بعصاه 10 P واوقدنا 11 > C
12 C واكلناها 13 P مملوءة 14 P جريدة 15 C موضوعة 16 P ..رف
C فحرق

ظهر[1] بياضها وطابت[2] ريحها فقلت[3] وهذه[4] سادسة ثمّ نزع العصا من الحديدة[5] فأوتدها الى الحائط وعلّق عليها *ثيابه و[6]ثيابى فقلت[3] هذه سابعة فلمّا صرنا[7] الى مفرق الطريق[8] وأردت مفارقته قال لى لوعدلت معى فبتّ عندى فعدلت معه فأدخلنى منزلا يتّصل ببيعة فما زال يحدّثنى ويطرفنى الليل كلّه فلمّا كان[9] السحر أخذ العصا بعينها[10] 142v وأخذ خشبة أخرى فقرع بها العصا[11] فإذا ناقوس ليس فى الدنيا مثله وإذا أحذق الناس فقلت له[12] ويحك أما أنت بمسلم قال بلى قلت فلم تضرب بالناقوس قال لأنّ أبى نصرانىّ وهو شيخ كبير[13] ضعيف فإذا شهدت بررته[14] بالكفاية وإذا شيطان مارد وأظرف[15] الناس وأكثرهم أدبا فخبّرته بالّذى أحصيت من خصال العصا فقال والله لو حدّثتك عن مناقب العصا ليلة الى الصباح ما استنفدتها[16]، وروى[17] يزيد عن هشام عن الحسن عن جابر قال قال رسول الله صلعم إذا كنتم فى الخصب فأمكنوا الركاب أسنّتها ولا تغدوا المنازل[18] وإذا كنتم فى الجدب فاستنجوا[19] وعليكم بالدلجة فإنّ الأرض تطوى بالليل وإذا تغوّلت[20] لكم الغيلان 143r فنادوا بالأذان ولا تصلّوا على جوادّ الطُرُق ولا تنزلوا عليها فإنّها مأوى السباع والحيّات ولا تقضوا عليها الحوائج فإنّها الملاعن، وأراد[21] أعرابىّ سفرا فقال لامرأته

---

1 C اظهر　2 P وطاب　3 C قلت　4 C هذه　5 C الجريدة
6* > P　7 P خرجنا　8 C الطريقين　9 C فى　10 > C　11 > P
12 > P　13 > C　14 P بدرته　15 P واطرف　16 C P استنفذتها
17 P روى　18 > P　19 C Glosse unter der Zeile اسرعوا　20 P تعولت
21 C أراد

عُدِّى السنين لغيبتى وتصبَّرى * وذرى الشهور فإنّهنّ قصار

فأجابته[1]

اذكُرْ صَبابتنا اليك وشوقنا * وأرْحَمْ[2] بناتك إنّهنّ صغار

[3]فأقام وترك سفره[4]، وقال[5] إسحق بن إبرهيم الموصلى[6]

طربتَ الى الأُصَيْبِيَةِ الصِغارِ * وعاجك منهمُ قرب المزارِ

وكُلُّ مسافر يــزداد شــوقا * اذا دنت الديار من الديار

143r وفى الحديث المرفوع قال ابن مسعود كنّا يوم بدر ثلثة على بعير فكان علىّ وأبو لبابة زميلىْ رسول الله صلعم فكانت[7] اذا دارت عقبتهما قالا يا رسول الله اركب ونمشى عنك فيقول ما انتما بأقوى منّى وما أنا بأغنى عن الأجر منكما، خطب قتيبة بن مسلم على منبر خراسان فقال فى خطبته اذا غزوتم فأطيلوا الأظفار وقصّروا الأشعار، وقالت عائشة *رضى الله عنها[8] لا سهر الّا لثلثة مصلٍّ أو عرس أو مسافر، وقال[5] بعض الشعــراء

سُرِرْتُ بجعفرٍ والقرب منــه * كما سُرَّ المسافــر بالإياب

وكنتُ بقربه اذ حَلَّ أرضى * أميرا بالسكينة والصواب

كممطور ببلدته فأضحــى * غنيّا عن مطالبة السحاب

وقال آخر فى معناه[9]

وكنت[10] فيهم كممطور ببلدته * فسُرَّ[11] ان جمع الأوطان والمطرا

وقال آخر

اذا نحن أُبْنا سالمين بأنفس * كرام رجت أمرا فخاب[12] رجاؤها

1 Aġ II 51_{19} 2 P وإذكر 3 C + قال 4 C السفر 5 C قال 6 > C
7 C فكان 8* > P 9 C نحوه 10 C فكنت 11 C يسر 12 P فخاف

فأنفسنا خير الغنيمة أنّها * تؤوب وفيها[1] ماؤها وحياؤها

*وقال آخر[2]

رجعنا سالمين كما بدأنا * وما خابت غنيمة سالمينا

* وما تدرين أىّ الأمر خيرٌ[3] * أما تهوين أم ما تكرهينا

وقال بعض المحدّثين

قبّح الله آل برمك إنّى * صرتُ من أجلهم أخا أسفار

إنْ يكن ذو القرنين قد مسح الأرْ * ض فإنّى موكّل بالقفار[3]

التفويز[4]

حدّثنى ابى أحسب عن الهيثم بن[5] عدىّ قال لمّا كتب * ابو بكر رضه[6] الى خالد بن الوليد يأمره بالمسير[7] الى الشأم واليا مكان أبى عبيدة * ابن الجرّاح[8] أخذ على[9] السماوة حتّى انتهى الى قراقر وبين قراقر و[10]سُوَى خمس ليالٍ فى مفازة فلم يعرف الطريق فدُلّ على رافع بن عُمَيرة الطائىّ وكان دليلا خرّيتا فقال لخالد *خلّف الأثقال واسلك هذه المفازة[11] ان كنت فاعلا فكره خالد ان يخلّف أحدا وقال لا بُدّ من 44 أن نكون جميعا فقال له رافع والله إنّ الراكب المنفرد ليخافها على نفسه وما يسلكها الّا مغرّرا[12] فكيف أنت بمن معك فقال لا بُدّ من ذلك فقال الطائىّ لخالد[13] ابغِنى عشرين جزورا مسانّ[14] عظاما ففعل فظمّأهنّ[15]

---

1 P ومنها   2* C ونحوه قول الآخر   3* > C   4 Glossen P: فوّزت بالمفاز اى خرقتها C , يقال فوّز الرجل بابله اذا ركب بها المفازة   5 P عن   6* P عمر بن الخطّاب رحه vgl Belâdhorî 110 ff   7 C بالمصير   8* C محمد بن سعيد   9 P الى   10 C + بين   11* > P   12 C مغرر مخاطر بنفسه   13 > P   14 C مسار   15 C فصماهن

ثمّ سقاهنّ حتّى روين ثمّ قطع مشافرهنّ وكعمهنّ لئلّا تجترّ[1] ثمّ قال لخالد سر بالخيول والأثقال فكلّما نزلت منزلا نحرت من تلك الجزر[2] أربعا ثمّ أخذت ما فى بطونها من الماء فسقيته الخيل وشرب الناس ما يتزوّدون[3] ففعل فلمّا صار الى آخر المفازة انقطع ذلك وجهد الناس وعطشت دوابّهم فقال له خالد ويحك ما عندك قال أدركت الرىّ إن شاء الله انظروا هل تجدون *شجرة عوسج[a] *على ظهر الطريق[b][4] فنظروا[5] 145r فوجدوها فقال احفروا *فى أصلها[6] فحفروا[7] فوجدوا الماء[8] فشربوا[9] وتزوّدوا فقال رافع والله ما وردت هذا الماء قطّ الّا مرّة واحدة* مع أبى[10] وأنا غلام، فقال راجز المسلمين *فى ذلك[11]

لله درّ رافع أنّى اهتدى * فوّز من قراقر الى سُوَى
أرضا اذا سار[12] بها الجيش بكى * ما سارها قبلك من انس أرى

قال[13] ولمّا مرّ خالد بالبشر[14] اطّلع[15] على قوم[16] يشربون وبين أيديهم جفنة وأحدهم يتغنّى[17]

ألا علّلانى قبل جيش أبى بكر * لعلّ منايانا قريب وما ندرى
ألا علّلانى بالزجاج وكرّرا * علىّ كميت اللون صافية تجرى
أظنّ خيول المسلمين وخالدا * سيطرقكم قبل الصباح من البشر
فهل لكم فى السير قبل قتالكم * وقبل خروج المعصرات من الخدر

145 فما هو الّا ان فرغ من قوله شدّ عليه رجل من المسلمين بالسيف فضرب

1 C تجترين 2 P الجزور 3 C تزودوا 4 C b*a*′ 5 > C 6* > P 7 C فاحتفروا 8 C عينا 9 C + منها 10* > P 11* > C; vgl. Belâdhorî $111_{1.2}$ 12 P صار 13 Bekrî 179, Ps. Ǵâḥiẓ Maḥâsin 70_2 ff. 14 C بموضع يقال له البشر 15 C طلع 16 C شرب 17 C يغنى; vgl. Belâdh. 111_5, Baihaqî 361_3.

عنقه فاذا رأسه فى الجفنة ثمّ أقبل على أهل البشر فقتل فيهم[1] وأصاب من أموالهم، ابن الكلبىّ قال[2] أقبل قوم من أهل[3] اليمن يريدون النبىّ صلعم فأضلّوا الطريق ووقعوا على غير ماء فمكثوا ثلثا لا يقدرون على الماء فجعل الرجل منهم يستدرى بفىء السمر والطلح يأسا من الحياة فبينا هم كذلك أقبل راكب على بعير فأنشد بعض القوم ببيتين من شعر امرئ القيس[4]

لمّا رأت أنّ الشريعة همّها * وأنّ البياض من فرائصها دامِ
تيمّمت العينَ التى[5] عند ضارج * يفىء عليها الظِلُّ عَرْمَضُها طامِ

فقال الراكب من يقول هذا قالوا امرؤ القيس قال واللّه ما كذب هذا ضارج عندكم وأشار اليه[6] فجثوا على الركب فاذا[7] ماء غدق واذا عليه العرمض 146r والظلّ يفىء عليه فشربوا منه ريّهم وسقوا[8] وحملوا حتّى بلغوا الماء فأتوا النبىّ صلعم فأخبروه وقالوا *يا رسول اللّه[9] أحيانا ببيتان من شعر امرئ القيس قال ذاك رجل مذكور فى الدنيا شريف فيها منسىّ فى الآخرة خامل فيها يجىء يوم القيامة معه لواء الشعراء يقودهم[10] الى النار، حدّثنى عبد الرحمن بن عبيد[11] اللّه بن قريب عن عمّه الأصمعىّ عن رجل من بنى سُلَيم أنّ رفقة ماتت من العطش بالشجى[12] فقال الحجّاجَ انّى أظنّهم قد دعوا اللّه حين بلغهم الجهد فاحفروا فى مكانهم الذى ماتوا فيه لعلّ اللّه ان[13] يسقى[14] الناس فقال رجل من جلسائه إنّ[15] *الشاعر[a] قد قال[b][16]

1 C منهم 2 Ḫiz. I 162 nach Qut., Ǵamh aš. al'ar. 17 3 > C
4 ed Ahlw. app. nr. 35, Aǵ. VII 149 5 C الذى 6 > P 7 C واذا
8 > C 9* > C 10 > P 11 C عبد 12 P بالسحا ; vgl Jâqût III 262_{18}—263_{1} 13 > C 14 P يشفى 15 C أيّها الأمير 16* C b a

تراءت له بين اللِّوَى وعُنَيْزة * وبين الشجى ممّا أحال[1] على الوادى

146v والله ما تراءت له الّا وهى على ماء فأمر الحجّاج عُضَيدة السُلمىّ أن يحفر بالشجى بئرا فحفر فأنبط، ويقال انّه لم يمت قوم قطّ عطشا الّا وهم على عين[3]، قالت[4] العرب[5] إنْ تَرِد الماء بماء أَكْيَس،

ويقال[6] فى مثل برد غداة غرّ[7] عبدا من ظما[8]،

[9] فى [10] الطيرة والفأل[11]

حدّثنى[12] أبو حاتم عن الأصمعىّ قال هرب بعض البصريّين[13] من الطاعون فركب حمارا له ومضى بأهله *نحو سَفَوان[14] فسمع حاديا يحدو خلفه *وهو يقول[14]

لن يُسبَق الله على حمار * ولا على ذى مَيْعة[15] مُطار
أَوْ يأتينَ الحَتْفُ على مقدار * قد يُصْبِح الله أمام السارى،

حدّثنى[16] ابو حاتم عن[17] الأصمعىّ قال حدّثنى[16] سعيد بن سلم[17] بن 147r قتيبة عن أبيه أنّه كان يعجب ممّن يصدّق بالطيرة ويعيبها أشدّ العيب وقال فرقت لنا ناقة وأنا بالطفّ فركبت فى إثرها فلقينى هانئ بن عُتبة من بنى وائل يركض و[18]يقول

والشرّ يلقى مَطالعَ الأكم

ثمّ لقينى رجل آخر من الحىّ ويقول[19]

ولئن بعثت[20] لهم بغاة* ما البغاة بواجدينا

---

1 P جال 2 > C 3 C ماء 4 C و 5 C + تقول 6 C وتقول
7 C عزّ ايضا 8 vgl. Meidânî I 60_8 9 C im Anschluss an 212v u
10 > C 11 In C folgt 205^r_2 ff. 12 Ǵâḥiẓ Bajân II 130_{13-16} 13 P البصر
14* > P 15 P منعة 16 C حنا 17 C قال حنا 17 C مسلم 18 C
+ هو 19 C فقال وهو للبيد vgl. Huber LIII 7 20 P بغيت

*من شعر لبيد[1] ثمّ دفعت[2] الى غلام قد وقع فى صغره فى نار فأحرقته فقبح وجهه وفسد فعلت له[3] هل ذكرت من ناقة فارق قال هاهنا أهل بيت من الأعراب فانطر فوجدناها قد نتجت[4] ومعها ولدها[5]، قال المرقش[6]

ولقد غدوتُ وكنت لا * أغدو على واقٍ وحاتمْ[7]
فاذا الأشائم كالأيا * من والأيامن كالأشائمْ
وكذاك لا خَيْرٌ ولا * شرٌّ على أحد بدائمْ،

147ᵛ

*وقال آخر

وليس بهيّاب اذا شدّ رحله * بقول عدانى اليوم واقٍ وحاتمُ[8]
ولكنّه يمضى على ذاك مقدما * اذا صدّ عن تلك الهناة الخشارمُ[9]،

وقال آخر[10]

تعلّمْ أنّه لا طير إلّا * على متطيّر وهو الثبورُ
بلى شىء يوافق بعض شىء * أحايينًا[11] وباطله كثيرُ،

حدّثنى[12] الرياشىّ عن الأصمعىّ قال سألت[13] عون *بن عبد الله[14] عن الفأل فقال[15] هو أن تكون مريضا فتسمع يا سالم أو باغيا *فتسمع يا[16] واجد[17]، وفى الحديث المرفوع أصدق الطيرة الفأل وفيه الطير تجرى بقدر، أراد أبو العتاهية[18] أن يخرج من البصرة لفينة[19] كانت بها[20]

---

1 > C 2 C دفعنا 3 > C 4 C انتجت 5 C + وبقال ناقة فارق 6 C المرقم, s. قد ضربها الطلق وسحابة فارق وقد دنا هراقة مائها Zuhr al âdâb I 79 7 Ṣ s. v. حتم 8 Ṣ s v وقى 9* > C 10 Ǵâhiẓ Bajân II $187_{28 \cdot 29}$. (Dichter Zabbân b. Sajjâr; so zu l. fur Jasâr im Druck nach cod. Kopr) Ṣ s. v. طير 11 P احايينه 12 C حنا 13 C + بن 14* > C 15 C قال 16* > P 17 P واحد 18 C العالية 19 C لعلة 20 C به

148r فسمع مناديا ينادى يا متوكّل *فحطّ رحله وأقام[1]، وقال عكرمة كنّا جلوسا عند ابن عمر[2] وابن عبّاس *رضى الله عنهما[3] فمرّ طائر يصيح فقال رجل من القوم خير[4] فقال ابن عبّاس لا خير ولا شرّ، *قال كعب لابن عبّاس ما تقول فى الطيرة قال وما عسيت أن أقول فيها لا طير إلّا طيرُ الله ولا خيرَ إلّا خير الله ولا اله الّا الله ولا حول ولا قوّة إلّا بالله قال كعب إنّ هذه الكلمات فى كتاب الله المنزل يعنى التوراة[5]، حدّثنى محمّد ابن يحيى القطعىّ قال حدّثنى[6] عبد الأعلى عن سعيد عن قتادة عن ابن حسّان الأعرج أنّ رجلين دخلا على عائشة *رضى الله عنها[7] فقالا إنّ أبا هريرة يحدّث أنّ رسول الله صلعم قال إنّما الطيرة فى المرأة والدار والدابّة[8] فطارت شفقا ثمّ[9] قالت كذب والّذى أنزل الفرقان على أبى
148v القاسم من حدّث بهذا عن رسول الله صلعم[10] كان أهل الجاهليّة يقولون[11] الطيرة فى الدابّة والدار والمرأة ثمّ قرأت[12] مَا أَصَابَكُمْ[13] مِنْ مُصِيبَةٍ فِى ٱلْأَرْضِ وَلَا فِى أَنْفُسِكُمْ إِلَّا بِهِ[14]، كان عبد[15] الله بن زياد صوّر فى دهليزه كلبا *وأسدا[a] وكبشا[b][16] وقال كلب نابح وكبش ناطح وأسد كالح، وأنشد[17] أبو حاتم عن الأصمعى

يأيّها المُضمِر هَمًّا لا تَهُمْ * إنّك إنْ تُقْدَرْ لك الحُمّى تُحَمْ
ولو علوتَ شاهقا من العَلَمْ * كيف تُوقّيك وقد جفّ القَلَمْ،

ولمّا[18] أمر معٰوية بقتل *حجر[a] بن[b] عدىّ[c][19] الكندىّ[20] فى ثلثة عشر

1 C فاقام 2 P عمرو 3* > P 4 C + خير 5* > C 6 C حا
7* > P 8 Buḫârî k. al ǵihâd nr. 47 (II 91) 9 C ف 10 PII am Rande:
انا قل رسول الله (so!) 11 C + ان 12 Sûra 42_{29} 13 C PI اصاب
14 C + فى كتاب من قبل ان نبرأها 15 C عبيد 16* C ba 17 C + فى
18 Mubarrad 764_{5-7} Ṭabarî II 141 19* C cba 20 C الطائى

رجلا معه[1] قال حجر دعونى أصلّى ركعتين فتوضّأ * وأحسن الوضوء[2] ثمّ[3] صلّى و[4]طوّل فقيل له أجزعت[5] فقال ما توضّأت قطّ الّا صلّيت ولا[6] صلّيت *قطّ صلاة[7] أخفّ منها وإن أجزع فقد رأيت سيفا مشهورا وكفنا منشورا وقبرا محفورا فقيل له مدّ عنقك فقال إنّ ذلك[8] لدم ما 149r كنت لأعين عليه فقُدّم فضربت عنقه ، وكان معوية بعث رجلا يقال له هدبة لعقلهم[9] وكان أعور فنظر اليه رجل من خثعم فقال إن صدقت الطير[10] قتل[11] نصفنا فلمّا قتل سبعة بعث معوية رجلا[12] آخر بعافيتهم *ولم يقتل الباقون[13] ، خرج[14] كثيّر عزّة الى مصر يريد عزّة فلقيه أعرابىّ من نهد فقال يا صخر أين تريد فقال أريد عزّة بمصر قال فهل رأيت فى وجهك شيئا قال لا الّا[15] غرابا ساقطا فوق بانة ينتّف ريشه فقال له توافى مصر وقد ماتت عزّة فانتهره[16] كثيّر ثمّ مضى فوافى مصر والناس ينصرفون عن جنازة عزّة فقال

*فما أعْيَفَ[17] النهدىّ لا درّ درُّه * وأزجره للطير لا عزّ ناصره
رأيت غرابا ساقطا فوق بانة * ينتّف أعلى ريشه ويطايره
فأمّا غراب فاغتراب وغربة[18] * وبانٌ فبين من حبيب تعاشره 149v

وهوى بعد عزّة امرأة من قومه يقال لها امّ الحويرث فخطبها فأبت وقالت لا مال لك ولكن اخرج فاطلب فإنّى حابسة نفسى عليك فخرج يريد بعض بنى مخزوم فبينا هو يسير عنّ له ظبى فكره ذلك ومضى فإذا هو

---

1 C مع حجر 2* > C 3 C و 4 C ف 5 P + من 6 P وما
7* C ba 8 C ذاك 9 C فقتلهم 10 C الطير 11 C فقتل 12 C رسولا 13* > C 14 Baihaqî 357₈ ff, Zuhr al âdâb I 79 15 C + انى رايت 16 P فانتهزه 17* P ما اعنف 18 C ووحشة

بغراب يبحث التراب على وجهه فكرهه وتطيّر منه فانتهى الى بطن من الأزد يقال لهم بنو لهب فقال أفيكم زاجر قالوا نعم فأرشدوه الى شيخ منهم فأتاه فقصّ عليه القصّة فقال قد ماتت[1] أو[2] خلف عليها رجل من بنى عمّها فلمّا انصرف وجدها قد تزوّجت فقال[3]

تيمّمت لهبا أطلب[4] العلم عنده[5] * وقد رُدّ علم العالمين[6] الى لهب
فقال جرى الطير السنيح ببينها * فدونك فأهل جدّ منهم سكب
فالّا تكن ماتت فقد حال دونها * سواك خليل باطن من بنى كعب ، 150r

حدّثنى أبو سفيان الغنوىّ قال حدّثنى[7] خالد بن يزيد الصفّار قال حدّثنا همّام بن يحيى[8] عن قتادة عن حضرمىّ بن لاحق أو عن أبى سلمة أنّ النبىّ صلعم كتب[9] الى أمرائه[10] اذا أبردتم الىّ بريدا فاجعلوه حسن الوجه حسن الاسم ، *خرج عمر الى حرّة واقم فلقى رجلا من جهينة فقال له ما اسمك قال شهاب قال ابن *من قال ابن[11] جمرة قال وممّن أنت قال من الحرقة ثمّ قال ممّن قال من بنى ضرام فقال له عمر أدرك أهلك وما أراك تدركهم الّا وقد احترقوا فانّما هم وقد أحاطت النار بهم[12] ، خرج ابن عامر الى المدينة فاذا هو[13] فى طريقه[14] بنعامات خمس فقال لأصحابه قولوا فى هذه فقال بشر بن حسّان بلغنى[15] أنّ رسول الله صلعم
150v قال لا عدوى ولا طيرة ومن علم شيئا فليقله ولكنّى أقول فتنة خمس سنين ، قرأت فى كتب العجم أنّ كسرى بعث وهرز الى اليمن لقتال

1 P + او تزوّجها   2 C + قد   3 Aġ. VIII 41 apu, $42_{1.2}$, Mubarrad 84_5 4 C ابتغى   5 C عندهم   6 C العائفين   7 C حنا   8 > P   9 C كان يكتب   10 P امرأته   11* PII am Rande   12* > C   13 C + يرى   14 C الى für بـ   15 PII am Rande

لحبشة فلمّا اصطفّوا قال وهرز لغلام له أَخرِجْ[1] من الجعبة نشّابة وكان الإسوار يكتب على كلّ نشّابة فى جعبته فمنها ما يكتب عليه اسم الملك ومنها[2] ما يكتب عليه اسم نفسه ومنها ما يكتب عليه اسم ٱبنه ومنها ما يكتب عليه اسم ٱمرأته فأَدخل العبد يده فأخرج له نشّابة عليها اسم امرأته فتطيّر وقال أَنت المرأة وعليك طائر السوء ردّها وهات غيرها[3] فردّها وضرب بيده فأَخرج[4] تلك النشّابة بعينها[5] ففكّر وهرز فى طائره ثمّ انتبه[6] فقال زنان وزنان بالفارسيّة[7] النساء ثمّ قال زَنْ آن[8] فاذا ترجمتها اضرب ذلك قال[9] نعم الطائر هذا[10] ثمّ وضعها فى كبد قوسه ثمّ قال صفوا لى ملكهم فوصفوه بياقوتة بين عينيه ثمّ انّه مغط[11] فى قوسه حتّى اذا ملأها سرّحها فأقبلت كأنّها رشاء منقطع حتّى فضّت[12] الياقوتة فطار 151r فضاضها[13] ثمّ فلقت هامته وهزم القوم وقال المعلوط[14]

تمادى الطائران ببين سلمى * على غصنين من غرب وبان
فكان البان أَن بانت سُلَيْمَى * وفى الغرب اغتراب غير دانى

أخذه[15] أبو الشيص فقال[16]

أشاقك والليل ملقى الجران * غراب ينوح[17] على غصن بان
أَحَصّ الجناح شديد الصياح * يبكّى بعينين *ما تذرفان[18]
وفى نعبات الغراب اغتراب * وفى البان بين بعيد التدانى

وقال الطائىّ

---

1 C + التى   2 P فمنها   3 C اخرى   4 C وأخرج   5 > C   6 P ohne Punkte   7 C + وهو   8 P رزان   9 C فقال   10 P هذه   11 P معط   12 P كضّت C صلت   13 C فصاضا   14 Mubarrad $84_{19.20}$, Baihaqî 358_{12-13} 15 C اخذ معناها   16 Baihaqî 358_{15-17} 17 P يلوح   18 C لا تدمعان

أتضعضعت عَبَرات عينك إنْ دَعَتْ * ورقاءُ حين تضعضعَ الإظلامُ
لا تَنْشِجَنَّ[1] لها فإنَّ بكاءها * ضحكٌ وإنَّ بكاءك استغرامُ
هُنَّ الحمامُ فإنْ كسرتَ عِيافةً * من حائهنَّ فإنّهنَّ حِمامُ،

حدّثنى أحمد بن الخليل قال حدّثنى[2] موسى بن مسعود عن عكرمة بن عمّار عن اسحٰق بن عبد الله بن أبى طلحة عن أنس بن مالك قال جاء 151v
رجل منّا[3] الى النبىّ صلعم فقال يا رسول الله انّا نزلنا دارا فكثر فيها عددنا ونمت[4] فيها أموالنا ثمّ تحوّلنا منها الى أُخرى فقلّت فيها[5] أموالنا وقلّ فيها عددنا فقال رسول الله صلعم ذروها وهى ذميمة، بلغنى عن ابن كناسة عن مبارك بن سعيد أخى سفيان[6] الثورىّ قال بلغنا أنّ أعرابيّا أضاع[7] ذودا له فخرج فى طلبه[8] حتّى أدركه العطش فمرّ بأعرابىّ يحتلب ناقة فنشده ضالّته فقال له[9] متى خرجت فى الطلب ٱدنُ منّى حتّى أسقيك لبنا وأرشدك قال[9] قبل طلوع الفجر قال فما سمعت قال عواطس[10] حولى وثغاء الشاء ورغاء البعير ونباح الكلب وصياح الصبىّ قال عواطس تنعاك عن الغدوّ قال[11] فلمّا طلع الفجر عرض لى ذئب قال كسوب[12] ذو ظفر
152r قال فلمّا طلعت الشمس لقيت نعامة قال ذات ريش واسمها حسن هل تركت فى أهلك مريضا قال نعم قال ٱرجع فانّك ستجد ضالّتك فى منزلك[13]، حدّثنى عبد الرحمن عن حفص بن عمر الحَبَطى[14] قال حدّثنا أبو زرعة يحيى بن أبى عمرو[15] الشيبانىّ يُتَبِّع[16] قال[17] كانت الشجرة

1 P نشبجن 2 C حنا 3 > P 4 C وكثرت 5 P بها 6 > C
7 P أذاع 8 C الطلب 9 > P 10 C عواطيس 11 > C ، 12 P
كسوف 13 C منزلتك 14 P الحيطى 15 P عمر 16 P تبيع 17 L I
خرب. 338 s.v

تنبت فى محراب سليمان النبىّ صلعم[1] وتكلّمه بلسان ذلق فتقول[2] أنا شجرة كذا وفىّ دواء كذا فيأمر بها[3] سليمان فيكتب[4] اسمها ومنفعتها وصورتها وتقطع وترفع فى الخزائن حتى كان آخر ما جاء منها الخرّوبة فقالت أنا الخرّوبة فقال سليمان الآن نعيت الىّ نفسى وأذنت[5] فى خراب بيت المقدس، قال الطائىّ يصف عمورية

بِكْرٍ ما ٱفترعتْها كفُّ حادثة * ولا ترقّتْ اليها هِمّة النُّوَبِ
حوى لها الفأل برحا يوم أنْقِرَة * اذ غودرتْ وحشة الساحات[6] والرَّحَبِ
لمّا رأت أُختها بالأمْسِ قد خربت * كان الخراب لها أعدى من الجَرَبِ،

مذاهب العجم فى العيافة والاستدلال بها[7] 52v

قرأت فى الآيين كانت العجم تقول اذا تحوّلت السباع والطير الجبليّة عن موضعها[8] دلّت بذلك على أنّ[9] المشى سيشتدّ ويتفاقم واذا نقلت جرذان برًّا وشعيرا او طعاما الى ربّ بيت رزق الزياده فى ماله وولده وان هى قرضت ثيابه دلّت بذلك على نقص ماله وولده فينبغى أن يقطع ذلك القرض ويصلح واذا شبّت النار شبوبا كالصخب دلّت على فرح شديد واذا شبّت شبوبا كالبكاء دلّت على حزن وأمّا[10] النار التى تشتعل فى أسفل القدر فانّها تدلّ على أمطار تكثر أو صيف[11] بحصر واذا فشا الموت فى البقر وقع الموتان فى البشر واذا فشا الموت فى الخنازير عمّ الناس السّلامة والعافية واذا فشا الموت فى السباع والوحوش[12] أصاب الناس ضيقة واذا فشا الموت فى الجرذان أخصب[13] الناس واذا أكثرت 53r

1 C عم 2 > P 3 > P 4 P فكتب 5 PC واذن 6 P الشاحات
7 > C 8 C اماكنها ومواضعها 9 > P 10 C فاما 11 P صيف
12 C والوحش 13 > P; Rasur

الضفادع النقيق دلّت على موتان يكون[1] وإذا أنّ ديك فى دار فشا فيها مرض الرجال وإذا أنّت دجاجة فشا فيها مرض[2] النساء وإذا صرخت ديوك صراخا كالبكاء فشا الموت فى النساء وإذا صرخ الدجاج مثل ذلك الصراخ فشا الموت فى[3] الرجال وإذا نعب غراب أسود فجاوبته دجاجة دلّ ذلك[4] على خراب يُعمر وإذا قوقت[5] دجاجة وجاوبها غراب دلّ على عمران يخرب وإذا غطّ الرجل الحسيب *فى نومه بلغ منتناً[6] ورفعة ومن نفخ فى نومه أفسد ماله ومن ضرب اسنانه[7] فى نومه دلّ ذلك منه على نميمة وينبغى أن يضرب على فيه بخفّ مخرق ومن سقطت قدّامه حيّة من

153r حجر أصابته *معرّةa ومضرّةb[8] *وإذا رءى[9] فى الهواء دخّة[10] وظلمة من غير علّة تخوّف[11] على الناس الوباء والمرض وإذا رُءى[12] فى آفاق السماء فى ليلة مصحية كاختلاف النيران غشى البلاد التى رءى[12] ذلك[13] فيها عدوّ *فإن رءى ذلك وفى البلاد عدوّ[14] انكشف عنها وإذا نبح كلب بعد هدأة نبحة بغتة دلّ على انّ السرّاق قد اجتمعوا بالغارة على بعض ما فى تلك[15] الدار أو ما جاورها وإذا صفق[16] ديك بجناحيه ولم يصرخ دلّ على *أنّ الخبر[17] محتبس عن صاحبه وإذا أكثر البوم الصراخ فى دار برئ مريض ان كان فيها وإذا[18] سُمع لبيت تنقّض شخص من فيه عنه وإذا عوت ذئاب من جبال و[19]جاوبتها كلاب من قرى تفاقم الأمر فى التحارب وسفك[20] الدماء وإذا عوت كلاب وجاوبتها ذئاب كان وباء وموتان

1 > C   2 C موت   3 > P   4 > C   5 C قوقات   6 P ohne Punkte   7* > C   8* C b a   9* P ومن راى   10 C دخنه   11 C يخوف   12 P راى   13 > C   14* P و   15 > P   16 C اصفق   17* C خير   18 P وان   19 > P   20 P وسقط

جارف وإذا أكثرت الكلاب فى البغتات الهرير دلّت بذلك على إتيان
العدوّ البلاد التى هى[1] فيها وإذا صرخ دبك فى دار قبل وقت صراخ 154r
الدبوك[2] كان ذلك محاولة لدفع بليّة قد شارفت تلك الدار وإذا صرخت
دجاجة فى دار كصراخ ديك كان ذلك تحذيرا لمن فيها من آفة قد
أشرفوا عليها وإذا أكثر ديك النزوان على تكأة ربّ الدار نال شرفا ونباهة
وإن[3] فعلت ذلك دجاجة ناله خمول وضعة وإذا ذرق ديك على فراشه نال
مالا رغيبا وخيرا كثيرا وذلك اذا كان من غير تضييع من حشمه لفراشه
فإن ذرقت دجاجة على فراشه نالت زوجته منه خيرا كثيرا وكانوا
يقولون إنّ الموت من المريض الشبيه للصحيح قريب وإنّ الصحيح
الشبيه بالمريض مستشعر للشرّ وينبغى مباعدته و[4]ينبغى أن يُعرف
كنه من كان منطيرا لعلّه لا يجيد العمل وحال من كان سكّيتا متزمّتا
لعلّه يعبد الغور وكانوا يكرهون استقبال المولود ساعة يوضع الّا ان يكون 154v
ناقص الخلق فإنّ[5] *بليّته[a] وآفته[6 b] قد صارتا على نفسه ويكرهون
استقبال الزمن والكريه الاسم والجارية البكر والغلام الذاهب الى المكتب
ا *وكانوا يكرهون[7] الثيران[8] المقرونة بقران والحيوان الموثق والدابّة المفودة[9]
و[10]حاملة الشراب و[10]الحطب والكلب ويستحسنون[11] الصحيح البدن
الرضىّ الاسم والمرأة الوسيمة الثيّب[12] والغلام المنصرف من المكتب
والدوابّ التى عليها حمولة من طعام أو تبن أو زبل وكانوا لا ينحّون
عن سمع الملك ألحان المغنّيات ونقيض الصوارى *وصهيل الخيل[13]

---

1 > C 2 P ديوك 3 C فان 4 C + انه 5 P وأنّ 6* C b a
7* > C, dafur و 8 P النيران 9 P المفود 10 C او 11 C ويستحبون
12 P ohne Punkte 13* > P

والبراذين ويتخذون فى مبيته[1] ديكا ودجاجة وإذا أهديت[2] له خيل سُنح بها عليه من يساره الى يمينه وكذلك الغنم والبقر وأمّا الرقيق والسباع وما أشبهها فكان يبرح بها من يمينه الى يساره،

*باب فى[3] الخيل[4]

155r حدّثنى محمّد بن عبيد قال حدّثنا سفيان بن عيينة عن شبيب بن غرقدة *عن عروة[5] البارقىّ قال[6] سمعت النبىّ[7] صلعم يقول الخيل معقود فى نواصيها الخير فى يوم القيامة، حدّثنى يزيد بن عمرو قال حدّثنى[8] أشهل بن حاتم قال[9] حدّثنى موسى بن علىّ بن رباح[10] اللخمىّ عن أبيه قال جاء[11] رجل *الى النبىّ[12] صلعم فقال[13] انّى أريد أن أعدّ فرسا قال[14] رسول الله صلعم فاشتره اذا أدهم أو كميتا اقرح أرثم[15] *محجّلا مطلق[16] اليمين وفى حديث آخر فإنّها ميامين الخيل ثمّ *اغز تسلمْ وتغنم[17] إن شاء الله، حدّثنى سهل بن محمّد قال أخبرنى أبو عبيدة أنّ النبىّ صلعم قال عليكم بإناث الخيل فإنّ ظهورها حرز وبطونها كنز[18]، قال وكان النبىّ[19] صلعم يستحبّ من الدوابّ الشقر ويقول[20] لو جمعت خيل العرب كلّها فى صعيد واحد ما سبقها الّا أشقر[21]، وسأل رجل رسول الله
155v صلعم أىّ المال خير قال[22] سكّة مأبورة يعنى النخل ومهرة مأمورة يريد

---

1 P مبيتهم 2 C هديت 3* C الابل و 4 C + والحمير 5* > C
6 Buḫârî k. alǵibâd wassair nr. 43 (II 91), Ǵâḥiẓ Bajân I 159_{24}, ʿIqd I 43_{25-26}, Damîrî I 380_{26} 7 C رسول الله 8 C حبا 9 > P 10 C رباح
11 C قال 12* C للنبىّ 13 > C 14 C فقال; ʿIqd I 43_{27} 44_{1} 15 Ċ + او
16* in P verwischt 17* C اغزوا بغنم وتسلم 18 Ǵâḥiẓ Bajân I 159_{20} ʿIqd I 43_{26-27} 19 > P 20 P و 21 P الاشقر; ʿIqd I 44_{3-4} 22 Ǵâḥiẓ l. l. ʿIqd I 44_{4} b. as Sikkît Tahḏîb 3

كثيرة النتاج قال[1] وكان يكره الشكال فى الخيل، *قال أبو ذرّ ما من ليلة الّا والفرس يدعو فيها ربّه ويقول اللّهمّ سخّرتنى[2] لابن آدم وجعلت رزقى بيده فاجعلنى أحبّ اليه من أهله وماله اللهمّ ارزقه وارزقنى على يديه[3]، سأل[4] المهدىّ مطر بن درّاج[5] أىّ الخيل أفضل قال[6] الّذى اذا استقبلته قلت نافر واذا استعرضته قلت زافر[7] *واذا استدبرته قلت زاجر[8] قال فأىّ[9] البراذين شرّ قال الغليظ الرقبة الكثير[10] الحلبة الّذى اذا أرسلته قال أمسكنى واذا أمسكته قال أرسلنى قال فأىّ البراذين خير قال[11] ما طرفه امامه وسوطه عنانه، *وصف رجل برذونا فقال ان تركته نعس وان حرّكته طار[12]، وقال ابن أقيصر[13] خير[14] الخيل الّذى اذا استقبلته ردى واذا عدا دحا، محمّد بن سلّام قال[15] أرسل مسلم بن عمرو ابن عمّ له الى الشأم ومصر يشترى له خيلا قال لا علم لى بالخيل قال ألست 156r صاحب قنص قال بلى قال فانظر كلّ شىء تستحسنه فى الكلب فاطلبه فى الفرس فقدم بخيل لم يك[16] فى العرب مثلها، وقالوا[17] سمّيت خيلا لاختيالها[18]، وذكر أعرابىّ فرسا وسرعته فقال لمّا خرجت الخيل *جارى بشيطان[19] فى أشطان فلمّا أرسلت لمع[20] لمعة سحاب فكان أقربها اليه الّذى تقع عينه عليه، وسئل[21] رجل من بنى أسد أتعرف الفرس الكريم قال[22] أعرف الجواد المبرّ من المطىّ[23] المقرف أمّا الجواد المبرّ فالّذى نهز نهز العير

---

1 > P 2 P سخرنى 3* > C 4 ʿIqd I $44_{12\cdot13}$ 5 P دراج 6 P فقال 7 P زاجر 8* > P 9 C اى 10 P الكبير 11 ʿIqd I 44_{12} 12* > C s. u. p. 160r ʿIqd I $44_{5\,6}$ 13 P مقيصر 14 ʿIqd I 44_{13} 15 ʿIqd I 44_{6-8} 16 C يكن 17 C + و 18 ʿIqd I 44_{5} 19* C جآ والشيطان 20 C لمعت 21 P سئل; ʿIqd I 44_{32-35} 22 C فقال 23 P المبطى

وأَنّف تَأْنِيف السبير الّذى[1] اذا عدا[2] اسلهبّ واذا قيد اجلعبّ واذا انتصب اتلأبّ وأمّا المطىّ[3] المقرف فالمدلوك الحجبة الضخم الأرنبة الغليظ الرقبة *الكبير الجلبة[4] الّذى ان[5] **أرسلته قال أمسكنى[a] وان[6] *امسكته قال أرسلنى[b][7] وأنشد الرياشىّ[8]

156v كمهرِ سوءٍ اذا سكّنتَ شِرّته[9] * رام الجماح فان رفّعته سكنا،

حدّثنى عبد الرحمن بن عبد الله قال حدّثنى[10] الأصمعىّ عن أبى عمرو ابن العلاء[11] أنّ عمر بن الخطّاب شكّ فى العتاق والهُجن فدعا سلمان بن ربيعة الباهلىّ *فأخبره فأمر سلمان[12] بطست *بماء أو بترس[13] فيه ماء فوُضع فى الأرض ثمّ قدمت الخيل اليه فرسا فرسا فما ثنى منها سنبكه فشرب هجّنه وما شرب ولم يثن سنبكه عرّبه وذلك أنّ[14] فى أعناق الهجن قصرا فهى لا تنال الماء على[15] تلك الحال حتّى تثنى سنابكها وأعناق العتاق طوال، وحدّثنى *ابو حاتم قال حدّثنا[16] الأصمعىّ قال ذكروا أنّ كسرى[17] اذا أتاه سائسه فقال الفرس يشتكى حافره قال المطبخ واذا قال يشتكى[18] ظهره قال البيطار، و[19]أنشدنى أبو حاتم لأبى ميمون العجلىّ وهو النضر بن سلمة فى شعر له[20] طويل *يصف الفرس[21] وقال قرأته على أبى عبيدة وعلى الأصمعىّ

الخيل منّى أهْلُ ما أنْ يُدْنَيْنْ * وأن يُقرّبن *وأن لا[22] يُقْصَيْنْ

---

1 > P 2 C اعيا 3 P المبطى 4* > C 5 C اذا 6 C واذا
7* C b*a* 8 > P 9 so C zu 160v, hier P سيرته C شورته 10 C حما
11 Adab alkâtib 118$_{26}$, ʿIqd I 44$_{19-21}$, Ḫiz I 84$_{10-12}$ 12* C فساله عن
13* > C ذلك فدعا 14 C لأنّ 15 C فى 16* > P 17 C + كان
18 P اشتكى 19 > C 20 > C 21* > C 22* P ولا

وأَن بثَأْثَأَنَ[1] وأَن بُفدبن * وأَن نكون المحض ممّا يسعين 157r
وأَهل إِن أُعلِن[2] ان[3] يغالين * بالطرف والتلد *وان لا[4] يجفين
وأَهل ما صحِبْنَنا[5] أَنْ يُعفين * وأَهل ما أَغنيننا[6] أَنْ يجربن
أَليس عِزٌّ[7] الناس فيما أَبلين * والحسب الزاكى اذا ما يفنين[8]
والأَجر والزبن اذا ربم الزبن * كم من كريم جدُّه[9] قد أَعلين
وكم طريد خائف قد أَنْجين * ومن فقير عائل قد أَغنين
وكم براس فى لبان اجرين * وجسد للعافيات اغرين
وأَهل حصن *لامتناع أَدْين[10] * وكم لها[11] فى الغنم من ذى سهمين
يكون فيما اقتسموا كالرجلين * وكم وكم انكحن من ذى طمرين
بغير مهر عاجل ولا[12] دَين * فالخير والخيرات فى قرينين
*لا تشتكينا[13] عملا أَنعين[14] * ما دام مُخٌّ فى سلامى أَو عين[15]
*ما بلّل الصوفة ماء البحرين[16]،

وأَنشدنى أَبو حاتم عن أَبى عبيدة قال[17] وقال لى أَبو عبيدة لا أَعرف قائل هذا الشعر وعروضه لا يخرج قال أَبو حاتم هو[18] لعبد الغفّار الخزاعىّ 157v

ذاك وقد أُذعروا[19] الوُحُوشَا * بصلت[20] الخدّ رحب لبانه مُجْفَرْ
طويل خمس قصير أَربعة * عريض ستّ معلّص خَشْوَرْ
حُدّت له تسعة وقد عُرِّ * بَتْ[21] تسع فقيه لمن رأَى منظرْ
ثمّ له تسعة كسين وقد * أُجمِرَ[22] منه اللبان والمنخرْ

1 P ببابان 2 C بعلين 3 C او 4* C والا 5 P صحبتنا 6 C اعفبتنا 7 P غرّ 8 C يتنين 9 P الجد 10* C ذى امتناع اردين 11 P لنا 12 P او 13 C يشتكين 14 P ابقين 15* Ṣ s.v سلم 16* > P 17 > P 18 C احسبه 19 C انعر 20 C بصلب 21 P عُرّبت 22 C ارحب

بعيد عشر وقد قربن له * عشر وخمس طالت ولم تقصرْ
نُقفيه بالمحض دون[1] ولدتنا * وعصّه[2] في آريّه[3] يُنْشَرْ[4]
نُصبحه[5] تارة ونُغبقه * ألبان كوم روائم ظُؤُور[6]
حتّى شتا[7] بادنا[8] يقال له * ألا يطوون من بدنه وقد أضْمَرْ
موثّق الخلق جرشع[9] عَتَدٌ[10] * منصرج[11] الحضر حين يُستحضَرْ
حاظي[12] الجانبين لحمه زِيَمٌ[13] * نهد شديد الصفاق والأبهَرْ
رقيق[14] خمس غليظ أربعة * ناءى[15] المعدّين لين الأشعَرْ

وقد فسّرت هذا الشعر في كتابي المؤلّف في ابيات المعاني في خلق الفرس، 158r أنشدنا أبو سعيد لبعض[16] الضبّيين[17] في وصف فرس[18]

متقاذف عبل الشوى شَنِج النسا * سَبّاق أندية[19] الجياد عميثل
واذا تعلّل بالسياط جيادها * أعطاك نائله ولم[20] يتعلّل

قيل[21] لمّا وضعت حرب صِفّين أوزارها قال عمرو بن العاص

شبّت لحرب فأعْدَدْتُ لها * مُقْرَعَ الحارك مرويّ الثَّبَجْ
جرشعا أعْظُمه حفرته[22] * فاذا ابتلّ من الماء خَرِجْ[23]
يصل *الشدّ بشدّ[24] فاذا * وثت[25] الخيل من الشدّ[26] معج،

ووجدت[27] في كتاب من كتب الروم[28] إنّ من علامة فراهة المهر الحولي صغر رأسه وكبر[29] عينيه وان يكون محدّد الأُذنين اجرد باطنها كثيف

---

1 C ذوق 2 C Glosse über der Zeile النوى 3 P لديه 4 P ينتثر 5 C نصحبه 6 C ضور 7 C ستى 8 C باديا 9 C خرشع 10 C عند 11 P ohne Punkte 12 P خاطى 13 P ريم 14 C دقيق 15 P نمانى 16 C لبعضهم + 17 C في اشعار 18 C الفرس; 'Iqd I $44_{9\cdot10}$ 19 P ابدية 20 C وما 21 > P 22 P جفرته 23 P حدج 24* P السد بسد 25 P وثت 26 C الثج 27 P وجدت 28 Geoponica graece XVI 1 29 C وشدة سواد

العرف فى عرفه ميل من قبل يمين[1] راكبه عريض الصدر مرتفع الهادى معتدل العضدين مكتنز الجنبين طويل الذنب عريض الكفل مستدير الحافر محبج باطنها ومن[2] علامة فراهة المهر ألاّ[3] يكون نفورا *ولا يقف 158r عند دابّة الاّ مع أمّه[4] واذا دفع الى عين أو نهر ماء لم يقف لتجاوزه دابّة فيسير بسيرها ولكنّه يقطع ذلك[5] النهر والعين[5]، قالوا وممّا يسلّم الله به الخيل من العين وأشباه ذلك أنْ يجعل فى أعناقها خرزة من قرون الأيّل[6]، حدّثنى[7] محمّد بن عبيد عن معاوية عن أبى اسحاق عن سفيان عن حصين بن عبد الرحمن عن هلال بن اساف[8] وعن سحيم بن نوفل قالا[9] كنّا جلوسا عند عبد الله بن مسعود ونحن نعرض المصاحف فجاءت جارية الى سيّدها فقالت ما[10] يُجلسك قم فابتغ لنا[11] راقيا فانّ فلانا لقع مهرك[12] بعينه فتركته يدور كأنّه فلك فقال عبد الله لا تبتغ راقيا ولكن اذهب فانفث فى منخره الأيمن أربعا[13] وفى الأيسر ثلثا ثمّ قل بسم الله لا بأس لا بأس أذهب البأس ربّ البأس[14] واشف أنت الشافى لا يكشف الضرّاء الاّ أنت قال فما قمنا حتّى جاء الرجل فقال قد فعلتُ الّذى أمرتنى به[15] فبال وراث وأكل، حدّثنى أبو حاتم عن أبى عبيدة قال انّه[15] 159r اذا كان الفرس صلودا لا يعرق سقيته ماءً قد دُقت[16] فيه خميرة أو علفته ضغثا من هندباء فانّ ذلك يكثر عرقه فان حمّ أدخلته الحمّام وأشمّه عذره[17] فقلت لأبى عبيدة ما يدريك أنّ هذا هكذا[18] فقال[19]

---

1 > P 2 C و 3 C أن لا 4* > C 5 > C 6 C الايابل 7 C حنا 8 C دساف 9 C قال 10 P من 11 > C 12 > P 13 P اربع 14 C الناس 15 > P 16 C ذقت 17 P غدوة 18 C كذا 19 C دل

أخبرنى به *جل الهندىّ[1] وكان بصيرا قال[2] فإن أصابته مغلة[3] أُخذ له شىء[4] من بورق فدُقّ ونُخل فجعل[5] فى ربع دورق *من خمر فحقن به[6] وبُلّ تراب طيّب ببول أتان[7] حتّى يصير طينا ثمّ لطخ به بطن الدابّة، قال[8] وممّا يذهب العرن[9] دماغ الأرنب، وقف الهيثم بن مطهر على باب الخيزران على ظهر دابّته فبعث اليه الكاتب فى دارها أنزل عن ظهر دابّتك فقد جاء فى الأثر لا تجعلوا ظهور دوابّكم مجالس فبعث اليه انّى رجل أعرج وان خرج صاحبى خفت ألّا[10] أدركه فبعث اليه ان لم تنزل أنزلناك[11] قال هو حبيس ان أنزلتنى عنه ان أقصمته شهرا فأنظر 159v
أيّما خير له راحة ساعة أو جوع شهر فقال هذا شيطان أتركوه،

*باب البغال والحمير[12]

قال مسلمة ما ركب الناس مثل بغلة قصيرة العذار طويلة العنان، وكتب رجل الى وكيله أبغنى بغلة حصّاء الذنب طويلة العنق سوطها عنانها وهواها امامها، عاتب الفضل بن الرّبيع بعض بنى هاشم فى ركوبه بغلة فقال له هذا مركب تطأطأ عن خُيلاء الخيل[13] وارتفع عن ذلّة الحمار وخير الأمور أوساطها، حدّثنى أبو حاتم عن الأصمعىّ قال أخبرنا أبو عمرو بن العلاء قال دفع أبو سيّارة بأهل المزدلفة أربعين سنة *على حمار لا يعتلّ[14] [b] فقالت العرب[15] أصحّ من عير أبى سيّارة، قيل[16] للفضل الرقاشىّ وهو جدّ معتمر[17] لأمّه انّك لتوثر الحمير على جميع المركوب فلمَ

1 P حدّ المهدىّ 2 > C 3 C + وهى وجع البطن وأكل التراب 4 P شيا 5 C وجعل 6* > P 7 C انسان 8 C قالوا 9 P العرق 10 C ان لا 11 C انزلنا بك 12* > C 13 P am Rande الفرس 14* P ba 15 Maidânî I 277_{18} 16 C قال رجل 17 C المعتمر

ذلك قال لأنّها أكثرها مرفقا قال وما ذاك قال لا تستبدل بالمكان على 50r اختلاف الزمان[1] ثمّ هى أقلّها أداءً وأيسرها دواء وأسلم[2] صريعا وأسهل[3] تصريفا وأخفض مهوى وأقلّ جماحا[4] وأشهر[5] فارها[6] وأقلّ نظيرا يسرى راكبه وقد تواضع بركوبه ويكون مقتصدا وقد أسرف فى ثمنه، وقال خالد بن صفوان فى وصف حمار[7] ركبه عير[8] من بنات الكداد[9] أصحر السربال[10] محملج[11] القوائم يحمل الرحلة[12] ويبلغ العقبة و[13]يمنعنى أن أكون جبّارا عنيدا[14]، وقال رجل للنخّاس أطلب لى حمارا ليس بالكبير المشتهر ولا الصغير المحتقر ولا يعدم تقحّما ولا يحجم[15] تبلّدا يتخبّب[16] فى[17] الزحام والرجام[17] والإكام خفيف اللجام اذا ركبته هام واذا ركبه غيرى قام[18] ان أعلفته[19] شكر وان أجعته صبر *فقال له النخّاس ان مسخ الله القاضى حمارا رجوت أن أصيب لك حاجتك ان شاء الله[20]، وقال رجل لآخر يوصيه خذ من الحمار شكره وصبره ومن الكلب نصحه لأهله ومن الغراب كتمانه للسفاد، جرير بن عبد الله[21] عن ابيه قال 50v لا تركب[22] حمارا فانّه[23] ان كان فارها اتعب يديك وان كان بليدا اتعب رجليك،

*باب فى الابل[24]

الهيثم قال قال[25] ابن عبّاس[26] لا تشتر خمسة من خمسة لا تشتر فرسا

---

1 P الازمان 2 C واسهل 3 C واسلم 4 C جماما 5* P واسهر 6 P فارسا 7 C + قدرا 8 C عيرا 9 P الكراد 10 C السربال 11 C محلج 12 C الرُجلة 13 > P 14 Damîrî I 217₉; in C folgt hier der Schluss des Kap. 15 C تحجم 16 P يتجنب 17 > P 18 P نام 19 C علفته 20* > C 21 C الحميد 22 P تركبوا 23 > P 24* > C 25 > C 26 C عياش

من أسديّ ولا جملا من نهديّ ولا عيرا من تميميّ ولا عبدا من بجليّ ونسى الهيثم الخامس يريد أنّ أهل[1] هذه القبائل عظام الجدود فى هذه الأشياء، قيل لبنى عبس أىّ الابل أصبر عليكم فى محاربتكم قال الرمك[2] الجعاد قيل[3] فأىّ الخيل وجدتم أصبر قالوا الكميت الحُوّ قيل فأىّ النساء وجدتم أصبر قالوا بنات العمّ[4]، المدائنىّ قال قال شبّة بن عُقال أقبلت من اليمن أريد مكّة وخفت أن يفوتنى الحجّ ومعى ثلثة اجمال فمررت برجل من أهل[5] اليمن على ناقة له[5] فطويته فلمّا جزته قام بى بعير لى ثمّ آخر ثمّ قام الآخر فظننت أنّ الحجّ يفوتنى فمرّ بى اليمانى فقال

161r مررت بنا ولم تسلّم ولم تعرض

فقلت أجل[6] يرحمك الله قال أتطيب[7] نفسا عمّا أرى قلت نعم فنزل فأرخى انساع[8] رحله ثمّ قدّمه *فكاد يصعه[9] على عنقها ثمّ شدّه وقال لى[10] لولا أنّك لا تضبط رأسها لقدمنك ثمّ قال لى خذ خُرّ متاعك ان لم تطب نفسا[11] به ففعلت ثمّ ارتدفت فجعلتْ تعوم عوما ثمّ انسلّت كأنّها ثعبان يسيل سيلا كالماء[12] فما شعرت حتّى أرانى الأعلام وقال أ[12]تسمع فسمعت[12] أصوات الناس فاذا نحن بجمع فقضيت حاجّتى[13] و[14]قال لى حاجتى اليك الّا[15] تذكر هذا فانّ هذا *عندى[a] أثر[16b] من ولاية العروض[17] أدرك عليها الثأر وهى ثمال العيال وأصيد[18] عليها الوحش

1 > C 2 C الرمل 3 C قال 4 in C folgt 155v طار — وصف und 156v,1; dazwischen قد كان ذاك + وقال آخر فى خلاف هذا 5 > P 6 C + ذاك 7 P تطيب 8 P اتّساع 9* P فكان نصفه 10 > C 11 C نفسك 12 > C 13 C حجّى 14 C + كان 15 C ان لا. 16* C ba 17 C + يعنى مكّة والمدينة vgl. Jâqût III 658 18 C واصل

وأوانى عليها الموسم فى كلّ عام من صنعاء فى أقلّ من غبّ الحمار فسألته من أين هى قال تجاوبه من هوامى نتاج بدوٍ[1] بجبلة الأولى وهى من المهارى التى يذكر الناس، *وكتب سليمان بن عبد الملك الى عامله أَصِبْ لى نجائب كراما فقدم رجل على جمل سُباعىّ عظيم الهامة له 161r خلق لم يروا مثله قطّ فساموا فقال لا أبيعه قالوا لا ندعك ولا نغصبك ولكنّا نكتب الى أمير المؤمنين بسببه قال فهلّا خيرا من هذا قالوا ما هو قال معكم نجائب كرام وخيل سابقة فدعونى أركب جملى وأبعثه وابعثونى فإن لحقتمونى فهو لكم بغير ثمن قالوا نعم فدنا منه فصاح فى أذنه ثمّ أثاره فوثب وثبة شديدة فكبا ثمّ انبعث واتّبعوه فلم يدروا كيف أخذ ولم يروا له أثرا فجعل أهل اليمن علما على وثبته يقال له الكعلان[2]،

*أخبار الجبناء[3]

حدّثنى عبد الرحمن بن عبد الله *عن عمّه[4] الأصمعىّ قال أرسل عبيد الله بن زياد رجلا فى ألفين[5] الى مرداس بن أُدَيّة وهو فى أربعين فهزمه[6] مرداس فعنّفه ابن زياد وأغلظ له فقال يشتمنى الأمير وأنا حىّ أَحَبُّ الىّ من أن يدعو لى وأنا ميّت، فقال شاعر الخوارج[7] 162r

أَأَلْفَا[8] مؤمن منكم زعمتم * ويهزمهم بآسَكَ[9] أَرْبعونا
كذبتم ليس ذلكم كذاكم * ولكنّ الخوارج مؤمنونا
هم الفئة القليلة قد علمتم * على الفئة الكثيرة يُنْصَرونا،

حدّثنى محمّد بن عبيد عن معوية عن أبى إسحق عن عوف عن الحسن

1 > C   2* > C   3* C الجبن   4* C قال حدّثنى   5 C الفتين
6 C فهزمهم   7 Mubarrad 588_{13-15}, Dinawarī 279_{8-10}, ʿIqd I 42_{u} 43_{1}
8 C فألفا   9 C بياسك

قال قال النبىّ صلعم ما التقت فئتان[1] قطّ[2] الّا وكفّ اللّه بينهما[3] فاذا أراد ان يهزم احدى الطائفتين أمال كفّه عليها، *ورفع معوية تندوته بيده وقال لقد علم الناس أنّ الخيل لا تجرى بمثلى فكيف قال النجاشىّ[4]

ونجّى ابن حرب سابق ذو عُلالة * أجشّ عزيم والرماح دوانِ[5]،

ابن دأب قال[6] قال عمرو بن العاص لمعوية لقد[7] أعيانى أن أعلم أجبان أنت أم شجاع فقال

شجاع اذا ما أمكنتنىَ فُرْصة * وإلّا تكن لى فرصة فجبان

162ʳ شهد[8] أبو دلامة[9] حربا مع روح بن حاتم فقال له تقدّم فقاتل فقال[10]

إنّى أعوذ بروح أن يقدّمنى * الى القتال فتخزى[11] بى[12] بنو أسد

إنّ المهلّب حبّ الموت أورثكم[13] * ولم[14] أُورّث حبّ الموت عن أحد،

أبو المنذر قال حدّثنا[15] زيد بن وهب قال قال لى علىّ بن أبى طالب رضه[16] عجبا لابن النابغة يزعم أنّى تلعابة أعافس[17] وأمارس اما وشرّ القول أكذبه انّه يسئل[18] فيُلحف[19] ويُسئل فيبخل فاذا كان عند البأس[20] *فانّه آمِرُؤ[21] زاجر ما لم تأخذ السيوف[22] فأخذها من هام القوم فاذا كان كذلك[23] كان[24] أكثر[25] همّه أن يبرقط ويمنح الناس[26] استه قبّحه اللّه وترّحه، وقال الفرّار[27] السلمىّ[28]

وكتيبة لبستها بكتيبة * حتّى اذا التبست نفضت بها يدى

---

1 P فتيان   2 > P   3 P منهما   4 Aġ XII 73_2 5* > C   6 ʻIqd I $29_{18\cdot19}$ 7 C قد   8 C كان   9 C + شهد   10 Aġ IX 125_{26-29}, Baihaqī $520_{13\cdot14}$ 11 C فتخرى   12 C لى   13 C ورثكم   14 P ولن   15 > C   16 > P   17 P اعانس   18 C ليسل   19 P فيحلف   20 P الناس   21* P فاى امرى   22 C السيف   23 P ذلك   24 > P   25 C أكبر   26 P الكاس   27 C القراد   28 ʻIqd I 40_{26-28}

قال قال النبي صلعم ما ... الا وكف الله بينهم ...
أريد أن يهرم احدى الخصلتين أما ... عليه ، ورمي سعيد بشيء
بيده وقال لقد علم انس أنّ خيرا لا تجري بشر عليهم قال الخنين
ونهى ابو حرب سعيد لو علاه ... أحش ثوبه وأرسم دواه
ابي دأب قال قال عمرو بن العدى سعيد لقد ... سعيد أن اعلم حسـ
ثني ثم شجع قال

شجيع انا ... أمكنتني ثوبا ... وإلا تكن ... فوصد نحيس

شهيد أبو دلامة ... حرب مع روح بن حاتم قال ... تقدّم ... قال
إني أعوذ بروح أن يفتكنــي ... أو القتل يخزى ... بسو ...
أنّ الهلب حبّ أموه أوقله ... ... أرى حمد ثوبه عن أحده
أبو ... قال حذثـ ... زيد بن وهب قال قال ... بن أبي ...
... تحيا لابن الشبعة بزعم أنّي تلعنه أعشر ... وأمره الله بزجر القبل
أكبد قد يصطلى فيلحق ... وبشر ... فاذا كان عند ...
قد أنروا زاجر ... لم تأخذ الحبيبي ... بخدمة من قبض القبيم فاذا كان
كذله كان ... أكبر قد أن ... بميع نسـر ... أسئله فأتى الله ما
وفرحه وقال القراء السلميّ

وكتيبة ليستها بكتيبة ... حتى انا الشبحت نقصت به يدو

أبوا ¹ ... ² ... ³ XII ۷۳٫ ... ⁴ > P ... ⁵ P ... ⁶ قصين : P
Bulaq ...Aʳ IX 125 ... شهيد C ... كن C ... قد C ... I 39
... C ... P ... وإن P ... ورتكم C ... C ... يخرى C
في امري P ... تنسى P ... فركلف P ... ليسر C ... لقصر P
C ... الكس P ... أكبر C ... > P ... ثلم P ... الحبيبي C
...Sqd I 94 ... القراء

وتركتهم نعص الرماح ظهورهم * من بين منجدل وآخر مُسْنَدِ
ما كان ينفعنى مقال نسائهم * وقُتلتُ دون رجالهم لا تبعد

وقال آخر[1] 63r

أَضْحَتْ تشجّعنى هند وقد علمت * أنّ الشجاعة مقرون بها العَطَبُ
لا والّذى حجّت الأَنصار كعبته * ما يشتهى الموت عندى من له أَرَبُ
للحرب قوم أَضلّ اللّه سعيهم * اذا دعتهم الى نيرانها[2] وثبوا
ولست منهم ولا أَبغى[3] فعالهم * لا القتل يُعجبنى منها ولا السَّلَبُ

وقال أيمن بن خزيم[4]

إنّ للفتنة مَيطا بيّنا[5] * فرويد الميط[6] منها يعتدلْ
فاذا[7] كان عطاء فائتهم * واذا كان قتال فاعتزلْ
إنّما يسعرها جهّالها * حطب النار فدعها تشتعلْ

وقال آخر

كملقى الأَعنّة من كفّه * وقاد الجياد بأذنابها

وقال جران[8] العوفىّ الدهش

يومَ ارتحلتُ برحلى قبل تودعنى[9] * والقلب مستوهِل[10] بالبين مشغول
ثمّ اعتصمت[11] على نضو[12] لأَدْفعه * إثْرَ الحمول الغوادى وهو[13] معقول 63v

كان خالد بن عبد اللّه من الجبناء[14] خرج عليه المغيرة بن سعيد صاحب المغيريّة *من الرافضة[15] *وهو مولى لبجيلة[16] فقال من الدهش أَطعمونى ماء

1 Ps. Ǵâhiẓ Mahâsin 118_{2-9}, ʿIqd I 40_{pu}—41_{2}, Baihaqî 524_{13-16} 2 C حوبابها 3 C اهوى 4 Aǵ VI $165_{18\ 17}$ (von أبو دهبل) ʿIqd I 41_{8-9} 5 P هنيئا
6 C الميل 7 C واذا 8 P حران 9 C تردعنى 10 P مسنهول 11 C اغتررت
12 C نضوى 13 P وهى 14 C الحبا 15* > C; P الراقصة 16* C من بجيلة

فذكره[1] بعضهم فقال

عاد الظلوم ظليما حين جُدَّ به * واستطعم الماء لمّا جَدَّ فى الهرب،

وقال عبيد الله بن زياد إمّا للكنة فيه أو لجبن او دهشة افتحوا سيوفكم

وقال ابن مقرغ[2] الحميرىّ

ويومَ فتحتَ سيفك من بعيد * أضعتَ وكُلُّ أمرك للضياع،

وكان معوية يتمثّل بهذين البيتين كثيرا

أكان الجبان يرى أنّه * سيُقتل قبل انقضاء الأجَلْ

فقد تدرك الحادثات الجبانَ * ويسلَم منها الشجاع البَطَلْ،

وقال خالد بن الوليد[3] لقد لقيت كذا وكذا زحفا وما فى جسدى موضع الّا وفيه *طعنة أوْ[4] ضربة او رمية ثمّ هأنا أموت على فراشى *كما يموت العير لا[5] نامت أعين الجبناء، *قيل[6] لأعرابىّ ألا تغزو فإنّ الله قد 164r أنذرك قال والله انّى لأبغض الموت على فراشى فكيف أمضى اليه ركضا[7]،

وقال فرواش[8] *بن خوط[9] وذكر رجلين

ضبعا مجاهرة وليثا هدنة * وثعيلبا[10] خمر[11] اذا ما أظلما

وقال[12] عبد الملك بن مروان فى أميّة بن عبد الله بن خالد

اذا صوّت العصفور طار فؤاده * وليث حديد الناب عند الثرائد

ونحوه قول الآخر

ولو أنّها عصفورة لحسبتها * مسوّمة تدعو عُبَيْدا وأزنما

وقال الله جلّ وعزّ[13] يَحْسِبُونَ كُلَّ صَيْحَةٍ عَلَيْهِمْ، ومن أشعار الشطّار فى

---

1 C وقد ذكره 2 C مقرغ 3 'Iqd I 40_{23-24} 4* > C 5* C حتف انفى فلا 6 'Iqd I 41_{pu} 7* > C 8 C قرداس 9* > C 10 C وثعيّلى 11 C حمر 12 'Iqd I 41_{25-26} 13 Sûra 63_4

الجبان[1]

رأى فى النوم إنسانا * فوارى نفسه أشهرا

قال ابن المقفّع[2] الجبن مقتلة والحرص محرمة فانظر[3] *فيما رأيت وسمعت[4] من قتل فى الحرب مقبلا أكثر أمّن قتل مدبرا وانظر من يطلب اليك 4ʳ بالإجمال والتكرّم أحق أن تسخو نفسك له بالعطيّة أمّن[5] يطلب بالشره والحرص، وقال حنش[6] بن عمرو

وأنتم سماء يعجب الناس رزّها[7] * لها رجل باق شديد وئيدها

تقطّع أطناب البيوت بحاصب * وأكذب شىء برقها ورعودها

فويلمّها[8] خيلا تهادى شرارها * اذا لاقت الأعداء لولا صدودها،

وقال الفرزدق او البعيث

سائل سليطا اذا ما الحرب أفزعها * ما بال خيلكم قعسا هواديها[9]

لا يرفعون الى داع أعنّتها * وفى جواشنها داء يجافيها[10]

كان بالبصرة شيخ من بنى نهشل يقال له عروة بن مرثد ويكنى أبا الأغرّ ينزل ببنى أخت له فى سكّة بنى مازن وبنو أخته[11] من قريش فخرج رجالهم الى ضياعهم فى شهر رمضان وخرج النساء يصلّين فى مسجدهم 5ʳ فلم يبق فى الدار الّا الإماء فدخل كلب يعتسّ فرأى بيتا فدخل وانصفق الباب فسمع الحركة بعض الإماء فظنّوه[12] لصّا[13] فذهبت إحداهنّ الى أبى الأغرّ فأخبرته فقال أبو الأغرّ[14] ما يبتغى اللصّ ثمّ أخذ عصاه

1 C + واخبارهم, ‘Iqd I $42_{6\ 7}$ 2 ‘Iqd I 29_{25-26} 3 C فانظروا 4* > C
5 C ام من 6 C خنس 7 C درّها 8 C قوى لأمها so! 9 P هواديها
10 C يخافيها 11 C اخيه 12 C فظنوا ان 13 C + دخل الدار
14 C + الا

وجاء فوقف[1] على باب البيت وقال ايه يا ملسمان[2] أَمَ[3] والله انّك بى لعارف فهل أَنت الّا[4] من لصوص بنى مازن شربت حامضا خبيثا حتّى اذا دارت القدوح فى رأسك منّتك نفسك الأمانىّ وقلت أُطرق ديار[5] بنى عمرو والرجال[6] خلوف والنساء يصلّين فى مسجدهم فأسرقهم[7] سوءة لك[7] والله ما يفعل هذا ولد الأحرار وأيم الله لتخرجنّ او لأهتفنّ هتفة مشؤومة *عليك يجيء[8] فيها الحيّان عمرو وحنظلة وتجيء سعد بعدد الحصى وتسيل عليك الرجال من *هاهنا ومن هاهنا[9] ولئن فعلت لتكوننّ أَشأم مولود فلمّا رأى أنّه لا يجيبه أحد[10] اخذ[11] باللين فقال آخرج بأبى وأمّى[12] أنت مستور إنّى والله ما أراك تعرفنى ولو عرفتنى *لقد قنعت[13] 165v
بقولى وآطمأننت الىّ انا فديتك ابو الأغرّ النهشلىّ وأنا خال القوم وجلدة ما[14] بين اعينهم لا يعصوننى ولن تضار الليلة فآخرج فأنت فى ذمّتى وعندى قوصرّتان اهداهما الىّ ابن اختى البارّ الوصول فخذ احداهما فانتبذها حلالا من الله ورسوله وكان الكلب اذا سمع الكلام اطرق واذا سكت وثب يريغ المخرج فتهاتف ابو الأغرّ ثمّ ضحك[15] وقال[16] *يا الأم[17] الناس وأوضعهم[18] لا[19] ارى الّا انّى لك الليلة[20] فى واد وأنت لى فى واد اقلب السوداء والبيضاء فتصبح[21] وتُطرق واذا سكتُّ عنك وثبت تريغ المخرج[22] والله لتخرجنّ او لألجنّ عليك البيت فلمّا طال وقوفه جاءت احدى الاماء فقالت اعرابىّ مجنون والله ما ارى فى البيت شيئًا فدفعت

---

1 C حتى وقف 2 P سلمان 3 C اما 4 > C 5 C دور 6 P ه + الرجال 7 > P 8* C يلتقى 9* C هنا وهنا 10 > C 11 C + ه
12 > C 13* C لنفعت 14 > C 15 C تضاحك 16 P ثمّ قال 17* P يالم 18 > C 19 C الا 20 > C 21 P فتصبح 22 C لتخرج

الباب فخرج الكلب شادًّا[1] وحاد عنه ابو الأغرّ ساقطا على قفاه ثمّ قال بالله ما رأيت كالليلة[2] ما اراه الّا كلبا أمرّ[3] لو علمت بحاله لولجت عليه، 66r
وشبيه بهذا حديث[4] انى[5] حيّة[6] النميرىّ وكان له سيف ليس بينه وبين الخشبة فرق كان يسمّيه لعاب المنيّة قال جار له اشرفت[7] عليه ليلة وقد انتضاه وشمّر وهو يقول ايّها المغترّ بنا والمجترئ علينا بئس والله ما اخترت لنفسك *خيرا قليلا وسيفا صقيلا[8] لعاب المنيّة الّذى سمعت به مشهور ضربته لا تخاف نبوته اخرج بالعفو عنك *والّا دخلت[9] بالعقوبة عليك إنّى والله ان ادع قيسا تملأ الأرض[10] خيلا ورجلا يا سبحان الله ما اكثرها وأطيبها ثمّ فتح الباب فإذا كلب خارج[11] فقال الحمد لله الّذى مسخك[12] كلبا وكفانى حربا، وقرأت فى كتاب كليلة ودمنة[13] يخاف غير المخوف طائر يرفع[14] رجليه خشية[15] السماء ان تسقط[16] وطائر يقوم على احدى رجليه حذار الخسف ان قام عليها ودودة[17] تأكل التراب فلا تشبع خوفا ان يفنى ان شبعت فتجوع والخفافيش تستتر بالنهار حذارا ان تصطاد[18] 66v
لحسنها، بينا[19] عبد الله بن حازم السلمىّ عند عبيد الله بن زياد *اذا دخل[20] عليه جرذ[21] ابيض فعجب منه وقال *يأبا صالح[22] هل رأيت[23] اعجب من هذا وإذا عبد الله قد تضاءل حتّى صار كأنّه فرخ وأصفرّ حتّى

---

1 C شدا 2 C + والله 3 C اما 4 Ag XV 64_{11} ff nach Ibn Qutaiba
5 C لانى 6 C حبّة 7 C فاشرفت 8* C خبر قليل وسيف صقيل
9* C لا ادخل 10 C الفضا 11 C قد خرج 12 P مسخك 13 > C; Guidi XLVIII_5 ff., Bickell 109_{17} ff 14 P رفع 15 P يحبس 16 C تسقط
17 C ودود 18 P تصادّ 19 ʿIqd I 34_{15-19} 20* P ادخل 21 P جرذ
22* > C 23 C + يا ابا صالح

صار[1] كجرادة[2] وفرّ[3] فقال عبيد الله ابو صالح يعصى الرحمن ويتهاون بالشيطان ويقبض على الثعبان ويمشى الى الأسد الورد ويلقى الرماح بوجهه[4] قد[5] اعتراه من هذا[6] الجزن[7] ما ترون[8] إنّ الله على كلّ شىء قدير؞ كان الحارث بن هشام شهد *بدرا[a] مع المشركين[9b] وانهزم *فقال فيه[10] حسّان[11]

ان كنتِ كاذبةَ الّذى حدّثتنى * فنجوتِ منجا الحرث بن هشامِ
ترك الأحبّة لم[12] يقاتل دونهم * ونجا برأس طِمِرّة ولجامِ

فاعتذر الحرث من فراره وقال[13]

167r اللّه يعلم ما تركت قتالهم * حتّى رموا[14] فرسى بأشْقَرَ مُزْبِدِ
وعلمتُ أنّى ان اقاتلْ واحدا * أُقْتَلْ ولا يَضْرُرْ عدوّى مشهدى
فصددتُ عنهم والأحبّة فيهم * طَمَعًا لهم بعقاب يومٍ مُفْسِدِ؞

وأسلم يوم الفتح[15] وحسُن إسلامه وخرج فى زمن عمر *من مكّة[a] الى الشأم[16b] بأهله وماله فاتّبعه اهل مكّة يبكون فرقّ وبكى ثمّ قال اما إنّا لو كنّا نستبدل دارا بدارنا وجارا بجارنا ما اردنا بكم بدلا ولكنّها النقلة الى الله فلم يزل هنالك[17] مجاهدا حتّى مات؞ المدائنىّ قال رأى عمرو بن العاص معوية يوما[18] يضحك فقال له ممّ ضحكت[19] يأمير المؤمنين اضحك الله سنّك قال اضحك[20] من حضور ذهنك عند[21] ابدائك سوءتك يوم ابن ابى طالب أمَ[22]

---

1 C كانّه 2 C جرادة 3 C ذكر 4 C ببدیه 5 C وقد 6 > C 7 C جرد 8 C + اشهد 9* C ba 10* C ففيه يقول 11 C + بن ثابت; vgl. Aġ IV $17_{5\cdot6\cdot17}$ ʿIqd I $42_{3\cdot4}$ 12 C ان 13 C فقال; Aġ VIII $17_{11-13, 19-21}$, ʿIqd I 40_{30-32} 14 C علوا 15 C فتح مكّة 16* C ba 17 C هناك 18 > C 19 C تضاحك 20 > C 21 P يوم 22 C اما.

والله لقد وافقته متّانا كريما[1] ولو شاء ان يقتلك لفعل[2] قال عمرو يا أمير المؤمنين امر[3] والله إنّى لعن يمينك اذ[4] دعاك الى البراز فاحولّت عيناك وربا سحرك وبدا منك ما اكره ذكره لك من نفسك فأضحك او دع، وقدم[5] 167r الحجّاج على الوليد بن عبد الملك فدخل عليه وعليه درع وعمامة سوداء وقوس عربيّة وكنانة فبعثت اليه امّ البنين بنت عبد العزيز بن مروان فقالت[6] من هذا الأعرابىّ المستلئم فى السلاح عندك وأنت فى غلالة فبعث اليها هذا الحجّاج فأعادت الرسول اليه فقال تقول[7] لك والله لأن[8] يخلو بك ملك الموت احيانا احبّ الىّ من ان يخلو بك الحجّاج فأخبره *بذلك[a] الوليد[b][9] وهو يمازحه فقال يا أمير المؤمنين دع عنك مفاكهة النساء بزُخرف القول فإنّما المرأة ريحانة *ولبست بقهرمانة[10] فلا تطلعها[11] على سرّك ومكايدة عدوّك فلمّا دخل الوليد عليها اخبرها بمقالة الحجّاج فقالت يا امير المؤمنين حاجتى ان تأمره غدا بأن[12] يأتينى مستلئما[13] ففعل ذلك فأتاها الحجّاج فحجبته فلم يزل قائما ثمّ قالت ايه يا حجّاج 168r انت الممتنّ على امير المؤمنين بقتلك[14] ابن[15] الزبير وابن الأشعث اما والله لولا انّ الله علم انّك شرّ خلقه ما ابتلاك برمى الكعبة الحرام ولا بقتل ابن ذات النطاقين اوّل مولود وُلد فى الاسلام وأمّا نهيك امير المؤمنين عن مفاكهة النساء وبلوغ *لذّاته و[16] أوطاره فإن كنّ ينفرجن[17] عن مثله فغير قابل لقولك اما والله لقد نفض نساء امير المؤمنين الطيب من

1 > C 2 C لقتلك 3 C اما 4 C حين 5 C قدم 6 > P 7 C بقول 8 C لين 9* C ba 10* > C 11 C تطلعها 12 > P 13 P مسلّما 14 C بقتال 15 > P 16* > P 17 P يتفرّجن

غدائرهنّ فبعنه فى اعطية اهل الشأم حين كنت فى اضيق من القرن قد اظلّتك رماحهم وأثخنك كفاحهم وحين كان امير المؤمنين احبّ اليهم من آبائهم وأبنائهم فأنجاك الله من عدوّ امير المؤمنين بحبّهم ايّاه قاتل الله القائل حين[1] نظر اليك وسنان غزالة بين كتفيك[2]

اسد علىّ وفى الحروب نعامة * فتخاء تنفر من صغير الصافرِ
هلّا كررت على غزالة فى الوغا * بل كان قلبك فى جوانح طائرِ

وغزالة[3] امرأة شبيب الخارجىّ ثمّ قلت أخرج فخرج، وكان فى بنى ليث
168r رجل جبان بخيل فخرج رهطه غائرين[4] وبلغ ذلك ناسا من بنى سُليم وكانوا *اعداء لهم[5] فلم يشعر الرجل الّا بخيل قد احاطت بهم[6] فذهب يفرّ فلم يجد مفرّا ووجدهم قد اخذوا عليه كلّ وجه فلمّا رأى ذلك جلس ثمّ نثل[7] كنانته وأخذ قوسه وقال

ما علّتى وأنا جَلْدٌ نابلُ * والقوس من نبع لها بلابلُ
يُرِزُّ[8] فيها وَتَر عُنابلُ * ان لم أقاتلكم فأمّى هابلُ
أكُلَّ يوم انا عنكم ناكل * لا أُطعم القوم ولا اقاتلُ
الموت حقّ[9] والحياة باطلُ،

ثمّ جعل يرميهم حتّى ردّهم وجاء[10] الصريخ وقد منع الحىّ فصار بعد ذلك شجاعا سمحا معروفا، ولمّا[11] قتل عبد الملك مصعب[12] بن الزبير وجّه اخاه بشر بن مروان على الكوفة ووجّه معه[13] روح بن زنباع الجذامىّ
169r كالوزير وكان روح رجلا عالما داهية غير انّه كان من اجبن الناس وأبخلهم

1 C اذ 2 Ag XVI $155_{23\text{-}24}$ 3 P غزالة 4 C غازين 5* C أعداءهم
6 P به 7 C ابرز 8 C يُرَنُّ 9 P حقا 10 C + هم 11 C لما 12 P مصعبا 13 > P

فلمّا رأى اهل الكوفة[1] بخله[2] تخوّفوا ان يفسد عليهم امرهم وكانوا[3] قد عرفوا جبنه *فاحتالوا فى اخراجه[4] عنهم فكتبوا *ليلا [a] على بابه[b][5]

انّ ابن مروان قد حانت منيّته * فانظر[6] لنفسك يا روح بن زنباع

فلمّا اصبح *ورأى ذلك لم[7] يشكّ انّه مقتول فدخل على بشر فاستأذنه[8] فى الشخوص فأذن له و[9]خرج حتّى قدم على عبد الملك فقال له ما اقدمك قال[10] يأمير المؤمنين تركت اخاك مقتولا او مخلوعا قال كيف عرفت ذلك فأخبره الخبر[11] فضحك عبد الملك[11] حتّى فحص برجليه ثمّ قال احتال لك اهل الكوفة حتّى اخرجوك عنهم، كان معاوية بن عبد الله بن خالد بن أُسيد وجّه الى ابى فديك فانهزم فأتى[12] الحجّاج بدوابّ من دوابّ اميّة قد وُسم[13] على افخاذها عدّة فأمر الحجّاج فكُتب تحت ذلك للفرار، *وقال عمر رضه انّ الشجاعة والجبن غرائز فى الرجال تجد الرجل يقاتل عمّن لا يبالى الّا يؤوب الى اهله وتجد الرجل يفرّ عن ابيه وأمّه وتجد 169v الرجل يقاتل ابتغاء وجه الله فذلك هو الشهيد[14]،

يفرّ الجبان عن ابيه وأمّه * ويحمى شجاع القوم من لا يناسبُهْ[15]

[16]*باب من اخبار[17] الشجعاء والفرسان وأشعارهم[18]

حدّثنى ابو حاتم قال حدّثنى[19] الأصمعىّ قال سمعت الحرشىّ يقول رأيت من الجبن والشجاعة عجبا استثرنا من مزرعة فى بلاد الشأم رجلين[20]

1 C + فارادوا ان يحتالوا 2 C + من 3 C ما راوا 4* C وقد كانوا 5* C ba لاخراجه 6 C فاحتل 7* C فرأ فلم 8 C واستاذنه 9 C ف 10 C فقال 11 > P 12 C وانى 13 C وسمت 14* > C; + قال الشاعر 15 ʻIqd I 40_{21}. In C folgt 187r u ff. 16 C im Anschluss an $197v_{10}$ 17* > C 18 > C 19 C حدثنا 20 C اثنين

يذريان حنطة احدهما اصيفر احيمس[1] والآخر مثل الجمل عظما[2] فقاتلنا
الأصيفر بالمذرى لا تدنو[3] منه دابّة آلا نخس انفها وضربها حتّى شقّ
علينا فقُتل ولم نصل[4] الى الآخر حتّى مات فرقا فأمر[5] بهما فبُقرت[6] بطونهما
فإذا فؤاد الضخم *يابس[a] مثل الحشفة[7 b] وإذا فؤاد الأصيفر مثل فؤاد
الجمل يتخصخص فى مثل كوز من ماء، وحدّثنى[8] ابو حاتم عن الأصمعىّ
170r قال حدّثنا ابو عثمان[9] الصفّار قال حاصر مسلمة حصنا فندب الناس الى
نقب منه فما دخله احد فجاء رجل من عرض الجيش فدخله ففتحه
الله عليهم فنادى مسلمة اين صاحب النقب فما جاءه[10] احد فنادى
انّى قد امرت الآذن بإدخاله[11] ساعة يأتى[12] فعزمت عليه آلا جاء[13] فجاء
رجل فقال *استأذن لى على الأمير فقال[14] له انت صاحب النقب قال انا
اخبركم عنه فأتى مسلمة فأخبره عنه[15] فأذن له فقال له[15] انّ صاحب
النقب يأخذ عليكم ثلثا آلا[16] تسوّدوا اسمه فى صحيفة *الى الخليفة[17] ولا
تأمروا له بشىء ولا تسئلوه ممّن هو قال فذاك له قال انا هو فكان مسلمة
لا يصلّى بعدها[18] صلاة إلّا قال اللّهمّ أجعلنى مع صاحب النقب، حدّثنى
محمّد بن عمرو[19] الجرجانىّ قال كتب انوشروان الى مرازبته[20] عليكم بأهل
الشجاعة والسخاء فإنّهم اهل حسن الظنّ بالله تعالى[21]، وذكر اعرابىّ
قوما تحاربوا فقال اقبلت الفحول تمشى مشى الوعول فلمّا تصافحوا
170v بالسيوف فغرت المنايا افواهها، وذكر آخر قوما *اتّبعوا قوما[22] غاروا عليهم

---

1 C احينس 2 > P 3 C يدنو 4 C يصل 5 C فامرت 6 C فشقت 7* C ba 8 C حدثنى 9 C عمر 10 C جاء 11 C ان 12 C يجئ 13 P + فاستاذن 14* > P 15 > P 16 C لا 12 C يدخله على 17* > C 18 > C 19 C عمر 20 ‘Iqd I 29_{30-31} 21 > P 22* > P

فقال جنّبوا[1] كلّ جُمّاليّة عيرانة فما زالوا يخصفون اخفاف[2] المطىّ بحوافر الخيل حتّى ادركوهم بعد ثالثة فجعلوا[3] القُرآن ارشية الموت واستقوا بها ارواحهم، حدّثنى عبد الرحمن عن عمّه عن رجل من العرب قال انهزمنا من قطرىّ وأصحابه فأدركنى رجل على فرس فسمعت حسّا منكرا خلفى فالتفتّ فاذا انا بقطرىّ فيئست من الحياة فلمّا عرفنى قال لى *آشدد عنانها[a] وأوجع خاصرتها[b] [4] قطع الله يدك[5] قال[6] ففعلت فنجوت منه[6]، وحدّثنى[7] *عبد الرحمن[8] عن عمّه قال لمّا غرق شبيب *قالت آمرأة الغرق يأمير المؤمنين قال ذلك تقدير العزيز العليم قال[9] فأخرج[10] فشقّ بطنه وأُخرج[11] فؤاده فاذا مثل الكوز فجعلوا يضربون به الأرض فينزو، حدّثنا الرياشىّ قال حدّثنا الأصمعىّ قال اخبرنا صاحب لنا عن ابى عمرو بن العلاء قال لمّا كان يوم الكلاب خرج رجل من بنى تميم احسبه قال سعديّ 171 r فقال لو طلبت رجلا له فداء قال[12] فخرجت اطلبه فاذا رجل عليه مقطّعة يمانية على فرس ذنوب فقلت له على يمينك قال[13] على يسارى اقصد لى قلت ابهات منك اليمين[14] قال العراق منّى ابعد قلت والله لا ترى اهلك العام قال[15] ولا اهلك لا اراهم قال[16] فتركته[17] ونعتّ نعته بعد ذلك[18] فقيل[19] لى هو وعلة الجرمىّ، حدّثنا[20] محمّد بن عبيد عن معاوية *ابن عمرو[21] عن ابى اسحٰق عن هشام عن محمد بن سيرين قال بعث

---

1 C احتثوا 2 P خفاف 3 C فجمعوا 4* C ba 5 P يدك 6 > P
7 P حدثنى 8* > C 9* > C 10 C اخرج 11 C فاخرج vgl. ‘Iqd I 34_{21}, Ṭabarî II 976 12 > C 13 C فقال 14 C اليمن 15 C + لا والله
16 > C 17 C + فلمّا كان بعد ايام 18 C ذاك 19 C فقال 20 C حدّثنى
21* > C

عمر بن الخطّاب رضه[1] الأحنف بن قيس على جيش قِبَل خراسان فبيّتهم العدوّ ليلا وفرّقوا جيوشهم اربع فرق وأقبلوا معهم الطبل[2] ففزع الناس وكان[3] اوّل من ركب الأحنف فأخذ سيفه وتقلّده[4] ثمّ مضى نحو الصوت وهو يقول

إنّ على كلّ رئيس حقّا * أنْ يخضِب الصَّعدة او تندقّا

ثمّ حمل على صاحب الطبل فقتله فلمّا فقد اصحاب الطبل الصوت انهزموا
171r ثمّ حمل على الكردوس الآخر ففعل مثل ذلك وهو وحده ثمّ حمل[5] الناس وقد انهزم العدوّ فاتّبعوهم يقتلون[6] ثمّ مضوا حتّى فتحوا مدينة يقال لها مرو الرّوذ • سأل[7] ابن هبيرة عن مقتل عبد الله بن حازم. فقال رجل ممّن حضره[8] سألنا وكيع بن الدَورقيّة كيف قتلته قال غلبته بفضل فتاء[9] لى[10] عليه فصرعته وجلست على صدره وقلت له[11] يا لثأرات دويلة يعنى اخاه من ابيه فقال من تحتى قتلك الله تقتل كبش مضر بأخيك وهو[12] لا يساوى كفّ نَوًى ثمّ تنخّم فملأ وجهى نخامة[13] فقال ابن هبيرة هذه والله البسالة استدلّ عليها بكثرة الريق فى ذلك الوقت • قال[14] هشام لمسلمة يأبا سعيد هل دخلك ذعر *قطّ[a] لحرب[15 b] *او عدوّ[16] قال ما سلمت فى ذلك من ذعر ينبّه على حيلة ولم يغشنى فيها ذعر سلبنى رأيى قال هشام هذه البسالة[17] • خرج زهير بن حزم الهلالىّ
172r ومعه اهله وماله يريد النقلة من بلد الى بلد فلقيه ثلثون رجلا من بنى

---

1 > C 2 P بطبل 3 C فكان 4 C فتقلّده 5 C جاء 6 C يقتلونهم 7 P سئل 8 C حضر 9 P قباء 10 P كان 11 > C 12 P و 13 > P 14 ‘Iqd I 30_{20-22} 15* C ba 16* > C 17 In C folgt $172^r_{6 \cdot 7}$

تغلب فعرفهم فقال يا بنى تغلب شأنكم بالمال وخلّوا الظعينة[1] فقالـوا[2] رضينا ان القيت الرمح قال وإنّ *رمحى لمعى[3] وحمل عليهم فقتل منهم[4] رجلا وصرع آخر وقال

*رُدًّا على آخرها الأبالـــا[5]
إنّ لها بالمشرفـىّ حـــادبا
ذكّرنى الطعن وكنت ناسيا

**قال الزبيرىّ[6] استحيا شجاع ان يفرّ من عبد الله بن حازم الـسلمىّ[7] وقطرىّ بن الفجاءة[8] *ابو المعظان[a] قال[b][9] كان حبيب بـن عـوف العبدىّ فاتكا فلقى رجلا من اهل الشأم بعثه زياد ومعه ستّون الفا يتجر بها فسايره فلمّا غفل[10] قتله وأخذ المال فقال يوما وهو يشرب *على لذّته[11]

يا صاحبَىَّ اقلّا اللوم والعَذَلا * ولا تقولا لـشىء فات ما فـعـلا
رُدًّا علىَّ كميت اللون صافية * إنّى لـقيت بأرض خاليـا رجـلا
*ضخمَ الفرائص لو ابصرت قِمّته * وسط الرجال اذًا اشبهتَـه جـملا[12]
*صاحكتُه ساعة طورا وقلت له * انقفت بعك إنْ ربنا[13] وإن عجلا[14]A -
سايرته ساعة ما بى مخافتـه * الّا التلفّت حولى هل ارى دَغَلا[15]B[16] 72v
غادرته بين آجام ومسبعة * لم يدر غيرىَ بعدى بعد ما فعلا
يدعو زيادا وقد حانت منيّته * ولا زيادَ[17] لمن[18] قد وافق الأجلا

---

1 C الصعبنة 2 C قالوا 3* C معى لرمحى 4 > C 5* > P 6* C وكان يقال 7 > P 8* S. zu 171v u, in C folgt 134 r_{9-12} 9* C ba 10 C وجد غفلة 11* > C 12* > P 13 C ربنا 14 C عسلا 15 P رجلا 16* C: BA 17 C ذياف 18 P لما

المفضّل[1] الضبّىّ كان سُليك بن سلكة التميمىّ[2] من اشدّ فرسان العرب وأنكرهم[3] وأدلّ الناس بالأرض وأجودهم عدوا على رجليه لا تعلق به الخيل وكانت امّه سوداء وكان يقول اللّهمّ انّك تُهيّئ[4] ما شئت *لما شئت اذا شئت[5] اللّهمّ انّى لو كنت ضعيفا كنت[6] عبدا ولو كنت امرأة كنت امة اللّهمّ انّى اعوذ بك من الخيبة[7] فأمّا الهيبة فلا هيبة وأملق[8] حتّى لم يبق له شىء فخرج[9] على رجليه رجاء ان يصيب غرّة من بعض من يمرّ عليه *فيذهب بابله[10] حتّى اذا امسى فى ليلة باردة[11] مقمرة واشتمل الصمّاء ونام اذا[12] هو برجل قد جثم *على صدره[13] وقال آستأسر فرفع سليك[14] رأسه وقال انّ الليل طويل وانّك مقمر[15] فجرى مثلا وجعل 173r الرجل يلهزه ويقول *آستأسر[a] يا خبيث[16b] فلمّا آذاه ضمّه اليه[17] ضمّة ضرط منها وهو فوقه فقال له[18] سليك[17] اضرطا[19] وأنت الأعلى[20] فجرى[21] مثلا ثمّ قال له ما[22] انت قال انا رجل افتقرت فقلت *لأخرجنّ و[23]لا ارجع حتّى استغنى قال فانطلقْ معى فضيا[24] فوجدا رجلا *حاله حالهما[25] فأتوا جوف *مراد وهو[26] واد باليمن فاذا فيه نعم كثيرة[27] فقال لهما سليك كونا قريبا حتّى آتى الرعاء *وأعلم لكما[28] علم الحىّ اقريب هو ام بعيد فإن كانوا[29] قريبا رجعت اليكما وإن كانوا بعيدا قلت لكما[30] قولا

1 P الفضل; Aġ XVIII 133_{pu}—134_{24} 2 > P 3 C وانكرهم 4 P C ohne Punkte 5* > P 6 C لكنت 7 P ohne Punkte 8 C فاملق 9 C ثم خرج 10* > P 11 P + فى ليلة 12 C فاذا 13* C عليه 14 C السليك 15 Maidânî I 20_{24} 16* C ba 17 C السليك 18 > C 19 P ضرطا 20 Maidânî I 384_{14} 21 P فجرت 22 P من 23* > P 24 C فخرجا 25* C قصّته مثل قصّتهما 26* > P 27 C كثير 28* C فاعلم لكم 29 C كان 30 > C

ابتن[1] لكما فمه[2] فأغيروا فانطلقوا حتّى اتى الرعاء *فلم يزل يستنطقهم[3] حتّى احبروه بمكان الحىّ فاذا هم بعيد فقال لهم سليك الا اغنّيكم قالوا بلى فتغنّى بأعلى صوته ليسمع[4] صاحبيه

يا صاحبيّ الا لا حيّ بالوادي * الّا عبيد وآمٍ بين اذوادِ
أتنظراني قليلا ريث غفْلتهم * او تعدوانِ فانّ الريح للعادي[5]

فلمّا سمعاه[6] انباه[7] فاطّردوا الابل وذهبوا بها، حدّثنى سهل بن محمّد[8] عن الأصمعيّ قال كان سليك[7] يحضر فتقع السهام من كنانته فترتزّ فى 73v الأرض من شدّة احضاره، وقال[9] له قوم كهنه حين كبر ارأيت ان تُريناً[10] بعض ما بقى من احضارك قال[11] نعم اجمعوا لى اربعين شابّا وابغونى درعا ثقيلة فأخذها فلبسها وخرج بالشباب حتّى اذا كان على رأس ميل اقبل يحضر فلاث العدو لوثا واعتبطوا[12] فى جنبتيه فلم يصحبوه الّا قليلا فجاء يحضر منبترا[13] *من حيث[14] لا يرونه وجاءت الدرع تخفق فى عنقه كأنّها خرقة، قال سهل وحدّثنى[15] العتبىّ قال حدّثنى رجل من بنى تميم عن بعض *اشياخه من قومه[16] قال[17] كنت عند المهاجر *بن عبد الله[18] والى اليمامة فأُتى بأعرابىّ قد كان معروفا بالسرق فقال له اخبرنىَ عن بعض عجائبك قال انّها لكثيرة ومن اعجبها انّه كان لى بعير لا يُسبق وكانت لى خيل[19] لا تخلف فكنت لا[20] اخرج فأرجع خائبا فخرجت يوما[20]

1 C احىّ به; dazu am Rande die Glosse: من وحى يحى اذا اومأ له قال العجّاج وحى لها القرار فاستقرّت اى اومأ; vgl. S s v. 2 > C 3* C فجعل يستنطقهم 4 C بسمع 5 P للعاد 6 C سمعا ذلك 7 C أنيا السليك 8* > P 9 C قال فقالت 10 P توربنا 11 C فقال 12 C Glosse unter der Zeile عدوا 13 C منتشرا 14* C حتى 15 C وحيا 16* C اهله . 17 Mubarrad 194_{15}—195_{5} 18* C بين عند 19 P ختل 20 > P

فاحترشت ضبّا فعلّقته على قتبى ثمّ مررت بحواء[1] سرى ليس فيه[2] الّا 174r عجوز *ليس معها غيرها[3] فقلت يجب[4] ان يكون لها[5] رائحة من غنم وإبل فلمّا امسيت اذا بإبل[6] مائة فيها شيخ عظيم البطن شثن[7] اللحم ومعه عبد اسود وغد فلمّا رآنى رحّب بى[8] ثمّ قام الى ناقة فاحتلبها وناولنى العلبة فشربت ما يشرب الرجل فتناول الباقى فضرب به جبهته ثمّ احتلب تسع[9] اينق فشرب البانهنّ ثمّ نحر حوارا فطبخه ثمّ القى عظامه بيضا[10] وحثا[11] كومة من بطحاء و[12]توسّدها وغطّ غطيط البكر فقلت هذه والله الغنيمة ثمّ قمت الى فحل ابله[13] فخطمته ثمّ قرنته[14] * الى بعيرى[15] وصحت به فاتّبعنى الفحل واتّبعته الإبل اربابا به فصارت خلفى كأنّها حبل ممدود فمضيت[16] ابادر ثنيّة بينى وبينها مسيرة ليلة للمسرع فلم ازل اضرب بعيرى بيدى مرّة وأقرعه برجلى اخرى حتّى طلع الفجر فأبصرت الثنيّة فإذا[17] عليها سواد فلمّا دنوت اذا الشيخ[18] قاعد[19] وقوسه فى حجره 174v فقال اضيفنا قلت نعم قال اتسخو نفسك عن هذه الإبل قلت لا فأخرج سهما كأنّ نصله لسان كلب ثمّ قال ابصره[20] بين اذنى الضبّ ثمّ رماه فصدع عظمه عن دماغه ثمّ قال ما تقول قلت انا على رأيى الأوّل قال انظر[21] هذا السهم الثانى[22] فى فقرة ظهره الوسطى ثمّ *رمى به[23] فكأنّما قدّره بيده ثمّ وضعه بإصبعه ثمّ قال رأيك[24] قلت انّى اريد[25] ان استثبت قال انظر[21]

---

1 C بخباء
2 C فيها
3* > C
4 C اخلق بهذا الخباء
5 C له
6 C ابل
7 C متدن
8 > P
9 P تسعة
10 C كومة
11 P وجثى
12 C ثمّ
13 P له
14 P قربته
15* > P
16 C فخرجت
17 C واذا
18 C انا بالشيخ
19 C قاعدا
20 C ابصر
21 C فانظر
22 > P
23* C رماه
24 C ارايت
25 C احب

هذا السهم الثالث فى عكوة ذنبه والرابع والله فى بطنك ثمّ رماه فلم يخطئ العكوه فقلت انزل[1] امنا قال نعم فنزلت[2] فدفعت اليه خطام فحله وقلت[3] هذ ابلك لم تذهب منها وبره وأنا انتظر منى برميى بسهم ينتظم به قلبى فلمّا انحجبت قال لى اقبل فأقبلت والله[4] خوفا من شرّه لا طمعا فى خبره فقال ايهذا[5] ما احسبك جشمت الليلة ما جشمت الّا من حاجة قلت اجل قال فأقرن من هذه الإبل بعيرين[6] وأمض لطيّتك قلت اما والله حتّى[7] اخبرك عن نفسك قبلا[8] ثمّ قلت والله[9] ما رأيت اعرابيّا قطّ[10] اشدّ ضرسا ولا اعدى رجلا ولا ارمى يدا 15r ولا اكرم عفوا ولا اسخى نفسا منك ، وقرأت فى[11] سير العجم[12] انّ بهرام جور[13] خرج *ذات يوم[14] الى الصيد ومعه جارية له فعرضت له ظباء فقال *للجارية فى[14] اىّ موضع تريدين ان اضع السهم من الوحش فقالت[15] اريد ان تشبّه ذكرانها بالاناث وإناثها بالذكران فرمى تيسا من الظباء بنشابة ذات شعبتين فاقلع[16] قرنيه ورمى عنزا[17] منها بنشابتين فأثبتهما[18] *فى موضع[19] القرنين ثمّ سألته ان يجمع *اذن الظبى وظلفه بنشابة واحدة فرمى اصل اذن الظبى ببندقة فلمّا اهوى بيده الى اذنه ليحكّ رماه بنشابة فوصل ظلفه بأذنه[20] ثمّ اهوى الى القينة فضرب[21] بها[22] الأرض وقال اشدّ[23] ما اشتططت[24] علىّ وأردت اظهار

---

1 C انزلت   2 > P   3 C ثم قلت   4 > P   5 C لى يا هذا   6 P بعيران   7 C لا   8 C فلا   9 C + والله   10 > C   11 C + كتاب
12 Tha'âlibî Hist des rois de Perse 542/3, Jâqût IV 733 (Firdausi s. Nöldeke Sassan. 90)   13 P خور   14* > P   15 C وقالت   16 C فافلع
17 P عيرا   18 P اثبنهما   19* P فيوضع   20* P بين ظلف الظبية واذنها   21 P فاهوى   22 P + الى   23 P سد   24 P شططت

عاجزى، وقرأت فى كتبهم[1] *انّ كسرى[2] استعمل قرابة له على اليمن يقال له المرزوان فأقام بها حينا ثمّ خالفه[3] اهل[4] المصانع[5] والمصانع جبل باليمن *ممتنع[a] طويل[b][6] ووراءه[7] جبل آخر بينهما[8] فصل *الّا انّه[9] متقارب *ما بينهما[9] فسار اليهم[10] المرزوان فنظر الى جبل لا يطمع احد ان يدخله الّا من *جهة واحدة[11] يمنعها[12] رجل واحد فلمّا رأى *انّ 175v لا[13] سبيل اليهم صعد الجبل الّذى هو وراء المصانع من حيث يحاذى حصنهم فنظر الى اضيق مكان فيه[14] وتحته هواء لا يقدر قدره فلم ير شيئا اقرب الى افتتاح ذلك الحصن من ذلك الجبل فأمر اصحابه ان يقوموا صفّين ثمّ يصيحوا[15] صيحة واحدة ثمّ ضرب فرسه حتّى اذا اجتمع خُضْرا[16] رمى امام الحصن وصاح به اصحابه فوثب الفرس الوادى فاذا هو على رأس الحصن فلمّا نظرت اليه حمير قالوا هذا ايمر والأيمر بالحميريّة شيطان فانتهرهم بالفارسيّة وأمرهم[17] ان يربط بعضهم بعضا ففعلوا واستنزلهم من حصنهم فقتل طائفة وسبى طائفة وكتب بما كان[18] الى كسرى *فتعجّب كسرى[19] وأمره بالاستخلاف على عمله والقدوم اليه[20] وأراد ان يسامى به اساورته فاستخلف المرزوان ابنه ثمّ[21] توجّه نحوه[22] فلمّا صار ببعض[23] بلاد العرب هلك فوضعوه فى تابوت ثمّ حملوه حتّى قدموا به على كسرى فأمر كسرى بذلك[24] التابوت[25] فوُضع فى خزانته فكان يخرج فى

---

1 Ṭabarī I 1039 ff. 2* > P 3 P خالف 4 > P 5 P + عليه
6* C ba 7 P وراءه 8 C وبينهما 9* > P 10 P اليهما 11* C باب
12 C يمنع ذلك الباب واحد 13* P الّا 14 > P، 15 P يصيح
16 P خصرا 17 P وامر 18 C + منه 19* > P 20 C عليه 21 C و
22 > P 23 C فى بعض 24* > P 25 P بالتابوت

كلّ عُمر السه والى من عنده من اساورته فيقول هذا الّذى[1] فعل كذا، 176r
وروى *ابو سويد[2] التميمىّ عن ابيه عن جدّه عن[3] ابى[4] الأغرّ التميمىّ
قال بينا انا واقف بصفّين مرّ بى العبّاس بن ربيعة مكفّرا بالسلاح وعيناه
تبصّان من تحت المغفر كأنّهما عينا ارقم وبيده صفيحة له[5] وهو على فرس
له[5] صعب[6] يمنعه ويليّن من عريكته اذ[7] هتف به[5] هاتف من اهل الشأم
يقال له عرار بن ادهم يا عبّاس هلمّ الى البراز قال العبّاس فالنزول اذا فانّه
اياس من القفول فنزل الشامىّ وهو يقول[8]

ان تركبوا فركوب الخيل عادتنا * او تنزلون فانّا معشر نُزُلُ

فثنى[9] العبّاس رجله[10] فنزل وقال[11] [12]

وتصدّ[13] عنك مخيلة الرجل * العرّيض موضحة عن العَظْم
بحسام سيفك او لسانك وا * لكَلِم الأصيل كأرغب الكَلْم

ثمّ غضن فضلات درعه فى حجزته[14] ودفع فرسه[15] الى غلام له اسود فقال[16]
له اسلم كأنّى[17] انظر الى فلائل[18] شعره ثمّ دلف كلّ واحد منهما الى صاحبه 176v
فذكرت بهما[19] قول ابى ذؤيب[20]

فتنازلا فتواقفت[21] خيلاهما * وكلاهما بطل اللقاء مخدَّعُ[22]

وكفّ الناس اعنّة خيولهم ينتظرون ما يكون من الرجلين فتكافحا
بينهما مليّا *من نهارهما[23] لا يصل واحد منهما الى صاحبه لكمال لأمته

1 > C 2 ?; C سوتة 3* > P 4 P ابو 5 > P 6 C + فبينا هو يقلبها وليفته 7 > C 8 Ag. V 113₈ (al A'šâ) 9 C وثنى 10 C حجزته وركه 11 C وهو يقول 12 Ṭarafa 17₅ ₆ 13 C وتصدّ 14 P حجزته 15 P راسه 16 P يقال 17 C فكأنّى والله 18 C فلافل 19 > C 20 Ǵamharat aš. al'ar. 132₅ v. u 21 C وتواقفت 22 P مجدع, C Glosse مجرّب 23* P ثمّ تهازما

الى ان لحظ العبّاس وهيا[1] فى درع الشأمىّ فأهوى له[2] بيده فهتكه الى ثندوته ثمّ عاد لمجاولته[3] وقد اصحر[4] له مفتق الدرع فضربه العبّاس ضربة انتظم بها جوانح صدره وخرّ الشأمىّ لوجهه وكبّر الناس تكبيرة ارتجّت لها الأرض من تحتهم وأنشام العبّاس فى[5] الناس *وأنساع امره[6] واذا[7] قائل يقول من ورائى قاتلوهم يعذّبهم الله بأيديكم ويخزهم وينصركم عليهم ويشف صدور قوم مؤمنين ويذهب غيظ قلوبهم ويتوب الله على من يشاء *والله عليم حكيم[8] فالتفتّ واذا[9] امير المؤمنين رضه[10] علىّ بن ابى طالب[11]
177r فقال[12] يأبا الأغرّ من المنازل لعدوّنا فقلت هذا[13] ابن اخيكم هذا[13] العبّاس بن ربيعة فقال انّه لهو يا عبّاس الم انهك وأبن عبّاس ألاّ[14] تخلّا بمركزكما[15] او تباشرا حربا قال انّ ذلك[16] قل فما عدا ممّا[17] بدأ قال فأُدعى الى البراز فلا اجيب قال نعم طاعة امامك اولى بك من اجابة عدوّك ثمّ تغيّظ واستشاط[18] حتّى قلت الساعة الساعة ثمّ[19] تطأمن وسكن[20] ورفع يديه مبتهلا[21] فقال اللّهمّ أشكر للعبّاس مقامه وأغفر له ذنوبه[22] اللّهمّ انّى قد غفرت له فأغفر له قال[23] وتأسّف معوية على عرار وقال أنّى[24] ينطف فحل بمثله ايطلّ دمه لا ها الله *ذا الاّ[25] رجل يشرى نفسه بطلب دم عرار فانتدب له[26] رجلان من لخم فقال أذهبا فأيّكما قتل العبّاس برازا فله كذا فأتياه ودعواه الى البراز فقال انّ لى سيّدا اريد ان أؤامره

---

1 P وهنا 2 C اليه 3 P الى محاولته 4 P احصر 5 C الى
6* > C 7 C فاذا 8* > C 9 C فاذا 10 > C 11 C + عم 12 C قال
13 > P 14 C ان 15 C بمركز 16 C + يعنى نعم 17 PC ما, vgl. de Goeje, Gloss. Ṭab. s. v. عدا p. CCCLIV 18 C واستطار 19 P + متى
20 > P 21 P متمثّلا 22 C ذنبه 23 > P 24 C نكس و
25* C الا لله 26 > P

فأتى عليّا فأخبره الخبر[1] فقال علىّ والله لودّ معوية انّه ما بقى من هاشم نافخ ضرمة الّا طعن فى نبطه[2] اطفاء لنور الله ويأبى الله الّا ان يُتمّ نوره ولو كره الكافرون اما والله ليملكنّهم منّا رجال ورجال يسومونهم الخسف حتى يحفروا الآبار ويتكفّفوا[3] الناس *ثمّ قال[4] يا عبّاس ناقلنى سلاحك بسلاحى فناقله ووثب على فرس العبّاس وقصد اللخميّين ولم[5] يشكّا انّه العبّاس فقالا[6] له اذن لك صاحبك فخرج ان يقول نعم فقال اذن للذين يقاتلون بأنّهم ظُلموا وإنّ الله على نصرهم لقدير فبرز له احدهما *فضربه ضربة[7] فكأنّما اخطأه ثمّ برز له الآخر فألحقه بالأوّل ثمّ اقبل وهو يقول الشهر الحرام بالشهر الحرام والحرمات قصاص[8] فمن آعتدى عليكم فآعتدوا عليه بمثل ما اعتدى عليكم ثمّ قال يا عبّاس خذ سلاحك وهات[9] سلاحى فإن عاد لك احد فعد الىّ ونمى الخبر الى معوية فقال قبّح الله اللجاج انّه لقعود ما ركبته قطّ الّا خذلت فقال عمرو *بن العاص[10] المخذول والله اللخميّان لا انت قال معوية[11] اُسكت ايّها الرجل فليس هذه من ساعاتك[12] قال وإن لم تكن رحم الله اللخميّين ولا[13] اراه يفعل *قال ذاك والله اخسر لصفقتك وأضيق لحجرك قال قد علمت[14] ولو لا مصر لركبت المنجاة منها قال هى اعمتك ولو لا هى لألفيت بصيرا، وقال عمرو 78r *ابن العاص[15] لمعوية

معاوى لا اعطيك دينى ولم أنَل * به[16] منك دنيا فآنظرَنْ كيف تصنعُ

فإن تُعطِى مصرا فأربِحْ بصفقة * اخذت بها شيئا[17] يضرّ وينفعُ[18]،

---

1 > P 2 P نيطه; C + اى نفسه 3 P ويكفّفوا 4* > P 5 C فلم
6 P فقال 7* > C 8 C قصاص 9 C وهات 10* > P 11 > C
12 C ساعتك 13 C وما 14* > P 15* > P 16 > P 17 P شيخا
18 In C folgt 182v9—183r9.

خرج الأخينس الجهنيّ فلقى الحصين العميريّ[1] وكانا جميعا[2] فاتكين فسارا حتّى لقيا رجلا من كندة فى تجارة اصابها من مسك وثياب وغير ذلك فنزل تحت شجرة يأكل فلمّا انتهيا اليه سلّما[2] قال الكندىّ الا تصحّيان[3] فنزلا[2] فبينا هم يأكلون *من ظليم فنظر[4] اليه الكندىّ وأيّده بصره فبدت له لبّته فاغتمّره الحصين *فضرب بطنه[5] بالسيف فقتله واقتسما[6] ماله وركبا فقال الأخينس يا حصين ما صعلة وصعل قال يوم شرب وأكل قال فانعت لى هذه العقاب فرفع رأسه لينظر اليها فوجأ بطنه بالسيف فقتله مثل

178v قتله الأوّل[7] ثمّ انّ اختا للحصين يقال لها صخرة لمّا ابطأ عليها خرجت تسئل عنه فى جيران لها *من مُراح[8] وجرم[9] فلمّا بلغ ذلك الأخينس قال[10]

وكم من فارس لا تزدريه * اذا شُخصت لموقفه[11] العيونُ[12]

يذلّ له العزيز وكلّ ليث * شديد الهصر مسكنه العرينُ

علوت بياض مفرقه بعضب * ينوء[13] لوقعه الهام السكونُ[14]

فأمست عرسه ولها عليه * هدوء بعد *ليلته انينُ[15]

كصخرة اذ تسائل فى مراح * وفى جرم وعلمهما ظنونُ[16]

تسائل عن حصين كلّ ركب * وعند جُهينة الخبر اليقينُ[17]

فذهبت مثلا *خرج المهدىّ وعلىّ بن سليمان الى الصيد ومعهما ابو دُلامة الشاعر فسنحت لهم ظباء فرمى المهدىّ ظبيا فأصابه ورمى علىّ ابن سليمان كلبا فعقره فضحك المهدىّ وقال لأبى دلامة قل فى هذا فقال[18]

---

1 C العمرى   2 > P   3 C تصطبحان   4* P نظر   5* P فضربه
6 C ذ'   7 P الاولى   8* P فى مراج لها   9 C وجرم   10 C أنشأ يقول
11 P لموثقه   12 Maidânî I 304   13 C نتق   14 Maid. l. l.   15* C ليلتها رنين   16 P الظنون   17 Maid. l. l., ʿAskarî II 65, Ps. Ǵâḥiẓ Maḥâsin 271_{14}, TA 9, 169   18 Aǵ IX $132_{4\,\text{vu-pu}}$

ورمى المهدىّ ظبيا * شكّ بالسهم فؤادَهْ 179r

وعلىّ بن سليمـان * رمى كلبا فصادَهْ

فهنيئا لهما كلّ * امرئ يأكل زادَهْ[1] »

قال ابو دلامة[2] كنت فى عسكر مروان ايّام زحف الى شبيب الخارجىّ فلمّا التقى الزحفان خرج منهم فارس ينادى من يبارز فجعل لا يخرج اليه انسان الّا عجّله[3] ولم ينهنه فغاظ ذلك مروان فجعل ينتدب الناس على خمس مائة * فقتل اصحاب الخمسمائة وزاد مروان على ندبته[4] فبلغ بها الفا فما زال ذلك[5] حتّى بلغ بالندبة خمس آلاف درهم وتحتى فرس لا اخاف خونه فلمّا سمعت بالخمسة آلاف[6] نزّفته واقتحمت الصفّ فلمّا نظر الىّ الخارجىّ[7] علم انّى خرجت للطمع فاقبل يتهيّأ لى[8] واذا عليه فرو[9] قد[10] اصابه المطر فارمعلّ ثمّ اصابته الشمس فاقفعلّ وعيناه تدّران[11] كأنّهما وقبان[12] فدنا[13] منّى وقال[14]

وخارجٍ اخرجه حبُّ الطمَعْ 179v

فرّ من الموت وفى الموت وقَعْ

من كان ينوى[15] اهله ولا[16] رجَعْ[17]

فلمّا *وقر قوله[18] فى اذنى انصرفت عنه هاربا وجعل مروان يقول من هذا الفاضح ائتونى به ودخلت فى غمار الناس فنجوت منه» وكان[19] خالد ابن جعفر نديما للنعمان فبينا هو ذات يوم عنده وقد دعا النعمان

1* (s ٢٢١,١٩) > C 2 Aġ IX 126, ʿIqd I 41_{28-35} 3 C اعجله 4* > P 5 C + فعله 6 P الآلاف 7 > C 8 C الى 9 C + له 10 P وقد 11 C تزران, Glosse unter der Zeile تلوحان 12 C فى وقبين 13 C فلمّا دنا 14 C قال 15 P يهوى 16 C فلا 17 Frgm hist. ar. I 168_{6-7} 18* C وقرت 19 C كان

*بتمر وزبد[1] فهما يأكلان[2] اذ دخل عليهما الحٰرث بن ظالم فقال النعمان آدن يا حارث فكل فدنا فقال خالد من ذا ابيت اللعن فقال[3] هذا سيّد قومه وفارسهم الحٰرث بن ظالم قال خالد اما إنّ لى عنده يدا قال الحٰرث وما تلك اليد قال قتلت سيّد قومك فتركتك سيّدهم[4] قال الحٰرث اما انّى سأجازيك بتلك اليد ثمّ اخذه الزمع *فأرعدت يداه[5] فأخذ يعبث بالتمر[6] فقال له[7] ايّتهما[8] تريد فأناولكها قال[9] للحٰرث ايّتهما[8] تريد[10] فأدعها ثمّ نهض مغضبا فقال النعمان لخالد ما اردت بهذا[11] وقد عرفت 180r فتكه وسفهه قال[12] ابيت اللعن وما تتخوّف علىّ منه فوالله لو كنت نائما ما ايقظنى فأنصرف[13] خالد فدخل قبّة له من ادم بعد هدأة من الليل وأقام على بابه اخا[14] له يحرسه فلمّا نام الناس خرج الحٰرث حتّى اتى القبّة *من مؤخّرها[15] فشقّها ثمّ دخلها[16] وقتله[17] فقال عمرو بن الإطنابة *فى ذلك[18]

علّلانى وعلّلا صاحبيّا * وأسقيانى من المروّق ريّا
إنّ فينا القيان يعزفن بالضر * ب لفتياننا وعيشا رخيّا
يتناهين فى النعيم ويصبُبْـ*ـن[19] خلال القرون مسكا ذكيّا
ابلغا[20] الحٰرث بن ظالم الرعـ*ـديد[21] والناذر النذور عليّا
انّما تقتل النيام ولا تقـ*ـتل يقظان ذا سلاح كميّا

1* C بزبد وتمر 2 C + منه 3 C قال 4 C + بعده يعنى زهير ابن جذيمة 5* C وارعدت يده 6 C فى التمر 7 C + خالد 8 C ايّتهن 9 C + له 10 C تهمك 11 C الى هذا 12 C فقال 13 C وانصرف 14 C اخ 15* > P 16 C دخل 17 C فقتله 18* > C; Ag X 30_{5-7} 13. 14 19 C ويضربن 20 C ابلغ 21 So Ag, P الموعد, C الموعود

وكان عمرو قد آلى ألّا[1] يدعوه رجل بليل[2] الّا اجابه ولم[3] يسئله عن اسمه فأتاه الحرث ليلا *فهتف به[4] فخرج اليه فقال ما تريد قال اعنّى على ابل لبنى فلان وهى منك غير بعيد فانّها غنيمة باردة فدعا عمرو بفرسه فأراد[5] 180ᵛ
ان يركب حاسرا فقال له[6] ألبس عليك[6] سلاحك فانّى لا آمن امتناع القوم فاستلأم وخرج[7] معه[8] حتّى اذا برزا[9] قال له الحرث انا ابو ليلى فخذ حذرك *يا عمرو[10] فقال له[11] آمنّى على فجزّ ناصيته وقال الحرث[12]

علّلانى بلذّتى قينتيّا[13] * قبل ان تبكىَ العيون عليّا
قبل ان تذكر[14] العواذل انّى * كنت قِدْما لأمرهنّ عصيّا
ما ابالى اذا اصبتُ[15] ثلاثا * ارشيدا دعوتنى ام غويّا
غير ان لا اسرّ لله انما * فى حياتى ولا اخون صفيّا
بلغتنى مقالة المرء عمرو * بلغتنى وكان ذاك بديّا
فخرجنا بموعد[16] فالتقينا * فوجدناه ذا سلاح كميّا
غير ما نائم يروّع باللبـ*ـل[17] معدّا بكفّه مشرفيّا
فرجعنا بالمنّ منّا عليه * بعد ما[18] كان منه[19] منّا بديّا 181ʳ

ووفد[20] تميم بن مرّ وبكر بن وائل على بعض الملوك وكانا ينادمانه فجرى بينهما تفاخر فقالا ايّها الملك اعطنا سيفين فأمر الملك بسيفين من عودين[21] فنحتا *وموّها بالفضّة[22] وأعطاهما اياهما[23] فجعلا يضطربان[24] مليّا من نهارهما فقال بكر

---

1 C ان لا   2 C بالليل   3 C ولا   4* > P   5 C واراد   6 > C
7 C وخرجا   8 C جميعا   9 P برز   10* > P   11 > C   12 Ag X 30_{5-27v}, $31_{1-3,5}$ 13 P فهنيا   14 C تنكر   15 C اصطبحت   16 C لموعد   17 C بالقتل   18 C منّ قد   19 > C   20 P وفد   21 C عيدان
22* C لهما   23 > P   24 C + بها

لو كان سيفانا حديدا قَطَعا

وقال تميم

لو نُحتنا من جندل تصدّعا

ففرّق الملك بينهما فقال بكر لتميم

اساجلك العداوة ما بقينا

وقال[1] تميم

*وإن متنا[2] نورّثها[3] بنينا[4]

فأورثها[5] ابناؤهما[6] الى اليوم[7]، حدّثنى ابو حاتم عن الأصمعىّ عن خلف 181v الأحمر قال كان ابو عروة السباع يصيح بالسبع وقد احتمل الشاة فيسقط فيموت فيُشقّ بطنه فيوجد فؤاده قد انخلع وهو مثل فى حدّة[8] الصوت، وقال الشاعر

زَجْرَ ابى عروة السباعَ اذا * اشفق ان يلتبسن بالغنم،

*وروى انّ ابا[9] عطيّة عفيفا[10] النصرىّ[11] فى الحرب الّتى كانت بين ثقيف وبين بنى نصر لمّا رأى الخيل تقفوه[12] نادى[13] يا سوء[13] صباحاه اتيتم يا بنى يربوع فألقت الحبالى اولادها فقيل فى ذلك

وأسقط احبال النساء بصوته * عفيف لدن[14] نادى بنصر فطرّبا،

*ويروى فى[15] اخبار وهب بن منبّه انّ يهوذا[16] قال ليوسف لتكفّنّ او لأصيحنّ صيحة لا تبقى حامل بمصر[17] الّا القت ما فى بطنها، محمّد

1 P فقال
2* > C
3 C + اذا متنا
4 P بنيّا
5 C فاورثاها
6 C بينهما
7 In C folgt 182r₇–v₉
8 C شدّة
9* C وقال وابو
10 C عفيف
11 P البصرى, C + نادى
12 C بعقوته (so)
13 > C
14 C اذا
15* C ومن
16 P يهود
17 > P

ابن الضحّاك عن ابيه قال كان العبّاس بن عبد المطّلب يقف على سلع فينادى غلمانه وهم بالغابة فيسمعهم وذلك من آخر الليل وبين الغابة 182r وبين سلع ثمانية اميال وسلع جبل وسط المدينة وكان شبيب بن ربعىّ يتنحنح فى داره فيسمع تنحنحه بالكناسة ويصيح براعيه فيسمع نداؤه على فرسخ *ذكر هذا خالد بن صفوان وسمعه ابو المجيب السنهدىّ فقال ما سمع له بصوت ابعد من صوته بأذانه فانّه كان مؤذّنها يعنى سجاح[1]، ذمّ رجل الأشتر[2] فقال له قائد[3] اسكت فإنّ حياته هزمت اهل الشأم وإنّ[4] موته هزم اهل العراق، المدائنىّ[5] قال اتى عمر بن الخطّاب رضه[6] رجل يستحمله فقال له[7] خذ بعيرا من ابل الصدقة فتناول ذنب بعير صعب فجذبه[8] فاقتلعه فتعجّب عمر وقال له[8] هل رأيت اشدّ منك قال نعم خرجت بأمرأة من اهلى اريد بها زوجها فنزلنا منزلا اهله[9] خلوف فقربت من الحوض فبينما انا كذلك اذ[10] اقبل رجل ومعه ذود والمرأة ناحية فسرّب[11] ذوده الى الحوض ومضى الى المرأة فساورها وبادرنى[12] 182v فلما انتهيت اليها حتّى خالطها فجئت لأدفعه عنها فأخذ برأسى[13] فوضعه بين عضده وجنبه فما استطعت ان اتحرّك حتّى قضى ما اراد-ثمّ استلقى فقالت المرأة اىّ فحل هذا لو كانت لنا منه سخلة وأمهلته[14] حتّى امتلأ نوما فقمت[15] اليه بالسيف فضربت ساقه *حتّى ابنتها[16]

1* C وكان هذا مؤذّن سجاح التى تنبّت والله اعلم Damit schliesst Buch II in C.S. zu p. 212r 2 C الحسين بن علىّ عليهما السلام 3 C يزيد
4 P و 5 Baihaqî 515 6 > P 7 > C 8 > P 9 C اهلها 10 > C
11 P قرّب 12 C + المرأة 13 C راسى 14 C فأمهلته 15 C وقمت
16* C فاثبتها (so)

فأنتبه وتناول رجله فعدا[1] فغلبه الدم فرمانى[2] برجله وأخطأنى وأصاب عنق[3] بعيرى[4] فقتله فقال عمر ما فعلت المرأة قال هذا حديث الرجل يكرّره[5] عليه مرارا لا يزيد على ذلك[6] فظنّ انّه قتلها[7]، حدّثنى[8] يزيد ابن عمرو قال حدّثنا *سهل بن حاتم قال حدّثنا[9] ابن عون عن عمير ابن اسحاق قال كان سعد على ظهر بيت وهو شاك *فى السلاح[10] والمشركون يفعلون بالمسلمين[11] ويفعلون وأبو محجن فى الوثاق عند امّ ولد لسعد فأنشأ *ابو محجن[12] يقول[13]

183r كفى حزنا ان تطعن الخيل بالقنا * وأُترك مشدودا علىّ وثاقيا

اذا شئت غنّانى الحديد وغُلّقت * مغاليق[14] من دونى تصمّ المناديا

فقالت له امّ ولد سعد اتجعل لى ان انا اطلقتك ان ترجع الىّ[15] حتّى اعيدك فى الوثاق قال نعم فأطلقته فركب فرسا *بلقاء[16] a لسعد b[17] وحمل على المشركين فجعل سعد يقول لولا انّ ابا محجن فى الوثاق لظننت انّه ابو محجن *وأنّها فرسى فأنكشف المشركون وجاء ابو محجن[18] فأعادته فى الوثاق فأتت[19] سعدا فأخبرته فأرسل الى ابى محجن فأطلقه وقال والله لا *حبستك فيها[20] ابدا وقال[21] ابو محجن وأنا والله لا اشربها *بعد اليوم[22] ابدا[23]، وقال الشاعر[24]

سأغسل عنّى العار بالسيف جالبا * علىّ قضاء الله ما كان جالبا

---

1 C وعدا 2 C ورمانى 3 > C 4 P بعيرا 5 C فكرر 6 C هذا
7* S. zu ٢٢٠$_{١٨}$ 8 > P 9* > P 10* > C 11 C بالمؤمنين 12* > C
13 Ed. Abel $23_{1\cdot2}$, Aġ XXI $213_{18\cdot19}$ 216_9 14 P مصارع 15 > C 16 P
ابلقا 17* C b a 18* > P 19 C واتت 20* P احبسك 21 C يعنى
الخمر فقال 22* > P 23 S. zu p. ٢٢٠$_{١٨}$ 24 C آخر

*وأذهل[1] عن دارى وأجعل هدمها * لعرضىَ من باقى المذمّة[2] حاجبا[a]
ويصغر فى عينى تلادى اذا انثنت * يمينى بإدراك الّذى كنت طالبا[3b]
فيا لرزام رشّحوا بى مقدّما * الى الموت خوّاضا اليه الكرائبا
اذا همّ لم يردع كريمة[4] همّه * ولم يأت ما يأتى من الأمر هائبا 83ᵛ
اخا غمرات لا يريد على الّتى * يهمّ بها من مُقطع الأمر صاحبا
اذا همّ ألقى بين عينيه عزمه * ونكّب[5] عن ذكر العواقب جانبا
ولم يستشر فى رأيه غير نفسه * ولم يرض الّا قائم السيف صاحبا

وقال رجل من بنى العنبر[6]

لو كنتُ من مازن لم تستبح ابلى * بنو اللقيطة من ذهل بن شيبانا
اذًا لقام بنصرى معشر خُشُن * عند الكريهة ان ذو لوثة[7] لانا
قوم اذا الشرّ ابدى[8] ناجذيه لهم * طاروا اليه زرافات ووحدانا
لكنّ قومى وإن كانوا ذوى عدد * ليسوا من الشرّ فى شىء وإن هانا
يجزون من ظُلْم اهل الظلم مغفرة * ومن اساءة اهل السوء غفرانا
كأنّ ربّك لم يخلق لخشيته[9] * سواهُمُ من جميع الناس انسانا
فليت لى[10] بهم قوما اذا ركبوا * شنّوا الإغارة فرسانا وركبانا[11]
لا يسئلون اخاهم حين يندبهم * فى النائبات على ما قال برهانا
لاكن يطيرون اشتاتا اذا فزعوا * وينفرون الى الغارات وحدانا 84ʳ

وقال آخر

ولئن عمرت لأشفينّ النفس من تلك المساعى

---

1 C فاذهل 2 C الدنية 3* C b a 4 P هزيمة 5 C واعرض
6 Hamâsa I ٧١–٨ 7 P لونة 8 C ابعى 9 P لجنته 10 C بى 11 Ḫiz. III 37₁₄

ولأعـلمنّ البطن انّ * الزاد ليس بمستـطـاع
أمّا النهـار فـرأى اصـ*ـحابى[1] بمرقبة يـفـاع
أثّر الشجاع بها كسو *د الحزن[2] فى سير الصناع
ترد السباع مـعى فألـ*ـفى[3] كالمدلّ من السباع،

وقال آخر[4]

انّا محيّوك يا سَلْمَى فحيّينـا * وإن سقيتِ كرام الناس فأسقينا
انّا لنُرخص يوم الروع انفسنا * ولو نُسام بها فى الأمن أُغلينـا
بيض مفارقنا تغلى مراجلنـا * نأسو بأموالنـا آثار ايـديـنـا،

وقال المعلوط

الم ترنى خُلقت اخا حروب * اذا لم اجنِ كنت مِجَنّ جانِى

184ᵛ وقال[5] آخر[6]

لعمرى لقد نادى بأرفـع صـوتـه * *البنا نعيٌّ[7] إنّ فارسكم هوى
اجل صادقا والقائل الفاعل الّذى * اذا قال قولا انبط الماء فى[8] الثرى
فتى قَبَل[9] لم تُعنس[10] السنّ وجهه *
سوى شهب فى الرأس كالبرق[11] فى الدجى
اشارت له الحرب العوان فجاءهـا * يقعقع *فى الأقراب[12] اوّل من اتى
ولم يجنها لـكن جناها ولـيّـه * فآسى *فآداه فكان[13] كمن جنى،

وقال بسّامة[14]

---

1 P صحبى 2 C الحرز 3 C فالقى 4 Ḥamâsa p. 45 ٧ 1.7.8 5 > C 6 Ḥamâsa p. 386 7* C نعىّ جوىّ 8 P و 9 P خبل 10 P يعبس, C تعبس 11 P كالشيب 12* C بالاتراب 13* C اخاه ثم كان 14 Ḥamâsa p. 45, Mubarrad $65_{1.2.4.5}$

انّا بنى نهشل لا ندّعى لأب * عنه ولا هو بالأبناء يشرينا
ان تبتدر غاية يوما لمكرمة * تلق السوابق منّا والمصلّينا
انّا لمن معشر افنى اوائلهم * قول الكماة الا اين المحامونا
لو كان فى الألف منّا واحد فدعوا * مَن فارسٌ خالهم ايّاه يعنونا[1]،

وقال زهير[2]

يطعنهم ما ارتموا حتّى اذا اطّعنوا[3] * ضارب حتّى اذا ما ضاربوا اعتنقا،

وقالت امرأة من كندة 185r

ابوا ان يفرّوا والقنا فى نحورهم * ولم يرتقوا من خشية الموت سلّما
ولو انّهم فرّوا لكانوا اعزّة * ولكن رأوا صبرا على الموت اكرما،

وقال[4] آخر

بنى[5] عمّنا ردّوا فضول دمائنا[6] * ننم ليلكم او لم تلمنا اللوائم
فانّا وايّاكم وإن طال ترككم * كذى الدين يقضى[7] ما نأى وهو غارم،

وقال ابو سعيد المخزومىّ وكان شجاعا[8]

وما تريد بنو الأغيار من رجل * بالجمر مكتحل بالليل مشتمل
لا يشرب الماء الّا من قليب دم * ولا يبيت له جار[9] على[10] وجل،

وقال عبد القدّوس بن عبد الواحد من ولد النعمان بن بشير

ندًى تحكم الآمال فيه ونجدة * تحكم فى الأعداء بالأسر والقتل،

وقال آخر

ضربناكم حتّى اذا قام ميلكم * ضربنا العدى عنكم بأبيض صارم[11]،

1 Mub. 762₁₄ 2 ed. AHLWARDT 9₃₁, Ag. V 178, IX 142, 151, 158
3 P طعنوا 4 > C 5 C بنوا 6 P زماننا 7 C يبنى 8 ‘Iqd I 35₂₈
9 P جان 10 P ولا 11* C ببيض صوارم

185v تمثّل زيد بن علىّ رحه يوم قُتل بقول القائل[1]

ذلّ الحياة وعزّ المماات * وكلّاً أراه طعاما وبيلا

فإن كان لا بدّ من واحد * فسيروا الى الموت سيرا جميلا،

وقال *قيس بن[2] الخطيم

ابلج لا يهمّ بالفرار * قد طاب نفسا بدخول النار،

وقال آخر[3]

ومن تكن الحضارة اعجبته * فأَىّ رجال بادية ترانا

ومن ربط الجحاش فإنّ فينا * قنا سَلبا وأفراسا حسانا

*وكنّ اذا اغرن على قتيل * فأعوزهنّ كون حيث كانا

اغرن من الضباب على حلال * وضبّة انّه من حان حانا[4]

وأحيانا نُكرّ على اخينا * اذا ما لم نجد الّا اخانا،

وقالت الخنساء[5]

تعرّقنى الدهر نهسا وحزّا * وأوجعنى الدهر قرعا وغمزا[6]

وأفنى رجالى فبادوا معا * فأصبح قلبى لهم[7] مستفزّا

ومن ظنّ ممّن يقاسى[8] الحروب * بأن لن[9] يصابَ فقد ظنّ عجزا،

186r وفيما تقول[10]

وتلبس[11] *فى الحربَ[12] اثوابها * وتلبس[11] فى الأمن خزّا وقزّا،

وهذا كقولهم[13] البس لكلّ حالة لبوسها، وقال عبد الله بن سبرة الحرشىّ[14] حين قطعت يده

1 Aġ. IV $92_{23\text{-}25}$ 2* > C 3 Quṭâmî ed. Barth XVIII 4* > P
5 ed. Bairût[1] p. $47_{1\text{-}2\text{-}11}$, Mubarrad $745_{13\text{-}14}$, 746_{7} 6 P . . . وْ 7 C بهم
8 C يلاقى 9 C لا 10 Bairût[1] 48_{18} 11 C ونلبس 12 * C للحرب 13 C مثل قولهم 14 C الجرشى

ويلمّ[1] حار غداة الجسر فارقني * اعزز عليّ به اذ بان[2] فانصدعا

يُمنى يدىّ غدت منّى مفارقة * لم استطع يوم خِلْطاس لها تبعا

وما ضننت[3] عليها *دون صاحبها[4] * لقد حرصت على ان تستريح معا

وقائل غاب عن شىء وقائلة * الا اجتنبت[5] عدوّ الله اذ صرعا

وكيف اترك[6] يمشى بمُنصُله * نحوى وأجبن عنه بعدما وقعا

ما كان ذلك يوم الروع من خُلُقى * وإن تقارب منّى الموت فاكتنعا

ويلمّه فارسا ولّت كتيبته * حامى[7] وقد ضيّعوا الأحساب فارتجعا

يمشى الى مستميت مثله بَطَل * حتّى اذا مكّنا سيفيهما[8] امّصعا

كلّ ينوء بماضى الحدّ ذى شُطَب * جلا[9] الصياقل عن دُرّيّه[10] الطَبَعا

حاسيته[11] الموت حتّى اشتفّ آخره * فما استكان لما لاقى ولا[12] جزعا 36v

كأنّ لمّته هُدّاب مُخملة[13] * احمر ازرق لم يشمط وقد صلعا

فإن[14] يكن اطربون الروم قطّعها * فإنّ فيها بحمد الله منتفعا

*بنان كفّ[15] وجذمور[16] أُقيم به * صدر القناة اذا ما آنسوا فزعا

[17] وقال[18] بعض الشعراء

انّ لنا من قومنا ناصرة[19] * بيض الظُبى سُمْر القنا شُهْبَ اللِمَمْ

يستنفرون الموت عن مجثمه * ويبتغون[20] الحرب من عَقْد[21] السَلَمْ

اولاك[22] قيس قومنا اكرم بهم * قيس الندى قيس العلى قيس الكَرَمْ

---

1 C وى لام 2 P كان 3 C ظننت 4* C ان اصاحبها 5 P احتقبت 6 C انكبه 7 C حام 8 C سيفيهما (so) 9 P جلّى 10 P درّ به 11 C حاشيته 12 C وما 13 P مجملة 14 C وان 15* C بنانتان 16 C Glosse am Rande: كف وقيل شرسوع. 17 Vgl. 129r₁₂ (١٥٨ n 8); C + ومن أشعار الشجعاء المختارة 18 C قول 19 P ناصرا 20 C ويبعثون 21 P عند 22 P الاك

وقال جعفر بن عُلبة الحارثيّ

لِيهنِ[1] عُقيلا انّنى قد تركتها * تنوء[2] بقتلاها * دماء هوامل[3]

لهم صدر سيفى يوم برقة سحبل * ولى منه ما ضمّت عليه[4] الأنامل[5]

اذا القوم سدّوا مأزقا فرّجت لنا * بأيماننا بيض جلتها الصياقل،

وقال عمرو بن معدى كرب[6]

اعاذل شِكّتى بَزّى[7] ورمحى * وكلّ مقلّص سلس القياد 187r

اعاذل انّما افنى شبابى * ركوب فى الصريخ الى المنادى،

** وقال ابو دلف

لقد علمت وائل انّنا * نخوض الحتوف غداة الحتوف

ولا نتّقيها بزحف الفرار * اذا ما الصفوف أُنيرت للصفوف

ويوم اتات لنا خيلنا * لدى جبل الدَيلمىّ المنيف

طوال الفتى[8] بطوال القنا * وبيض الوجوه ببيض السيوف

*وكلّ حصان بكلّ حصان * امين شظاه سليم الوظيف[9]

الا فأنعمانى[10] فما نعمتى * برادعتى[11] عن ركوب المخوف

لىَ الصبر[12] عند حلول البلا * اذا نزلت بىَ احدى الصروف

وإن[13] تسئلى تخبرى انّنى * اقى حسبى بالألوف الألوف

وأحلم حتّى يقولوا ضعيف * وما انا قد علموا بالضعيف

خفيف على فرسى ما ركبت * ولست على ظالمى[14] بالخفيف[15]

---

1 C لبيهنى 2 P ينوء 3* P الذئاب الهوامل 4 C الىّ 5 Bekrī 733₁₀ 6 ʿIqd I 35₁₃·₁₄ 7 P بدنى 8 P القنا 9* > P 10 C نعمانى 11 P تراوعنى 12 P + ذا 13 C فان 14 P ظَاظِى 15** vgl. zu ١٥٧ n. 11

[1]باب[2] الحيل فى الحروب[3] وغيرها[4]

*قال[a] ابن اسحاق[b][5] لمّا خرج رسول الله صلعم الى بدر *مرّ حتّى[6] وقف 187r
بشيخ[7] من العرب فسأله عن محمّد وقريش وما بلغه من[8] الفريقين فقال
الشيخ لا اخبركم حتّى تخبرونى ممّن[9] انتم فقال رسول الله صلعم اذا
اخبرتنا اخبرناك فقال الشيخ خُبّرت انّ قريشا خرجت من مكّة وقت
كذا فإن كان الّذى خبّرنى صدق فهى اليوم بمكان كذا للموضع الّذى
به قريش وخُبّرت انّ محمّدا خرج من المدينة يوم[10] كذا[11] فإن كان
الّذى خبّرنى صدق فهو[12] اليوم بمكان كذا للموضع الّذى به رسول الله
صلعم ثمّ قال من انتم فقال رسول الله صلعم نحن من مكّة *ثمّ انصرف[13]
فجعل الشيخ يقول[14] ماء العراق او[15] ماء كذا او[15] ماء كذا *حدّثنى
سهل قال حدّثنى الأصمعىّ قال حدّثنى شيخ من بنى العنبر قال اسرت
بنو شيبان رجلا من بنى العنبر فقال لهم ارسل الى اهلى ليفدونى قالوا ولا 188r
تكلّم الرسول الّا بين ايدينا فجاءوه برسول فقال له ائت قومى فقل لهم
انّ الشجر قد اورق وإنّ النساء قد اشكت ثمّ قال له اتعقل ما اقول لك
قال نعم اعقل قال فما هذا وأشار بيده قال هذا الليل قال اراك تعقل
انطلق لأهلى فقل لهم عرّوا جملى الأصهب وأركبوا ناقتى الحمراء
وسلوا حارثا عن امرى فأتاهم الرسول فأخبرهم فأرسلوا الى حارث فقصّ عليه
القصّة فلمّا خلا معهم قال لهم امّا قوله انّ الشجر قد اورق يريد انّ
القوم قد تسلّحوا وقوله انّ النساء قد اشكت يريد انّها قد اتّخذت

---

1 C im Anschluss an 169v,4 (٢٠٨ n. 15)   2 > C   3 C الحرب   4 C + والتلطّف
5* C b a   6* P ف   7 C على شيخ   8 C + خبر   9 P من   10 C وقت
11 C + وكذا   12 C فهم   13* > P   14 C + من   15 C من

الشكاء للغزو وهى اسقية ويقال للسقاء الصغير شكوة وقوله هذا الليل يريد انّهم يأتونكم مثل الليل او فى الليل وقوله عرّوا جملى الأصهب يريد ارتحلوا عن الصمّان وقوله اركبوا ناقتى يريد اركبوا الدهناء قال فلمّا قال لهم [188v] ذلك تحوّلوا من مكانهم فأتاهم القوم فلم يجدوا منهم احدا[1]، *ولمّا قدم علىّ البصرة قال لآبن عبّاس[2] آئت الزبير ولا تأت طلحة فإنّ الزبير الين وأنت تجد طلحة كالثور عاقصا[3] قرنه يركب الصعوبة ويقول هى اسهل فأقرئه[4] السلام وقل له يقول لك ابن خالك[5] عرفتنى بالحجاز وأنكرتنى بالعراق فما عدا مما[6] بدأ قال ابن عبّاس فأتيته فأبلغته فقال قل له بيننا وبينك عهد خليفة ودم خليفة وآجتماع ثلثة وآنفراد واحد وأمّ مبروزة ومشاورة العشرة[7] ونشر المصاحف[8] *تُحلّ ما احللت[9] وتحرّم[10] ما حرّمت[11]، الهيثم بن عدىّ قال مرّ شبيب الخارجىّ على غلام فى الفرات يستنقع[12] فى الماء فقال له شبيب آخرج الىّ اسائلك قال فأنا امن حتّى البس ثوبى قال نعم قال فوالله لا البسه، قال الهيثم[13] اراد عمر رحمه قتل الهرمزان فاستسقى فأُتى بماء فأمسكه بيده وآضطرب فقال له[14] عمر لا بأس [189r] عليك انّى غير قاتلك حتّى تشربه فألقى القدح من يده وأمر[15] عمر بقتله فقال أوَلم تؤمّنى قال كيف آمنتك قال قلت لا بأس عليك حتّى تشربه ولا بأس امان وأنا لم اشربه فقال عمر قاتله الله اخذ امانا ولم نشعر به،

1* > C 2* C لمّا ارسل علىّ بن أبى طالب رضه عبد الله بن عبّاس قدم البصرة فقال 3 C عاكصا 4 P فاقره 5 P اخيك 6 PC ما; s. o. ٢١٩ n. 17 7 C العشيرة 8 C للمصاحف 9* P تحل ما أحلّت 10 P وتحرم
11 In C folgt: ١٥٣$_{2-14}$, ١٤٦$_{6}$ — ١٥٣$_{1}$ 12 C مستنقع 13 ʿIqd I 36$_{16}$ ff., 139$_{11}$ ff. 14 > C 15 C فامر

دال اصحاب رسول الله صلعم صدق العتبىّ بعث يزيد بن معوية عبيد الله بن عصاه الأشعرىّ الى ابن الزبير فقال له انّ أوّل امرك كان حسنا فلا تفسده بآخره[1] فقال له[2] ابن الزبير انّه ليست فى عنقى بيعة ليزيد فقال عبيد الله يا معشر قريش قد[2] سمعتم ما قال وقد بايعتم وهو يأمركم بالرجوع عن البيعة، المدائنىّ قال اقبل واصل بن عطاء فى رهط فلقيهم ناس من الخوارج فقالوا لهم من انتم *قال لهم واصل[3] مستجيرون حتّى نسمع كلام الله فاعرضوا علينا فعرضوا عليهم فقال واصل قد قبلنا قالوا فأمضوا[4] راشدين قال واصل ما ذلك لكم *حتّى تبلغونا مأمنا[5] قال الله تعالى[6] وَإِنْ أَحَدٌ مِنَ ٱلْمُشْرِكِينَ ٱسْتَجَارَكَ فَأَجِرْهُ حَتَّى يَسْمَعَ كَلَامَ ٱللهِ ثُمَّ 189 أَبْلِغْهُ مَأْمَنَهُ فابلغونا مأمننا[7] فجاؤوا معهم حتّى بلغوا مأمنهم، وقال[8] معوية لا ينبغى[9] ان يكون الهاشمىّ غير جواد ولا الأموىّ غير حليم ولا الزبيرىّ غير شجاع ولا المخزومىّ غير تيّاه فبلغ ذلك[11] الحسين[12] بن علىّ فقال قاتله الله اراد[13] ان يجود بنو هاشم فينفد ما بأيديهم[14] ويحلم بنو اميّة فيتحبّبوا[15] الى الناس ويتشجّع[16] آل الزبير فيفنوا[17] ويتيه بنو مخزوم فيبغضهم الناس، حدّثنى ابو حاتم عن الأصمعىّ عن عيسى بن عمر قال استقبل الخوارج[18] عرباض اليهودىّ[19] وهم بحرورى[20] فقال هل[21] خرج اليكم فى اليهود شىء قالوا لا قال فأمضوا[22] راشدين، المدائنىّ[23]

---

1 > P 2 > C 3* C قالوا 4 > C 5* > C 6 C عز وجل; Sûra 9_6 7 P مأمنا 8 C فال; Ǵâhiz Bajân II 176/7 9 P + للهاشمى 10 > P 11 In P durchstrichen, + دوله 12 C الحسن 13 C أحب 14 C فى ايديهم 15 C فيجبنوا 16 P وتشاجع 17 P فيفتروا 18 C + بن 19 > C 20 C يحرزون. 21 > P 22 C امضوا 23 Tabarî II 1284 ff, Fragm. hist. ar. I 17_{13} ff.

قال لمّا بلغ قتيبة بن مسلم انّ سليمان يريد عزله عن خراسان واستعمال يزيد بن المهلّب كتب اليه ثلث صحائف وقال للرسول ادفع اليه هذه فإن دفعها الى يزيد فادفع اليه[1] هذه فإن شتمنى *عند قراءتها[2] فادفع اليه الثالثة[3] فلمّا صار اليه الرسول دفع اليه الأولى[4] *واذا فيها[5] يأمير 190r المومنين انّ من بلائى فى *طاعة ابيك وطاعتك وطاعة اخيك[6] كيت وكيت فدفع كتابه الى يزيد *فأعطاه الرسول[7] الكتاب الثانى وفيه يأمير المؤمنين *تأمن يزيد على سرّك ويأمنه ابوه[8] على امّهات اولاده فشتم قتيبة فدفع اليه الرسول[9] الكتاب الثالث وفيه من قتيبة بن مسلم الى سليمان ابن عبد الملك سلام على من اتّبع الهدى امّا بعد فوالله لأُوثقنّ لك آخيّة لا ينزعها المهر الأرن قال[10] سليمان عجلنا على قتيبة يا غلام جدّد له عهده[11] على خراسان، لمّا صرف اهل مزّة[12] الماء عن[13] دمشق[14] الى الصحارى كتب اليهم ابو الهندام[15] الى بنى استها اهل مزّة ليمسينى[16] الماء او لتصبحنّكم الخيل فوافاهم الماء قبل ان يُعتموا فقال ابو الهندام الصدق ينبى عنك لا الوعيد، ولمّا[17] بايع الناس يزيد بن الوليد اتاه الخبر عن مروان ببعض التلكّو والتربّص فكتب اليه يزيد امّا بعد فإنّى 190v اراك تقدّم رجلا وتؤخّر[18] اخرى فإذا اتاك كتابى هذا فاعتمد على ايّتهما شئت والسلام[19]، ولمّا[20] هُزم اميّة *بن عبد الله[21] بن خالد بن اسيد

1 > C 2* > P 3* P هذه 4 C الكتاب الاول 5* C وفيه 6* C طاعتك وطاعة أبيك وأخيك 7* C فدفع اليه 8* C كيف امن بن رحمة على اسرارك ولم يكن ابوه يأمنه 9 > C 10 C فقال 11 C عهدا 12 P مرة 13 C + اهل 14 C + ووجهوه 15 C الهيذام 16 C ليمستنى 17 C لمّا; Gâhiz Bajân II 116_u—117_3 18 C وتقدم 19 > C 20 C لمّا 21* > C

لم بدر الناس كيف بعزّونه فدخل عبد الله بن الأهتم[1] فقال *مرحبا بالصابر المخذول[2] الحمد لله الّذى نظر لنا عليك ولم ننظر لك علينا فقد تعرّضت للشهاده بجهدك ولكنّ[3] الله علم حاجتنا[4] اليك فأبقاك للإسلام[5] بخذلان من كان معك لك فصدر[6] الناس عن كلامه، وكتب[7] الحرث بن خالد المخزومىّ وكان عامل يزيد بن معوية على مكّة الى *مسلم[a] بن[b] عقبة[8c] المرّىّ فأتاه الكتاب وهو بآخر رمق[9] وفى الكتاب اصلح الله الأمير انّ ابن الزبير اتانى بما لا قبل لى به فأنحزت فقال يا غلام آكتب اليه[10] امّا بعد فقد اتانى كتابك تذكر انّ ابن الزبير اتاك بما لا قبل لك به فأنحزت اليه[10] وأيم الله ما ابالى على اىّ جنبيك سقطت الا انّ شرّهما لك 91r احبّهما الىّ وبالله لئن[11] بقيت لك لأنزلنّك حيث انزلت نفسك والسلام[12]، ابو حاتم قال حدّثنا العتبىّ قال حدّثنا ابو[13] ابراهيم قال لمّا اسنّ معوية اعتراه ارق فكان اذا هوّم ايقظته نواقيس[14] الروم[15] فلمّا *اصبح يوما[16] ودخل *عليه[a] الناس[17b] قال يا معشر العرب هل فيكم من[18] يفعل ما آمره وأعطيه *ثلث ديات اعجّلها له وديتين اذا رجع فقام فتى من غسّان فقال انا يا امير المؤمنين قال تذهب بكتبى الى ملك الروم فاذا صرت على بساطه اذّنت قال ثمّ ما ذا قال فقط فقال لقد كلّفت صغيرا وآتيت[19] كبيرا[20] فكتب له وخرج فلمّا صار على بساط قيصر اذّن فتناجزت[21] البطارقة وآخترطوا سيوفهم فسبق اليه ملك الروم فجثا

1 P الاهثم 2* > C 3 C الا ان 4 C حاجة الاسلام 5 C له 6 C فضعف 7 C كنب 8* C cba 9 P زمن 10 > C 11 C ان 12 > P 13 > C 14 C النوافيس 15 > C 16* C اصبحوا 17* C ba 18 C فى 19* > P 20 P كثيرا 21 P فتأخرت

عليه وجعل يسئلهم بحقّ عيسى *وبحقّهم عليه[1] لما كفّوا ثمّ ذهب به[2]
حتّى صعّده[3] *على سريره[4] ثمّ جعله بين يديه[5] *ثمّ قال[6] يا معشر
البطارقة انّ معوية قد اسنّ *ومن اسنّ[7] ارق وقد آذته النواقيس فأراد
ان نقتل[8] هذا على الأذان فيقتل من قبله منّا ببلاده على النواقيس
والله[9] ليرجعنّ اليه بخلاف[10] ما ظنّ فكساه وحمله فلمّا[11] رجع الى معوية قال[12]
191v اوقد جئتنى سالما قال نعم أمّا منك[13] فلا وكان يقال ما ولى المسلمين
احد[14] الّا ملك الروم مثله ان حازما فحازما[15] وإن عاجزا فعاجزا وكان
الّذى ملكهم على عهد عمر هو الّذى دوّن لهم الدواوين ودوّخ لهم العدوّ
وكان ملكهم على عهد معوية يشبه معوية فى عزمه[16] وحلمه وبهذا
الإسناد قال كانت القراطيس[17] تدخل بلاد الروم من ارض العرب وتأتى[18]
من قبلهم الدنانير وكان عبد الملك اوّل من كتب[19] قل هو الله احد وذكر
النبىّ صلعم فى الطوامير فكتب اليه[20] ملك الروم *الى عبد الملك انّه
قد اتانى شىء[21] من ذكر نبيّكم نكرهه فأنه عنه وإلّا اتاكم فى دنانيرنا *من
ذكره[22] ما تكرهون فكبر ذلك فى صدر عبد الملك وكره ان يدع شيئا من
ذكر *النبىّ صلعم[23] قد كان امر به او يأتيه فى الدنانير من ذكر *الرسول
صلعم[24] ما يكره فأرسل الى خالد بن يزيد بن معوية فقال يأبا هاشم
192r احدى بنات طبق وأخبره[25] الخبر فقال ليفرج[26] روعك حرّم دنانيرهم

1* P عليهم 2 C + الى سريره 3 C صعد به 4* > C 5 C رجلية
6* C فقال 7* C وقد 8 C يقتل 9 C وبالله 10 C على خلاف 11 P و
12 P فقال 13 C من قبلك 14 C احدا 15 > C 16 C حزمه 17 P ; الدراهم 18 C وياتى 19 C احدث كتابة 20 > P 21* C قد اتّكم احدثتم فى طواميركم شيئا 22* > P 23* C الله 24* C رسول الله
25 C ثم اخبره 26 P ليفرخ

وأضرب للناس سككا ولا تُعفهم ممّا يجرون فقال عبد الملك فرّجتها عنّى[1] فرّج الله عنك، حدّثنا الرياشىّ قال[2] لمّا[3] هدم الوليد[4] بن عبد الملك كنيسة دمشق كتب اليه ملك الروم انّك قد[5] هدمت الكنيسة التى رأى ابوك تركها فان كان حقّا فقد اخطأ ابوك وإن كان باطلا فقد خالفته فكتب اليه وَدَاوُدَ وَسُلَيْمَانَ إِذْ يَحْكُمَانِ فِي ٱلْحَرْثِ[6] الى آخر القصّة، حدّثنا الزيادىّ محمّد بن زياد قال حدّثنا عبد الوارث بن سعيد قال حدّثنا علىّ بن زيد عن يوسف بن مهران عن ابن عبّاس قال كتب قيصر الى معوية سلام عليك امّا بعد فأنبئنى بأحبّ كلمة الى الله وثانية وثالثة ورابعة وخامسة ومن اكرم *عباده اليه[7] وأكرم امائه وعن اربعة اشياء فيهنّ الروح لم يرتكضن[8] فى رحم وعن[9] قبر يسير[10] بصاحبه ومكان * فى الأرض[11] لم تصبه الشمس الّا مرّة واحدة والمجرّة ما موضعها من السماء وقوس قزح ما بدء امره فلمّا قرأ كتابه قال اللّهمّ 192v
ٱلعنه ما ادرى ما هذا فأرسل الىّ يسئلنى قلت امّا احبّ كلمة الى الله فلا اله الّا الله فلا[12] يقبل عملا الّا بها وهى المنجية والثانية سبحان الله وهى صلاة الخلق والثالثة الحمد * لله كلمة[14] الشكر والرابعة فواتح *الصلاة الله اكبر[15] والركوع والسجود والخامسة لا حول ولا قوّة الّا بالله وأمّا اكرم *عباد الله عنده[16] فآدم خلقه بيده وعلّمه الأسماء الحسنى[17] وأكرم امائه عليه فمريم[18] الّتى احصنت فرجها والأربعة الّتى فيهنّ روح[19] ولم يرتكضن[20]

---

1 > C 2 > P 3 Frgm. hist ar. I 5_{10-14}, ʿIqd I 149_{20-25} 4 P وليد 5 > C 6 Sûra 21_{78} 7* P عباد الله 8 P تركض 9 C و 10 C سير 11* > C 12 C لا 13 > C 14* > P 15* C الصلوات 16* C عباده اليه 17 C كلها 18 C مريم 19 > P 20 P يرتكض

فى رحم قادم[1] وحوّى وعصا موسى والكبش **والموضع[2] الّذى لم تصبه الشمس الّا مرّة واحدة فالبحر حين انفلق *لموسى وبنى[3] اسرائيل[a] والقبر[4] الّذى سار[5] بصاحبه بطن[6] الحوت الّذى كان فيه يونس[b][7] ،

ابو حاتم عن العتبىّ *عن ابيه[8] قال قدم معوية من الشام وعمرو بن
193r العاص من مصر على عمر فأقعدهما بين يديه وجعل يسئلهما عن اعمالهما الى ان اعترض عمرو فى حديث معوية فقال *له معوية[9] اعلىّ[10] تعيب والىّ تقصد هلمّ[11] اخبر امير المؤمنين *عن عملك[12] وتخبره *عن عملى[13] قال عمرو فعلمت انّه بعملى ابصر[14] منّى بعمله وأنّ عمر لا يدع اوّل هذا الحديث[15] حتّى *يأتى على[16] آخره فأردت ان افعل شيئا اقطع به ذلك[17] فرفعت يدى فلطمت معوية فقال عمر تالله ما رأيت رجلا اسفه منك[18] يا معوية الطمه فقال معوية انّ لى اميرا لا اقضى الأمور[19] دونه فأرسل عمر الى ابى سفيان فلمّا رآه القى له وسادة ثمّ قال معتذرا قال رسول الله صلعم اذا اتاكم كريم قوم فأكرموه ثمّ قصّ عليه ما جاء بين عمرو ومعوية فقال الهذا[20] *بعثت الىّ[21] اخوه وابن عمّه وقد اتى غير كبير وقد وهبت *له[a] ذلك[b][22] ،

ابو حاتم عن[23] الأصمعىّ عن نافع قال ذكر بشر بن ارطاة
193v عليّا[24] فنال منه فضرب زيد بن عمر *وأمّه ابنة علىّ بن ابى طالب[25] على رأسه بعصا[26] فشجّه فبلغ ذلك معوية فبعث الى زيد بن عمر اتدرى[27]

---

1 C آدم — 2 C والمكان — 3* C لبنى — 4 C واما القبور — 5 C سير
6 C فبطن — 7** C ba — 8* > P — 9* > C — 10 P اعملى — 11 C + حتى
12* C عنك — 13* C عنى — 14 C اعلم — 15 C الامر — 16* C يصير الى
17 P ذاك — 18 > P — 19 P الامر — 20 P لهذا — 21* P بعث اليه — 22* C ba
23 C قال حدثنا — 24 > C — 25* > C — 26 C بالعصا — 27 P لا تدرى

ما صنعت وثبت على بشر *بن ارطاة[1] وهو شيخ اهل الشأم فضربت رأسه بعصا[2] لقد اتيت عظيما ثمّ بعث الى بشر فقال[3] اتدرى ما صنعت وثبت على ابن الفاروق وآبن علىّ بن ابى طالب تسبّه[4] وسط الناس وتزدريه لقد اتيت عظيما ثمّ بعث الى هذا بشىء والى هذا بشىء ٭ المدائنىّ قال كان ابن المقفّع محبوسا فى خراج[5] عليه وكان يعذّب فلمّا طال عليه[6] وخشى على نفسه تعيّن من صاحب العذاب مائة الف درهم فكان بعد ذلك يرفق به ابقاء على ماله ٭ حدّثنى[7] ابو حاتم عن الأصمعىّ قال قال المختار ادعو الى المهدىّ محمّد بن الحنفيّة فلمّا خشى ان يجىء قال اما انّ فيه علامة[8] لا تخفى يضربه رجل بالسيف ضربة لا تعمل فيه قال الأصمعىّ عرّضه لأنْ *يجرّب نفسه[9] ٭ حدّثنى[10] ابو حاتم عن الأصمعىّ عن عوانة بن الحكم قال[11] ولّى علىّ رضه[12] الأشتر مصر[13] فلمّا بلغ 194r
العريش اتى[14] بطرى مصر فقال له مولى لعثمان وكان[15] يقول انا مولى لآل عمر هل لك فى شربة من سويق اجدحها[16] لك قال نعم *فجدح له بعسل[17] وجعل فيها[18] سمّا قاضيا[19] فلمّا شربها يبس فقال معوية لمّا بلغه الخبر يا بردها على الكبد[20] انّ للّه جنودا منها فى[21] العسل وقال علىّ *لليدين وللفم[22] ٭ حدّثنا[23] ابو حاتم عن الأصمعىّ عن ابن[24] ابى الزناد[25] قال نظر علىّ الى ولد عثمان مستوحشين[26] فسألهم فقالوا نُرمى بالليل فقال من

1* > C 2 C بالعصا 3 > C 4 C تايسه (so) 5 C + كان 6 C ذلك 7 > P 8 P علامته 9* C تجرب به 10 > P 11 Ṭabarī I 3242_{14} ff., 3393_{7} ff. 12 > P 13 P مصرا 14 PII + ان 15 C كان 16 P أخرجها 17* P فاخرج عسل 18 P فيه 19 P ماضيا 20 C الفؤاد 21 > C 22* P اليدين والفم 23 C حدثنى 24 > P 25 C الزياد. 26 C كانهم مستوحشون.

اين يأتيكم الرمى قالوا[1] من هنا[2] فصعد *علىّ و[3]لفّ رأسه وجعل[4] يرمى وقال *اذا عاد[5] فأفعلوا بهم[6] مثل هذا فأنقطع الرمى، قال محمّد بن كعب القرظىّ جاء رجل الى سليمان النبىّ صلّى الله عليه فقال يا نبىّ الله انّ لى جيرانا سرقوا اوزّتى فنادى الصلاة جامعة ثمّ خطبهم فقال فى خطبته وأحدكم سرق اوزّة[7] جاره ثمّ يدخل المسجد والريش على
194ᵛ رأسه فمسح رجل على[8] رأسه فقال سليمان خذوه فهو صاحبكم، اخذ الحكم بن ايّوب الثقفىّ عامل الحجّاج اياس بن معٰوية فى ظنّة الخوارج فقال له الحكم انّك خارجىّ منافق *ووقع به شتما[10] ثمّ قال أئتنى بمن[11] يكفل بك قال ما[12] اجد احدا اعرف بى منك قال وما علمى بك وأنا شأمىّ[13] وأنت عراقىّ[14] قال[15] اياس ففيم *هذه الشهادة[16] منذ[17] اليوم *فضحك وخلّى سبيله[18]، دخل رجل من بنى مخزوم على عبد الملك بن مروان وكان زبيريّا فقال له[20] عبد الملك اليس قد ردّك الله على عقبيك[21] قال ومن ردّ عليك فقد ردّ على عقبيه[22] فسكت عبد الملك وعلم *انّه قد اخطأ[23]، وكان[24] رجل من النصارى يختلف الى الضحّاك بن مزاحم فقال له يوما لو اسلمت قال يمنعنى من ذلك حبّى للخمر قال فأسلم وأشربها فأسلم فقال له الضحّاك انّك قد اسلمت فإن شربت الخمر حددناك وإن رجعت عن الإسلام قتلناك قال[25] فحسن اسلامه، دخلت امّ افعى العبديّة

---

1 P قال 2 C هاهنى 3* > P 4 C ثمّ جعل 5* P ان عادوا
6 > C 7 C وزّة 8 > C 9 > P 10* C وشتمه 11 P من 12 C لا
13 C من اهل الشأم 14 C من اهل العراق 15 C + ل 16* C هذا
الشاهد 17 > C 18* P وضحك وخلاه 19 P منصور 20 > P 21 P
عقبك 22 P عقبه 23* P انها خطاء 24 C كان 25 > C

على عائشة *رضى الله عنها[1] فقالت يا امّ المؤمنين ما تقولين فى امرأة قتلت *ابنا لها صغيرا قالت وجبت لها النار قالت فما تقولين فى امرأة قتلت[2] من اولادها الأكابر عشرين الفا قالت خذوا بيد عدوّة الله، العتبىّ قال كتب يزيد بن معاوية الى اهل المدينة امّا بعد فانّ الله لا يغيّر ما بقوم حتّى يغيّروا ما بأنفسهم واذا اراد الله بقوم سوءا فلا مردّ له وما لهم من دونه من والٍ انّى والله قد لبستكم فأخلقتكم ورقعت بكم فاخترقتكم[3] ثمّ وضعتكم على رأسى ثمّ على عينى ثمّ على فمى ثمّ على بطنى وأيم الله لئن وضعتكم تحت قدمى لأطأنّكم وطأة أُقلّ بها عددكم *وأذلّ غابركم[4] وأتركّكم احاديث تنسخ بها اخباركم مع اخبار عاد وثمود ثمّ تمثّل

لعلّ الحلمَ دلّ علىّ قومى * وقد يستضعف الرجل الحليم

ومارست الرجال ومارسونى * فمعوجّ علىّ ومستقيم،

ابو حاتم قال حدّثنا ابو عبيدة قال[5] أُخذ سراقة بن مرداس البارقى 195ᵛ اسيرا يوم جبّانة سبيع[6] فقُدّم فى الأسرى فقال

أُمْنُنْ علىّ اليوم يا خير معدّْ

وخير من حلّ *بصحراء الجَنَدْ[7]

وخير من لبّى وصلّى وسجدْ

فعفا عنه المختار ثمّ خرج مع اسحاق[8] بن الأشعث عليه[9] فجىء بسراقة

1* > P 2* > C 3 P فاخرفتكم, C فاخترفتكم 4* > P 5 Ag VIII 41_{4vu} ff, Belâdhorî Futûh 80_{pu}, ʿIqd I 138_{21}—139_{8} 6 C السبيع 7* C بشاجر والجلد 8 C عبد الرحمن, am Rande: هو اسحاق بن الأشعث 9 > P

اسيرا[1] فقال *له المختار[2] الم اعف عنك اما والله لأقتلنّك قال انّ ابى اخبرنى انّ الشأم ستفتح عليك حتّى تهدم مدينة دمشق حجرا حجرا وأنا معك فوالله لا تقتلنى ثمّ انشده

الا ابلغ ابا اسحاق أنّا * نزونا نزوة كانت علينا
خرجنا لا نرى الضعفاء شيـًا * وكان خروجنا بطرا[3] وحينا
تراهم فى مصفّهم قليلا * وهم مثل الدبا لمّا التقينا
فأسجح ان قدرت وإن[4] قدرنا * لجُرنا فى الحكومة واعتدينا
تقبّلْ توبة منّى فإنّى * سأشكر ان جعلت النقد دينا

196r فخلّى سبيله ثمّ خرج اسحاق عليه[5] ومعه سراقة فأُخذ اسيرا فقال الحمد لله الّذى امكننى[6] منك يا عدوّ الله فقال سراقة ما هؤلاء الّذين اخذونى. فأين هم[7] لا اراهم انّا لمّا التقينا رأينا قوما عليهم ثياب بيض على خيل بلق[8] تطير[9] بين السماء والأرض فقال المختار خلّوا سبيله ليخبر النّاس *ثمّ عاد لقتاله وقال[10]

ألا من مخبرُ المختار عنّى * بأنّ البلق بيض مُصمتات
أُرى عينىّ ما لم ترأياه[11] * كلانا عالم بالتُرّهات
كفرت بدينكم وجعلت نذرا * علىّ قتالكم حتّى الممات[12]*

خرج المغيرة بن شعبة مع النبىّ صلعم فى بعض سرواته[13] وكان له عَنَزة يتوكّأ عليها فربّما اثقلته فيرمى[14] بها على قارعة الطريق فيمرّ بها المارّ

1 > C   2* > C   3 C بطوا   4 C فلو   5 > P   6 C امكن   7 C الّذين أخذونى   8 C بتر   9 > C   10 Aġ VIII 32_{2-4}, Ṭabarî II $665_{9\cdot11\cdot10}$, Ps. Ǧâḥiẓ Maḥâsin 128_{15-17}, Baihaqî 141_{4-6}, Ibn Badrûn 193   11 P ترعياه s. Abû Zaid Nawâdir 185_{15}, Nöldeke Zur Gramm. S. 5 n. 2   12* > C   13 C غزواته   14 C فرمى

فبأخذها ٭ فاذا صار الى المنزل عرفها فأخذها المغيرة[1] ففطن له علىّ رضه[2] فقال لأخبرنّ النبىّ صلعم فقال لئن[3] اخبرته لا تردّ *بعدها[a] ضالّة[b] [4] 196v ابدا فأمسك علىّ[5] ٭

باب[6] من اخبار *الدولة والمنصور[7] والطالبيّين[8]

[9]حدّثنى محمّد بن عبيد قال حدّثنا ابو اسامة عن زائدة عن سماك عن سعيد بن جبير عن ابن عبّاس انّه كان اذا سمعهم يقولون يكون فى هذه الأمّة اثنا عشر خليفة قال ما احمقكم انّ بعد الاثنى عشر ثلثة منّا[10] السفّاح والمنصور والمهدىّ يسلّمها الى الدجّال قال ابو اسامة تأويل هذا عندنا انّ ولد المهدىّ يكونون[11] بعده الى خروج الدجّال[12] ٭ وقال[13] محمّد بن علىّ بن عبد الله بن عبّاس لرجال الدعوة حين اختارهم للدعوة[14] وأراد توجيههم امّا الكوفة وسوادها *فهناك شيعة علىّ بن ابى طالب وأمّا البصرة[15] فعثمانيّة تدين بالكفّ وتقول كن عبد الله المقتول ولا تكن عبد الله القاتل وأمّا الجزيرة فحروريّة مارقة وأعراب كأعلاج 197r ومسلمون فى اخلاق النصارى وأمّا اهل الشأم فليس يعرفون الّا آل ابى سفيان وطاعة بنى مروان عداوة لنا[16] راسخة وجهلا متراكما وأمّا اهل مكّة والمدينة فقد غلب عليهما[17] ابو بكر وعمر ولكن عليكم بخراسان فانّ هناك العدل الكثير والجلد الظاهر وصدورا سلمة[18] وقلوبا[19] فارغة

1* > P 2 > P 3 C لان 4* C ba 5 > C 6 > C 7* > C 8 C + واخبار المنصور والدولة 9 In C folgt 203^{r}_{3-12} 10 > C 11 P يكون 12 In C folgt 203^{r}_{13}—203^{v}_{4}, 202^{r}_{12}—202^{v}_{12}, 203^{v}_{5-12}, 204^{r}_{2-6}, 204^{r}_{8-11}, 203^{v}_{13}—204^{r}_{2} 13 P قال 14 C للدعا 15* > C 16 > P 17 P عليهم 18 C سليمة 19 P وقلوب

لم تتقسّمها الأهواء ولم تتوزّعها النحَل[1] ولم تشغلها[2] ديانة ولم يتقدّم
فيها فساد وليست فيهم[3] همّ العرب ولا لهم[4] تجارب[5] كتجارب الأتباع
بالسادات[6] وكتحالف القبائل وعصبيّة العشائر ولم يزالوا يذالون
ويمتهنون ويظلمون ويكظمون[7] ويتمنّون الفرج ويؤمّلون الدول[8] وهم
جند لهم *اجسام[a] وأبدان[9b] ومناكب وكواهل وهامات ولحى وشوارب
وأصوات هائلة ولغات فخمة تخرج من افواه منكرة وبعدُ فكأنّى انفأل الى
المشرق والى[10] مطلع سراج الدنيا ومصباح هذا[11] الخلق[12]، وقال سعيد
197^{v} ابن عمرو بن جعدة المخزوميّ كنت مع مروان بن محمّد بالزاب[13] فقال لى
يا سعيد من هذا الّذى يقابلنى[14] قلت عبد الله بن علىّ بن عبد الله
ابن عبّاس قال اعرفه[15] قلت نعم اما تعرف رجلا دخل عليك حسن
الوجه مصفرًا رقيق[16] الذراعين حسن اللسان فوقع فى عبد الله بن
معوية فقال[17] بلى *والله[a] قد عرفته[18b] يأبن جعدة ليت علىّ بن ابى
طالب *فى الخيل[19] يقابلنى[20] انّ عليًا وأولاده[21] لا حظّ لهم فى هذا الأمر
وهذا رجل من بنى العبّاس ومعه ريح خراسان[22] ونصر الشأم يأبن
جعدة ا[23]تدرى لما[24] عقدت لعبد الله ولعبيد[25] الله وتركت عبد
الملك وهو *اكبر منهما[26] قلت لا ادرى[27] قال لأنّى وجدت الّذى يلى
هذا الأمر بعدى عبد الله او[28] عبيد الله فكان عبيد الله اقرب الى

---

1 C النجل 2 C يشغلها 3 C لهم اليوم 4 C فيهم 5 > C 6 C للسادات 7 > P 8 > C 9* C ba 10 P و 11 > C 12 In C folgt: 200^{v}_{11}—201^{v}_{2}, 197^{v}_{11}—200^{v}_{11}, 201^{v}_{3}—202^{v}_{13} 13 > P 14 P يقاتلنى 15 P تعرفه 16 C دقيق 17 C قال 18 > C ba 19* > C 20 P يقاتلنى 21 C وولده 22 C الشام 23 > C 24 C لم 25 C وعبيد 26 C أكبرهما 27 > C 28 C و

عبد الله بن عبد الملك[1]، وكتب[2] مروان الى عبد الله بن على انّى لأظنّ[3] هذا الأمر[4] صائرا اليكم فان[5] كان ذلك[6] فاعلم أنما[7] حرمنا حرمكم فكتب اليه عبد الله انّ الحقّ لنا فى دمك والحقّ[8] علينا فى حرمك،

سمر المنصور ذات ليلة فذكر خلفاء بنى اميّة وسيرهم وأنّهم لم يزالوا على 198r
استقامة حتّى افضى امرهم الى ابنائهم المترفين فكانت[9] همهم من عظيم[10] شأن الملك وجلالة قدره قصد الشهوات وايثار اللذّات والدخول فى معاصى الله ومساخطه جهلا منهم باستدراج الله وأمنا لمكره فسلبهم الله العزّ ونقل عنهم النعمة فقال له صالح بن علىّ يا أمير المؤمنين انّ عبد[11] الله بن مروان لمّا دخل ارض[12] النوبة هاربا فيمن معه[13] سأل ملك النوبة عنهم فأخبر فركب الى عبد[11] الله فكلّمه بكلام عجيب فى هذا النحو لا احفظه وأزعجه عن بلده فان رأى امير المؤمنين ان يدعو به من الحبس[14] بحضرتنا فى هذه الليلة ويسئله عن ذلك فأمر منصور باحضاره وسأله عن القصّة فقال يا أمير المؤمنين قدمت[15] ارض النوبة[16] بأثاث سلم لى فافترشت[17] بها وأقمت ثلثا فأتانى ملك النوبة وقد خُبّر امرنا فدخل علىّ رجل *اقنى[a] طوال[18b] حسن الوجه فقعد على الأرض ولم[19] يقرب
الثياب فقلت ما يمنعك ان تقعد على ثيابنا قال لأنّى[20] ملك وحقّ على 198v
كلّ ملك ان يتواضع لعظمة الله اذ رفعه ثمّ قال لى لِمَ تشربون الخمر وهى محرّمة عليكم قلت اجترأ على ذلك عبيدنا وأتباعنا لأنّ الملك زال عنّا

---

1 In C folgt 169^{v}_{5} ff. 2 C كتب 3* C لا أظنّ 4 C + الا 5 C فاذا 6 C كذلك 7 C أنّ 8 C وان لحق 9 P وكانت 10 P عظم 11 C عبيد 12 > P 13 C اتبعه 14 CP الجيش 15 P قدمنا 16 C الجنوبة 17 C فافترشته 18* C b a 19 C فلم 20 C انى

قال فلِمَ تطؤون الزروع[1] بدوابّكم والفساد محرم عليكم *فى كتابكم[2] قلت يفعل ذلك *عبيدنا وأتباعنا بجهلهم[3] قال فلِمَ تلبسون الديباج والحرير وتستعملون الذهب والفضّة وذلك محرم عليكم قلت ذهب[4] الملك منّا[5] وقلّ انصارنا فانتصرنا بقوم من العجم[6] دخلوا فى ديننا فلبسوا[7] ذلك على الكره منّا قال فأطرق مليّا وجعل يقلّب يديه وينكت فى الأرض *ويقول عبيدنا وأتباعنا دخلوا فى ديننا وزال الملك عنّا يردّده مرارا[8] ثمّ قال ليس ذلك[9] كما ذكرت بل انتم قوم استحللتم ما *حرّم الله[10] عليكم وركبتم ما عنه نهاكم[11] وظلمتم فى ما ملكتم فسلبكم الله العزّ وألبسكم الذلّ بذنوبكم ولله فيكم نقمة لم تبلغ غايتها وأخاف ان تحلّ بكم العذاب 199r وأنتم ببلدى فيصيبنى معكم وإنّما الضيافة *ثلثة ايّام[12] فتزوّدوا ما احتجتم اليه وارتحلوا عن بلدى ففعلت ذلك[13]، ولمّا افتتح المنصور الشأم وقتل مروان قال لأبى عون ولمن[14] معه من اهل خراسان انّ لى فى بقيّة آل مروان تدبيرا فتأهّبوا يوم كذا وكذا[15] فى اكمل عدّة[16] ثمّ بعث الى آل مروان فى ذلك اليوم فجمعهم[17] وأعلمهم انّه يفرض لهم فى العطاء فحضر منهم ثمانون رجلا فصاروا[18] الى[19] بابه ومعهم رجل من كلب قد ولدهم ثمّ اذن لهم فدخلوا فقال الآذن للكلبىّ ممّن انت قال من كلب وقد ولدتهم قال فانصرف ودع القوم فأبى ان يفعل وقال انّى خالهم ومنهم فلمّا استقرّ بهم المجلس خرج رسول المنصور وقال[20] بأعلى صوته اين حمزة

---

1 P الزرع 2* > C 3* C جهالنا 4 C زال عنا 5 > C 6 C الاعاجم 7 C فاستعملوا 8* C ويردّد كلامى 9 C ذاك 10* C حرّم 11 C نهيتم 12* C ثلث 13 > P 14 C ومن 15 > P 16 C العدّة 17 C فجمعوا 18 C فحضروا 19 > C 20 C فقال

ابن عبد المطّلب ليدخل فأيقن القوم بالهلكة ثمّ خرج *الثانية[a] فنادى[1 b]
ابن الحسن بن علىّ ليدخل ثمّ خرج الثالثة فنادى ابن زيد بن علىّ
ابن الحسين ثمّ خرج الرابعة[2] فقال[3] ابن يحيى بن زيد[4] ثمّ قبل[5] 199v
أتأذنوا لهم فدخلوا وفيهم الغمر بن يزيد[6] وكان له صديقا فأومأ[7] اليه
ان ارتفع فأجلسه معه على طنفسته[8] *فقال للناس[9] اجلسوا وأهل[10]
خراسان قيام بأيديهم العمد فقال ابن العبدىّ الشاعر فقام وأخذ فى
قصيدته الّتى يقول[11] فيها

أمّا الدعاة الى الجنان فهاشم * وبنو اميّة من دعاة النار

فلمّا انشد ابياتا منها قال الغمر يابن الزانية فانقطع العبدىّ وأطرق
عبد الله ساعة ثمّ قال امض فى نشيدك فلمّا فرغ رمى اليه بصرّة فيها
ثلث مائة دينار ثمّ تمثّل بقول القائل[12]

ولقد ساءنى وساء سواى * قربهم من منابر[13] وكراسى
انزلوها بحيث انزلها الله * بدار الهوان والإتعاس
*لا تقيلنّ عبد شمس عثارا * واقطعوا كلّ نخلة وغراس[14]
واذكروا مصرع[15] الحسين وزيد وقتيلا بجانب المهراس

ثمّ قال *لأهل خراسان[16] دهيد[17] فشدخوا بالعمد حتّى سالت ادمغتهم 200r
وقام الكلبىّ فقال ايّها الأمير انا رجل من كلب لست منهم فقال

ومُدخل رأسه لم يدنه احد * بين القرينين حتّى لزّه القرن

1* C ba   2 > C   3 C فنادى   4 C الحسين   5 C قال   6 So C am Rande, CP هشام   7 C قاومى   8 P طنفسة   9* C وقال للباقين   10 C اهل   11 P قال   12 b Rašîq ‘Umda 34/5   13 C نمارق   14* > C   15 C مقتل   16* > C   17 P هبد

ثمّ قال دهيذ[1] فشدخوا[2] الكلبىّ[3] ثمّ التفت الى الغمر فقال لا خير لك في الحياة بعدهم قال اجل فقتل ثمّ دعا ببرانع فألقاها[4] عليهم وبسط عليها الأنطاع ودعا بغدائه فأكل فوقهم وإنّ انين بعضهم لم يهدأ حتّى فرغ ثمّ قال ما تهنّأت بطعام منذ عقلت قتل[5] الحسين الّا يومى هذا[6] وقام فأمر بهم فجُرّوا بأرجلهم وأغنم اهل خراسان اموالهم ثمّ صُلبوا[7] في بستانه وكان يأكل[8] يوما فأمر بفتح باب من الرواق الى البستان فإذا[9] رائحة الجيف تملأ الأنوف فقيل له لو امرت ايّها الأمير بردّ هذا الباب فقال والله لرائحتها *احبّ الىّ[10] وأطيب[11] من رائحة المسك ثمّ قال[12]

200v حسبتْ اميّة ان سترضى هاشم * عنها ويذهب زيدها وحسينها

كلّا وربّ محمّد وإلاهه * حتّى يباح *كفورها وخؤونها[13]

وتذلّ ذلّ *حليلة لحليلها[14] * بالمشرفىّ وتسترد[15] دُيونها

وأُتى المهدىّ برجل من بنى اميّة كان يطلبه فيمثّل بقول سُديف[16] شاعرهم[17]

جرّد السيف وارفع السوط حتّى * لا ترى فوق ظهرها امويّا

لا يغرّنّك ما ترى *من رجال[18] * انّ تحت الضلوع داءً دويّا

فقال[19] الأموىّ لكنّ شاعرنا يقول[20]

1* > C, P هبد 2 C فشدخ 3 C معهم 4 P فالقى 5 C معتل 6 Vgl Fragm. hist ar. I 208 7 C صلبهم 8 C اكل 9 C واذا 10* C الذّ 11 C + عندى 12 Cod Leid. 495 in annot. Fragm hist ar. I 207 l. 13* CP كنورها وخرونها, C am Rande سهولها صح 14* P خليلة خليلها 15 C وتسنعص, am Rande وتستقبض صح 16 P شريف 17 > C; Mubarrad $707_{3,4}$, Fragm hist ar. I $207_{9,10}$, k. al ma'ârif 185, Elfachrî 177/8, Abu'l Mahâsin I 365 18* C اليوم منهم 19 C قال 20 Ag VIII 179_{8}, 180_{5} v u., 181_{9}, X 5_{10}

شمس العداوة حتّى يستقاد لهم * وأعظم الناس احلاما اذا قدروا

فقال المهدىّ[1] قال شاعركم ما يشبهكم وقال شاعرنا ما يشبهنا ثمّ امر به فقُتل[2]، وقال رجل كنّا جلوسا مع عمرو بن عبيد فى المسجد فأتاه رجل بكتاب للمنصور على لسان محمّد بن عبد الله بن حسن يدعوه الى نفسه فقرأه ثمّ وضعه فقال الرسول الجواب فقال ليس له جواب قل لصاحبك يدعنا نجلس فى هذا[3] الظلّ ونشرب[4] هذا الماء البارد حتّى تأتينا آجالنا *فى عافية[5]، وكان عمرو بن عبيد اذا رأى المنصور يطوف حول الكعبة فى قرطين يقول ان يرد الله بأمّة محمّد خيرا يولّى امرها هذا الشابّ من بنى هاشم وكان له صديقا فلمّا دخل عليه بعد الخلافة وكلّمه[6] وأراد الانصراف قال[7] يا ابا عثمان سل حاجتك قال[7] حاجتى الّا تبعث الىّ حتّى آتيك ولا تعطينى حتّى اسئلك ثمّ نهض فقال المنصور

كلّهم ماشى رويد * كلّهم خاتل[8] صيد * غير عمرو بن عبيد

فلمّا مات عمرو رثاه المنصور فقال[9]

صلّى الاله عليك من متوسّد * قبرا مررت به على مرّان
قبرا تضمّن مؤمنا متحنّفا * صدق الاله ودان بالقرآن
واذا الرجال تنازعوا فى سنّة * فصل الحديث بحكمة وبيان
فلوَ انّ هذا الدهر ابقى صالحا * ابقى لنا حيّا[10] ابا عثمان[11]، 201v

قال[12] الوضّاح بن حبيب كنّا اذا خرجنا بعض اصحابه[13] من عند المنصور

---

1 C المنصور 2 S. zu ٣٤٩$_{12}$ 3 > P 4 C + من 5* > P 6 P كلّمه 7 P فقال 8 C طالب 9 Jâqût IV 479 nach Ibn Qutaiba 10 C حقّا 11 S zu ٣٤٩$_{12}$ 12 Baihaqî 157 ff 13 C الصحابة

صرنا الى المهدىّ وهو يومئذ[1] ولىّ عهده ففعلنا ذلك يوما فأبرز لى[2] يده ولم يك[3] ذلك من عاداته فأكببت عليها فقبّلتها وضربت[4] بيدى الى يده وعلمت انّه لم يفعل ذلك الّا لشىء فى يده فوضع فى يدى كتابا صغيرا تستره الكفّ فلمّا خرجت فتحته فاذا فيه يا وضّاح اذا قرأت *هذا الكتاب[5] فآستأذن الى صاحبك بالرىّ فرجعت فقلت[6] للربيع آستأذن لى فدخل فآستأذن فأذن[7] لى[8] فدخلت[9] فقلت يأمير المؤمنين ضياعى *بالرىّ[a] قد اختلّت[10] b[11] ولى حاجة الى مطالعتها فقال لا ولا كرامة فخرجت[13] ثمّ[14] عدت اليه *اليوم الثانى والقوم معى فدخلنا فآستأذنته[15] فردّ الىّ[16] مثل الجواب الأوّل فقلت يأمير المؤمنين ما اريد اصلاحها[17] الّا لأقوى بها على خدمتك مسُرّى عنه ثمّ قال اذا شئت فودّع فقلت يأمير المؤمنين ولى[18] حاجه اذكرها قل فقل[19] قلت احتاج الى خلوه فنهض القوم وبقى الربيع قلت اخلِنى فقال[20] ومن الربيع وبينكما ما بينكما قلت نعم فتنحّى الربيع فقال[21] قد خلوت فقل[22] ان جلت لى *بمالك ودمك[23] فقلت يأمير المؤمنين وهل انا ومالى الّا من[24] نعمتك حقنت دمى ودم ابى ورددتّ علىّ مالى وآثرتنى بصحبتك قال انّه يهجس فى نفسى انّ جوهرا[25] على خلع وليس له غيرك لما اعرفه[26] بينكما فأظهر اذا صرت اليه الوقيعة فىّ والتنقّص لى[27] حتّى تعرف ما عنده وإن رأيته يهمّ بخلع 202r

1 > P 2 C التىّ 3 C يكن 4 C ثمّ ضرب 5* C كتابى 6 C وقلت 7 C ثم اذن 8 > C 9 C ودخلت 10 P اختبلت 11* C ba 12 C ولى 13 C ثم خرجت 14 C و 15* > P 16 C على 17 P اصلاعها 18 P لى 19 C قل 20 C قال 21 P فقلت 22 P + فقال 23* P بدمك ومالك 24 > P 25 C جهورا 26 C اعرف 27 C بى

فاكتب الىّ ولا تكتبنّ على يد[1] بريد *ولا مع[2] رسول ولا يفوتني خبرك *في كلّ يوم[3] فقد نصبت لك فلانا القطّان *في دار القطن فهو[3] يوصل كتبك *في كلّ يوم[4] الىّ قال فمضيت حتّى اتيت الرىّ فدخلت على جوهر[5] فقال افلتّ فقلت[6] نعم والحمد للّه ثمّ اقبلت اونسه بالوقيعة فيه حتّى اظهر ما[7] *ظنّ به[8] المنصور[8] فكتبت اليه بذلك[9]، دخل عبد الله بن الحسن الطالبىّ على المنصور وعنده اسحاق بن مسلم العقيلىّ 202ᵛ وعبد الملك بن حميد الشامىّ الكاتب فتكلّم عبد الله بكلام اعجب اسحٰق فغمّ ذلك المنصور فلمّا خرج عبد الله قال يا غلام ردّه فلمّا رجع قال يٰابا محمّد انّ اسحٰق بن مسلم حدّثنى انّ رجلا هلك بدمشق وترك ناضّا كثيرا ورقيقا وزعم انّه مولاكم وأشهد على ذلك قال نعم يٰأمير المؤمنين ذلك مولانا قد كنت اعرفه وأكاتبه فقال[10] المنصور لإسحاق[11] اعجبك كلامه فأحببت ان تعرفه، ابو الحسين المدائنىّ قال[12] لمّا بنى العبّاس المدينة بالأنبار قال *لعبد الله بن الحسن[13] يٰأبا محمّد كيف ترى فتمثّل عبد الله فقال[14]

الم تر حوشبا امسى[15] يبنّى * قصورا نفعها لبنى بقيلة[16]

يؤمّل ان يعمّر عمر نوح * وأمر الله يحدث كلّ ليلة

ثمّ انتبه فقال اقلنى *اقالك الله[17] قال لا اقالنى الله ان بتّ في عسكرى فأخرجه[18] الى المدينة[19]، حنش[20] بن المغيرة قال جئت

---

1 > P 2* C أو 3* > C 4* > P 5 C جهور 6 P فلت
7 C + كان 8* C b a 9 S. zu p. ٣٤٩$_{12}$ 10 C قال 11 C يا اسحق
12 Ag XVIII 206$_{7-11}$ 13* > P 14 > C 15 P اضحى 16 P نعيلة
17* > C 18 P واخرجه 19 S zu ٣٤٩$_{12}$ 20 > C

وأبو ذرّ آخذ بحلقة باب الكعبة وهو يقول انا ابو ذرّ الغفارى من لم يعرفنى 203v فأنا جندب صاحب رسول الله صلعم سمعت رسول الله صلعم يقول مثل اهل بيتى مثل سفينة نوح من ركبها نجا، حدّثنا خالد بن محمّد الأزدىّ قال حدّثنا شبابة بن سوّار عن يحيى بن اسمٰعيل بن سالم عن الشعبىّ قال قيل لابن عمر انّ الحسين قد توجّه الى العراق فلحقه على *ثلثة مراحل[1] من المدينة وكان *غائبا[a] عند خروج[2] الحسين[3b]* فى مال له[4] فقال ابن تريد قال العراق وأخرج اليه[5] كتبا وطوامير قال[6] هذه كتبهم وبيعتهم فناشده الله ان يرجع فأبى فقال اما انّى سأحدّثك حديثا انّ جبريل عم[7] اتى النبىّ صلعم فخيّره بين الدنيا والآخرة فآختار الآخرة 204r وإنّكم بضعة من النبىّ صلعم والله لا تليها انت ولا احد من اهل بيتك وما صرفها الله عنكم الّا لما هو خير لكم فآرجع فأبى فآعتنقه وبكى وقال استودعك الله من قتيل[8]، حدّثنى القاسم بن الحسن عن علىّ بن محمّد عن مسلمة بن محارب عن سكن[9] قال كتب الحسين بن علىّ *رضى الله عنهما[10] الى الأحنف يدعوه الى نفسه فلم يردد الجواب وقال قد جرّبنا آل *ابى حسن[11] فلم نجد عندهم ايالة للملك ولا جمعا للمال ولا مكيدة فى الحرب، وقال الشعبىّ ما لقينا من آل ابى طالب ان احببناهم قتلونا وإن ابغضناهم ادخلونا[12] النار[13]، ولمّا قُتل مصعب بن الزبير خرجت سكينة بنت الحسين تريد المدينة فأطاف بها اهل الكوفة فقالوا احسن الله صحابتك يآبنة رسول الله فقالت والله[14] لقد قتلتم جدّى وأبى وزوجى

---

[1]* C ثلث ليال [2] C قدوم [3]* C ba [4]* P فلحقه [5] > C
[6] C فقال [7] > P [8] S. zu ٢٤٩$_{9}$ [9] C السكن [10]* > P [11]* C ابن الحسن [12] C دخلنا [13] S. zu ٢٤٩$_{12}$ [14] > P

مصعبا ابتمتمونى صغيرة وأرملتمونى[1] كبيرة فلا عافاكم[2] الله من اهل بلد ولا احسن عليكم الخلافة، وقال بعض الشعراء

ابكى حسينا ليوم مصرعه * بالطفّ بين الكتائب[3] الخُرس

اضحى[4] بنات النبىّ اذ قُتلوا * فى مأتم والسباع فى عرس[5]،

روى سنان[6] بن حكيم عن ابيه قال انتهب الناس ورسا فى عسكر الحسين ابن علىّ يوم قتل فما تطيّبت منه امرأة الّا برصت[5]، ولمّا قتل حسين قالت بنت لعقيل بن ابى طالب

ماذا تقولون ان قال النبىّ[7] لكم * ماذا فعلتم وأنتم آخر[8] الأمم

بعترتى[9] وبأهلى بعد منطلقى * منهم اسارى وقتلى ضُرّجوا بدم

*ماكان هذا جزائى ان نصحت لكم * ان تخلفونى بقتل فى ذوى رحم[10]

فما سمعها احد الّا بكى[11]، *دخل زيد بن علىّ على هشام فقال ما فعل اخوك البقرة قال زيد سمّاه رسول الله صلعم باقرا وتسمّيه بقرة لشدّ ما اختلفتما، اخبرنا جابر بن عبد الله انّ النبىّ صلعم قال يا جابر انّك ستعمّر بعدى حتّى يولد لى مولود اسمه كاسمى يبقر العلم بقرا فاذا لقيته فأقرئه منّى السلام فكان جابر يتردّد فى سكك المدينة بعد ذهاب بصره وهو ينادى يا باقر حتّى قال الناس قد جُنّ جابر فبينا هو ذات يوم بالبلاط اذ بصر بجارية يتورّكها صبىّ فقال لها يا جارية من هذا الصبىّ قالت هذا محمّد بن علىّ بن الحسين بن علىّ بن ابى طالب فقال ادنيه 204
منّى فأدنته منه فقبّل بين عينيه وقال يا حبيبى رسول الله يقرئك السلام

1 P وأنتمتمونى 2 C عافكم 3 P الكثائب 4 C اصحت 5 S. zu ٣٤٩$_{12}$ 6 C سيار 7 C الرسول 8 C افضل 9 C بعترى 10* > C 11 S. zu ٣٤٩$_{12}$

ثمّ قال نعيت الىّ نفسى وربّ الكعبة ثمّ انصرف الى منزله وأوصى ثبات من لملته، قال هشام بلغنى انّك تربص نفسك للخلافة وتطمع فيها وأنت ابن امة قال له زيد مهلا يا هاشم فلو انّ الله علم فى اولاد السرارى تقصيرا عن بلوغ غاية ما اعطى اسمٰعيل ما اعطاه ثمّ خرج زيد وبعث اليه بهذه الأبيات[1]

مهلا بنى عمّنا *عن نحت[2] اثلتنا * سيروا قليلا كما كنتم تسيرونا
لا تجمعوا ان تهينونا ونكرمكم * وأن نكفّ الأذى عنكم وتؤذونا
فالله يعلم انّا لم نحبّكم * ولا نلومكم الّا تحبّونا[3]،

*ثمّ انّ زيدا أعطى الله عهدا الّا يلقى هشاما الّا فى كتيبة بيضاء او 205r حمراء فدخل الكوفة فطبع بها السيوف وكان من امره ما كان حتّى قُتل رحمه[4]،

[5]ذكر[6] الأمصار

قالت الحكماء المدائن لا تُبنى[7] الّا على ثلثة اشياء على الماء والكلأ والمحتطب، قال ابن شهاب من قدم ارضا فأخذ من ترابها فجعله فى مائها ثمّ شربه عوفى من وبائها، وقال[8] معٰوية لقوم قدموا عليه كلوا من فحا ارضنا فقلّ ما اكل قوم من فحا ارض فضرّهم[9] ماؤها، حدّثنى[10] الرياشىّ *قال حدّثنى[11] الأصمعىّ قال قال معٰوية اغبط الناس عندى سعد مولاى وكان يلى امواله بالحجاز يتربّع جُدّة ويتقيّظ الطائف ويتشتّى مكّة[12]،

1* C كتب زيد بن علىّ بن الحسين الى هشام بن عبد الملك 2* P من نحت 3 S zu ٣٤٩$_{12}$ 4* > C 5 C im Anschluss an 146r$_5$ 6 > C 7 P تبنى 8 P قال 9 C فضر 10 C حدثنا 11* C حنا 12 P بمكّة

حدّثنا الرياشيّ * قال حدّثنا[1] الأصمعيّ قال اربعة اشياء قد ملأت الدنيا لا تكون الّا باليمن الخطر والكندر والعصب والورس، حدّثنا ابو حاتم عن[2] الأصمعيّ *قال اليهود لا تأكل من بقل سورا وتقول فى مغيض الطوفان قال وقال الأصمعيّ[3] عن معتمر[4] قال قال سبع محفوظات وسبع ملعونات فمن المحفوظات نجران[5] ومن الملعونات اثافت وبرذعة[6] ووقعت[7] باليمن على قرية 205ᵛ فقلت لأمرأة ما تسمّى هذه القرية فقالت ويحك[8] ما سمعت قول الشاعر[9]

احبّ اثافت عند القطاف * وعند عصارة اعنابها،

*قال الأصمعيّ سواد البصرة الأهواز *ودست ميسان[10] وفارس وسواد الكوفة كسكر الى التراب الى عمل حلوان الى القادسيّة وعمل العراق هيت الى الصين والسند والهند ثمّ كذلك الى الريّ وخراسان الى الديلم والجبال كلّها واصبهان سرّة العراق افتتحها ابو موسى الأشعريّ والجزيرة ما بين دجلة والفرات والموصل من الجزيرة ومكّة من المدينة ومصر لا تدخل فى عمل العراق[11]، حدّثنى عبد الرحمٰن بن عبد المنعم عن ابيه عن وهب ابن منبّه قال *اوّل قرية[12] بُنيت بعد الطوفان قرية بقردى[13] تسمّى سوق ثمانين *كان نوح لمّا خرج من السفينة ابتناها وجعل فيها لكلّ رجل آمن معه بيتا وكانوا ثمانين فهى اليوم تسمّى سوق ثمانين قال[14] وحرّان سمّيت بهاران بن ارز اخى ابراهيم النبيّ[15] صلعم[16] وهو ابو لوط، *قال النبيّ صلعم لبريدة يا بريدة انّه سيبعث بعدى بعوث فاذا بعثت فكن 206ʳ فى اهل بعث المشرق ثمّ فى بعث خراسان ثمّ فى بعث ارض يقال لها

1* C عن   2 C قال حما   3* > P   4 C معمر   5 C غران   6 > C
7 P واثافت   8 > P   9 Jâqût I 115   10* P ودستهسان   11* > C
12* > P   13 P ohne Punkte   14* > P   15 > P   16 > C

مرو فاذا اتيتها فأنزل مدينتها فانّه بناها ذو القرنين وصلّى فيها غزيرة انهارها تجرى بالبركة فى كلّ نقب منها ملك شاهر سيفه يدفع عنها السوء الى يوم القيامة فقدمها يزيد فمات بها[1]، حدّثنى احمد بن الخليل قال حدّثنى الأصمعىّ قال اخبرنى النمر بن هلال الحبطىّ عن قتادة عن ابى جلدة[3] قال الدنيا كلّها اربعة وعشرون الف فرسخ *فملك السودان اثنا عشر الف فرسخ وملك الروم ثمانية آلاف فرسخ وملك فارس ثلثة آلاف فرسخ وأرض العرب الف فرسخ[4]، *وقال ابو صالح كنّا عند ابن عبّاس فأقبل رجل فجلس فقال له ممّن انت قال من اهل خراسان قال من اىّ خراسان قال من هراة قال من اىّ هراة قال من بوشنج ثمّ قال ما فعل مسجدها قال عامر يصلّى فيه[5] قال ابن عبّاس كان لإبراهيم مسجدان المسجد الحرام ومسجد بوشنج ثمّ قال ما فعلت الشجرة الّتى عند
206v المسجد قال بحالها قال اخبرنى العبّاس انّه قال فى ظلّها، حدّثنى محمّد ابن عبد العزيز قال حدّثنا يزيد بن خالد بن عبد الله بن ميمون الحرّانىّ[6] عن عوف بن ابى جميلة عن الحسن البصرىّ قال لمّا قدم علىّ رضه[7] البصرة ارتقى على منبرها فحمد الله وأثنى عليه ثمّ قال يأهل البصرة يا بقايا ثمود ويا جند المرأة ويا اتباع[8] البهيمة رغا فأتّبعتم وقتل[9] فأنهزمتم اما انّى لا اقول رغبة فيكم ولا رهبة منكم غير انّى اقول[10] سمعت رسول الله صلعم يقول تُفتح ارض يقال لها البصرة اقوم الأرضين قبلة قارئها اقرأ الناس وعابدها اعبد الناس وعالمها اعلم الناس ومتصدّقها اعظم الناس

1* > C 2 C حنا 3 C الجلد 4* > P 5* > C 6 C المرأمى (so)
7 > P 8 C تباع 9 C وعقر 10 > C

صدقة وتاجرها اعظم الناس تجارة منها الى ثرية دعال لها الأُبُلّة اربعة فراسخ يستشهد عند مسجد جامعها اربعون[1] الفا الشهيد منهم يومئذ كالشهيد معى يوم بدر، حدّثنا[2] القاسم بن الحسن قال حدّثنا ابو سلمة قال اخبرنا ابو المهزّم عن ابى هريرة قال مُثّلت الدنيا على مثال طائر فالبصرة ومصر الجناحان[3] فاذا خربتا وقع الأمر، *وحدّثنى ابضا[4] 207r عن هارون بن معروف عن ضمرة عن ابن شوذب عن خالد بن ميمون قال البصرة اشدّ الأرض عذابا وشرّها ترابا وأسرعها خرابا[5] وقال ابن شوذب عن يزيد الرشد[6] فست البصرة فى ولاية خالد بن عبد الله القسرىّ فوجدت طولها فرسخين وعرضها فرسخين غير دانق[5]، وقال محمّد بن سلّام عن شعيب بن صخر تذاكروا عند زياد البصرة والكوفة فقال زياد لو ضلّت البصرة لجعلت الكوفة لمن دلّنى عليها، قال *محمّد بن سيرين[7] كان الرجل يقول غضب الله عليك كما غضب امير المؤمنين على المغيرة عزله عن البصرة وٱستعمله على الكوفة، *وقال[8] علىّ حين دخل البصرة يأتباع البهيمة ويا جند المرأة رغا فأجبتم وعُقر فٱنهزمتم دينكم نفاق وأخلاقكم رقاق وماؤكم زعاق يأهل البصرة والبُصيرة السُّبخة والخُريبة 207v ارضكم ابعد الأرض من السماء وأبعدها من الماء وأسرعها خرابا وغرقا، مرّ عتبة بن غزوان بموضع المربد فوجد فيها الكذّان الغليظ فقال هذه البصرة فٱنزلوا بسم الله وقال ابو وائل اختطّ الناس البصرة سنة سبع عشرة[9]، فخر ناس من بلحارث[10] بن كعب عند ابى العبّاس فقال

1 C سبعون 2 C حدّثنى 3 P جناحان 4* P وحدّثنا 5 C + قال 6 C الرشت 7* > C, + و 8 S. Dînawarî 161, ff. 9* > C 10 C بنى الحارث

ابو العبّاس لخالد بن صفوان الا[1] تكلّم يا خالد قال اخوال امير المؤمنين وأهله قال فأنتم اعمام امير المؤمنين وعصبته قال خالد ما عسى ان اقول لقوم[2] بين ناسج برد ودابغ جلد وسائس قرد دلّ عليهم هدهد وغرّقتهم فأرة وملكتهم امرأة، *سئل خالد عن الكوفة فقال نحن منابتنا قصب وأنهارنا عجب وثمارنا رطب وأرضنا ذهب، قال الأحنف نحن ابعد منكم
208r سريّة وأعظم منكم بحريّة وأغذى منكم بريّة، وقال ابو بكر الهذليّ نحن اكثر منكم ساجا وعاجا وديباجا وخراجا ونهرا عجاجا[3]، وقال الخليل[4] فيما[5] يلى قصر اوس[6] *من البصرة[7]

زُرْ وادى القصر نعم القصر والوادى * لا بدّ من زورة من غير ميعاد
ترقى[8] به السفن والظلمان واقفة * والضبّ والنون والملّاح والحادى

وقال ابن ابى عيينة فى مثل ذلك[9]

يا جنّة[10] فاتت الجنان فما * تبلغها[11] قيمة ولا ثمنُ
ألفتُها فاتّخذتها وطنا * انّ فؤادى لحسنها[12] وطنُ
زوّج حيتانها الضباب بها * فهذه كنّة وذا ختنُ
فانظر وفكّر فى ما تطيف بها[13] * انّ الاريب المفكّرُ الفطنُ
من سفن كالنعام مقبلة * ومن نعام كأنّها سفنُ،

انشد[14] محمّد بن عمر عن *ابن كناسة[15] فى ظهر الكوفة

وانّ بها لو تعلمين اصائلا[16] * وليلا رقيقا مثل حاشية البرد،

---

1 P لم لا 2 P تلم 3* > C 4 C + فى ظهر البصرة 5 C منّا 6 P أنس cf. Jâqût IV 109 7* > C; vgl. Tha'âlibî Laṭâ'if. 102_{u}—103_{6} Qazwînî II 206 8 P يرى C ترقا 9 Aġ XVIII 21_{12-16} 10 P جبّة 11 P تبلغنا 12 C لحبها 13 C به 14 C + فى 15* C أبى كباشة 16 C اصيلا

بلغنى عن ابراهيم بن مهدىّ عن اسرائيل عن ابراهيم بن مهاجر عن 208v
ابراهيم التيمىّ قال لمّا أُمرت الأرض ان تغيض غاصت الّا ارض الكوفة فلُعنت فجميع الأرض تكرب على ثورين وأرض الكوفة تكرب على اربعة ثيران، وكان يقال اذا كان علم الرجل حجازيّا وسخاؤه كوفيّا وطاعته شاميّة فقد كمل، *لمّا احتوى المسلمون المدائن بعد ما نزلوا وآذاهم الغبار والذباب كتب عمر الى سعد فى بعثة روّاد يرتادون منزلا بريًّا فانّ العرب لا يصلحها الّا ما يصلح الابل والشاء فسأل من قِبَله عن هذه الصفة فيما يليهم فأشار عليه من رأى العراق من وجوه العرب باللسان وظهر الكوفة يقال له اللسان وهو فيما بين النهرين الى عين بنى الحذّاء وكانت العرب تقول ادلعَ البرّ لسانه فى الريف فما كان يلى الفرات منه فهو الملطاط وما كان يلى الظهر منه فهو النجاف فكتب الى سعد يأمره 209r
به[1]، وقال النابغة الجعدىّ يمدح الشأم

جاعلين الشأم حمّالهم * ولئن همّوا لنعم المنتقَلْ
موتة اجر ومحياة غنى * واليه عن اذاه معتزَلْ

وقال ايضا

ولكنّ قومى اصبحوا مثل خيبر * بها داؤها ولا تضرّ الأعاديا

قال الأصمعىّ لم يولد بغدير[2] خمّ مولود فعاش الى ان يحتلم الّا ان يتحوّل عنها قال وحرّة ليلى ربّما مرّ بها الطائر بسقط ريشه، قال عمرو بن بحر يزعمون انّه[3] من دخل ارض تُبّت[4] لم يزل ضاحكا مسرورا من غير عجب حتّى يخرج منها ومن اقام بالموصل عاما[5] ثمّ تفقّد قوّته

1* > C   2 P بدير   3 C ان   4 P بتّت   5 C حولا

وجد فيها فضلا ومن اقام بالأهواز حولا فتفقّد عقله وجد النقصان فيه بيّنا، والناس يقولون حُمّى خيبر وطحال البحرين ودماميل الجزيرة وطواعين الشأم، قالوا[1] من اطال الصوم بالمتّيحنة في الصيف خيف عليه 209ʳ الجنون وأمّا قصبة الأهواز فتقلّب كلّ من *نزل بها[2] من الأشراف الى طبائع اهلها ووباؤها[3] وحمّاها يكون في وقت[4] انكسار الوباء ونزوع[5] الحمّى عن جميع البلدان وكلّ محموم فإنّ حمّاه اذا اقلعت عنه فقد اخذ عند نفسه منها البراءة الى ان تعود الى التخليط[6] والى ان تجتمع في جوفه الفساد الّا محموم الأهواز فإنّها تعاود من فارقته لغير علّة حدثت ولذلك جمعت سوق الأهواز الأفاعي في جبلها المطلّ عليها والجرّارات في بيوتها ومن ورائها سباخ ومناقع مياه غليظة[7] وفيها انهار تشقّها مسايل كنفيهم ومياه امطارهم فإذا طلعت الشمس *وطال مقامها طالت معاناتها[8] بذلك[9] الجبل قبل[10] الصخرية التي فيها الجرّارات فإذا امتلأت يبسا وحرّا وعادت جمرة واحدة *قذفت ما قبلت من ذلك عليهم وقد جرت تلك السباخ 210ʳ وتلك الأنهار فإذا التقى عليهم ما جرت به السباخ وما قذفه ذلك الجبل فسد الهوى وفسد بفساد الهوى كلّ ما تشتمل[11] عليه الهواء، وقال[12] ابراهيم بن العبّاس الكاتب حدّثني مشايخ اهل الأهواز عن القوابل انّهنّ ربّما[13] قبلن الطفل فيجدنه في تلك الساعة محموما *يعرفن ذلك ويتحدّثن به[14]، قال[15] ومن قدم من اهل[16] العراق الى بلد[17] الزنج لم يزل

1 Thaʻâlibî Laṭâʼif 131_3 nach Ǵâḥiẓ 2* C ينزلها 3 C ووبائها 4 > P 5 C ونزع 6 C الخبط 7 C غليظة 8* > C 9 C على ذلك 10 C فيل 11* P تحويت 12 P قال 13 P بما 14* > C 15 Thaʻâlibî Laṭâʼif 131_{4-6} nach Ǵâḥiẓ 16 C شق 17 C بلاد

حربنا ما اقام بها فإن[1] اكثر من شرب نبيذها وأكل[2] الفارجيل طمس الحمار على عقله حتّى لا يكون بينه وبين المعتوه الّا شىء يسير، قالوا[3] فى عهد سجستان على العرب حين افتتحوها ألّا[4] يقتلوا قنفذا ولا يصيدوه لأنّها بلاد افاع والقنافذ تأكلها ولو[5] لا ذلك ما كان لهم بها قرار، وقال[6] ابن عيّاش[7] الهمدانىّ[8] لأبى بكر الهذلىّ يوم فاخره عند ابى العبّاس[8] انّما مثل الكوفة مثل اللهاة من البدن يأتيها الماء ببرده وعذوبته والبصرة مثل[10] المثانة يأتيها الماء بعد تغيّره وفساده، وقال[6] محمّد بن عمير بن عطارد انّ الكوفة قد سفلت عن الشأم ووبائها وارتفعت عن البصرة وعمقها فهى مريئة مريعة عذبة تربة[11] اذا اتتنا[12] الشمال ذهبت[13] 210v مسيرة شهر على مثل رضراض الكافور وإذا هبّت الجنوب جاءتنا بريح[14] السواد وورده وياسمينه وأترجّه وماؤنا عذب وعيشنا خصب، وقال الحجّاج الكوفة بكر حسناء والبصرة عجوز بخراء اوتيت من كل حلىّ وزينة، اجتمع اهل العراق ليلة فى سمر يزيد بن عمر بن هبيرة فقال يزيد اىّ البلدان اطيب ثمرة الكوفة ام البصرة فقال خالد بن صفوان[15] ثمرتنا ايّها الأمير منها الآزاذ والمعقلىّ وكذا وكذا فقال عبد الرحمٰن بن بشير العجلىّ لست اشكّ ايّها الأمير انّكم قد اخترتم لأمير المؤمنين ما تبعثون[16] به اليه قال اجل قال[17] قد رضينا باختيارك لنا وعلينا قال فأىّ الرطب تحملون اليه قال المشان[18] قال ليس بالبصرة منه واحدة ثمّ ايّه[19]

---

1 C فانّه 2 P وشرب 3 C قال و 4 C ان لا 5 P لو 6 P قال
7 C عياش 8 > C 9 Tha'âlibî Laṭâ'if 102_{12-19}, Qazwînî II 166_8
10 C بمنزلة 11 C برية 12 C أتتها 13 P + على 14 P ريح 15 C + بل 16 C يبعثون 17 > P 18 P البشان 19 P اىّ

211r قال السابرىّ قال ولا بالبصرة منه واحدة قال خالد بن صفوان بلى[1] عندنا بالبصرة[2] منه *شىء يسير[3] قال فأىّ النمر تحملون اليه قال النرسيان[4] قال ولا بالبصرة منه واحدة قال *ثمّ ايّة قال السهيرون آزاذ[5] قال ولا بالبصرة منه واحدة قال فأىّ القسب تحملون اليه قال *القسب العنبرىّ[6] قال ولا بالبصرة منه واحده قال ابن هبيرة لخالد[7] ادّعى عليك خمسا فشاركته فى واحدة وسلّمت له اربعا ما اراه الّا قد غلبك، دخل فى من اهل المدينة البصرة ثمّ انصرف فقال له اصحابه كيف رأيت البصرة قال خير بلاد الله *للجائع والعزب[8] والمفلس[9] امّا الجائع فيأكل خبز الأرزّ والصحناء لا ينفق فى الشهر درهمين وأمّا العزب فيتزوّج بشق درهم وأمّا المحتاج فلا عيله عليه[10] ما بقيت عليه[10] استه يخرأ ويبيع، ابو الحسن المدائنىّ قال قال عبد الرحمٰن بن خالد *بن الوليد بن المغيرة[11] لمعْوية اما والله لو كنّا *بمكّة[a] على السواء[12b] لعلمت قال معْوية[13] اذا كنت اكون ابن ابى سفيان منزلى الأبطح ينشقّ عنه سيله *وكنت ابن خالد منزلك اجياد اعلاه مدرة وأسفله عذرة[14]، رأى رجل 211v من قريش رجلا له هيئة رثّة فسأله فقال[15] من بنى تغلب فوقف وهو يطوف بالبيت فقال له ارى رِجْلين قلّ ما وطئتا[16] البطحاء قال له التغلبىّ البطحاوات ثلث بطحاء الجزيرة وهى لى دونك وبطحاء ذى قار وهى[17] انا احقّ بها منك وهذه البطحاء وسواء العاكف فيه والبادى،

---

1 P ولا   2 > P   3* P واحدة   4 P الموسيان   5* P العخاران
6 C فسب العنبر   7 > P   8* C للعزب الجائع   9 C المفلس   10 > C
11* > P   12* C b a   13 > P   14* > P   15* C فسال عنه فعالوا   16 P وطئت
17 C و

وقال * بعض الأعراب[1] اللّهمّ لا تنزلني ماء سوء فأكون امرأ سوء، قال خالد ابن صفوان ما رأينا ارضا مثل الأبلّة اقرب مسافة ولا اعذب نطفة ولا اوطأ مطيّة ولا اربح لتاجر ولا اخفى لعابد، وقال ابن ابى عيينة يذكر قصر انس بالبصرة

فيا حسن ذاك القصر قصرا ونزهة * بأفيح[2] سهل غير وعر ولا ضنك
بغرس كأبكار الجوارى وتربة * كأنّ ثراها ماء ورد على مسك
كأنّ قصور *الأرض ينظرن[3] حوله * الى ملك موف على منبر الملك
يُدِلُّ عليها مستطيلا بحسنه * ويضحك منها وهي مطرقة تبكى

قال[4] جعفر بن سليمان[5] العراق عين الدنيا والبصرة عين العراق والمربد[6] 212r
عين البصرة ودارى[7] عين المربد، وقالوا من خصال الحرم انّ المطر اذا اصاب الباب كان الخصب من شقّ العراق واذا اصاب المطر الناحية من شقّ الشأم كان الخصب بالشأم واذا عمّ جوانب البيت كان المطر عامّا، * قال وذرع الكعبة اربع مائة وتسعون ذراعا[8]، المدائنيّ قال قال[9] لمّا

1* C اعرابىٌ 2 C ويا فبج 3* C العوم تنظر 4 Tha'âlibî Laṭâ'if 182_{15-17} 5 C مسلم 6 C والمربذ 7 C ودارى 8* > C 9 > C

تبوّأت الأمور منازلها فالت الطاعة انزل الشأم فال الطاعون[1] انا معك وفال[2] النفاق انزل العراق فالت النعمة انا[3] معك وفالت[4] الصحّة انزل البادية قالت الشقوة انا معك[5]،

*تمّ الكتاب بحمد الله وعونه وتأييده ونصره
والحمد لله وحده وصلواته على محمّد نبيّه
وصحبه وآله[6]

---

1 C الطاعه و   2 P فال   3 C وأنا   4 P فالت   5 In C folgt 146^{r}_{6}
6 in P hat eine moderne Hand hinzugesetzt: تمّ كتاب عيون الأخبار بعون العزيز الغفّار. Unterschrift von C:

نجز كتاب الحرب من عيون الأخبار لابن قتيبة رحمه الله ويتلوه ان شاء الله كتاب السودد والحمد لله ربّ العالمين وصلوته على سيّدنا محمّد وآله اجمعين وجدت على الأصل المنقول منه هذين البيتين

محمّد وعليّ وفاطمة وابناها * وسيلتي يوم اعطى صحيفتي اقراها
اللّهمّ اجعلهم وسيلتنا اليك * وشفعاؤنا بين يديك

Nachtrag.

199_{10} Der zweite Halbvers hinkt; ولن in P stellt das Metrum auf Kosten des Sinnes her. Mogliche Emendationen waren حِبابَ statt حُبَّ oder أَرِثْ أنا statt أُورِّثَ. In Ag. und bei Baihaqî l. l. wird der Anstoss durch ganz andere Wendungen beseitigt; Aġ: وما ورثت اختيار الموت الخ, Baih: ولم ارث نجدة فى الموت.

$200_{15\ 16}$ Dîwân Ǵarîr II $201_{18\ 19}$

Gedruckt mit Unterstützung
der Königl. Preussischen Akademie der Wissenschaften

Göttingen, Druck der Univ.-Buchdruckerei von W. Fr. Kaestner.

IBN QUTAIBA'S ʿUJÛN AL AḪBÂR

Nach den Handschriften zu Constantinopel und St. Petersburg

herausgegeben von

CARL BROCKELMANN

TEIL III

STRASSBURG
VERLAG VON KARL J TRUBNER
1906

ZEITSCHRIFT

FUR

ASSYRIOLOGIE

UND VERWANDTE GEBIETE

IN VERBINDUNG MIT

EB. SCHRADER IN BERLIN UND ANDEREN

HERAUSGEGEBEN VON

CARL BEZOLD

IN HEIDELBERG

BEIHEFT ZUM XIX BAND.

IBN QUTAIBA'S 'UJÛN AL AHBÂR

HERAUSGEGEBEN VON

CARL BROCKELMANN

TEIL III

STRASSBURG
VERLAG VON KARL J TRUBNER
1906

IBN QUTAIBA'S 'UJÛN AL AḪBÂR

Nach den Handschriften zu Constantinopel und St. Petersburg

herausgegeben von

CARL BROCKELMANN

TEIL II

STRASSBURG
VERLAG VON KARL J. TRÜBNER
1906

ZEITSCHRIFT

ASSYRIOLOGIE

UND VERWANDTE GEBIETE

HERAUSGEGEBEN

E...... .... ANDEREN

....

CARL BEZOLD

.... XIV. BAND.

IBN QUTAIBA UJÛN AL AḤBÂR

.... VON

CARL BROCKELMANN

... III.

.......BURG

VERLAG VON KARL J. TRÜBNER

....

كتاب السُّودَد

وهو الكتاب الثالث من عيون الأخبار

تأليف الشيخ الإمام ابى محمد عبد الله

ابن قتيبة الدينورىّ رحمه الله

بسم الله الرحمن الرحيم

مخايل السودد وأسبابه ومخايل السوء

قال ابو محمّد عبد الله بن مسلم بن قتيبة رحمه الله حدّثنى عبد الرحمن بن عبد الله بن قريب عن عمّه الأصمعىّ قال اخبرنا جُميع بن ابى غاضرة وكان شيخا مسنّا من اهل البادية وكان من ولد الزبرقان بن بدر من قِبَل النساء قال كان الزبرقان يقول ابغض صبياننا الىّ الأُقيعس الذَّكَر[1] الذى كأنّما يطّلع فى جحره وإن سأله القوم اين ابوك هرّ فى وجوههم وقال ما تريدون عن ابى وأحبّ صبياننا الىّ الطويل الغرلة السبط الغرّة العريض الورك الأبله العفول[2] الذى يطيع عمّه ويعصى امّه وإن سأله القوم اين ابوك قال معكم، قال وقال الأصمعىّ قال معاوية ثلث من السودد الصلع واندحاق البطن وترك الإفراط فى الغيرة، قال وقيل لأعرابىّ بِمَ تعرفون سودد الغلام فيكم فقال اذا كان سائل الغرّة طويل

---

1 LA VIII 60_6 Ǧāḥiẓ Bajān II 20_{21} 2 LA XVIII 369 apu

الغرلة ملثاث[1] الازرة وكانت فيه لوثة فلسنا نشكّ فى سودده[2]، وقيل لآخر اىّ الغلمان اسود قال اذا رأيته اعنق اشدق احمق فأقرب به من السودد وكان يقال اذا رأيت الغلام عائر العينين ضيّق الجبهة حديد الأرنبة كأنّما جبينه صلاته فلا ترجه الاّ ان يريد الله امرا فيبلغه، حدّثنا الرياشىّ عن الأصمعىّ قال فرس يُمدح بالصلع وأنشد

إِنَّ سَعِيدًا وَسَعِيدٌ فَرْعُ أَصْلَعُ تُنْمِيهِ رِجَالٌ صُلْعُ،

ونظر رجل الى معوية وهو غلام صغير فقال انّى اظنّ هذا الغلام سيسود قومه فقالت هند ثكلتُه ان كان لا يسود الاّ قومه، قال[3] شبيب بن شيبة لبعض فرسان بنى منقر ما مُطِلْتَ مَطْلَ الفرسان ولا فتقت فتق السادة، وقال آخر لسنان بن سلمة الهذلىّ ما انت بأرسح فتكونَ فارسا ولا بعظيم الرأس فتكون سيّدا، وقال[4] بعض الشعراء

فقبّلتُ رأسا لم يكن رأسَ سيّد * وكفّا ككفّ الضبّ او هى احقرُ،

وقال آخر[5]

دعا ابنُ مطيع للبياع فجئتُه * الى بيعة قلبى لها غيرُ آلف

فناولنى خشناء لمّا لمستها * بكفّىَ ليست من اكفّ الخلائف،

وقرأت فى كتاب للهند[6] انّه قد قيل فى الفراسة والتوسّم انّه من صغرت عينه دام اختلاجها وتتابع طرفها ومال انفه الى ايمن شقّيه وبعُد ما بين حاجبيه وكانت منابت شعره ثلثا ثلثا وطال إكبابه اذا مشى وتلفّت تارة بعد اخرى غلبت عليه اخلاق السوء، كان يقال اربع يسوّدن

---

1 so Ğāh. C ملتان 2 Ğāhiẓ Bajān II 20 24 3 Ğāhiẓ Bajān I 41 17 ff. 4 Ğāhiẓ Bajān I 41 21 ff 5 ib 6 de Sacy 148 9–11 (kurzer), cf. Guidi Studij XXVII 1–4 (abweichend)

العبد الأدب والصدق والعفّة والأمانة، وقال بعض الشعراء فى النبىّ صلعم[1]

لو لم تكن فيه آيات مبيّنة * كانت بداهته تنبيك بالخبر،

وقال معوية انّى لأكره البكارة فى السيّد وأحبّ ان يكون عاقلا متغافلا، وقال الشاعر فى هذا المعنى

ليس الغبىّ بسيّد فى قومه * لكنّ سيّد قومه المتغابى،

ويقال فى مثل[2] ليس امير القوم بالخبّ الخدع، وقال الفرزدق[3]

لا خير فى خبّ من ترجّى فواضله * فاستمطروا من قريش كلّ منخدعِ
كأنّ فيه اذا حاولته بَلَهًا * عن ماله وهو وافى العقل والوَرَعِ،

وقال اياس بن معوية لست بخبّ والخبّ لا يخدعنى، وقال مالك بن انس عن ابن شهاب الكريم لما تحكمه التجارب، قال بعض الشعراء

غير أنّى اراك من اهل بيت * ما على المرء ان يسودوه عار،

وقال عمر بن الخطّاب رضه السيّد الجواد حين يُسئل الحليم حين يستجهل البارّ بمن يعاشر، قال عدىّ بن حاتم السيّد الذليل فى نفسه الأحمق فى ماله المطّرح لحقده المعنىّ بأمر عامّته، سئل خلد بن صفوان عن الأحنف بم ساد فقال بفضل سلطانه على نفسه، وقيل لقيس بن عاصم بم سدت قومك فقال ببذل القرى وترك المرزّى ونصرة المولى، وقال على ابن عبد الله بن عبّاس سادة الناس فى الدنيا الأسخياء وفى الآخرة الأنبياء، وقال مسلم بن قتيبة لولده انّكم لن تسودوا حتّى تصبروا على شرار الشيوخ النُّخَر، وقال الدنيا هى العافية والصحّة هى الشباب والمروءة

1 Ǧāḥiẓ Bajān I ٥٧ 2 Maidānī II 103 3 > Dīwān

الصبر على الرجال، قال عمرو بن هذّاب[1] كنّا نعرف سودد مسلم بن قتيبة بأنّه كان يركب وحده ويرجع فى خمسين[2]، وقال رجل للأحنف وأراد عيبه بم سُدت قومك قال بتركى من امرك ما لا يعنينى كما عناك من امرى ما لا يعنيك، وقال عبد الملك بن مروان لابن مطاع[3] العَنَزى اخبرنى عن مٰلك بن مسمع فقال له لو غضب مٰلك لغضب معه مائة الف لا يسألونه فى اىّ شىء غضب فقال عبد الملك هذا وأبيك السودد ولم يل شيئًا قطّ وكذلك اسماء بن خارجة لم يل شيئًا قطّ، قيل لعرابة الأوسىّ بم سدت قومك فقال بأربع أنخدع لهم عن مالى وأذلّ لهم فى عرضى ولا احقر صغيرهم ولا احسد رفيعهم، وقال المقنّع الكندىّ وهو محمد بن عمير[4]

لا احمل[5] الحقد القديم عليهمُ * وليس رئيس القوم من يحمل[6] الحقدا
وليسوا الى نصرى سراعا وإن هُمُ * دعونى الى نصر اتيتهمُ شدّا
اذا اكلوا لحمى وفرتُ لحومهم * وإن هدموا مجدى بنيتُ لهم مجدا
يعيّرنى بالدّين قومى وإنّما * ديونىَ فى اشياء تكسبهم حمدا،

وقال آخر

هَيْنون لَيْنون ايسارٌ ذوو يَسَرٍ * سُوّاس مكرمة ابناء ايسارِ
لا ينطقون على الفحشاء ان نطقوا * ولا يُمارون ان ماروْا باكثارِ
من تلق منهم تقُلْ لاقيت سيّدهم * مثل النجوم الّتى يسرى بها السارى،

وقال آخر[7]

---

1 G (Kopr) هُذّاب C هذاب 2 Ğāḥiẓ Bajān II 26 6 3 C مبطاع
4 Ahlwardt Elfachri 25 3 4 5 C احمد 6 C يحمد 7 Dīwān Huḏail 23 7, Ğāḥ. Bajān I 108 21 II 45 26

وإنّ سيادة الأقوام فاعلم * لها صُعَداء مَطْلَعُها طويل،

وقال رجل من العرب نحن لا نسوّد الّا من يوطئنا رحله ويفرشنا عرضه ويملّكنا ماله، وفي الحديث المرفوع من بذل معروفه وكفّ اذاه فذلك السيّد، ويقال لا سودد مع الانتقام والعرب تقول سيّد معمّم يريدون انّ كلّ جناية يجنيها احد من عشيرته معصوبة برأسه ويقال بل السيّد منهم كان يعتمّ بعمامة صفراء لا يعتمّ بها غيره وإنّما سُمّي الزبرقان بصفرة عمامته يقال زبرقت الشيء اذا صفّرته وكان اسمه حُصَين، قيل لابن هبيرة من سيّد الناس اليوم قال الفرزدق هجاني ملكا ومدحني سوقة، وقال عامر بن الطفيل

إنّي وإن كنتُ ابن سيّد عامرٍ * وفارسَها المشهورَ في كلّ موكب
فما سوّدتني عامر عن وراثة * ابى الله ان أسمو بأمٍّ ولا اب
ولكنّني احمي حماها وأتّقي * اذاها وأرمي من رماها بمنكب

هذا نحو قول الآخر

نفسُ عصامٍ سوّدت عصاما * وعلّمته الكرّ والإقداما * وصيّرته ملكا هماما،

وعصام عبد كان للنعمان بن المنذر وله يقول النابغة[1]

فإنّي لا ألوم[2] على دُخُولٍ * ولكن ما وراءك يا عِصامُ،

الكمال والتناهي في السودد

حدّثني ابو حاتم الأنصاريّ عن العتبيّ قال قال الأحنف الكامل من عُدّت هفواته، وكتب معوية الى زياد أنظر رجلا يصلح لثغر الهند فولّه

---

1 ed Ahlw. 28,2 2 Ahlw. الام

فكتب اليه إنْ قِبَلى رجلان يصلحان لذلك الأحنف بن قيس وسنان ابن سلمة الهذلىّ فكتب اليه معوية بأىّ يومَى الأحنف نكافيه أبخذلانه امّ المؤمنين ام بسعيه علينا يوم صفّين فوجّه سنانا فكتب اليه زياد انّ الأحنف قد بلغ من الشرف والحِلم والسودد ما لا تنفعه الولاية ولا تضرّه العزل، وقال ابو نواس يمدح رجلا

اوحده الله فما مثله * لطالب ذاك ولا ناشد
وليس لله بمستنكر * ان يجمع العالم فى واحد،

وقال ايضا فى نحو هذا

يا ناقَ لا تسأمى او تبلغى رجلا * تقبيل راحته والركنِ سيّان
متى[1] تحطّى اليه الرحل سالمة * تستجمعى الخَلْق فى تمثال انسان
محمّد خيرُ من يمشى على قدم * ممّن برا الله من إنسٍ ومن جانِ
تنازع الأحمدان الشبهَ فاشتبها * خَلْقا وخُلْقا كما قُدّ الشِراكان
سِيّان لا فرقَ فى المعقول بينهما * معناهما واحد والعِدّة اثنان،

وقال الطائىّ

لو أنّ اجماعنا فى فضل سودده * فى الدين لم يختلف فى الملّة اثنان،

وقال ايضا

فلو صَوّرْتَ نفسك لم تردها * على ما فيك من كرم الطباع،

وقال خُليد بن صفوان كان الأحنف يفرّ من الشرف والشرف يتبعه، حدّثنى ابو حاتم عن الأصمعىّ قال وفد الأحنف والمنذر بن الجارود الى معوية فتهيّأ المنذر وخرج الأحنف على قعود وعليه تبّت[2] فكلّما مرّ المنذر

---

1 C متّى   2 C تبّ, Glosse am Rande التبّ الكساء الغليظ

قال الناس هذا الأحنف فقال المنذر ارانى تزيّنت لهذا الشمخ وقالت بنو تميم للأحنف ما اعظم منّتنا عليك فضّلناك وسوّدناك فقال هذا شبل بن معبد من سوّده ولبس بالحصره بحلىّ غمره او قال بالبصره، قال عبد الملك بن مروان لعبد الله بن عبد الأعلى الشاعر الشيبانىّ من اكرم العرب او من خير الناس قال من يحبّ الناس ان يكونوا منه ولا يحبّ ان يكون من احد يعنى بنى هاشم قال من الأم الناس قال من يحبّ ان يكون من غيره ولا يحبّ غيره ان يكونوا منه، قال رجل من اشراف العجم لرجل من اشراف العرب إنّ الشرف نسب مفرد فالشريف من كلّ قوم نسيب وكان يقال اكرم الصفايا اشدّها ولها الى اولادها واكرم الابل احنّها الى اوطانها واكرم الأفلاء اشدّها ملازمة لأمّهاتها وخير الناس آلف الناس للناس ❀

السياده والكمال فى الحداثة

قال الأحنف السودد مع السواد يريد أنّه يكون سيّدا من اقنة السياده فى حداثته وسواد رأسه ولحيته وقد يذهب بمعناه الى سواد الناس وعامّتهم يراد أنّ السودد بتسويد العامّة، وقال ابو اليقظان ولّى ذا الحجّاج محمد بن القسم بن محمد بن الحكم الثقفىّ قتال الأكراد بفارس فأباد منهم ثمّ ولّاه السند فافتتح السند والهند وقاد الجيوش وهو ابن سبع عشرة سنة فقال فيه الشاعر

إنّ السماحة والمروّة والندى * لمحمّد بن القسم بن محمّد
قاد الجيوش لسبع عشرة حجّة * يا قُرْبَ ذلك سوددا من مولِدِ،

ويروى يا قرب[1] ذلك سورة من مولد السورة المنزلة الرفيعة، قال ابو العطان وهو جعل شيراز معسكرا ومنزلا لولاه فارس، وقال حمزة بن بيض[2] لمخلد[3] بن يزيد بن المهلب

بلغتَ لعشرٍ مضت من سنيـــك ما يبلغ السيّد الأشيبُ

فهمّك فيها جسام الأمور * وهمّ لداتك ان يلعبوا،

نظر الحطيئة الى ابن عبّاس فتكلّم فى مجلس عمر فقال من هذا الذى نزل عن الناس فى سنّه وعلاهم فى قوله، وقال ابن مسعود لو بلغ اسناننا ما عشرة منّا رجل[4]، ونظر رجل الى ابى دُلَف فى مجلس المأمون فقال انّ همّته ترمى به وراء سنّه، وولى عبيد الله بن زياد خراسان وهو ابن ثلث وعشرين سنة وليها لمعوية وقيل لزياد عند موته استخلف عبيد الله فقال ان يك فيه خير فسيولّيه عمّه فلمّا مات زياد شخص عبيد الله الى عمّه معوية فقال له ما منع اباك ان يولّيك اما انّه لو فعل فعلتُ فقال عبيد الله يا امير المؤمنين لا يقولنّها احد بعدك ما منع اباه وعمّه ان يكونا استعملاه فرغب فيه فاستعمله على خراسان، وولى معاذ اليمن وهو ابن اقلّ من ثلثين سنة، وحمل ابو مسلم امر الدولة والدعوة وهو ابن احدى وعشرين سنة، وحمل الناس عن ابرهيم النخعىّ وهو ابن ثمانى عشرة سنة، وولّى رسول الله صلعم عتّاب بن اسيد مكّة وهو خمس وعشرين سنة، وسوّدت قريش ابا جهل ولم يطرّ شاربه فأدخلته مع الكهول دار الندوة، قال الكميت

---

1 C قرن   2 C + بن   3 C مخلد vgl. Ibn Šākir Fawāt I 147 26 ff.   4 So!

رُفِعَتْ البكا وما تُغِرْ * تَ عيونُ مستمعٍ وناظرْ
ورأوا عليك ومنك فى * المهد النُهَى[1] ذات البصائرْ

قال قدم[2] وفد على عمر بن عبد العزيز من العراق فنظر الى شابّ منهم يتحوّز يريد الكلام فقال عمر كبّروا كبّروا فقال الفتى يا امير المؤمنين انّ الأمر ليس بالسِنّ ولو كان كذلك كان فى المسلمين من هو اسنّ منك قال صدقت فتكلّمْ قال الشاعر فى خلاف هذا المعنى

إنّها الهُلك ان يساسوا بغِرٍّ * لم تُعِرْهُ الأنام رأيا ونفعا

وقال آخر[3]

الا قالت الخنساء[4] يوم لقيتها * كبرتَ ولم تجزع من الشيب مجزعا
رأت ذا عصا يمشى عليها وشيبةً * تقنّع[5] منها رأسه ما تقنّعا
فقلت لها لا تهزئى بى فقلّ ما * يسود الفتى حتى يشيبَ ويصلعا
وللقارحُ اليعبوبُ خيرٌ عُلالةً * من الجَذَعِ المُجْرَى وأبعد منزعا

رأى بكر بن الأخنس المهلّب وهو غلام فقال

خذونى به ان لم يسد سرواتهم * ويبرع حتّى لا يكون له مثل

الهمّة والخطار بالنفس

قال اخبرنا خُلد بن حويرثة عن محمّد بن ذؤيب الفُقيمى وهو العُمانى الراجز عن دكين الراجز قال اتيت عمر بن عبد العزيز بعد ما استخلف أستنجز منه وعدا كان وعدنيه وهو والى المدينة فقال لى يا

---

1 als Pl. wie Hāš. 2,5 — 2 Zahr al Ādāb (am Rde des ʿIqd) I 8 ʿIqd I 129 27–29 — 3 Ǧāḥiẓ Bajān II 85 17–20 — 4 G الخنساء — 5 so G, C بقنع

دكين انّ لى نفسا توّاقة لم تزل تتوق الى الإمارة فلمّا نلتها تاقت الى الخلافة فلمّا نلتها تاقت الى الجنّة وما رزأت من اموال المسلمين شيئًا وما عندى الّا الفا درهم فاختر ايّهما شئت وهو يضحك فقلت يا امير المؤمنين قليلك خير من كثير غيرك ويقال وابلك خير من كبير غيرك فاختر لى انت فدفع الىّ الفا وقال خذها بارك الله لك فيها فابتعت بها ابلا وسقتها الى البادية فرمى الله فى اذنابها بالبركة بدعوته حتّى رزقنى الله ما ترون، قال معوية لعمرو بن العاص حين نظر الى معسكر علىّ عمّ من طلب عظيما خاطر بعظيمته، وكان عمرو يقول عليكم بكلّ امرٍ مَزْلَقَةٍ مَهْلَكَةٍ اى عليكم بجسام الأمور، وقال كعب بن زهير

وليس لمن لم يركب الهول بُغْيَةٌ * وليس لرحل حطّه الله حامل
اذا انت لم تُقْصِرْ عن الجهل والخنا * اصبت حليما او اصابك جاهل،

وفى كتاب[1] للهند ثلثة اشياء لا تُنال الّا بارتفاع همّة وعظيم خطر عمل السلطان وتجارة البحر ومناجزة العدوّ وفيه ايضا[2] لا ينبغى ان يكون العاقل من الرجال الّا مع الملوك مكرما ومع النسّاك متبتّلا كالفيل لا يحسن ان يُرى الّا فى موضعين فى البرّيّة وحشيّا او للملوك مركبا، وفيه ايضا ذو الهمّة ان حُطّ فنفسه تأبى الّا علوّا كالشعلة من النار يصوّبها صاحبها وتأبى الّا ارتفاعا، وقال العتّابىّ

تلوم على ترك الغنى باهليّةٌ * طوى الدهر عنها كلّ طِرْفٍ وتالدِ
يسرّك انّى نلت ما نال جعفر * من المُلْك او ما نال يحيى بن خالدِ
وأنّ امير المؤمنين اغصّنى * مغصّهما بالمشرفات البوارد

1 DE SACY 874–6 2 ib. 7–10

ذرینی تحثّنی میتتی مطمئنّةً * ولم اتفحّم هول تلك الموارد
فإنّ كریمات المعالی مشوبة * مستودعات فی بطون الأساود،

وقال الطائیّ

وأخری لحتنی دوم لم امنع النوی * فبادی ولم یعص زماعی ناهض
ارادت بأن یحوی الغنی وهو وادع * وهل یعرس اللیث الفلا[1] وهو رابض،

وقال ایضا

فاطلب هدوءا فی التقلّد واستثر * بالعیس من تحت السّهاد هجودا
ما[2] إن تری ألاحساب بیضا وضّحا * الاّ بحیث تری المنایا سوداء،

وقال آخر ما العزّ الاّ تحت ثوب الكدّ،

وقال آخر

الذلّ فی دعة النفوس ولا اری * عزّ المعیشة دون ان یشقی لها،

وقال بعض المحدثین وأظنّه البحتریّ[3]

فاطلبا بالثنا[4] سوای فإنّی * رابع العیس والدجی والبید
لست بالواهن المقیم ولا القا * ئل یوما إنّ الغنی بالجدود
وإذا استصعبت مقادة امر * سهّلتها ایدی المهاری القود،

وقال عبد الله بن ابی الشیص

اطنّ الدهر قد آلی فبرّا * بأن لا نكسب الأموال حرّا
لقد قعد الزمان بكلّ حرّ * ونقّص من قواه المستمرّا
كأنّ صفائح الاحرار اردت * اباه محارب الأحرار طرّا
فأصبح كلّ ذی شرف ركوبا * لأعناق الدجی برّا وبحرا

1 C الطّلی 2 C وما 3 Diwān ed Cpol II 194 5–7 4 C ناكثا

فهتّك جَيْب درع الليل عنه * اذا ما جَيْب درع الليل زُرّا
يرانب للغنى وجها ضحوكا * ووجها للمنيّة مكفهرّا
ومن جعل الظلام له قعودا * اصاب به الدجى خمرا وشرّا،

وكان يقال من سرّه ان يعيش مسرورا فليقنع ومن اراد الذكر فليجهد، قيل للعتّابىّ فلان بعيد الهمّة قال اذًا لا يكونَ له غاية دون الجنّة، وقيل لبعض الحكماء مَن اسوأ الناس حالا قال من اتّسعت معرفته وضاقت مقدرته وبعُدت همّته، وقال عدىّ بن الرقاع

والمرء يُورِث جوده ابناءه * ويموت آخر وهو فى الأحياء،

ابو اليقظان[1] قال كان اوّل عمل وليه الحجّاج تَبالة فسار اليها فلمّا قرب منها قال للدليل اين هى وعلى اىّ سمت هى قال تسترها عنك هذه الأكمة قال لا ارانى اميرا الّا على موضع تستر منه اكمة أهْوِنْ بها ولاية وكرّ راجعا فقيل فى المثل أهْوَنُ من تبالة على الحجّاج، وقال الطائىّ

وطول مُقام المرء فى الحىّ مُخْلِقٌ * لديباجتَيْه فاغتربْ تتجدّدِ
فإنّى رأيت الشمس زيدت محبّة * الى الناس أنْ ليست عليهم بسرمدِ،

وقال رجل لآخر ابوك الّذى جهل قدره وتعدّى طوره فشقّ العصا وفرّق الجماعة لا جرم لقد هُزم ثمّ أُسر ثمّ قُتل ثمّ صُلب قال الآخر دعنى وذكر هزيمة ابى ومن صلبه ابوك ما[2] حدّث نفسه بشىء من هذا قطّ، وقال حاتم طيّء[3]

لحى الله صعلوكا مُناه وهمّه * من العيش ان يلقى لَبوسا ومَطْعَما

---

1 Bekrī ١٩١, Maidānī II 245   2 Conj > C   3 ed. Schulthess p. ٣٩ 5, 4, 9, 12, 13. p 104 45

يرى الخَمْص تعذيبا وإن يلق شبعة * يَبِتْ قلبه من قلّة الهمّ مُبْهَما
ولله صعلوك يساور همّه * ويمضى على الأهوال والدهر مُقْدما
يرى قوسه او رمحه ومِجَنّه * وذا شُطَب لَدْنَ المَهَزّة مِخْذَما[1]
وأحناء سرج قاتر[2] ولجامه * مُعَدًّا لدى الهَيْجا وطِرْفًا مُسَوَّما
فذلك ان يهلك فحىّ ثناؤه * وان يحى[3] لا يقعد لئيما مذمّما،

وقال آخر

لا يمنعنّك خَفْضُ العيش تطلبه * نزاعَ شوق الى اهل وأوطان
تلفى بكلّ بلاد ان حللتَ بها * اهلا بأهل وجيرانا بجيران،

ويقال ليس بينك وبين البلدان نسب فخير البلاد ما حملك، وقال عروة بن الورد[4]

لحى الله صعلوكا اذا جَنّ ليلُه * مصافى[5] المُشاش آلفا كلّ مَجْزِرِ[6]
يَعُدّ الغِنَى من دهره كلّ ليلة * اصاب قِراها من صديق ميسّرِ
ينام عِشاء ثمّ يصبح قاعدا * يحُتّ الحصا من جنبه المتعفّرِ
يعين نساء الحىّ لا يستعنّه * ويُمسى طليحا كالبعير المحسَّرِ
ولله صعلوك صفيحة وجهه * كضَوْء شهاب القابس المتنوِّرِ
مُطِلٌّ على اعدائه يزجُرونه * بساحتهم زَجْرَ المَنيح المشهَّرِ،

وقال آخر

تقول سليمى لو اقمت بأرضنا * ولم تَدْرِ أنّى للمُقام أُطَوِّفُ،

وقال الطائىّ فى نحوه

---

1 C مجدما 1 C فاتر 3 C بجيبى 4 NÖLDEKE III 13—15, 17—19 5 C مضان 6 Vokale in C

أألفة الحبيب كم افتراقٍ * أظلّ فكان داعية اجتماع
وما ان فرحة الإيّاب[1] الاّ * لموقوف على ترح الوداع،

نظر رجل الى روح بن حاتم واقفا فى الشمس على باب المنصور فقال له قد طال وقوفك فى الشمس فقال روح ليطول مقامى فى الظلّ، وقال خداش بن زهير

ولن اكون كمن القى رِحالته * على الحمار وخلّى صَهْوة الفرس،

وقال آخر

لا انت قصّرت عن مجد ولا انا اذ[2] * سموا اليك بنفسى قصّرت هِمَمى،

قال عمر بن الخطّاب أشنعوا بالكنى فانّها منبهة، دخل عبيد الله بن زياد بن ظبيان التيمىّ على ابيه وهو يجود بنفسه فقال له الا أُوصى بك الأمير فقال عبيد الله اذا لم يكن للحىّ الاّ وصيّة الميّت فالحىّ هو الميّت، وقال الشاعر فى نحوه

اذا ما الحىّ عاش بعَظْم مَيْتٍ * فذاك العظم حىٌّ وهو مَيْتُ،

وقال معوية لعمرو بن سعيد وهو صبىّ الى من أُوصى بك ابوك قال أَوصى الىّ ولم يُوصِ بى، نظر ابو الحرث جمّز الى برذون يُستقَى عليه فقال المرء حيث يجعل نفسه لو هملج هذا لم يُبْتذلْ بما ترون، وقال الطائىّ

وقلقل نَأْىٌ[3] من خراسان جَأْشَها[4] * فقلت اطمئنّى أنضر الروض عازِبُهْ
وركْب كأطراف الأسنّة عرّسوا * على مثلها والليل تسطو غياهبُهْ
لأمر عليهم أن تَتِمّ صدوره * وليس عليهم ان تتمّ عواقبُهْ،

وقال آخر

---

[1] C الابات [2] C اذا [3] C ناى [4] C حاشيها

وعشْ ملكا او مت كريما وإن تمت * وسيفك مشهور بكفّك تُعْذَرِ

والمشهور فى هذا قول امرئ القيس[1]

فلو أَنَّ ما أَسْعَى لِأَدْنَى مَعيشَةٍ * كَفانى وَلَمْ أَطْلُبْ قليلا[2] من المالِ

ولٰكنّما أَسْعَى لِمَجْدٍ مُؤَثَّلٍ * وَقَدْ يُدْرِكُ ٱلْمَجْدَ ٱلْمُؤَثَّلَ أَمْثالِى

وقوله[3]

بكى صاحبى لمّا رأى ٱلدَّرْبَ دونه * وأَيْقَنَ أَنَّا لاحقان بِقَيْصَرَا

فَقُلْتُ له لا تَبْكِ عَيْنُكَ إنّما * نُحاوِلُ مُلْكًا أَوْ نَموتَ فَنُعْذَرَا[4]،

وقال ابو نواس[5]

سأبغى الغِنَى إمّا جليسَ خليفةٍ * يقوم[6] سواء او مُخيفَ سبيلِ،

وقيل ليزيد بن المهلّب الا تبنى دارا فقال منزلى دار الإمارة او الحبس،

والمشهور فى سقوط الهمّة قول الحطيئة[7]

دع المكارم لا ترحَلْ لبُغْيتها * واقعد فإنّك انت الطاعم الكاسى،

وقال مالك بن الذئب

فإن تُنْصفونا آلَ مروان نَقْتَرِبْ * اليكم وإلّا فَأْذَنوا بتَباعُدِ

فإنّ لنا عنكم مراحا ومرحلا * بعيس الى ريح الفلاة صوادى

وفى الأرض عن دار المذلّة مذهب * وكلّ بلاد أُوطِنَت كبلادى

فماذا عسى الحجّاج يبلغ جهده * اذا نحن جاوزنا حفير زياد

فبأست ابى الحجّاج واست عجوزه * عُتَيْدٍ بُهْمٍ ترتعى بوِهاد

فلولا بنو مروان كان ابن يوسف * كما كان عبدا من عبيد إياد

---

1 AHLW 52 57 58 2 A قَليلٌ 3 AHLW. 20 43 44 4 C فتعذرا
5 ed. CAIRO 192 21 6 C نعوم 7 ed. GOLDZIHER XX 13

زمان هو المُقْرِى[1] المُقِـرُّ بـذِلّة * يراوح غلمان القُرَى ويغادى،

بعث بنحاب[2] خليفتها الى ابن عائشة المحدّث وهو عبد الله بن محمّد ابن حفص التيمىّ فأتاه فى حلقته فى المسجد فقال له ابو من قال هلّا عرفت هذا قبل مجيئك قال اريد ان تخليني قال فى حاجة لك ام فى حاجة لى قال فى حاجة لى قال فألقنى فى المنزل قال تأتِى الحاجةُ لك قال ما دون اخوانى سِرّ، وقال بعض لصوص همدان وهو مالك بن حُرَيم

كذبتم وبيت الله لا تأخذونها * مراغمة ما دام للسيف قائم

متى يُجمَع القلبُ الذكىّ وصارما * وأنفا حميّا تجتنبك المظالم

ومن يطلبِ المال الممنّع بالقنى * يعش مُثْرِيًا او تخترمْه المخارم

وكنتُ اذا قوم غزونى غزوتهم * فهل أنا فى ذا يال همدانَ ظالم،

وقال ابو النشناش من اللصوص

اذا المرء لم يسرح سواما ولم يرح * سواما ولم تعطف عليه اقاربُهْ

فلَلْمَوْتُ خير للفتى من حياته * فقيرا ومن مولى تدبّ عقاربه

وسائلة بالغيب عنّى وسائل * ومن يسأل الصعلوك اين مذاهبه

وطامسةِ الأعلام مائلة الصُوَى * سرت بأبى النشناش فيها ركائبه

فلم ار مثل الفقر ضاجعه الفتى * ولا كسواد الليل اخفق صاحبه،

وقال آخر من اللصوص

وإنّى لأستحيى من الله ان أُرَى * اطوف بأرض ليس فيه بعير

وأن أسألَ المرء اللئيم بعيره * وبعران ربّى فى البلاد كثير

فلَلّيل ان وارانِىَ الليل حكمة * ولَلشمسُ ان غابت علىّ تدور

---

1 Conj; > C 2 So!?

عوى الذئب فاستأنست للذئب اذ عوى * وصوّت انسان فكدت[1] اطير
رأى الله انّى للأنس لشانئ * وتُبْغِضهم لى مقلة وضمير،

وقال النمر بن تولب

خاطِرْ بنفسك كى تصيب غنيمة * إنّ الجلوس مع العيال قبيح
فالمال فيه تجلّة ومهابة * والفقر فيه مذلّة وقبوح،

وقال آخر

تقول ابنتى انّ انطلاقك واحدا[2] * الى الروع يوما تاركى لا ابا ليا
ذرينى من الإشفاق او قدّمى لنا * من الحدثان والمنيّة واقيا
ستتْلَف نفسى او سأجمع هَجْمة * ترى ساقيَيْها يألمان التراقيا

وقال اوس بن حجر[3]

ومن يك مثلى ذا عيال ومقترا * من المال يطْرَحْ نفسه كلّ مطرح
ليُبْلىَ عذرا او ليبلغ حاجة * ومبلغ نفس عذرها مثل منجح،

وقال آخر

رمى الفقر بالأقوام حتّى كأنّهم * بأطراف آفاق البلاد نجومُ،

قال كسرى احذروا صولة الكريم اذا جاع واللئيم اذا شبع، وقال الشاعر

خُلُقان لا ارضى اختلافهما * تيه الغنى ومَذَلّة الفقر
فاذا غنيت فلا تكن بطِرا * وإذا افتقرت فتِهْ على الدهر
واْصبر فلست بواجد خُلُقا * أدْنى الى فرج من الصبر،

كان اعرابىّ يمنع ابنه من التصرّف اشفاقا عليه فقال شعرا فيه

اذا ما الفتى لم يبغ الاّ لباسه * ومَطْعَمه فالخير منه بعيد

1 C فكررت   2 C واحد   3 > Geyer

يذكّرني خوف المنايا ولم اكن * لأهرب ممّا ليس منه محيد
فلو كنتُ ذا مال نُقرِّب مجلسي * وقيل اذا اخطأتُ انت رشيد
رأيت الغنى قد صار في الناس سوددا * وكان الغنى بالمكرمات يسود
وإن قلتُ لم يُسْمَعْ مقالي وإنّني * لَمبدئُ حقٍّ بينهم ومعيد
فذرني اجوّلْ في البلاد لعلّه * يُسَرُّ صديق او يساء حسود
الا ربّما كان الشفيق مضرّة * عليك من الإشفاق وهو ودود ،

وقال اعرابيّ من باهلة[1]

سأُعْمِل نَصّ العيس حتّى يكُفّني * غنى المال يوما او غنى الحدثان
فلَلْموت خيرٌ من حياة يُرَى لها * على الحرّ بالإقلال وسم هوان
متى يتكلّم يُلْغَ حسن كلامه * وإن لم يقل قالوا عديمٌ بيان
كأنّ الغنى عن اهله بورك الغنى * بغير لسان ناطق بلسان ۞

الشرف والسودد بالمال وذمّ
الفقر والحضّ على الكسب

انشد ابن الأعرابيّ

ومن يفتقر في قومه يحمد الغنى * وإن كان فيهم ماجد العمّ مُخْوِلا[2]
يُمنّون ان اعطوا ويبخل بعضهم * ويُحْسَبُ عَجْزًا سَكْتُه ان تجمّلا
ويُزْرِي بعقل المرء قلّة ماله * وإن كان اقوى من رجال وأحولا ،

وقرأت في كتاب للهند[3] ليس من خلّة يمدح بها الغنيّ الّا ذُمّ بها الفقير فإن كان شجاعا قيل اهوج وإن كان وقورا قيل بليد وإن كان لَسِنا قيل مهذار وإن كان زمّيتا قيل عيّ ، وقال آخر

---

1 Ǧāḥiẓ Bajān I 95 5–8 2 C محولا 3 de Sacy 171 11–14

الفقر يُزْرِى بأقوام ذوى حسب * وقد يسوّد غيرَ السيّد المالُ ،

وأنشد ابن الأعرابىّ

رُزِقْتُ لبّا ولم ارزق مروّته * وما المروّه الّا كثره المال
اذا اردتُ مساماه يقعّدنى * عمّا ينوّهُ باسمى رِقّة الحال ،

وقال آخر

يغطّى عيوب المرء كثره ماله * يصدّق فيما قال وهو كذوب
ويُزْرِى بعقل المرء قلّة ماله * يحمّقه الأقوام وهو لبيب ،

وقال آخر

كم من لئيم الجدود سوّده الـ * ـمال ابوه وأمّه السوق
وكم كريم الجدود ليس له * عيب سوى أنّ ثوبه خَلَقُ
ادّبه سادة كرام فما * ثوباه الّا العفاف والتخلّقُ ،

وأنشد الرياشىّ

غضبانُ يعلم انّ المال ساق له * ما لم يسُقْه له دين ولا خُلُقُ
لولا ثلثون الفا سُقتها بَطِرًا * الى ثلثين الفا ضاقت الطُّرُقُ[1]
فمن يكن عن كرام الناس يسألنى * فقلت له الناس من كانت له ورق ،

وقال أُحيحة بن الجُلاح

استغنِ او مُتْ ولا يَغْرُرْكَ ذو نشب * من ابن عمّ ولا عمّ ولا خالِ
يلوون ما عندهم من حقّ أقربهم * وعن صديقهم والمال بالوالى
ولا ازال على الزوراء اعمُرها * إنّ الكريم على الإخوان ذو المال
كلّ النداء اذا ناديت يخذلنى * الّا ندائى اذا ناديت يا مالى ،

---

1 Der Vers in C am Rande

وقال حسّان

رُبّ حِلْم اضاعه عَدَم الما * ل وجهل غطى عليه النعيم ؛

وقال الهذليّ

رأيتُ معاشرا يُثْنَى عليهم * اذا شبعوا وأوجههم قباح
يظلّ المُصْرِمون لهم سجودا * ولو لم يُسْقَ عندهم ضَياحُ ؛

ويروى يُلْفَ ؛ وقال بعضهم وددت انّ لى مثل أُحُد ذهبا لا انتفع منه بشىء قيل له فما تصنع به قال لكثرة من يخدمنى عليه ؛ قال الصَّلَتان

اذا قلتَ يوما لمن قد تَرَى * أَرُونى السَّرِىّ أَرَوْكَ الغَنِىّ
وسِرُّك ما كان عند امرئٍ * وسرّ[1] الثلثة غير الخَفِىّ[2] ؛

وقال آخر

لا تسألى الناس ما مجدى وما شرفى * الشأن فى فضّتى والشأن فى ذهبى
لو لم يكن لِىَ مال لم يَطُرْ احد * بابى ولم يعرفوا مجدى ومجد ابى ؛

وقال آخر

اجلّك قوم حين صرت الى الغِنَى * وكلّ غنىّ فى العيون جليل
ولو كنت ذا عقل ولم تُؤْتَ ثروة * ذللت لديهم والفقير ذليل[3]
اذا مالت الدنيا على المرء رغبت * اليه ومال الناس حيث يميل
وليس الغِنَى الّا غِنًى زَيَّنَ الفتى * عشيّة يقرى او غداة يُنيل ؛

وقال آخر

وكل مقلّ حين يغدو لحاجة * الى كلّ من يغدو من الناس مُذْنِب
وكان بنو عمّى يقولون مرحبا * فلمّا رأونى مُعْدِما مات مرحب ؛

---

1 C وشر   2 S. o. p. ٥٨١   3 Der Vers in C am Rande

وقال آخر

ابا مصلح اصلح ولا تك مفسدا * فانّ صلاح المال خيرٌ من الفقر
الم تر أنّ المرء يزداد عزّة * على قومه ان يعلموا انّه مثرى،

وقال عمر بن الورد[1]

ذرينى للغنى اسعى فانّى * رأيت الناس شرُّهمُ الفقيرْ
وأبعدهم وأهونهم عليهم[2] * وإن امسى له حسب وخير
ويقصيه الندى وتزدريه[3] * حليلته وينهره الصغير
وتلقى ذا الغنى وله جلال * يكاد فؤاد صاحبه يطير
قليل ذنبه والذنب جمٌّ * ولكن للغنى[4] * ربٌّ غفورْ[5]،

وقال زيد بن عمرو بن نفيل

ويكأ إن من يكن له نشبٌ يُحْبَبْ ومن يفتقر يعش عيش ضرّ
ويجنَّبْ سرّ النجىّ ولكنّ * اخا المال محضر كلّ سرّ،

وقال آخر

الم تر بيت الفقر يهجر اهله * وبيت الغنى يُهدى له ويزار،

وقال آخر

اذا ما قل ما لك كنت فردا * وأىّ الناس زوّار المقلّ،

وقال عبد العزيز بن زرارة

وما لبّ اللبيب بغير حظّ * بأغنى فى المعيشة من فتيل
رأيت الحظّ يستر عيب قوم * وهيهات الحظوظ من العقول،

1 Ǧāhiẓ Bajān I 95 10–15 > Diw., v 1 Ag bei Nöldeke S 54 10
2 C عليه G لديهم 3 C ويزدريه 4 C الغنى 5* In C ausradiert, ergänzt nach G

وقال الطائىّ

الصبر كأس وبطن الكفّ عاربة * والعقل عارٍ اذا لم يكس بالنشب

ما أَصْبَغَ العقل ان لم يرع صبغته * وفرا[1] وأَىّ رحًى دارت بلا قطب،

وقال آخر[2]

عش بجدّ فلم يضرك نُوكٌ * انّما عيش من ترى بالجدود

عش بجدّ وكن هَبَنَّقة[3] القيْـــسىّ نوكًا *وخالد بن يزيد[4]،

وقال الطائىّ[5]

ينال الفتى من عيشه وهو جاهـل * ويُكْدِى الفتى فى دهره وهو عالم

ولو كانت الأرزاق تجرى على الحِجَى * هلكن اذًا من جهلهنّ البهائم،

وقال المرّار

اذا لم ترافد فى الرفاد ولم تسُقْ * عدوّا ولم تسعفن فالموت اروح،

وقال ابن الدُّمينة الثقفىّ

اطعت العِرْس فى الشهوات حتّى * اعادتنى عسيفا عبد عبدِ

اذا ما جئتها قد بعت عَذْقا * تعانق او تقبّل او تفدّى،

وقال الأسعر الجُعْفىّ

وخصاصة الجُعْفىّ ما دانيته * لا ينقضى ابدا وإن قيل انقضى

اخوان صدق ما رأوك بغبطة * فإن افتقرت فقد هوى بك ما هوى،

وقال آخر

اذا المرء لم يكسب معاشا لنفسه * شكا الفقر اولى فى الصديق فأكثرا

---

1 C وفر 2 Ǧāḥiẓ Bajān II 11, LA XII 243, TA VII 93, wo als Dichter a. M Jaḥjā b al Mubārak al Jezīdī genannt wird 3 C هنبعة 4* G TA L او شيبة بن الوليد 5 Māwardī 27 15. 16. ابو تمام

وصار على الأدنين كَلًّا وأوشكت * صلات ذوى القربى له ان تنكّرا

فسر فى بلاد الله والتمس الغنى * تعش ذا يسار او تموتَ فتُعْذرا

وما طالب الحاجات من حيث تُبتغى * من الناس الّا من اجدّ وشمّرا

فلا ترض من عيش بدون ولا تنم * وكيف ينام الليلَ من كان معسرا

وقال آخر   من يجمع المال ولا يُثبْ به

ويترك العام لعام جَدْبه * يَهُنْ على الناس هوانَ كلبه،

قال ابو اليقظان ما ساد مملق قطّ الّا عتبة بن ربيعة، حدّثنى ابو حاتم قال حدّثنا الأصمعىّ عن حمّاد بن سلمة عن عبيد الله بن العيزار عن عبد الله بن عمرو انّه قال أَحرِث لدنياك كأنّك تعيش ابدا واحرث لآخرتك كأنّك تموت غدا، قال حدّثنى ابو حاتم قال حدّثنا الأصمعىّ قال حدّثنى اصحاب ايّوب عن ايّوب قال كان ابو قلابة يحثّنى على الاحتراف ويقول انّ الغنى من العافية، قال وقال الأصمعىّ سأل اعرابىّ عن رجل فقالوا احمق مرزوق فقال ذاك والله الرجل الكامل، وكان يقال من حفظ ماله فقد حفظ الأكرمَيْن الدين والعرض، ويقال فى بعض كتب الله اطعنى فيما آمرك ولا تُعلمنى بما ينفعك وامدد يدك الى باب من العمل أَفتحْ لك بابا من الرزق، وكان يقال من غلا دماغه فى الصيف غلت قدرته فى الشتاء، ويقال حِفظ المال اشدّ من جمعه، وقال الحسن اذا اردتم ان تعلموا من اصاب المال فانظروا فيم ينفقه فانّ الخبيث ينفق سَرَفا ونحوه قولهم[1] من اصاب مالا من مهاوش اذهبه الله فى نهابر، ويقال فى مثل الكَلّ قبل المَدّ يراد الطلب قبل الحاجة،

1 Harîrî Durra 37 6

والعجز، وقال لعبط الفزارىّ درّ للّقاح وأحدّ للسلاح، وقال ابو المعافى

وإنّ التوانى انكح العجز بنته * وساق اليها حين زوّجها مهرا
فراشا وطيئا ثمّ قال لها اتّكى * فصاراهما لا بدّ ان تلد الفقرا

وقال زيد بن جبلة لا فقير افقر من غنيّ امن الفقر، وروى عن علىّ بن ابى طالب كرّم الله وجهه أنّه قال ما دون اربعة آلاف درهم نفقة وما فوقها كنز، ويقال الفقر ولا الكفر، ويقال ما سبق عيال مالا قطّ الّا كان صاحبه فقيرا، وقيل لرجل من البصريّين ما لك لا ينمى مالك قال لأنّى اتّخذت العيال قبل المال واتّخذ الناس المال قبل العيال، ويقال العيال سوس المال، وقيل لمدينيّ كيف حالك قال كيف يكون حال من ذهب ماله وبقيت عادته، ويقال الغنى فى الغربة وطن والفقر فى الوطن غربة، حدّثنى محمّد بن يحيى باسناد ذكره قال شكا نبيّ من الأنبياء الى الله شدّة الفقر فأوحى الله اليه هكذا جرى امرك عندى اتريد من اجلك ان اعيد الدنيا، قال ابو حاتم قال حدّثنا العتبىّ قال سمعت يونس ابن حبيب يقول ما اجدب اهل البادية قطّ حتّى تسوّيهم السنة ثمّ جاءهم الخصب الّا عاد الغنى الى اهل الغنى، قال الأصمعىّ رأيت اعرابيّة ذات جمال رائع تسأل بمنًى فقلت يا امة الله تسئلين ولك هذا الجمال قالت قدر الله فما اصنع قلت فمن اين معاشكم قالت هذا الحاجّ نتقمّمهم ونغسل ثيابهم فقلت فإذا ذهب الحاجّ فمن اين فنظرت الىّ وقالت يا صلب الجبين لو كنّا انّما نعيش من حيث نعلم لما عشنا، وقال الشاعر

اترانى ارى من الدهر يوما * لىَ فيه مطيّة غير رجلى

وإذا كنت فى جميع فقالوا * قرّبوا للرحيل قدّمْتُ رجلى
حيث ما كنت لا اخلّف رجلا * من رآنى فقد رآنى ورحلى ،

قيل لمدينىّ ما عندك من آلة الحجّ قال التلبية ، وقيل لآخر ما عندك من آلة العصيدة قال الماء وقيل لآخر ما عندك من آلة القريس قال الشتاء ☆

ذمّ الغنى ومدح الفقر

قال شريح الجِدّة كنية البهل وقال اكثم بن صيفىّ ما يسوءنى انّى مكفىّ كلّ امر الدنيا قيل وإن اسمنت وألبنت قال نعم اكره عادة العجز ، وكان يقال عيب الغنى انّه يورث البله وفضيلة الفقر أنّه يورث الفكرة ، وقال محمّد بن حازم الباهلىّ

ما الفقر عار ولا الغنى شرف * ولا سخاءٌ فى طاعة سرف ،
ما لك الّا شىءٌ تُقَدِّمُهُ * وكلّ شىء أَخَّرْتَهُ تلف ،
تركك ملا لوارث يتهنّــاه * وتَصْلَى بحرّة أَسَفُ ،

وقال ابن مناذر

رضينا قسمة الرحمن فينا * لنا علم وللثقفىّ مالُ
وما الثقفىّ إن جادت كُساه * وراعك شخصه الّا خيال ،

وقال انس بن ملك لمّا خرج مروان من المدينة مرّ بماله بذى خُشُب فلمّا نظر اليه قال ليس المال الّا ما أُشرجت عليه المناطق ، وروى عن[1] المسيح انّه قال فى المال ثلث خصال قالوا وما هى يا روح الله قال لا يكسبه من حلّه قالوا فإن فعل قال يمنعه من حقّه قالوا فإن لم يفعل قال يشغله

---

1 Ǧāḥiẓ Bajān II 107 14

اصلاحه عن عبادة ربّه، قيل لابن عمر توفّى زيد بن حارثة وترك مائة الف درهم قال لكنّها لا تتركه، وقال المعلوط

ولا سوّد المال الدنىّ ولا دنا * لذاك ولكنّ الكريم يسودُ
متى ما يرى الناس الغنىّ وجاره * فقيرا يقولوا عاجز وجليد
وليس الغِنَى والفقر من حيلة الفتى * ولكن احاظٍ قُسمت وجدودُ
*فكم قد رأينا من غنىّ مذمّم * وصعلوكِ قوم مات وهو حميد
اذا المرء اعيته المروّة ناشئا * فمطلبها كهلا عليه شديد،[1]

وقال آخر

ولا تُهِينَا[2] الفقير عَلَّك ان * تركع يوما والدهر قد رَفَعَهْ،

الأخفش قال قال المبرّد[3] أُريدَ[4] النون الخفيفة فى ولا تهينًا فأُسقط التنوين لسكونه وسكون اللام، وقال آخر

ولست بنظّار الى جانب الغِنَى * اذا كانت العلياء فى جانب الفَقْر
وإنّى لصبّار على ما ينوبنى * لأنّى رأيت الله أَثْنَى على الصبر،

وقال اعرابىّ يمدح قوما

اذا افتقروا عضّوا على الصبر حِسْبَةً * وإن يسروا عادوا سراعا الى الفقر،

يقول يعطون ما عندهم حتّى يفتقروا، قال الحسن عيّرت اليهود[5] عيسى ابن مريم بالفقر فقال من الغنى اتيتم وقال حسبك من شرف الفقر انّك لا ترى احدا يعصى الله ليفتقر، انشد ابن الأعرابىّ

المال يغشى رجالا لا طَباخَ بهم * كالسيل يغشى اصول الدِنْدِن البالى،

وقال الطائىّ

1* In C am Rande 2 Vgl Wright[3] § 97, Rem. b. 3 Kāmil 309_{11} 4 C ازيد 5 C الهود

لا[1] تنكرى عُطْلَ الكريم من الغِنَى * فالسَّيْلُ حَرْبٌ للمكان العالى ٭

قال عمر بن الخطّاب من دخل على الأغنياء خرج وهو ساخط على الله ٭ قال اعرابىّ الغنىّ من كثرت حسناته والفقير من قلّ نصيبه منها ٭ وقال ذو الأصبع

لِىَ ٱبْنُ عمّ على[2] ما كان من خُلُق * مُخالِفٌ[3] لِىَ أَقْلِيه ويقلينى
ازرى بنا انّنا[4] شالت نعامتنا * فخالنى دونه بل خلته دونى ٭

وقال آخر

انّ الحرام عزيزة حَلَباته * ووجدتُ حالبه الحلال مَصُورا ٭

قيل لأعرابىّ انّ فلانا افاد مالا عظيما قال فهل افاد معه ايّاما ينفقه فيها ٭ وفى كتاب للهند[5] ذو المروّة يُكرَم معدما كالأسد يهاب وإن كان رابضا ومن لا مروّة له يهان وإن كان موسرا كالكلب وإن طُوّق وحُلّى ٭ وقال خداش ابن زهير

اعاذل انّ المـــال اعـــلـــم أنّه * وجامعه للغائلات الغوائل
متى تجعلينى فوق نعشك تعلمى * ايغنى مكانى أَبْكُرى وأفائلى[6] ٭

وقال آخر

اذا المرء اثرى ثمّ قال لقومه * انا السيّد المَقْضِىّ[7] اليه المعظَّم
ولم يعطهم خيرا ابَوْا ان يسودَهم * وهان عليهم رغمه وهو أظلم ٭

وقال زَبّان بن سَيّار[8]

ولسنا كقوم محدثين سيادة * يُرَى مالها ولا يُحَسّ فعالها

---

1 C ولا   2 C علىّ   3 C محالف   4 C اينا   5 de Sacy 174 2–4   6 C وافايلى   7 für المقضىّ   8 C يسار Vers 1. Ğāḥiẓ Bajān I 3 8 mit 2 anderen Versen darauf

مساعيهم مقصورة فى بيوتهم * ومسعاتنا ذُبيان طرًّا عيالها،

وقال ابو عبيد الله الكاتب الصبر على حقوق المروّة اشدّ من الصبر على ألم الحاجة وذلّة الفقر مانعة من عزّ الصبر كما أنّ اعزّ الغنى مانع من كرم الإنصاف، وقال بعض المتكلّمين فى ذمّ الغنى ألم تر ذا الغنى ما أدْوَم نصبه وأقلّ راحته وأخسّ من ماله حظّه وأشدّ من الأيّام حذره وأغرى الدهر بثلمه ونقصه ثمّ هو بين سلطان يرعاه وحقوق تسترعيه وأكفاء يتنافسونه وولد يودّون فراقه قد بعث عليه الغنى من سلطانه العَناء ومن اكفائه الحسد ومن اعدائه البغى ومن ذوى الحقوق الذمّ ومن الولد الملامة لا كذى البُلْغة قنع فدام له السرور ورفض الدنيا فسلم له الجسد ورضى بالكفاف فتنكّبته الحقوق، ضجر اعرابىّ بكثرة العيال والولد مع الفقر وبلغه انّ الوباء بخيبر شديد فخرج اليها بعياله يعرّضهم للموت وأنشأ يقول

قلت لحُمّى خيبر آستعدّى * هاك عيالى واجهدى وجدّى
وباكرى بصالب ووِرْدِ * أعانك الله على ذا الجند

فأخذته الحمّى فمات هو وبقى عياله، وكتب عمر بن الخطّاب الى ابنه عبد الله يا بُنىّ اتّق الله فإنّه من اتّقى الله وقاه ومن توكّل عليه كفاه ومن شكره زاده فلتكن التقوى عماد عينيك وجلاء قلبك وآعلم انّه لا عمل لمن لا ملابنة[1] له ولا اجر لمن لا حسبة له ولا مال لمن لا رفق له ولا جديد لمن لا خلق له، وقال محمود الورّاق[2]

يا عائب الفقر ألا تَزْدَجِر * عيب الغنى اكثر لو تعتبرْ

1 Conj, C ينه   2 Māwardī Adab 168 12–14

من شرف الفقر ومن فضله * على الغِنَى ان صحّ منك النظَرْ
إنّك تعصى الله تبغى الغِنَى * ولست تعصى الله كى تفتقر،

وقال آخر

ليس لى مال سوى كرمى * فيه لى أمْنٌ من العَدَمِ
لا اقول الله اعدمنى * كيف اشكو غير متّهم
قنعتْ نفسى بما رُزقت * وتمطّت بالعلى هِمَمى
وجعلت الصبر سابغة * فهى من قرنى الى قدمى
فإذا ما الدهر عاتبنى * لم يجدنى كافرا نعمى ☆

التجارة والبيع والشرى

قال حدّثنى محمّد بن عبيد عن معوية بن عمرو عن ابى اسحق عمّن حدّثه يرفعه قال قال رسول الله صلعم بُعثتُ مرغمةً ومرحمةً ولم أُبعَث تاجرا ولا زرّاعا وإنّ شرّ هذه الأمّة التجار والزرّاعون الّا من شحّ عن دينه، وفى حديث آخر رواه ابو معوية عن الأعمش عن وائل بن داود عن سعيد بن جبير سئل النبىّ صلعم اىّ الكسب اطيب قال عمل الرجل بيده وكلّ بيع مبرورٍ، حدّثنى يزيد بن عمرو قال حدّثنا عون بن عماره عن هشام بن حسّان عن الحسن انّ عمر بن الخطّاب رضى الله عنه قال من تجر فى شىء ثلث مرّات فلم يصب فيه فليتحوّل منه الى غيره، وقال فرّقوا بين المنايا واجعلوا الرأس رأسين ولا تلتّوا بدار معجزة، وقال اذا اشتريت بعيرا فاشتره عظيم الخلق فإنْ اخطاك خيرٌ لم يخطك سوق، وقال بع الحيوان احسن ما يكون فى عينك وقال الحسن الأسواق موائد الله فى الأرض فمن اتاها اصاب منها، ابن المبارك عن معمر عن الزهرى

قال مرّ رسول الله صلعم برجل يبيع شيئا فقال عليك بالسوم اوّل السوق فانّ الرباح مع السماح، وكان يقال اسْمَحْ يُسْمَحْ لك، وفي بعض الحديث المرفوع امر رسول الله صلعم الأغنياء باتّخاذ الغنم والفقراء باتّخاذ الدجاج، وقيل للزبير بمَ بلغت ما بلغت من اليسار قال لم ارد ربحا ولم استر عيبا، دخل ناس على معوية فسألهم عن صنائعهم فقالوا بيع الرقيق قال بئس التجارة ضمان نفس ومؤونة ضرس، قال المدائنيّ اعترض رجل من اهل خراسان جواري عند نخّاس ولم يرضهنّ فطلب خيرا منهنّ فلم يعرض عليه النخّاس ازدراء له فأخذ يد النخّاس فوضعها على هميان دنانير في وسطه ثمّ حطّها فوضعها على ذكره وقال أُنعِظ[1] فقال له انزي سلعتك تكسد بين هاتين السوقين، باع رجل ضيعة فقال للمشتري اما والله لقد اخذتها ثقيلة المؤونة قليلة المنفعة فقال وأنت والله لقد اخذتها بطيئة الاجتماع سريعة التفرّق، واشترى رجل من رجل دارا فقال له المشتري لو صبرت لاشتريت منك الذراع بعشرة فقال وأنت لو صبرت بعتك الذراع بدرهم، حدّثنا ابو حاتم عن الأصمعيّ انّ ابا سفيان بن العلاء باع غلاما له بثلثين الفا فقال عمر ابن ابي زائدة هذا احمق قالوا كيف قال لأنّه لم يبلغ ثلثين الفا حتّى اعطي قبل ذلك عشرون الفا فكيف انتظر ولم يغنمها، وروى عبد الله بن جعفر لما[2] اكيس[3] في درهم فقيل له انّما كس في درهم وأنت تجود من المال بما تجود به قال ذلك مالي جدت به وهذا عقلي بخلت به، ابتاع ابن عمر شيئا فجنا له البائع على المكيال فقال له ابن عمر ارسل يدك ولا

1 C انعض · 2 C بما 3 C كيس

تمسك على رأسه فانّما لى ما يحمله المكيال، كان جرير بن عبد الله اذا اشترى شيئًا قال لصاحبه انّ الّذى اخذنا منك خير ممّا اعطيناك انى اظنّ انّه كذلك فأنت بالخيار، اشترى عمر بن عبيد ازارا للحسن بستّة دراهم[1] ونصف فأعطاه سبع الدراهم فقال الرجل انّما بعته بستّة دراهم[2] ونصف فقال عمر وانّى اشتريته لرجل لا يقاسم اخاه درهما، قال حدّثنا ابو حاتم عن الأصمعىّ عن ابى الزناد قال اذا عزب المال قلّت فواضله لا بَلَحة[3] ولا بُسرة ولا رُطبة ولا كِرنافة، ونحوه قول بعض الحجازيّين

سأبغيك مالا بالمدينة انّنى * ارى عازب الأموال قلّت فواضله،

قال عمر بن عبد الرحمن بن عوف قسم سهل بن حُنيف بيننا اموالنا وقال لى يابن اخى انّى اورثك بالقرابة اعلم أنّه لا مال لا حُرْثَ ولا عملة على مصلح وخير المال ما اطعمك لا ما اطعمته وانّ الرقيق جمال وليس بمال، قال زياد ليس لذى ضعف مثل ارض عُشْر وليس لذى جاه مثل خراج وليس لتاجر مثل صامت، قال رجل لآخر بكم تبيع الشاه قال اخذتها بستّة وهى خير من سبعة وقد اعطيت بها ثمانية فإن كانت من حاجتك بتسعة فزن عشرة، كان يقال خير المال عين خرّارة فى ارض خوّارة تعجرها الفأرة تسهى اذا نمت وتشهد اذا غبت وتكون عقبا اذا متّ، عبد الرزّاق عن معمر عن الزهرىّ عن سعيد بن المسيّب قال انّ الله اذا ابغض عبدا جعل رزقه فى الصياح، وقال الفضيل مثل ذلك وقال اما سمعت الى اهل دار البطّيخ والملّاحين ودونهم، قال ثنا احمد بن الخليل قال ثنا احمد بن الحرث الهُجيمىّ قال ثنا المبارك بن

1 C درهم 2 C درهم 3 C بلحة

سعيد عن برد بن سنان عن نافع عن ابن عمر انّه كان لا يرى بالمكايسة والمماكسة فى الشرى والبيع بأسا، قال حدّثنى محمد قال حدّثنى الاصبهانىّ عن يحيى بن ابى زائدة عن مجالد عن ابى بردة قال انى عمر غلاما له يبيع الحلل فقال له اذا كان الثوب عاجرا فانشره وأنت جالس وإذا كان واسعا فانشره وأنت قائم قال فعلت له الله الله يا عمر قال انّما هى السوق، قال عبد الله بن الحسين غلّة الدور مُسْكَة[1] وغلّة النخل كفاف وغلّة الحَبّ[2] الغنَى، قال اعرابىّ

زيادة شىء تُلْحق النفس بالمُنَى * وبعض الغلاء فى التجارة اربح،

ولمّا بلغ عتبة بن غزوان انّ اهل البصرة قد اتخذوا الضياع وعمّروا الأَرَضين كتب اليهم لا تنهلوا وجه الأرض فإنّ شحمتها فى وجهها، قال اعرابىّ

وفى السوق حاجات وفى النقد قلّة * وليس بمُقْضِى الحاج غيرُ الدراهم،

قال ميمون بن ميمون من اشترى الأشياء بنعت اهلها غُبِن، حدّثنى سهل بن محمّد عن ألاصمعىّ قال حدّثنى شُكْر الحِرْثىّ قال جاء الحسن بشاة فقال لى بعها وأبرأ من أنّها تقلب المعلف وتنزع الوتد من قبل البيع لئلّا يقولوا ندم، قال الشاعر

اذا ما تاجرٌ لم يوف كيلا * فصُبّ على اناملة الجُذام[3]،

ابن الزيّات فى الطائىّ

رأيتك سهل البيع سَمْحا وإنّما * يغالى اذا ما ضَنّ بالشىء بائعُهْ
هو الماء ان اجميته طاب شُرْبه * ويكدر يوما إنْ تباح مشارعه

حُدّثت عن شيبان بن فرّوخ عن ابن الأشهب عن الحسن قال كان

---

1 C مسلة   2 C الحب   3 C الحذام

رجل يتجر فى البحر ويحمل الخمر يأتى بها قوما فعمد اليها فمزجها نصفين وأتاعم بها فباعها بحساب الصرف واشترى قردا فحمله معه فى السفينة فلمّا لجّج فى البحر لم يشعر الآ وقد اخذ القرد الكيس وعلا على الصارى وجعل يلقى دينارا فى البحر ودينارا فى السفينة حتّى قسمه قسمين، قال رجل من الحاجّ اتانا رجل من الأعراب بالرمل فى طريق مكّة بغرارة فيها كمأة فقلنا له بكم الغرارة فقال بدرهمين فقلنا له ذاك فأخذناها ودفعنا اليه الثمن فلمّا نهض قال له رجل منّا فى استِ المغبون عود فقال بل عودان وضرب الأرض برجله فاذا نحن على الكمأة قيام، قيل لأعرابىّ الا تشترى لابنك بطّيخة فقال لا او يبلغ من كساده ان يكون اذا تناول من بين يدى البقّال وأخذه وعدا رماه بأخرى ولم يَعْدُ خلفه، اشترى اعرابىّ غلاما فقال للبائع هل فيه من عيب فقال لا غير انّه يبول فى الفراش فقال ليس هذا بعيب ان وجد فراشا فليبل فيه ❁

الدّيك

قال ثابت قُطنة الديك عُقْلة الشريف، وقال دُلَيم[1]

اللهُ لَقّى من عرابـةَ بَـيْـعـةً * على حين كاد النقل يعسُر عاجله

ولوّى بنان الكفّ يحسُب ربحه * ولم يحسُب المطل الذى انا ماطله

سيرضى من الربح الّذى[2] كان يرتجى * برأس الّذى اعطى وهل هو قابله،

عبد الرزّاق عن ابن جريج قال رآنى عمر وأنا متقنّع فقال يأبا خُلد إنّ لقمان كان يقول القناع بالليل ريبة وبالنهار مذلّة فقلت انّ لقمان لم يكن عليه دين، كتب يعقوب بن داود الى بعض العباد يسأله القدوم

1 NÖLDEKE, Beitr. 185 8 ff. (aus Buḥturī's Ḥam.) 2 > C

عليه فأتى محمّد بن النصر الحارثيّ فاستشاره وقال لعلّ الله يقضى دينى فقال محمّد بن النصر لأن تلقى الله وعليك دَين ولك دِين خير من ان تلقاه وقد قضيت دَينك وذهب دِينك، قال عياض بن عبد الله الدَّين راية الله فى ارضه فاذا اراد ان يُذلّ عبدا جعلها طوقا فى عنقه، دخل عتبة بن عمير على خُلد القسريّ فقال خُلد يعرّض به انّ هاهنا رجالا يُدانون فى اموالهم فاذا أُفنيت اداتوا فى اعراضهم فقال عتبة انّ رجالا لا تكون مروّاتهم اكثر من اموالهم فيدانون على سعة ما عند الله فخجل خُلد وقال انّك منهم ما علمت، وقال اعرابيّ يذكر غرماء له

جاءوا الىّ غضابا يلغطون معا * يشفى اذاذهم ان غاب انصارى
لمّا ابوا جهرةً الاّ مــــلازمـــى * اجمعت مكرا بهم فى غير انكار[1]
وقلت انّى سيأتينى غدا حَلَبى * وانّ موعـدكم دارُ ابن هبّار
وما او اعدهم الا لأدفعهم * عنّى فتخرجنى نفضى وإمرارى
وما جلبت اليهم غير راحلة * تَخْدى برحلى وسيف جفنُه عارى
انّ القضاء سيأتى دونه زمن * فاطْوِ النصيحة واحفظْها من العار

وقال آخر لغرمائه

ولو علقتمونى فى كلّ يوم * برجلى او يدى فى المنجنيق
لما اعطيتكم الاّ ترابا * بطيّر فى الحباشم[2] والحُلوق،

وقال آخر

ان آخبتَ الأمير فقُلْ سلام * عليكَ ورحمة الله الرحيمِ
وأمّا بعد ذاك فلى غريم * من الأعراب قُبّح من غريم

1 V. 2—4, 6, Noldeke 1.1 188   2 C الجباشم

له الف علىّ ونصف الف * ونصف النصف فى صكّ قديم
دراهم ما انتفعت بها ولكن * وصلت بها شيوخ بنى تميم[1]

حدّثنى ابو حاتم عن الأصمعىّ قال جاء رجل من بنى مخزوم الى الحٰرث ابن عبد الله بن نوفل وهو يقضى عن اخيه دينا فقال انّ لى على اخيك حقّا قال ثبّتْ حقّك نُعْطِكَهُ قال افمن ملاءه اخيك ووفائه تدّعى عليه ما ليس لنا فقال امس صدقك وبرّك نقبل قولك بغير بيّنة ، لزم سهلَ بن هٰرون دَين كثير فقال اعرابىّ يوصيه بالتوارى عن غرمائه

إنْزِلْ ابا عمرو على حدّ فرسخ * تَرَبَّعْ الى سهل كبير السلائق
وخذ نَفَق اليربوع فاسلك طريقه * ودع عنك إنّى ناطق وابن ناطق
وكن كأبى قُطْبَ على كل رائع * له بابُ دار ضيّق العَرْض سامق ،

وابو قطبة خمّار كان بالكوفة مولى لكندة ، حدّثنى محمّد بن عبيد قال حدّثنى سفيٰن بن عيينة عن عمرو بن دينار عن عبيد بن عمير أنّ رجلا[2] كان يبايع الناس ويداينهم وكان له كاتب ومتجر[3] فيأتيه المعسر والمستنظر فيقول لكاتبه أَكْلِئْ[4] واستنظر وتجاوز ليوم يتجاوز الله عنّا فيه فمات لا يعمل عملا غيره فغفر الله له ، قال شُعران القضاعىّ

لو كنتُ مولى قيس عيلان[5] لم تجد * علىّ لإنسان من الناس درهما ،
ولكنّنى مولى قضاعة كلّها * فلست ابالى ان أُدين وتغرما ،[6]

بلغنى عن يحيى بن ايّوب عن الأعمش عن ابرهيم قال ارسل عمر الى عبد الرحمن بن عوف يستسلفه اربعمائة درهم[7] فقال عبد الرحمن

1 V 2–4 Ǧāhiẓ Bajān II 111 6–8   2 C رجالا   3 C منجار
4 C اكل   5 C غيلان   6 Ǧāhiẓ Bajān I 46 13 14, II 139 3.4
7 C درهما

انسنسلفنى وعندك بيت المال الا تأخذ منه ثمّ تردّه فقال عمر انّى اتخوّف ان يصيبنى قدرى فتقول انت واصحابك آثركوا هذا لامير المؤمنين حتى يؤخذ من ميزانى يوم القيامة ولكنّى انسلّفها منك لما اعلم من شحّك فاذا متّ جئتَ فاستوفيتها من ميزانى، كتب ابو عبّاد الهَبَلى الى صديق له مكثر يستسلفه مالا فاعتلّ عليه بالتعذّر وضيق الحال فكتب اليه ابن عبّاد ان كنت كاذبا فجعلك الله صادقا وان كنت ملوما فجعلك الله معذورا، ابو اليقظان قال كان الفضل بن العبّاس بن عتبة ابن ابى لهب الشاعر يعين الناس فاذا حلّت دراهمه ركب حمارا له يقال له شارب الريح فيقف على غرمائه ويقول

بنى عمّنا رُدّوا الدراهم انّما * يفرّق بين الناس حُبّ الدراهم،

وكان رجل من بنى الدُّئل عمر العضاء فاذا تعلّق به غرماؤه فرّ منهم وقال

فلو كنتُ الحديد لكسّرونى * ولكنّى أَشَدُّ من الحديد

فعيّنه الفضل فلمّا كان قبل المَحِلّ جاء بنبى[1] معلقا على باب داره وكان يقال للرجل عقرب فلقى كلّ واحد ممّن[2] صاحبه شدّة فهجاه الفضل فقال

قد تجرت فى دارنا عقرب[3] * لا مرحبا بالعقرب التاجرهْ
ان عادت العقرب عدنا لها * وكانت النعل لها حاضره
كلّ عدوّ يُتّقى مقبلا * وعقرب تُخشى من الدائره
انّ عدوّا كيده[4] فى آسته * لغير ذى كيد ولا نائره،

قال بعضهم ثلثة من عازّهم عادت عزّته ذلّة السلطان والوالد والغريم، وفى

---

[1] C* جانبنى   [2] C من   [3] C* عقرب فى دارنا   [4] C كيد

الحديث المرفوع لصاحب الحقّ اليد واللسان ، المدائنىّ قال سامر بعض خلفاء بنى اميّة رجلا وهو يحادثه ثمّ قطع حديثه واصفرّ لونه فقال له الرجل ما هذا الذى رأيتُ منك قال رأيت غريمًا لى ، قال الشاعر

اذا ما اخذت الدَّين بالدِّين لم يكن * قضاء ولكن كان غُرْما على غرم ،

وقال آخر

اخذت الدين ادفع عن تلادى * وأخْذُ الدَّين أهْلَكَ للتلاد ،

كان لرجل من محصب على رجل من باهلة دين فلمّا حلّ دينه غرب الباهلىّ وأنشأ يقول

اذا حلّ دين المحصبىّ فقُلْ له * تزوَّدْ بزاد واستعِنْ بدليل

سيصبح فوقى اقتم الرأس واقعا * بقالىقلا[1] او من وراء دُبَيل ،

قال المحدّث بهذا فحدّثنى من رآه بقالىقلا[2] او بدبيل وهو مصلوب وقد وقعت عليه عقاب ، وقف ابو فرعون الأعرابىّ على باب قوم يسألهم فحلفوا له ما عندهم شىء يعطونه فقال استقرضوا لنا شيئا فقالوا ما يقرضنا احد شيئا فقال ابو فرعون ذاك لأنكم تأخذون ولا تعطون او قال ولا تقضون ، انى قوم عبادتنا فقالوا نحبّ ان نسلف ثلاثا الف درهم وتؤخّره بها سنة قال هذه حاجتان وسأقضى لكم احديهما واذا انا فعلت فقد انصفت انا أؤخّره ما شاء ، كتب عمر بن عبد العزيز الى رجل له عليه دين قد آن للحقّ الذى عندك ان يرجع الى اهله ونستغفر الله تعالى من حبسه ٥

---

1 C بتاليعلا 2 C بنالبعا

اختلاف الهمم والشهوات والأمانى

احتمع عبد الله بن عمر وعروه بن الزبير ومصعب بن الزبير وعبد الملك ابن مروان بفناء الكعبة فقال لهم مصعب تمنّوا فقالوا ابدأ انت فقال ولاية العراق وتزوّج سُكينة ابنة الحسين وعائشة بنت طلحة بن عبيد الله فنال ذلك وأصدق كلّ واحدة خمس مائة الف درهم وجهّزها بمثلها وتمنّى عروه بن الزبير الفقه وأن يُحمَل عنه الحديث فنال ذلك وتمنّى عبد الملك الخلافة فنالها وتمنّى عبد الله بن عمر الجنّة ، قال[1] قتيبة بن مسلم لحصين بن المنذر ما السرور قال امرأة حسناء ودار قوراء وفرس مرتبط بالفناء ، وقيل لضرار بن الحصين ما السرور قال لواء منشور وجلوس على السرير والسلام عليك ايّها الأمير ، وقيل لعبد الملك بن صالح ما السرور فقال

كلّ الكرامة نلتها الّا التحيّة بالسلام

يريد انّه لم يسلَّم عليه بالخلافة وأخذه من قول الآخر

مِنْ كلّ ما نال الفتى قد نلته الّا التحيّهْ

يريد الملك ، قيل لعبد الملك بن الأهتم ما السرور فقال رفع الأولياء وحطّ الاعداء وطول البقاء مع القدرة والنُّهَى ، وقال آخر

أطْيَبُ الطيّبات قتل الأعادى * واختيالٌ على متون الجياد
وأيادٍ حبوتهنّ كريما * انّ عند الكريم تزكو الأيادى ،

قيل للفضل بن سهل ما السرور فقال توقيع جائز وأمر نافذ ، وقال يزيد ابن اسد يوما اىّ شىء اسرّ الى القلوب فقالوا رجل هوى زمانا ثمّ قدر فقال

---

1 Ǧāhiẓ Bajān I 212 3 ff

انّ هذا السرور وقال آخر رجل طلب الولد زمانا فلم يولد له ثمّ بُشّر بغلام فقال يزيد اسرّ من هذا كلّه فقلد على عقله، فقيل لبعض الحكماء تمنّهْ فقال محادثة الاخوان وكفاف من عيش يسدّ خَلّتي ويستر عورتي والانتقال من ظلّ الى ظلّ، فقيل لآخر ما بقي من ملاذّ ذلك قال منادمة الاخوان لحديث على التلاع العفر في الليالي القمر، فقيل لامرئ القيس، ما اطيب عيش الدنيا فقال بيضاء رعبوبة بالطيب مشوبة بالشحم مكروبة، وقيل لطرفة مثل ذلك فقال مَطْعَم شهيّ وملبس دفيء ومركب وطيء وقيل للأعشى مثل ذلك فقال صهباء صافية تمزجها ساقية من صوب غادية، وقال طرفة[1]

ولولا ثَلاثٌ هُنَّ مِنْ عيشة ٱلْفَتَى * وَجَدِّكَ لَمْ أَحْفِلْ مَتَى قَامَ عُوَّدِي
فَمِنْهُنَّ سَبْقِي ٱلْعَاذِلاتِ بِشَرْبَةٍ * كُمَيْتٍ مَتَى مَا تُعْلَ بِٱلْمَاءِ تُزْبِدِ
وَتَقْصِيرُ يَوْمِ ٱلدَّجْنِ وَٱلدَّجْنُ مُعْجِبٌ * بِبَهْكَنَةٍ[2] تَحْتَ ٱلطِّرَافِ ٱلْمُعَمَّدِ
وَكَرِّي إِذَا نَادَى ٱلْمُضَافُ مُحَنَّبًا * كَسِيدِ ٱلْغَضَا نَبَّهْتَهُ ٱلْمُتَوَرِّدِ،

وقال ابو نواس[3]

قلت بالقفص ليحيى * ونَداماىَ نيامُ
يا رَضِعي[4] نَدْبَى أُمَرّ * ليس لي عنه فطامُ
انّما العيش سماع * ومُدام ونِدامُ
فاذا فاتك هذا * فَعَلى[5] العيش السلامُ

وقال سحيم[6]

---

1 AHLW 4 56 57 59 58 2 C بنهكنّه 3 > ed Cairo 4 C رضعى 5 C افعلى 6 Ğāḥiz Bajān II 148 7–11 بن وثيل الرياحىّ

تقول حذراء ليس فيك سوى * الخمر معابٌ يعيبه احدُ
فقلت أخطأتِ بل معاقرى * الخمر وبذلى فيها الذى اجِدُ
هو الثناء[1] الذى سمعت به * لا سَبَدٌ[2] مُخْلِدى[3] ولا لَبَدُ
ويحكِ لولا الخمور لم أحفِلِ * العيش ولا ان يضمّنى لَحَدُ
هِيَ الحيا والحيوة واللَّهْوُ لا * اثبتِ ولا ثروة ولا وَلَدُ،

وقال ابو الهندىّ

تركتُ الخمور لأربابها * وأصبحت اشرب ماء قَراحا
وقد كنت حينا بها مُحِبّا * كحُبّ الغلام الفتاة الرَّداحا
وما كان تركى لها أنّنى * يخاف نديمى علىّ افتضاحا
ولكنّ قولى له مرحبا * وأهلا مع السهل وأنْعِمْ صباحا،

وقال آخر

اسقنى يا لكبير إنّى كبيرُ * انّما يشرب الصغير الصغيرُ
لا يغُرَّنْكَ يا عُبَيْدُ خشوعى * تحت هذا الخشوع فِسْقٌ كثيرُ،

كان ابن عائشة ينشد

لمّا رأيت الحظّ حظّ الجاهلْ * ولم ار المغبون غير العاقل
رحلت عَنْسًا من كروم بابل * فبِتُّ من عقلى على مراحل،

وقال آخر

شربنا من الداذىّ حتّى كأنّنا * ملوكٌ لهم بَرُّ العراقَيْن والبحرُ
فلمّا انْجَلَتْ شمس النهار رأيتَنا * تولّى الغنى عنّا وعاودنا الفقرُ،

قال بعضهم العيش كلّه فى كثرة المال وصحّة البدن وخمول الذكر، وكان

---

1 C السنا   2 C سيّد   3 C محتدى

يقال ليس السرور للنفس بالجِدّ[1] انما سرور النفس بالأمل، قال يزيد بن معٰوية ثلث تُخْلِق العقل وفيها دليل على الضعف سرعة الجواب وطول التمنّى والاستغراب فى الضحك، وكان يقال المنى والحلم أَخَوان، وسئل ابن ابى بكرة اىّ شىء أَدْوَمُ إمتاعا فقال المنى، وقال الشاعر[2]

اذا تمنّيت بِتّ الليل مغتبطا * إنّ المنى رأس اموال المفاليس،

وقال آخر

ما فاتنى منك فإنّ المنى * يدنّيه منّى فكانا معا،

وقال آخر

وإنّ لَوًّا ليس شيئًا سوى * تسلية النَّوْكاء بالباطل،

وقال بعض الأعراب

مُنًى إنْ تكن حقّا تكن احسن المُنَى * وإلّا فقد عِشْنَا بها زمنا رَغْدَا
أمانىّ من سُعْدَى عذابا كأنّها * سقتك بها سُعْدَى على ظَمًا بَرْدًا،

وقال بشّار

ذكرنا احاديثَ الزمان الذى مضى * فلَذّ لنا محمودها وذميمها،

وقال المجنون

ايا حَرَجات الحىّ حيث تحمّلوا * بذى سَلَمٍ لا جادكنّ ربيعُ
وخَيماتك اللاتى بمنعرَج اللِوى * بَلِينَ بَلًى لم تُبْلِهنّ رُبوعُ
فقدتُك من قلب شَعاعٍ فطال ما * نهيتُك عن هذا وأنتِ منيعُ
فقرّبتِ لى غير القريب وأشرفتْ * هُناك ثنايا ما لهنّ طُلوعُ،

وقال ابن ابى الدُمينة

1 C الجده 2 Māwardī Adab 189 22

يا ليتنا *فِي ذَوِي[1] وَحْشٍ نذور معا * نرعى المنان[2] ونخفى فى نواحيها
او ليت كُدْرَ القطا حلقن بى وبها * دون السماء فعشنا فى خوافيها
اكثرتُ من ليتنا لو كان ينفعنى * ومن مُنى النفس لو تعطى امانيها ء

وقال كثيّر

فيا ليتنا يا عَزّ من غير ريبة * بعيران نرعى فى الفلاة ونعربُ
نكون لذى مال كثير بُصيعنا * فلا هو يرعانا ولا نحن نطلب ء

وقال جِران العَوْد

الا ليتنا طارت عُقاب لنا معا * لها سبب عند المجرّة او وكر ء

وقال مالك بن اسماء

ولمّا نزلنا منزلا طلّه الندى * انيقا وبستانا من النور حاليا
اجدّ لنا طيب المكان وحسنه * مُنًى فتمنّينا فكنتَ الامانيا ء

وأنشدنا الرياشىّ

نهارى نهار الناس حتّى اذا دجى * لى الليل ملّتنى هناك المضاجع
اقضّى نهارى بالحديث وبالمنى * ويجمعنى والهمّ بالليل جامع ء

وأنشد ابو زيد

كأنّى اذ أسْعَى لأظْفَر طائرًا * مع النجم فى جوّ السماء يطير
فتى متلهّى بالمنى فى خلائه * وهُنّ وإنْ حسّبْنهنّ[3] غرور ء

ابو حاتم عن الاصمعىّ قال زعم شيخ من بنى الفُقَيم قال تمنّيت دارا فكثت اربعة اشهر مغتمّا للدرجة ابن اصعها ء قال الوليد بن عبد الملك لبُديح المغنّى خذ بنا فى التمنّى فوالله لأغلبنّك قال والله لا تغلبنى

1* Conj.; C قَرَدا 2 C المنان 3 C حسنتهن

ابدا قال بلى قال بُديح فانّى امتّى كفلتنى من العذاب وأن يلعننى الله لعنا كثيرا فخذ ضعفى ذلك قال غلبتنى لعنك الله، قيل لمزبّد اسرّك انّ هذه الجنّة لك قال وأُضرب عشرين سوطا قالوا ولِمَ تقول هذا قال لأنّه لا يكون شىء الّا بشىء، الأصمعىّ عن مبشّر بن بشير انّ رجلا كان يطلبه الحجّاج فمرّ بساباط فيه كلب ربض بين جُبّين يقطر عليه ماؤهما فقال يا ليتنى مثل هذا الكلب فما لبث ساعة ان مُرّ بالكلب فى عنقه حبل فسأل عنه فقالوا جاء كتاب للحجّاج يأمر فيه بقتل الكلاب، قال مدينىّ لكوفىّ ما بلغ من حبّك لرسول الله صلعم قال وددت انّى وقيته ولم يكن يصل اليه يومَ أُحُد ولا غيره شىء من[1] المكروه ولا كان لى دونه، قال المدائنىّ وددت انّ ابا طالب كان اسلم فسُرّ به رسول الله صلعم وانّى كافر، تمنّى ابن ابى عتيق ان يُهدى له مسلوخ يتّخذ منه طعاما فسمعته جارة له فظنّت انّه قد امر ان يشترى له فانتظرت الى وقت الطعام ثمّ جاءت تدقّ الباب وقالت شممت ريح قدوركم فجئت لتطعمونى فقال ابن ابى عتيق جيرانى يشمّون ريح الأمانىّ، وفى كتاب للهند[2] انّ ناسكا كان له عسل وسمن فى جرّة ففكّر يوما فقال ابيع الجرّة بعشرة دراهم وأشترى خمسة اعنز فأُولدهنّ فى كلّ سنة مرّتين ويبلغ النتاج فى سنتين مائتين وأبتاع بكلّ اربع بقرة وأُصيب بذرا فأزرع وينمى المال فى يدى فأتّخذ المساكن والعبيد والإماء والأهل ويولَد لى ابن فأُسمّيه كذ وآخذه بالأدب فإن هو عصانى ضربت بعصاى رأسه وكانت فى يده عصا فرفعها حاكيا للضرب فأصابت الجرّة فانكسرت وانصبّ العسل والسمن على رأسه، ابن الكلبىّ

1 C + ان   2 de Sacy 217

قال كان رجل من ولد عمر بن الخطّاب اذا كان مسرورا قال

ليت أيّامنا ببُرْقة خاخ * ولياليك يا طويل تعود

واذا كان مغتمّا قال

ترى الشيء ممّا تتّقي فتخافه * وما لا ترى ممّا يَقي الله اكثر،

الأصمعيّ عن ابيه قال قال زياد ايّ الناس انعم قالوا معوية قال فاين ما يلقى من الناس قالوا فانت قال فاين ما القى من الثغور والخراج قالوا فمن قال شابّ له سداد من عيش وامرأة قد رضيها ورضيته لا يعرفنا ولا نعرفه فان عرفنا وعرفناه افسدنا عليه دينه ودنياه ✿

التواضع

قال حدّثني محمد بن خُلد بن خداش قال حدّثنا مسلم بن قتيبة عن شيخ من اهل المدينة قال رجاء بن حيوة قام عمر بن عبد العزيز ذات ليلة فأصلح من السراج فقلت يا امير المؤمنين لم لا امرتني بذلك او دعوت له من يصلحه فقال قمت وأنا عمر وعدت وأنا عمر، قال حدّثني ابو حاتم عن الأصمعيّ قال كتب محمد بن كعب فانتسب وقال القرظيّ فقيل له او الأنصاريّ فقال اكره ان امنّ على الله بما لم افعل، قال حدّثني احمد بن الخليل قال حدّثنا عبد الله بن مسلمة عن يعقوب بن حمّاد المدنيّ عن عبد الرحمن بن زيد عن ابيه قال كان عمر بن الخطّاب اذا سافر لا يقوم في الظلّ وكان يرحلنا رحالنا ويرحل رحله وحده وقال ذات يوم لا يأخذ الليل عليك بالهمّ، والبس له القميص واعتمّ، وكن شريك نافع وأسلم، ثمّ آخدم الأقوام حتّى تُخْدَم، وروى وكيع عن اسماعيل

ابن ابى خلد عن قيس بن ابى حازم قال جاء رجل الى النبىّ صلعم فأصابته رعدة فقال النبىّ عمّ هوّن عليك فانّما انا ابن امرأة من قريش كانت تأكل القديد، قال حدّثنى ابو حاتم عن الاصمعىّ قال جلس الاحنف على باب دار فمرّت به ساقية فوضعت قربتها وقالت يا شيخ احفظ قربتى حتّى اعود ومضت فأتاه الآذن وقال انهض فقال انّ معى وديعة وأقام حتّى جاءت، حدّثنى ابو حاتم عن الاصمعىّ عن جرير بن حازم عن الزبير ابن الحرث عن ابى لبيد قال مرّ بنا زياد وهو امير البصرة ومعه رجل او رجلان وهو على بغلة قد طوّق الحبل فى عنقها تحت اللجام، الاصمعىّ قال قال يحيى بن خالد الشريف اذا تقرّا تواضع والوضيع اذا تقرّا تكبّر، الاصمعىّ قال لا اراه اخذه الّا من كيس غيره، حدّثنا حسين ابن حسن المروزىّ قال حدّثنا عبد الله بن المبارك عن يحيى بن ايّوب عن عمارة بن غزيّة عن عبد الله بن عروة بن الزبير قال الى الله اشكو حمدى مالا اى وذمّى مالا أُنيل، قال حدّثنى احمد بن الخليل عن ابى نُعيم[1] عن مِنْدَل عن حميد عن انس قال مرّ بى النبىّ صلعم وأنا فى غلمان فسلّم علينا، وحدّثنى احمد بن الخليل عن عمر بن عمرو عن شعبة عن جابر عن طارق التيمىّ عن جرير بن عبد الله البجلىّ قال مرّ رسول الله صلعم بنسوة فسلّم عليهنّ، قال حدّثنا ابو حاتم عن الاصمعىّ قال اخبرنى معتمر قال قلت لجار لعطاء السُلَمىّ من كان يخدم عطاء قال مخنّثون كانوا فى الدار يستقون له وضوءه فقلت ايوضّئه مخنّثون فقال هو كان يظنّهم خيرا منه، الاصمعىّ عن رجل عن الندىّ قال آذى ابن

---

1) C نقسم

محمّد بن واسع رجلا فقال له محمّد اتؤذيه وأنا ابوك وإنّما اشتريت امّك بمائة درهم، قال عامر بن الظرب العدوانيّ يا معشر عدوان انّ الخير الوف عزوف وإنّه لن يفارق صاحبه حتّى يفارقه وإنّى لم اكن حكيما حتّى صحبت الحكماء ولم اكن سيّدكم حتّى تعبّدت لكم، قال عروة بن الزبير التواضع احد مصايد الشرف، كان يقال اسمان متضادّان بمعنى واحد التواضع والشرف، وقال بزرجمهر ثمرة القناعة الراحة وثمرة التواضع المحبّة، وقال الوليد خدمة الرجل اخاه شرف وقال عبد الله بن طاهر

اميل مع الذمام على ابن عمّى * وأحتمل الصديق على الشقيق
وإن ألفيتنى ملكا مطاعا * فإنّك واجد عبد الصديق
افرّق بين معروفى ومنّى * وأجمع بين مالى والحقوق،

وقال آخر

وإنّى لعبد الضيف من غير ذلّة * وما فيّ الّا تلك من شيمة العبد،

ويقال كلّ نعمة محسود عليها الّا التواضع، قال المسيح عم لاصحابه اذا اتّخذكم الناس رؤوسا فكونوا اذنابا، اعتمّ هشام بن عبد الملك فقام الأبرش ليسوّى عمامته فقال هشام مَهْ إنّا لا نتّخذ الإخوان خَوَلا، كان عمر بن الخطّاب يلقط النوى ويأخذ النكث من الطريق فاذا مرّ بدار رمى بها فيها وقال انتفعوا بهذا، قال يوسف بن اسباط يجزى قليل الورع وكثير العلم ويجزى قليل التواضع وكثير الاجتهاد، وقال بكر ابن عبد الله اذا رأيت اكبر منك فقل سبقنى بالإسلام والعمل الصالح فهو خير منّى وإذا رأيت اصغر منك فقل سبقته بالذنوب والمعاصى فهو

خبر متى وإذا رأيت اخوانك يُكرمونك فقل نعمة احدثوها وإذا رأيت منهم تقصيرا فقل بذنب احدثته، قال عبد الملك بن مروان افضل الرجال مَن تواضع عن رفعة وزهد عن قدرة وأنصف عن قوّة، قال ابن السماك لعيسى بن موسى تواضُعك فى شرفك خير لك من شرفك، وقال عبد الملك بن مروان ثلثة من احسن شىء جود لغير ثواب ونَصَب لغير دنيا وتواضع لغير ذلّ، قال ابراهيم النخعىّ كان رسول الله صلعم يجيب دعوة العبد ويركب الحمار ردفا، الأعمش عن انس كان رسول الله صلعم يُدعى الى خبز الشعير والإهالة السَّنخة[1] فيجيب، قيل غيره وكان لا يأكل متكئا ويأكل بالحضيض وهو الارض ويقول انّما انا عبد آكل كما يأكل العبد، قال اوس بن الحدثان رأيت ابا هريرة وهو امير المدينة راكبا على حمار عُرْى يقول الطريق الطريق قد جاء الأمير، قال حفص بن غياث رأيت الأعمش خارجا الى العيد على حمار مقطوع الذنب قد سدل رجليه من جانب، المدائنىّ قال بينا عمر بن الخطّاب على المنبر اذا حسّ من نفسه بريح خرجت منه فقال ايّها الناس انّى قد مثلت بين ان اخافكم فى الله وبين ان اخاف الله فيكم فكان ان اخاف الله فيكم احبّ الىّ الا وانّى قد فسوت وها انا ذا انزل لأعيد الوضوء، كان يقال من لم يستحى من الحلال قلّت كبرياؤه وخفّت موازنته[2]، قال معوية ما *منّا احدٌ الّا[3] فتّش عن جائفة او منقّلة خلا عمر بن الخطّاب المنقّلة[4] الشجّة التى يخرج منها العظام والجائفة التى تبلغ جوف الدماغ، يحيى بن آدم عن محمد بن طلحة عن ابى حمزة قال ابراهيم لقد تكلّمت

1 C سبخة cf LA XIII, 227   2 Conj., C موزننه   3* C امنا احدا لا   4 > C

ولو وجدت بدّا ما تكلّمت وإنّ زمانا تكلّمت فيه لزمان سوء، كان رجل من خثعم رَدِيّ فقال فى نفسه

لو كنت اصعد فى التكرّم والعُلَى * كتحدّرى اصبحت سيّد خَثْعم

فباد اهل بيته حتّى ساد فقال

خَلَتِ الديارُ فسُدتُ غير مسوّدِ * ومن الشقاء تفرّدى بالسوددِ،

انشدنى ابو حاتم عن الأصمعىّ فى مثله

انّ بقوم سوّدوك لحاجةً * الى سيّد لو يظفرون بسيّد،

قال يحيى بن خُلد لستَ ترى احدا تكبّر فى امارته الّا وهو يعلم انّ الذى نال فوق قدره ولست ترى احدا يضع نفسه فى امارة الّا وهو فى نفسه اكبر ممّا نال فى سلطانه، ومثله قيل لعبد الله بن بسّام فلان غيّرته الإمارة فقال اذا ولى الرجل ولاية فرآها اكبر منه تغيّر وإذا ولى ولاية يرى انّه اكبر منها لم يتغيّر، ويقال التواضُع مع السخافة والبخل احمد من السخاء والأدب مع الكبْر فأعظِمْ بنعمة عفّت من صاحبها بسيّئتين وأقبِح بسيّئة حرمت صاحبها حسنتين، وفى بعض كتب العجم علامة الأحرار ان[1] يلقوا بما يحبّون ويحرموا احبّ اليهم من ان يلقوا بما يكرهون ويعطوا فانظر الى خلّة افسدت مثل الجود فاجتنبها وأنظر الى خلّة عفّت مثل البخل فألزمها، كان يقال الشرف فى التواضع والعزّ فى التقوى والغنى فى القناعة، ابو الحسن قال خطب سلمان الى عمر فأجمع على تزويجه فشقّ ذلك على عبد الله بن عمر وشكاه الى عمرو بن العاص فقال انا اردّه عنك فقال ان رددته بما يكره اغضبت امير المؤمنين قال على

1 > C

ان اردّه عنك راغما فأتى سلمان فضرب بين كتفيه بيده ثم قال فحسبنا نالك ابا عبد الله هذا امير المؤمنين يتواضع بتزوجك فالتفت اليه مغضبا وقال أبى يتواضع والله لا اتزوّجها ابدا ، وقال المرّار بن سعيد الفقعسى

يا حبّذا حين تُمْسى الريح باردةً * وادى أُشيّ وفتيانٌ به هُضُمُ [1]
مُخدَّمون كرام فى مجالسهم * وفى الرحال اذا لاقيتهم خَدَمُ
وما اصاحب قوما ثمّ اذكرهم * الاّ يزيدهم حبّا الىّ هُمُ ،

ابن المبارك عن نافع عن الشعبىّ قال ركب زيد بن ثابت فدنا عبد الله بن عبّاس ليأخذ بركابه فقال لا تفعل يا ابن عمّ رسول الله فقال هكذا امرنا ان نفعل بعلمائنا فقال زيد أَرِنى يدك فاخرج يده فقبّلها زيد ثم قال هكذا امرنا ان نفعل بأهل بيت نبيّنا عليه السلام ، قال عبد الله بن مسعود رأس التواضع ان تبدأ من لقيت بالسلام وأن ترضى بالدون من المجلس ، ابن ابى الزناد عن ابيه انّ العبّاس بن عبد المطّلب لم يمرّ قطّ بعمر ولا بعثمن وهما راكبان الاّ ترجّلا حتى يجوزهما اجلالا له ان يمرّ وهما راكبان وهو يمشى ، كان سلمان يتعوّذ بالله من الشيطان والسلطان والعلج اذا استعرب ، المدائنىّ قال سلّم رجل على حسن ابن ابى سنان فدعا له فقيل أتدعو لمثل هذا فقال انّ ممّا يفضّلنى به ان يرى أنّى خير منه ، قال عبد الله بن شدّاد اربع مَنْ كُنّ فيه فقد برئ من الكبر من اعتقل العنز وركب الحمار ولبس الصوف وأجاب دعوة الرجل الدون ،

1 Bekri 126 pu, b Qot Lib poes 439 6–8

باب الكبر والعجب

حدّثني ابراهيم بن مسلم قال حدّثنا ابو السكين قال حدّثني عمّ ابي زحر بن حصن قال قال رجل للحجّاج اصلح الله الأمير كيف وجدت منزلك بالعراق قال خير منزل لو كان الله بلّغني اربعة فتقرّبت بدمائهم اليه قال ومن هم قال مقاتل بن مسمع وَلِيَ سجستان فأتاه الناس فأعطاهم الأموال فلمّا عُزل دخل مسجد البصرة فبسط الناس له أرديتهم فمشى عليها وقال لرجل يماشيه لمثل هذا فليعمل العاملون وعبيد الله بن زياد بن ظبيان التيميّ حزب اهل البصرة أمرٌ فخطب خطبة اوجز فيها فنادى الناس من اعراض المسجد اكثر الله فينا امثالك فقال لقد كلّفتم الله شَطَطًا ومعبد بن زُرارة كان ذات يوم جالسا في طريق فمرّت به امرأة فقالت يا عبد الله كيف الطريق الى موضع كذا فقال لِبَدّ عبد الله ان لبَدّ اراد كفى بك الا يريد الفخر وأبو سماك الأسديّ اضلّ راحلته فالتمسها الناس فلم يجدوها فقال والله لئن لم يردد عليّ راحلتي لا صلّيت له ابدا فالتمسها الناس حتّى وجدوها فقالوا قد ردّ الله عليك راحلتك فصلِّ فقال إنّ يميني كانت ضربًا [1] قال ابو حاتم عن الأصمعيّ عن كردين المسمعيّ قيل لرجل متكبّر هل مرّت بك امرأة فقال لمثلي تلك دوابّ لا يراها عمّاه قال وقال كردين رأى ابن ميّادة الشاعر فأعجبته ما رأى من جلدي وبيئتي فقال ممّن انت قلت من بكر بن وائل فقال وفي أيّ الأرض يكون بكر بن وائل. قال ابو اليقظان جلس رافع بن جبير بن مطعم في حلقة العلاء بن عبد الرحمن الحُرَقي وهو

---

1) C ضريا

يقرئ الناس فلمّا فرغ قال اتدرون لِمَ جلست اليكم قالوا لتسمع قال لا ولكن اردت التواضع لله بالجلوس اليكم ، قال وقرّ محمّد بن المنذر بن الزبير بن العوّام فى حاجة له فانقطع قبال نعله فنزع الأخرى فقدمه ومضى وتركهما ولم يعرج عليهما ، قال بعض الشعراء

وأُعرِض عن ذى المال حتّى يقال لى * قد أَحدث هذا نخوةً وتعظّما
وما بِىَ كبر عن صديق ولا اخ * ولكنّه فعلى اذا كنت مُعدِما ،

فقيل لبعضهم ما الكبر قال حمق لم يدر صاحبه اين يضعه ، قال معوية بن ابى سفيان قدم علقمة بن وائل الحضرمىّ على رسول الله صلعم فأمرنى رسول الله ان انطلق به الى منزل رجل من الأنصار أُنزله عليه وكان منزله فى اقصى المدينة فانطلقت معه وهو على ناقة له وأنا امشى فى ساعة حارّة وليس علىّ حذاء فقلت احملنى يا عمّ من هذا الحرّ فإنّه ليس علىّ حذاء فقال لستَ من ارداف الملوك قلت انّى ابن ابى سفيان قال قد سمعت رسول الله عليه السلام يذكر ذلك قال قلت فألقِ الىّ نعلك قال لا تقبلها قدماك ولكن امش فى ظلّ ناقتى فكفاك بذلك شرفا وانّ الظلّ لك لكثير قال معوية فما مرّ بى مثل ذلك اليوم قطّ ثم ادرك سلطانى فلم ا أُواخذه بل اجلسته معى على سريرى هذا ، قال ابن يسار

ولو لَحَظَ الأرض لى والد * لطأطأتِ الأرض من لحظِه ،

وقال آخر

انبه على حقّ البلاد وإنسها * ولو لم أَجِدْ خلقا لتِهْتُ على نفسى
اتيه فما ادرى من التيه مَن انا * سوى ما يقول الناس فىّ وفى جنسى
فإن زعموا انّى من الانس مثلهم * فما لِىَ عيبٌ غيرَ أنّى من الانس ،

وكان عند الرستمى قوم من التجار فحضرت الصلاة فنهض ليصلّى فنهضوا فقال ما لكم ولهذا وما ادعم منه الصلاة ركوع وسجود وخضوع وانّما فرض الله هذا يريد به المتكبّرين والمتجبّرين والملوك والاعاظم مثلى ومثل فرعون ذى الأوتاد ونمروذ وأنوشروان ٭ وكان يقال من رضى عن نفسه كثر الساخطون عليه قال الحسن ليس بين العبد وبين ان لا يكون فيه خير الّا ان يرى انّ فيه خيرا ٭ رأى رجل رجلا يختال فى مشيته ويتلفّت فى اعطافه فقال جعلنى الله مثلك فى نفسك ولا جعلنى مثلك فى نفسى ٭ قيل لعبد الله بن المبارك رجل قتل رجلا فقلت انى خير منه فقال ذنبك اشدّ من ذنبه ٭ قال الأحنف عجبت لمن جرى فى مجرى البول مرّتين كيف يتكبّر ٭ ابن عليّة عن صالح بن رستم عن رجل عن مطرّف قال لأن ابيت نائما وأصبح نادما احبّ الىّ من ان ابيت قائما وأصبح معجبا ٭ وقال هشام بن حسّان سيّئة تسوءك خير من حسنة تعجبك ٭ قال ابو حازم إنّ الرجل ليعمل السيّئة ما عمل حسنة قطّ انفع له منها وإنّه ليعمل الحسنة ما عمل سيّئة قطّ اضرّ عليه منها ٭ قال الشاعر

امّا ابن فروة يونس فكأنّه * من كبره أيْر الحمار القائمُ
ما الناس عندك غير نفسك وحدها * والناس عندك ما خلاك بهائم ٭

قال المسعودى

مساء تراب الارض منها خُلقْنا * وفيها المعاد والمصير الى الحشْرِ
ولا تعجبا ان ترجعا فنسلّما * فما حشى الأقوام شرًّا من الكبر
ولو شئت أدْلى فيكما غير واحد * علانية او قال عندىَ فى سرّ

فإنْ انا لم آمُرْ ولم أَنْهَ عنكما * ضحكتُ له حتّى يَلِجَّ ويستشري ،

الأصمعيّ قال قال رجل ما رأيت ذا كبر قطّ الّا تحوّل داؤه فيّ يريد انّي اتكبّر عليه ، وقال آخر ما تاه احد قطّ عليّ مرّتين يريد اذا تاه مرّة لم اعاوده ، قال الشاعر[1]

يا مُظْهِرَ الكِبْرِ اعجابا بصورته * انْظُرْ خلاءك إنّ النتن تثريبُ
لو فكّر الناس فيما في بطونهم * ما استشعر الكِبْرَ شُبّانٌ ولا شِيبُ
هل في ابن آدم غير الرأس مكرمة * وهْو بخمس من الأقذار مضروب
انف يسيل وأُذْنٌ ريحها سَهِكٌ[2] * والعين مرمصة والثغر ملعوب
يا ابنَ التراب ومأكولَ التراب غدا * اقصر فإنّك مأكول ومشروب ،

دفع اردشير الملك الى رجل كان يقوم على رأسه كتابا وقال له اذا رأيتني قد اشتدّ غضبي فادفعه اليّ وفي الكتاب امسك فلست باله[3] انّما انت جسد يوشك ان يأكل بعضه بعضا ويصير عن قريب للدود والتراب ، كان للسنديّ والي الجسر غلام صغير قد امره بأن يقوم اليه اذا ضرب الناس بالسياط فيقول له ويلك يا سنديّ اذكر القصاص ، كتب ابراهيم ابن العبّاس الى محمّد بن عبد الملك

ابا جعفر عرّج على خُلَطائكا * واقصر قليلا عن مَدَى غُلَوائكا
فان كنت قد أُعْطِيت في اليوم رفعة * فانّ رجائي في غد كرجائكا ،

قال لي بعض اصحابنا وأحسبه محمّد بن عمر سمعت رجلا ينشد

الا ربّ ذي أَجَلٍ قد حضر * طويل التمنّي قليل الفِكَرْ
اذا هزّ في المشي اعطافه * تيمّنتُ في منكبيه البَطَرْ

---

1 Māwardi Adab 184 3–7   2 C سَهِلٌ   3 C بالة

قال فعدوت عليه لأكتب تمام القصيدة فوجدته قد مات ، المدائنيّ قال رأيت فلانا مولى باهلة يكون بين الصفا والمروة على بغلة ثم رأيته بعد ذلك راجلا في سفر فقلت له أراجلٌ في هذا الموضع قال نعم انّي ركبت حيث يمشي الناس فكان حقّا على الله ان يُرْجِلني حيث يركب الناس ، وقال ابو نواس في جعفر بن يحيى البرمكيّ[1]

وأعظم زهوا من ذباب على خُرْءٍ * وأبخل من كلب عقور على عَرْقِ
ولو جاء غير البخل من عند[2] جعفر * لما وضعوه الناس الّا على حُمْقِ

وقال آخر

ألجّ لجاجا من الخنفساء * وأزهى اذا ما مشى من غراب ،

وقيل لرجل من بني عبد الدار الا تأتي الخليفة قال اخشى ان لا يحمل الجسر شرفي ، وقيل له البس شيئا فإنّ البرد شديد فقال حَسَبي يُدْفئني ، قال ابو اليقظان كان الحجّاج استعمل بلالا الضبّيّ على جيش وأغزاه قلاع فارس وكان يقال لذلك الجيش جيش بني ستّي بذلك لأنّه فرض فَرْضا من اهل البصرة فكان اهلوهم وأمّهاتهم يأتونهم يقولون بنيّ وبني حبيشة قال الشاعر

الى الله اشكو أنّني بتّ حارسا * فقام بلاليٌّ فبال على رجلي
فقلت لأصحابي اقطعوها فإنّني * كريم وإنّي لن أُبلّغها رَحْلي ،

مدّ اعرابيّ يده في الموقف وقال اللهمّ ان كنت ترى يدا اكرم منها فاقطعها ، قال نوح سمعت الحجّاج بن ارطاة يقول قتلني حبّ الشرف ، وقيل له ما لك لا تحضر الجماعة قال اكره ان يزحمني البقّالون ، كان جذيمة

1 Diw. ed Wāsif Cairo 1898, 173, 4 6 2 C غمر

الأبرش وهو الوضّاح سُمّى بذلك لبرص كان به لا ينادم احدا ذهابا بنفسه وقال انا اعظم من ان انادم الاّ الفرقدين فكان يشرب كأسا ويصبّ لكلّ واحد منهما فى الأرض كأسا فلمّا اتاه مُلك وعقيل بابن اخته الذى استهوته الشياطين قال لهما احتكما فقالا له منادمتك فنادماه اربعين سنة يحادثانه فيها ما اعادا عليه، حديثنا وفيهما يقول متمّم بن نويرة[1]

وكنّا كندمانى جذيمة حقبة * من الدهر حتى قيل لن نتصدّعا

وقال الهذلىّ

الم تعلمى ان قد تفرّق قبلنا * خليلا صفاء مالك وعقيلُ[2]

قيل لإياس بن معٰوية ما فيك عيب الاّ انّك معجب قال أَاَعجبكم قالوا نعم قال فأنا احقّ ان اعجب بما يكون منّى، ويقال للعادة سلطان على كلّ شىء وما استُنبط الصواب بمثل المشاورة ولا حُصّنت النِعَم بمثل المُواساة ولا اكتُسبت البغضة بمثل الكبر،

باب مدح الرجل نفسه وغيره،

قال الله عزّ وجلّ[3] حكاية عن يوسف اِجْعَلْنِى عَلَى خَزَائِنِ ٱلْأَرْضِ إِنِّى حَفِيظٌ عَلِيمٌ وقال رسول الله صلعم انا سيّد ولد آدم ولا فخرَ، وقيل للأنصار والله ما علمتكم الا تُقلّون عند الطمع وتُكْثِرون عند الفزع، وذكر اعرابىّ قوما فقال والله ما نالوا بأطراف انامِلهم شيئًا الاّ وقد وطئناه بأخامص[4] اقدامنا وإنّ اقصى مناهم لأدنى فعّا لنا، ابن ادريس عن اسمعيل بن

1 Nöldeke Beitr 100, 20   2 > Dīwān   3 Sūre 12, 55   4 C باخماص

ابى خلدة قال كنت امشى مع الشعبىّ وأبى سلمة فسأل الشعبىّ ابا سلمة من اعلم اهل المدينة فقال الذى يمشى بينكما يعنى نفسه، وقال الشعبىّ ما رأيت مثلى وما شاء ان ألقى رجلا اعلم منّى بشىء[1] الّا لقيته، وقال معاوية لرجل من سيّد قومك قال انا قال لو كنت كذلك لم تقله، الوليد بن مسلم عن خُلَيد عن الحسن قال ذَمُّ الرجل نفسه فى العلانية مدح لها فى السرّ[2]، كان يقال من اظهر عيب نفسه فقد زكّاها، الأعمش عن ابراهيم عن عبد الله قال اذا اثنيت على الرجل بما فيه فى وجهه لم تزكّه، قال عمر بن الخطّاب المدح ذبح، ويقال المدح وافد الكبر، وقال علىّ بن الحسين لا يقول رجل فى رجل من الخير ما لا يعلم الّا اوشك ان يقول فيه من الشرّ ما لا يعلم ولا يصطحب اثنان على غير طاعة الله الّا اوشكا ان يفترقا على غير طاعة الله، قال وهب بن منبّه اذا سمعت الرجل يقول فيك من الخير ما ليس فيك فلا تأمن ان يقول فيك من الشرّ ما ليس فيك، ويقال فى بعض كتب الله عزّ وجلّ عجبا لمن قيل فيه الخير وليس فيه كيف يفرح ولمن قيل فيه الشرّ وليس فيه كيف يغضب وأعجب من ذلك مَن احبّ نفسه على اليقين وأبغض الناس على الظنون، وكان يقال لا يغلبنّ جهل غيرك بك علمك بنفسك، وقال اعرابىّ كفى جهلا ان يمدح المادح بخلاف ما يعرف الممدوح من نفسه وانّى والله ما رأيت اعشق للمعروف منه، قال ابن المقفّع ايّاك اذا كنت واليا ان يكون من شأنك حبّ المدح والتزكية وأن يعرف الناس ذلك منك فتكون ثلمة من الثلم يتقحّمون عليك منها وبابا يفتحونك

1 C شى   2 C السير

منه وغمية تغماديك بها وتضحكون منك لها وأعلم أنّ قائل المدح كمادح نفسه والمرء جدير ان يكون حبّه المدح هو الذي يحمله على ردّه فانّ الرادّ له ممدوح والقابل له معيب ، وقال البعيث[1]

ولست بمفراح اذا الدهر سرّني * ولا جازع من صرفه المتقلّب
ولا ابتغي الشرّ والشرّ تاركي * ولكن متى أُحمَل على الشرّ اركب
ويعتدّه قوم كثير تجارة * ويمنعني من ذاك ديني ومنصبي
فانّ مسيري في البلاد ومنزلي * لبالمنزل الأقصى اذا لم أُقرَّب ،

قول الممدوح عند المدحة

حدّثني سهل بن محمّد عن الأصمعيّ كان ابو بكر يقول عند المدحة اللهمّ انت اعلم بي منّي بنفسي وأنا اعلم بنفسي منهم اللهمّ اجعلني خيرا ممّا يحسبون وأغفر لي ما لا يعلمون ولا تؤاخذني بما يقولون ، قال حدّثنا الرياشيّ عن الأصمعيّ عن حمّاد بن سلمة قال اثنى رجل على عليّ ابن ابي طالب كرّم الله وجهه في وجهه وكان يتّهمه فقال عليّ انا دون ما تقول وفوق ما في نفسك ، وقيل لأعرابيّ ما احسن الثناء عليك فقال بلاء الله عندي احسن من وصف المادحين وإن احسنوا وذنوبي الى الله اكثر من عيب الذامّين وإن اكثروا فيا اسفا على ما فرطت ويا سوءتا ممّا قدّمت ، كان رسول الله صلعم لا يقبل الثناء الّا من مكافئ ، ومن حسن ما قيل في مدح الرجل نفسه قول اعشى بني ربيعة

ما انا في اهلي ولا في عشيرتي * بمهتضم حقّي ولا قارع سنّي

---

1 S. u. p. 330 7 8, wo Ta'abbata šarran als Dichter der beiden ersten Verse genannt ist

ولا مسلم مولاى عند جنايةٍ * ولا خائف مولاى من سوء ما اجنى
وانّ فؤادا بين جنبىّ عالم * بما ابصرت عينى وما سمعت أُذْنى
وفضّلنى فى الشعر واللهُ أنّنى * اقول على علم وأعلم ما اعنى
فاصبحت اذ فضّلتُ مروان وابنه * على الناس قد فضّلت خيرَ أبٍ وابنِ ،

وقال آخر[1]

اذا المرء لم يمدحه حُسْنُ فعاله * فمادحه يهذى وإن كان مُفْصِحا ،

وقال آخر

لَعَمْرُ[2] ابيك الخير إنّى لخادم * لضيفى وإنّى ان ركبت لفارس ،

وقال آخر

ونحن صفاء الأرض ما لم نُسَرْ بها * غضابا وإنْ نَغْضَبْ فنحن ظَلامها ،

وأنشد الحسن بن البصرىّ الشاعر

لولا جرير هلكت بجيلَهْ * نِعْمَ الفتى وبئست القبيلَهْ ،

قال الحسن ما مُدح رجل هجا قومه ، وقال ابو الهندام

يقولون الحديد اشدّ شىء * وقد ثنىَ الحديد وما ثُنيتُ
تخِرُّ الأرض ان نوديتُ باسمى * وتنهدّ الجبال اذا كُنيتُ ،

ومدح النفس فى الشعر كثير وهو فيه اسهل منه فى الكلام المنثور ،

باب الحياء

حدّثنى ابو مسعود الدارمىّ قال حدّثنى جدّى خراش عن انس أنّ رسول الله صلعم قال الحياء شعبة من الإيمان ، وروى ابن عمر عن

1 Māwardī Adab 186 3   2 C لعمرو

الأحوص بن حكيم قال حدّثنى ابو عون المدنىّ قال سمعت سعيد بن المسيّب يقول قال رسول الله صلعم قلّة الحياء كفر، وروى جرير بن حازم عن يعلى بن حكيم عن رجل عن ابن عمر قال الحياء والإيمان مقرونان جميعا فإذا رُفع احدهما ارتفع الآخر، وكان يقال أَحْيُوا الحياء بمجالسة من يُستحيى منه، ذكر اعرابىّ رجلا فقال لا تراه الدهرَ الّا وكأنّه لا غِنَى به عنك وإن كنت اليه احوج فإن اذنبتَ غفر وكأنّه المُذْنِب وإن اسأْتَ اليه احسن وكأنّه المسىء وقالت ليلى الأَخيليّة[1]

ومعتّد[2] عند الصديق بخاله * وسط البيوت من الحياء سقيما
حتّى اذا رُفع اللواء رأيتَه * تحت اللواء على الخميس زعيما،

ونحوه قول الآخر الّا انّه فى التواضع

يبدو فيبدو صعقا من تواضعه * ويكفهرّ فيلقى الأَسْود اللُّبَدا،

وقال ابو دهبل الجُمَحىّ

إنّ البيوتَ معادنٌ فنجاره * ذهبٌ وكلُّ جدوده ضَخْمُ
متهلّلٌ *بنَعَمْ للماء[3] مجانب * سيّان منه الوَفْرُ والعُدْمُ
ترى الكلام من الحياء بخاله[4] * صَمَمًا وليس بجسمه سقم
عَقَمَ النساءُ فلا يَلِدْنَ شبيهه * إنّ النساء بمثله عُقْمُ،

حدّثنا ابو الخطّاب قال حدّثنا المعتمر قال سمعت ليث بن ابى سليم يحدّث عن واصل بن حيّان عن ابى وائل عن ابن مسعود قال كان آخر ما حُفظ من كلام النبوّة اذا لم تستحي فاصنع ما شئت، قال الشاعر

---

1 Hamāsa (Kairo 1290) IV 77, app. diw. Ḫansā [1] 115   2 Conj.; C معذر, Ham محرق   3* So [1]   4 C تخاله

تخالهم للحلم صُمًّا عن الخنا * وخرسا عن الفحشاء عند المهاجر
ومرضى اذا لاقوا حياء وعفّة * وعند الحفاظ كالليوث[1] الخوادر

وقال آخر

عليه من التقوى رداء سكينة * وللحقّ نور بين عينيه ساطع

وقال الشعبيّ تعايش الناس زمانا بالدين والتقوى ثمّ رفع ذلك فتعايشوا بالحياء والتذمّم ثمّ رُفع ذلك فما يتعايش الناس الّا بالرغبة والرهبة واظنّه سيجيء ما هو اشدّ من هذا

باب العقل

حدّثني اسحق بن ابراهيم الشهيديّ قال حدّثنا الحرث بن النعمان قال حدّثنا خُليد بن دعلج عن معاوية بن قرّة يرفعه قال انّ الناس يعملون الخير وانّما يُعطَون اجورهم يوم القيامة على قدر عقولهم، مهديّ ابن غيلان بن جرير قال سمعت مطرّفا يقول عقل الناس على قدر زمانهم، حدّثني عبد الرحمن عن عبد المنعم عن ابيه عن وهب بن منبّه قال وجدت في حكمة داود ينبغي للعاقل ان لا يشغل نفسه عن اربع ساعات ساعة يناجي فيها ربّه وساعة يحاسب فيها نفسه وساعة يخلو فيها هو واخوانه والّذين ينصحون له في دينه ويصدُقونه عن عيوبه وساعة يخلّي[2] بين نفسه وبين لذّاتها فيما يحلّ ويجمل فانّ هذه الساعة عون لهذه الساعات وفضل بلغة واستجمام للقلوب وينبغي للعاقل ان لا يرى الّا في احدى ثلث خصال تزوّد لمعاد او مرمّة لمعاش او لذّة في غير محرّم

---

1 Am Rande للبيوث 2 C يخل

وينبغى للعاقل ان يكون عارفا بزمنه حافظا للسانه مقبلا على شأنه ، قال حدّثنى ابو حاتم عن الأصمعىّ قال حدّثنا علال بن حق قال قال عمرو ابن العاص ليس العاقل الذى يعرف الخير من الشرّ ولكنّه الذى يعرف خير الشرّين وليس الواصل الذى يصل من وصله ولكنّه الذى يصل من قطعه ، وقال زياد ليس العاقل الذى يحتال للأمر اذا وقع فيه ولكنّه الذى يحتال للأمر ألّا يقع فيه ، قال معوية لعمرو ما بلغ من دهائك يا عمرو قال عمرو لم ادخل فى امر قطّ فكرهته الاّ خرجت منه قال معوية لكنّى لم ادخل فى امر قطّ فأردت الخروج منه ، وقرأت فى كتب للهند[1] الناس حازمان وعاجز فأحد الحازمين الذى اذا نزل به البلاء لم يبطر به وتلقّاه بحيلته ورأيه حتّى يخرج منه وأحزم منه العارف بالأمر اذا اقبل فيدفعه قبل وقوعه والعاجز[2] فى تردّد وتمنّ حائر بائر لا يأمر رشدا ولا يطيع مرشدا ، وقال اعرابىّ لو صُوّر العقل لأظلمت معه الشمس ولو صُوّر الحمق لأضاء معه الليل ، قال بعض الحكماء ما عُبد الله بشىء احبّ اليه من العقل وما عُصى الله بشىء احبّ اليه من الستر ، ابو روق عن الضحّاك فى قول الله عزّ وجلّ لِيُنْذِرَ مَنْ كَانَ حَيًّا[3] قال من كان عاقلا ، ذكر المغيرة بن شعبة عمر بن الخطّاب فقال كان افضل من ان يخدع وأعقل من ان يُخدع ، حدّثنى اسحق بن ابراهيم بن حبيب بن الشهيد عن قريش بن انس عن حبيب بن الشهيد قال قال اياس لست بخبّ والخبّ لا يخدعنى ولا يخدع ابن سيرين ويخدع ابى ويخدع الحسن قال غيره وكان كثيرا ما ينشد

1 De Sacy 107 3-9 (ausführlicher)   2 C والمعاجز   3 Süre 36, 70

أُبالى البلاء وإنّى آمرؤٌ * اذا ما تَبَيَّنتُ لم أَرْتَبِ،

وفى كتاب كليلة ودمنة[1] الأدب يُذهب عن العاقل السُكرَ ويزيد الأحمق سُكرا كما ان النهار يزيد كلّ ذى بصرٍ بصرا ويزيد الخفافيش سوء بصرٍ، وقيل ذو العقل لا تبطره المنزلة والعزّ كالجبل لا يتزعزع وإن اشتدّت عليه الريح والسخيف يبطره ادنى منزلة كالحشيش يحرّكه اضعف ريح، وقال تأبّط شرّا فى هذا المعنى[2]

ولست بمفراح اذا الدهر سرّنى * ولا جازع من صرفه المتقلّب

ولا ابتغى الشرّ والشرّ تاركى * ولكن متى أُحْمَلْ على الشرّ أَركبِ،

وفى كتاب كليلة رأس العقل التمييز بين الكائن والممتنع وحسن العزاء عمّا لا يستطاع وقيل العاقل يُقلّ الكلام ويبالغ فى العمل ويعترف بزلّة عقله ويستقيلها كالرجل يعثر بالأرض وبها ينتعش، ويقال كلّ شىء محتاج الى العقل والعقل محتاج الى التجارب، قال يحيى بن خالد ثلثة اشياء تدلّ على عقول الرجال الكتاب والرسول والهديّة، وكان يقال دلّ على عقل الرجل[3] اختياره وما تمّ دين احد حتّى يتمّ عقله وأفضل الجهاد جهاد الهوى، سئل انوشروان ما الذى لا يعلَّمُ له وما الذى لا تغيُّر له وما الذى لا مدفع له وما الذى لا حيلة له فقال تعلُّمُ العقل وتغيُّر[4] العنصر ودفع القدر وحيلة الموت، وكان يقال كتابك عقلك تضع عليه خاتمك، وقالوا كتاب الرجل موضع عقله ورسوله موضع رأيه، كان الحسن اذا أُخبِرَ عن رجل بصلاح قال كيف عقله، وفى الحديث أنّ جبريل عم

1 Guidi Studij XVI pu — XVII 2; ed. Cheikho (1905), p ٩٤, 3 ff.
2 S o p 325 4 5 3 Conj, > C 4 C ودغبير

الى آدم عمّ فقال له انّى انبئك بثلث فاختر واحدة قال وما هى يا جبريل قال العقل والحياء والدين قال قد اخترت العقل فخرج جبريل الى الحياء والدين فقال ارجعا فقد اختار العقل عليكما فقالا أمرنا ان نكون مع العقل حيث كان ، كان يقال العقل يظهر بالمعاملة وشيم الرجال تعرف بالولاية ، ويقال العاقل يقى ماله بسلطانه ونفسه بماله ودينه بنفسه ، قال الحسن لو كان للناس جميعا عقول لخربت الدنيا ، خُيّر رجل فأبى ان يختار وقال انا بحظّى اوثق منّى بعقلى فاقرعوا بيننا ،

باب الحلم والغضب

قال حدّثنى الزيادىّ قال حدّثنا حمّاد بن زيد عن هشام عن الحسن قال قال رسول الله صلعم ايعجز احدكم ان يكون كأبى ضمضم كان اذا خرج من منزله قال اللهمّ انّى قد تصدّقت بعرضى[1] على عبادك ، حدّثنا زياد بن يحيى قال حدّثنا بشر بن المفضّل عن يونس عن الحسن قال قال رسول الله صلعم انّ الغضب جمرة توقد فى جوف ابن آدم الم *تروا الى[2] حمرة عينيه وانتفاخ اوداجه ، قال حدّثنى احمد بن الخليل قال حدّثنى عبد الله بن رجاء عن اسرائيل عن ابى حُصين عن ابى صالح عن ابى هريرة قال قال رجل يا رسول الله اوصنى فقال لا تغضب ثمّ اعاد عليه فقال لا تغضب ثمّ اعاد عليه فقال لا تغضب ، قال حدّثنى احمد بن الخليل قال حدّثنى عبد الله بن نافع عن مالك عن ابن شهاب عن سعيد بن المسيّب عن ابى هريرة قال قال رسول الله صلعم ليس الشديد بالصرعة انّما الشديد الذى يملك نفسه عند الغضب ، قال حدّثنى

[1] C بعرضى   [2*] C تروا الى

حسين بن الحسن المروزىّ قال حدّثنا عبد الله بن المبارك قال حدّثنا حبيب بن حجر القيسىّ قال كان يقال ما احسن الايمان يزيّنه العلم وما احسن العلم يزيّنه العمل وما احسن العمل يزيّنه الرفق وما أُضيف شىء الى شىء ازين من حلم الى علم ومن عفو الى مقدرة ، وكان يقال من حلم ساد ومن تفهّم ازداد والعرب تقول أَحْلَمْ تَسُدْ ، وقالوا سمّى الله يحيى سيّدا بالحلم وقال عبد الملك بن صالح الحلم يحمى حباه السودد ، أغلظ رجل لمعوية فحلم عنه فقيل له تحلُم عن هذا فقال انّى لا احول بين الناس وبين ألسنتهم ما لم يحولوا بيننا وبين سلطاننا ، شتم رجل الاحنف وألحّ عليه فلمّا فرغ قال له يابن اخى هل لك فى الغداء فانّك منذ اليوم تحدو بجمل ثقال ، حدّثنى ابو حاتم عن الاصمعىّ عن عبد الله بن دينار عن عبد الله بن بكر المزنىّ قال جاء رجل فشتم الأحنف فسكت عنه وأعاد فسكت فقال وا لهفاه ما يمنعه من ان يردّ علىّ الّا هوانى عليه ، حدّثنى ابو حاتم عن الأصمعىّ قال اخبرنا عبد الله بن صالح من آل خارجة بن لأم قال مررت برجل من بنى ثعلب فاتانى بقرى فاثعلت منى فقال

والثعلبىّ اذا تنحنح للقِرَى * حكّ استه وتمثّل الامثالا

فتقبّضت فقال كُلْ أيُّها الرجل فانّما قلتَ كلمة مقولة ، حدّثنى ابو حاتم عن الأصمعىّ قال أسمع الرجل الشعبىّ كلاما فقال له الشعبىّ ان كنت صادقا فغفر الله لى وان كنت كاذبا فغفر الله لك ومرّ بقوم ينتقصونه فقال

هنيئا مريئا غير داء مخامر * لعزّة من اعراضنا ما استحلّت ،

واستطال رجل على ابى معوية الأسود فقال أستغفر الله من الذنب الذى

سلطلت به علىّ قال معوية انّى لأرفع نفسى ان يكون ذنب اوزنَ من حلمى، وقال معوية لأبى جهم العدوىّ انا اكبر ام انت يا ابا جهم قال لقد اكلت فى عرس امّك هند قال عند اىّ ازواجها قال عند حفص بن المغيرة قال يا ابا جهم ايّاك والسلطان فانّه يغضب غضب الصبىّ ويعاقب عقوبة الأسد وانّ قليله يغلب كثير الناس، وأبو الجهم هذا هو القائل فى معوية

نميل على جوانبه كأنّا * اذا ملنا نميل على ابينا

نقلّبه لنخبر حالتيه * فنخبر منهما كرما ولينا،

سمع الأحنف رجلا ينازع رجلا فى امر فقال له الأحنف حسبك الآ ضعيفها فيما تحاول فقال الرجل ما على طمّك خرجت من عند اهلى فقال الأحنف لأمرٍ ما قيل احذروا الجواب، جعل رجل جُعْلا لرجل على ان يقوم الى عمرو بن العاص يسأله عن امّه فقام اليه وهو يخطب على منبر تنّيس فقال له ايّها الرجل اخبرنا مَنْ امّك فقال[1] كانت امرأة من عَنَزَة اصيبت بأطراف الرماح فوقعت فى سهم الفاكه بن المغيرة فاشتراها ابى فوقع عليها أنطلقْ وخذ ما جُعل لك على هذا، قال الشاعر[2]

قل ما بدا لك من زُورٍ ومن كَذِبٍ * حلمى اصمّ وأُذْنى غير صمّاء،

نظر معوية الى ابنه يزيد وهو يضرب غلاما له فقال له انفسد ادبك بأدبه فلم يُرَ ضاربا غلاما له بعد ذلك، قيل ليحيى بن خلد انّك لا تؤدّب غلمانك ولا تضربهم قال هم أُمناؤنا على انفسنا فاذا نحن اخفناهم فكيف نأمنهم، وكان يقال الحلم مطيّة الجهول، وذكر اعرابىّ رجلا فقال كان

1 C ثعلبت   2 Māwardī Adab 197 15

احلم من فرخ طائر، وفى الانجيل[1] كونوا حلماء كالحيّات وبلها كالحمام، قال بعض الشعراء

إنّى لأعرض عن اشياء اسمعها * حتّى يقول رجال إنّ بى حُمْقا
اخشى جواب سفيه لا حياء له * فَسْلٍ[2] وظنّ أُناس انّه صِدْقا،

قال الأحنف من لم يصبر على كلمة سمع كلمات وربّ غيظ قد تجرّعتُه اخاف ما هو اشدّ منه، قال اكثم بن صيفيّ العزّ والغلبة للحلم، وقال علىّ بن ابى طالب عمّ اوّل عوض الحليم من حلمه انّ النّاس انصارُه على الجهول، وقال المنصور عقوبة الحلماء التعريض وعقوبة السفهاء التصريح، قال حدّثنى سهل قال حدّثنا الأصمعىّ قال بلغنى انّ رجلا قال لآخر والله لئن قلتَ واحدة لتسمعنّ عشرا فقال له الآخر لكنّك ان قلت عشرا لم تسمع واحدة، قال وبلغنى انّ رجلا شتم عمر بن ذرّ فقال له يا هذا لا تغرق[3] فى شتمنا ودع للصلح موضعا فإنى أَمَتّ مشاتمة الرجل صغيرا ولن احييها كبيرا وإنّى لا اكافى من عصى الله فىّ باكثر من ان اطيع الله فيه، وقال بعض المحدثين

وإنّ الله ذو حلم ولكن * بقدر الحلم ينتقم الحليمُ
لقد ولّت بدولتك الليالى * وأنت مغلّق فيها ذميم
وزالت لم يعش فيها كريم * ولا استغنى بثروتها عديم
فبعدا لا انقضاء له وسُحْقا * فغير مصابك الحَدَثُ العظيم،

المدائنىّ قال كان شبيب بن شيبة يقول من سمع كلمة يكرهها فسكت عنها انقطع عنه ما يكره فإن اجاب عنها سمع اكثر ممّا يكره وكان يتمثّل

---

1 Mt 10 16 2 Glosse am Rande. الفسل من لا خير فيه 3 C تعرف

بهذا البيت

وتجزع نفس المَرْء من وَقْع شتمه * ويشتم ألفا بعدها ثم يصبر

قاتل الأحنف في بعض المواطن قتالا شديدا فقال له رجل يا ابا بحر اين الحلم قال عند الحُبى[1] وقال مسلم بن الوليد

حُبًى لا يطير الجهل في جَدَباتها[2] * اذا هي حُلّت لم تَفُتْ حَلَّها ذَحْلُ

اغضب زيد بن جبلة الأحنف فوثب اليه فأخذ بعمامته وبناصيته فقيل للأحنف اين الحلم اليوم فقال لو كان مثلى او دونى لم افعل هذا به ولكن يقال آفة الحلم الضعف وقال الجعدى

ولا خير في حلم اذا لم تكن له * بوادرُ تحمى صفوه ان يكدّرا

وقال اياس بن قتاده[3]

تُعاقب ايدينا ويحلم رأينا * ونشتم بالأفعال لا بالتكلُّم

وأنشد الرياشى

انّى آمرؤٌ بذّتُ عن حريمى ، حِلْمى وتركى اللّوم للئيم ،

والعلم اشفى من يد الظَّلوم

وقيل الأحنف صيبت[4] الحلم انصر لى من الرجال قال ابو اليقظان كان ابن المتشمس بن معوية عمّ الأحنف يفضل في حلمه على الأحنف قيل وأمره ابو موسى ان يقسم خيلا في بنى تميم فقسمها فقال رجل من بنى سعد ما منعك ان تعطينى فرسا ووثب عليه فرش وجهه فقام اليه قوم ليأخذوه فقال دعونى واياه انّى لا اعان على واحد ثم انطلق به

---

1 Lane s. v. nach TA. 10, 81 29 الحبباء, s. aber LA 18, 175 8.
2 Conj., C حببتها 3 Māwardi Adab 193 3 4 C اصبت

الى ابى موسى فلمّا رآه ابو موسى سأله عمّا بوجهه فقال دع هذا ولكن ابن عمّى ساخط فاحمله على فرس ففعل، قيل للأحنف ما احلمك قال تعلّمت الحلم من قيس بن عاصم المنقرىّ بينما هو قاعد بفنائه محتب بكسائه اتته جماعة فيهم مقتول ومكتوف وقيل له هذا ابنك قتله ابن اخيك فوالله ما حلّ حبوته حتّى فرغ من كلامه ثمّ التفت الى ابن له فى المجلس فقال له قم فأطلق عن ابن عمّك ووارِ اخاك[1] واحمل الى امّه مائة من الابل فانّها غريبة ثم انشا يقول[2]

إنّى امرؤ لا *شائنٌ حَسَبى[3] * دَنَسٌ يغيّره[4] ولا أفَنُ
من مِنْقَرٍ فى بيت مَكْرُمة * والغصن[5] ينبت حوله الغصن[6]
خطباء[7] حين يقول قائلهم * بيض الوجوه اعفّة لُسُنُ
لا يفطنون لعيب جارهم * وهم لحفظ[8] جواره فُطُنُ،

ثم اقبل على القاتل فقال قتلت قرابتك وقطعت رحمك وأقللت عددك لا يبعد الله غيرك، وفى قيس بن عاصم يقول عبدة بن الطبيب اسلامىّ

عليك سلام الله قيس بن عاصم * ورحمته ما شاء ان يترحّما
تحيّة من البسته منك نعمةً * اذا زار عن شحط بلادك سلّما
وما كان قيس هُلْكه هُلْكَ واحد * ولكنّه بنيان قوم تهدّما،

وقال الأحنف لقد اختلفنا الى قيس بن عاصم فى الحلم كما نختلف الى الفقهاء فى الفقه، شتم رجل الأحنف وجعل يتبعه حتى بلغ حيّه فقال الأحنف يا هذا ان كان بقى فى نفسك شىء فهاته وانصرف لا

---

1 C اخاه   2 Ğāhiz Bajān I 89 19–22   3* G يعترى خلقى   4 G يفنده   5 G والاصل C والغصن   6 C اغصن   7 G مصاقع   8 G لحسن

بسمعك بعض سفهائنا فتلقى ما نكره، فشتم رجل الحسن وأربى عليه فقال له ما انت فما ابقيت شيئا وما يعلم الله اكثر، قال بعض الشعراء

لن يدرك المجد اقوام وإن كرموا * حتى يذلّوا وإن عزّوا لأقوام

ويُشتَموا فترى الألوان مسفرة * لا صَفْحَ ذلّ ولكن صفحُ أحلام،

قال ابو حاتم عن الأصمعيّ قال لا يكاد يجتمع عشرة الا وفيهم مقبل وأكثر ويجتمع الف ليس فيهم حليم، ابن عيينة قال كان عروة بن الزبير اذا اسرع اليه رجل بشتم او قول سيّء لم يجبه وقال انّي لأتركك رفعا لنفسي عنك فجرى بينه وبين عليّ بن عبد الله كلام فأسرع اليه فقال له عليّ خفّض عليك انّما الرجل فأدنى انوكك اليوم ثم كنت تترك له الناس، قال حدّثني ابو حاتم عن الأصمعيّ قال قال رجل لمثل هذا اليوم كنت ادع الفحش على الرجال فقال له خصمه فانّي ادع الفحش عليك اليوم لما تركته انت له قبل اليوم، وأغلظ عبد لسيّده فقال انّي اصبر لهذا الغلام على ما ترون لأروض نفسي بذلك فإذا صبرتُ للمملوك على المكروه كانت لغير المملوك اصبر، كلّم عمر بن عبد العزيز رجلا من بني امية قد ولدته نساء بني مُرّة فعاب عليه جفاء رآه منه فقال قبّح الله شبها غلبك ذا من بني مُرّة وبلغ ذلك عقيل بن عُلّفة المُرّي وهو بجَنَفاء من المدينة على اميال في بلد بني مرّة فركب حتّى قدم على عمر وهو بدير سمعان فقال هيه يا امير المؤمنين بلغني انّك غضبت على فتى من بني ابيك فقلت قبّح الله شبها غلب عليك من بني مرّة وانّي اقول قبّح الله ألأم طرفيه فقال عمر دع ويحك هذا وهات حاجتك فقال والله ما لي حاجة غير حاجة وولّى راجعا من حيث جاء فقال عمر يا سبحان الله من رأى مثل هذا

الشيخ جاء من جنفاء لبس الا يشتمنا ثمّ انصرف فقال له رجل من بني مرّة انّه والله يا امير المؤمنين ما شتمك وما شتم الا نفسه نحن والله الأمر طرفيه، المدائنيّ قال لمّا عزل الحجّاج اميّة بن عبد الله عن خراسان امر رجلا من بني تميم فعابه بخراسان وشنّع عليه فلمّا قفل لقيه التميميّ فقال اصلح الله الأمير لا تلمني فإنّي كنت مأمورا فقال يا اخا بني تميم اوحدّثتك نفسك انّي وجدت عليك قال قد ظننت ذاك قال انّ لنفسك عندك قدرا، كان يقال طرّروا دماء الشباب في وجوههم، ويقال الغضب غول الحلم، ويقال القدرة تذهب الحفيظة، وكتب كسرى ابرويز الى ابنه شيرويه من الحبس انّ كلمة منك تسفك دما وإنّ كلمة اخرى منك تحقن دما وإنّ سخطك سُيوفك مسلولةٌ على من سخطت عليه وإنّ رضاك بركة مستفيضة على من رضيت عنه وإنّ نفاذ امرك مع ظهور كلامك فاحترس في غضبك من قولك ان يخطئ ومن لونك ان يتغيّر ومن جسدك ان يخفّ وإنّ الملوك تعاقب قدرة وحزما وتعفو تفضّلا وحلما ولا ينبغي للقادر ان يُستخفّ ولا للحليم ان يزهو وإذا رضيت فأبلغ بمن رضيت عنه يحرص من سواه على رضاك وإذا سخطت فضع من سخطت عليه يهرب من سواه من سخطك وإذا عاقبت فأنهك لئلا يتعرّض لعقوبتك واعلم أنّك تجلّ عن الغضب وأنّ غضبك يصغر عن ملكك فقدّر لسخطك من العقاب كما تقدّر لرضائك من الثواب، قال محمّد ابن وهيب

لَئِنْ كنتُ محتاجا الى الحلم إنّني * الى الجهل في بعض الأحايين احوجُ
ولي فرس للحلم بالحلم مُلْجَمٌ * ولي فرس للجهل بالجهل مُسْرَجُ

فمن رام تقويمى فإنّى مقوَّمٌ * ومن رام تعويجى فإنّى معوَّجُ
وما كنت ارضى الجهل خِدْنا وصاحبا * ولكنّنى ارضى به حين أُحْرَجُ
الا ربّما ضاق الفضاء بأهله * وامكن من بين الأسنّة مخرج
وإن قال بعض الناس فيه سماجة * فقد صدقوا والذلّ بالحرّ اسمجُ ،

وقال ابن المقفع لا ينبغى للملك ان يغضب لأنّ القدرة من وراء حاجته ولا يكذب لأنّه لا يقدر احد على استكراهه على غير ما يريد ولا يبخل لأنّه لا يخاف الفقر ولا يحقد لأنّ خَطَره قد جلّ عن المجازاة ، قال سويد بن الصامت[1]

انّى اذا ما الأمر بيّن شكّه * وبدتْ بصائره لمن يتأمّل
ادع التى هى ارفق الحالات بى * عند الحفيظة للتى هى اجمل ،

اتى عمر بن عبد العزيز رجل كان واجدا عليه فقال لولا انّى غضبان لعاقبتك وكان اذا اراد ان يعاقب رجلا حبسه ثلثة ايّام فإذا اراد بعد ذلك ان يعاقبه عاقبه كراهة ان يعجل عليه فى اوّل غضبه وأسمعه رجل كلاما فقال له اردت ان يستفزّنى الشيطان بعزّ السلطان فأنال منك اليوم ما تناله من غد انصرفْ رحمك الله ، قال لقمان الحكيم ثلث من كُنّ فيه فقد استكمل الإيمان من اذا رضى لم يخرجه رضاه الى الباطل وإذا غضب لم يخرجه غضبه من الحقّ وإذا قدر لم يتناول ما ليس له وقال لابنه *ان اردت[2] ان تؤاخى رجلا فأغضبه فإن انصفك فى غضبه وإلّا فدعه ، خطب معٰوية يوما فقال له رجل كذبت فنزل مغضَبا فدخل منزله ثمّ خرج عليهم تقطر لحيته ماء فصعد المنبر فقال ايّها الناس إنّ

---

1 Ǧāḥiẓ Bajān II, 120 15 17, 146 12 13   2* Conj., > C

العصب من الشيطان وإنّ الشيطان من النار فاذا غضب احدكم فليطفئه بماء[1] ثمّ اخذ في الموضع الذي بلغه من خطبته ، وفي الحديث المرفوع اذا غضب احدكم فإن كان قائما فليقعد وإن كان قاعدا فليضطجع ، وقال الشاعر

إحذر مغايظ اقوام ذوي أَنَفٍ ، انّ المغيظ جهول السيف مجنون ،

وقال عمر بن عبد العزيز متى اشفي غيظي أحين اقدر فيقال لي لو[2] عفوت او حين اعجز فيقال لي لو صبرت ، والعرب تقول انّ الرثيئة ممّا يفثأ الغضب والرثيئة اللبن الحامض يُصبّ عليه الحليب وهو اطيب اللبن ، كان المنصور ولّى سَلْم بن قتيبة البصرة وولّى مولى له كور البصرة والأُبُلّة فورد كتاب مولاه انّ سَلْمًا ضربه بالسياط فاستشاط المنصور وقال عليّ تجرّأ[3] سلم لأجعلنّه نكالا فقال ابن عياش وكان جريئا عليه يا امير المؤمنين انّ سلما لم يضرب مولاك بقوّته ولا قوّة ابيه ولكنّك قلّدته سيفك وأصعدته منبرك فأراد مولاك ان يطأطئ منه ما رفعت ويفسد ما صنعت فلم يحتمل ذلك يا امير المؤمنين إنّ غضب العربيّ في رأسه فاذا غضب لم يهدأ حتى يخرجه بلسان او يد وإنّ غضب النبطيّ في استه فاذا غضب خرئ ذهب غضبه فضحك ابو جعفر وقال فعل الله بك يا منتوف وفعل فكفّ عن سلم ، كان يقال اتّق وعرة الغضب فإنّها مصيّرتك الى ذلّ الاعتذار قال بعض الشعراء

الناس بعدك قد خفّت حلومهم * كأنّها نفخت فيها الأعاصير ،

ابو بكر بن عياش عن الأعمش قال كنت مع رجل فوقع في ابراهيم

---

1 C باما　　2 > C　　3 C تجرى

فأتيت ابراهيم فأخبرته فقلت والله لهممت به فقال لعلّ الذى غضبت له لو سمعه لم يفعل شيئًا ✿

باب العزّ والذلّ والهيبة[1]

ابو حاتم عن الاصمعىّ قال حدّثنا عمر بن السكن قال قال سليمان ابن عبد الملك ليزيد بن المهلّب فيمن العزّ بالبصرة فقال فينا وفى حلفائنا[2] من ربيعة، فقال عمر بن عبد العزيز ينبغى ان يكون العزّ فيمن تحالف عليه يا امير المؤمنين، قالت قريبة اذا كنت فى غير قومك فلا تنس نصيبك من الذلّة، قال رجل من قريش لشيخ منهم علّمنى الحلم قال هو يا ابن اخى الذلّ افتصبر عليه، وقال الأحنف ما يسرّنى بنصيبى من الذلّ حُمْرُ النَّعَم فقال له رجل انت اعزّ العرب فقال انّ الناس يرون الحلم ذلًّا فعلت ما قلت على ما يعلمون، وقرأت فى كتاب للهند[3] انّ الريح العاصف تحطم دَوْح الشجر ومشيّد البنيان وتسلم عليه ضعيف النبت للينه وتثنّيه، ويقال فى المثل[4] تطأطأ لها تُخْطِئْك[5]، وقال زيد ابن علىّ بن الحسين حين خرج من عند هشام مغضبا ما احبّ احد قطّ الحيوة الّا ذلّ وتمثّل[6]

شرّده الخوف وأزرى به * كذاك من يكره حرّ الجلاد
منخرق الخُفّين يشكو الوَجَا * تنكبه اطراف مَرْوٍ حداد[7]
قد كان فى الموت له راحة * والموت حَتْمٌ فى رقاب العباد

---

1 C والهيئة 2 C حلفائنا 3 Cf. de Sacy 193 12-13 4 Maidāni I 71 5 C تحطك 6 Ǧāḥiẓ Bajān I 120 10-12 7 C جلاد

وقال المتلمّس[1]

انّ الهوان [2] حمار البيت يَعرفه[3] * والمرء[4] ينكره والجسرة الأُجُدُ[5]

ولا يقيم بدار الذلّ يعرفها * الاّ الحمار حمار الأهل والوتدُ ،

وقال الزبير بن عبد المطّلب

ولا اقيم بدار لا اشدّ بها * صوتى اذا ما اعتزتنى سورة الغضب ،

وقال آخر

اذا كنت فى[6] قوم عِدًى لست منهمُ * فكل ما عُلِفْتَ من خبيث وطيّبِ ،

وقال العبّاس بن مرداس

أَبْلِغْ ابا سَلْمى رسولا نصيحة * فإن معشرٌ جادوا بعِرْضك فابْخَلِ

وإن بَوّءوك منزلا غير طائل * غليظا فلا تنزل به وتحوّلِ

ولا تطعمن ما يعلفونك انّهم * اتوك على قربانهم بالمثمّلِ

اراك اذا قد صرت للقوم ناضحا * يقال له بالغرب أَدْبِرْ وأَقْبِلِ ،

وقال آخر

فأَبْلِغْ لديك بنى مالك * على نأيها وسَراة الرِّباب

بأنّ أمْرءًا انتمُ حوله * تُحِفّون قُبّته بالقباب

يُهين سَراتكم عامدا * ويقتلكم مثل قتل الكلاب

فلو كنتمُ إبِلًا املحت * لقد نزعت للمياه العذاب

ولكنّكم غنم تُصطفى * ويُترك سائرها للذئاب ،

وقال آخر

---

1 Ed Vollers XII 1,4 2 C الحذوان 3 C نعرفه 4 C والحر, Vollers لاوم 5 C الاحد 6 C من

تالله لولا انكسار الرمح قد علموا * ما وجدونى ذليلا كالذى أخذ
قد يُحْطَمُ الفحلُ قسْرًا بعد عِزته * وقد يُرَدُّ على مكروهه الأسدُ،

وقال بعض العبديّين

الا ابلغا خُلّتى راشدا * وصِنْوى قديما اذا ما اتّصلْ
بأنّ الرغيف يهيج الجليلَ * وأنّ العزيز اذا شاء ذَلّْ
وأنّ الحزم امنه ان تصرفوا * لحيّ سوانا صُدورَ الأسَلْ
فإنْ كنت سيّدنا سُدتنا * وإن كنت للخال فاذهب فخُلْ،

وقال البعيث

ولو تُرى بلُؤم بنى كليب * نجوم الليل ما وضحت لسارى
ولو لبس النهارَ بنو كليب * لدنّس لُؤمُهُمْ وَضَحَ النهار
وما يغدو عزيز بنى كليب * ليطلُبَ حاجةً الّا بجار،

جاور ابن سبّابة مولى بنى اسد قوما فأخّروه فقال لهم لِمَ تؤخّرونى من جواركم فقالوا انت مريب فقال فمن اذلّ من مريب ولا احسن جوار،
ابو عبيدة عن عوانة قال اذا كنت من مضر ففاخر بكنانة وكاثر بتميم وألق بقيس واذا كنت من قحطان فكاثر بقضاعة وفاخر بمذحج وألق بكلب واذا كنت من ربيعة ففاخر بشيبان وألق بشيبان وكاثر بشيبان،
كان يقال من اراد عزّا بلا عشيرة وهيبة بلا سلطان فليخرج من ذلّ معصية الله الى عزّ طاعة الله، قيل لرجل من العرب من السيّد عندكم قال الذى اذا اقبل هِبْناه واذا ادبر اغتبناه، ونحوه قول مسلم

وكم من مُعِدّ فى الضمير لِىَ الأذى * رآنى فألقى الرعبَ ما كان أضمرا،

وقال ايضا

يا أيّها الشاخص عِرْضى مسارقةً * أَعْلِنْ به انت ان اعلمته الرجلُ ؛

ومن احسن ما قيل في الهيبة[1]

في كفّه خيزرانٌ ريحها عَبِقٌ * وكفّ اروع في عرنينه شَمَمُ

يُغْضِى حياءً ويُغْضَى من مهابته * فما يُكلَّم الّا حين يَبْتَسِمُ ؛

وقال ابن هرمة في المنصور

له لحظاتٌ ـــ ٮ ـــ[2] في سريره * اذا كرّها فيها عقاب ونائلُ

فأُمُّ الّذى آمنتَ آمِنةُ الردى * وأُمُّ الّذى اوعدت بالثُّكْل ثاكلُ

كريم له وجهان وجهٌ لدى الرِضا * اسيل ووجه في الكريهة باسلُ

وليس بمعطى العفو عن غير قدرة * ويعفو اذا ما امكنه المعدلُ ؛

وقال آخر في العفو بعد القدرة

أَشَدّ على اعدائه * ما ان يلين ولا يهونُ

فاذا تمكّن منهمُ * فهناك احلم ما يكونُ ؛

وقال آخر في مُلك بن انس

يأبى الجوابَ فما يراجع هيبة * والسائلون نواكس الأذقانِ

هَدْيُ التَّقِيِّ وعزُّ سلطان التُّقى * فهو المطاع وليس ذا سلطانِ ؛

وقال آخر

واذا الرجال رأوا يزيد رأيتهم * خضع الرقاب نواكس الأبصارِ ؛

وقال ابو نواس[3]

اضمُرُ في القلب عتابا له * فان بدا أُنسيتُ من هيبته ؛

---

1 Ǧāḥiẓ Bajān I 140 mit noch 3 Versen   2 ?, C عزحفاى (so)
3 Ed Cairo 1277 p 231 2

المدائنىّ قال قال ابن شبرمة القاضى لابنه يا بنىّ لا تمكّن الناس من نفسك فإنّ أجرأ الناس على السباع اكثرهم لها معاينة، قيل لأعرابىّ كيف تقول استخذأتُ او استخذيتُ قال لا اقوله قيل ولِمَ قال لأنّ العرب لا يستخذى، وكان يقال اصفح او اذبح ۞

باب المروّة

فى الحديث المرفوع قام رجل من مجاشع الى النبىّ صلعم فقال يا رسول الله ألستُ افضل قومى فقال ان كان لك عقل فلك فضل وإن كان لك خُلق فلك مروّة وإن كان لك مال فلك حَسَبٌ وإن كان لك تُقى فلك دين وفيه ايضا إنّ الله يُحبّ معالى الأمور ويكره سفسافها، روى كثير بن هشام عن الحكم بن هشام الثقفىّ قال سمعت عبد الملك بن عمير يقول إنّ من مروّة الرجل جلوسه ببابه، قال الحسن لا دين الاّ بمروّة، قيل لابن هبيرة ما المروّة قال اصلاح المال والرزانة فى المجلس والغداء والعشاء بالفناء، قال ليس من المروّة كثرة الالتفات فى الطريق ولا سرعة المشى، ويقال لعمرو ما الذّ الأشياء فقال عمرو مُرْ احداث قريش ان يقوموا فلمّا قاموا قال اسقاط المروّة، قال جعفر بن محمّد عن ابيه قال قال رسول الله صلعم ورّوا لذى المروّات عن عثراتهم فوالذى نفسى بيده إنّ احدهم ليعثر وإنّ يده لفى يد الله، كان عروة بن الزبير يقول لولده يا بَنِىّ العبوا فإنّ المروّة لا تكون الاّ بعد اللعب، قيل للأحنف ما المروّة فقال المروّة والحرفة، قال محمد بن عمران التيمىّ ما شىء أشدّ حملا علىّ من المروّة قيل وأىّ شىء المروّة قال لا تعمل شيئا فى السرّ تستحيى منه فى

العلانية، وقال زهير في نحو هذا[1]

السِتْرُ دُونَ الفَاحِشَاتِ ولا * يَلْقَاكَ دُونَ ٱلْخَيْرِ مِنْ سِتْرِ،

وقال آخر

فسِرِّى كإِعْلَانى وتلك خليقتى * وظُلْمة ليلى مثل ضوء نهاريا

قال عمر بن الخطّاب تعلّموا العربيّة فإنّها تزيد في المروّة وتعلّموا النسب فربّ رحم مجهولة قد وُصلت بنسبها، قال الأصمعيّ ثلثة[2] تحكم لهم بالمروّة حتى تُعْرَفوا رجل رأيته راكبا وسمعته يُعْرِب او شممت منه رائحة طيّبة وثلثة تحكم عليهم بالدناءة حتّى تُعْرَفوا رجل شممت منه رائحة نبيذ في محفل او سمعته يتكلّم في مصر عربيّ بالفارسيّة او رأيته على ظهر الطريق ينازع في القدر، قال ميمون بن ميمون أوّل المروّة طلاقة الوجه والثانى التودّد والثالث قضاء الحوائج وقال من فاته حسب نفسه لم ينفعه حسب ابيه، قال مسلمة بن عبد الملك مروّتان ظاهرتان الرياسة والفصاحة، وقال عمر بن الخطّاب المروّة الظاهرة الثياب الطاهرة، قالوا كان الرجل اذا اراد ان يشين جاره طلب الحاجة الى غيره، وقال بعض الشعراء

نوم الغداة وشرب بالعشيّات * موكّلان بتهديم المروّات ☆

باب اللباس

حدّثنى محمّد بن عبيد قال حدّثنا ابن عيينة عن ابراهيم بن ميسرة عن طاوس عن ابن عبّاس قال كُلْ ما شئت والبس ما شئت اذا اخطأتك

---

1 Ahlw. 419   2 C ثلث

شيئان سرف او مخيلة ، قال حدّثنى يزيد بن عمرو قال حدّثنا المنهال ابن حمّاد عن خارجة بن مصعب عن عبد الله بن ابى بكر بن حزم عن ابيه قال كانت ملحفة رسول الله صلعم التى يلبس فى اهله مورّسة حتّى انّها لتردع على جلده ، حدّثنى ابو الخطّاب قال حدّثنا ابو عتّاب قال حدّثنا المختار بن نافع عن ابراهيم التيميّ عن ابيه عن علىّ قال رأيت لعمر بن الخطّاب رضى الله عنهما ازارا فيه احدى وعشرون رقعة من أَدَم ورقعة من ثيابنا ، حدّثنا الزيادىّ قال حدّثنا عبد الوارث ابن سعيد عن الجريرىّ عن ابن عبّاس قال رأيت عمر بن الخطّاب يطوف بالبيت وازاره مرقوع بأَدَم ، نظر معوية الى النخّار العذرىّ الناسب فى عباءة فازدراه فى عباءة فقال يا امير المؤمنين انّ العباءة لا تكلّمك وانّما يكلّمك من فيها ، قال سُحيم بن وثيل

أَلا ليس زين الرَّحْل قطعا يمزّق * ولكنّ زينَ الرحل يَأْمُرُ راكبُهُ

وقال آخر

إيّاك ان تزدرِى ٱلرجال فما * يدريك ماذا تكُنّه الصَّدَفُ
نفس الجواد العتيق باقية * يوما وإن مسّ جسمَهُ العَجَفُ
والحُرُّ حُرٌّ وإنْ ألمّ به * الضرّ وفيه العفافُ والأَنَفُ ،

وقال آخر من المحدثين[1]

تعجّبتْ دُرُّ من شيبى فقلتُ لها * لا تعجبى قد يلوح الفجر فى السَّدَفِ
وزادها عجبا ان رُحْتُ فى سَمَلٍ * وما درت دُرُّ انّ الدُّرَّ فى الصَّدَفِ

حدّثنى ابو حاتم عن الأصمعىّ انّ ابن عون اشترى برنسا من عمر بن

---

1 C المجدبين

انس بن سيرين فمرّ على معاذة العدوية فقالت امثلك يلبس هذا قال فذكرت ذلك لابن سيرين فقال الا اخبركم أنّ تميما[1] الدارمىّ[2] اشترى حلة بألف فصلّى فيها ، حدّثنى احمد بن الخليل قال حدّثنا مصعب بن عبد الله من ولد عبد الله بن الزبير عن ابيه قال اخبرنى اسماعيل بن عبد الله بن جعفر عن ابيه قال رأيت رسول الله صلعم عليه ثوبان مصبوغان بالزعفران رداء وعمامة ، حدّثنى محمد بن عبيد قال حدّثنا علىّ بن عاصم قال اخبرنا ابو اسحق الشيبانىّ قال رأيت محمد ابن الحنفيّة واقفا بعرفات على برذون عليه مطرف خزّ اصفر ، حدّثنى الرياشىّ عن الأصمعىّ عن حفص بن العرافصة قال ادركت وجوه اهل البصرة شقيق بن ثور فمن دونه وآنيتهم فى بيوتهم الجفان والعسسة فاذا قعدوا بأفنيتهم لبسوا الأكسية واذا اتوا السلطان ركبوا ولبسوا المطارف ، قدم حمّاد بن ابى سليمان البصرة فجاءه فرقد السبخىّ وعليه ثياب صوف فقال حمّاد ضع نصرانيّتك هذه عنك فلقد رأيتنا ننتظر ابراهيم فيخرج علينا وعليه معصفرة ونحن نرى انّ الميتة قد حلّت له ، وروى زيد بن الحُباب عن الثورىّ عن ابن جريج عن عثمان بن ابى سليمان انّ ابن عبّاس كان يرتدى رداء بألف ، قال معمر رأيت قميص ايّوب يكاد يمسّ الأرض فكلّمته فى ذلك فقال انّ الشهرة فيما مضى كانت فى تذييل القميص وانّها اليوم فى تشميره ، حدّثنى ابو حاتم عن الأصمعىّ قال اخبرنى بعض اصحابنا قال جاء ستّار ابو الحكم الى مالك بن دينار فى ثياب اشتهرها مالك فقال له مالك ما هذه الشهرة فقال له

---

1 C تميم   2 C الدارى

سيّار أتضعني عندك ام ترفعني قال بل نضعك قال اراك تنهاني عن التواضع فنزل مُلك فقعد بين يديه ، قال ابو يعقوب الخُرَيميّ اراد جعفر ابن يحيى يوما حاجة كان طريقه اليها على باب الأصمعيّ فدفع الى خادم كيسا فيه الف دينار وقال انّي سأنزل في رجعتي الى الأصمعيّ وسيحدّثني ويُضحكني فاذا ضحكت فضع الكيس بين يديه فلمّا رجع ودخل عليه رأى حُبّاء[1] مكسور الرأس وجرّة مكسورة العنق وقصعة مشعّبة وجفنة اعشارا ورآه على مصلّى بالٍ وعليه برّكان اجرد فغمز غلامه ان لا يضع الكيس بين يديه ولم يدع الأصمعيّ شيئا ممّا يضحك الثكلان الّا اورده عليه فما تبسّم وخرج فقال لرجل كان يسايره من استرعى الذئب ظلم ومن زرع سبخة حصد الفقر انّي والله لو علمت انّ هذا يكتم المعروف بالفعل لما حفلت نشره له باللسان واين يقع مدح اللسان من مدح آثر الغنى لأنّ اللسان قد يكذب والحال لا تكذب ولله درّ نُصيب حيث يقول

فعاجوا فأثنوا بالذى انت اهله * ولو سكتوا اثنت عليك الحقائب

ثم قال له اعلمت ان ناووس ابرويز امدح لأبرويز من شعر زهير لآل سنان ، قال ربيعة بن ابى عبد الرحمٰن رأيت مشيخة بالمدينة فى زيّ الفتيان لهم الغدائر وعليهم المورّد والمعصفر وفى ايديهم المخاصر وبهم اثر الحِنّاء ودين احدهم ابعد من الثريّا اذا اريد دينه ، ذمّ ابن التوءم رجلا فقال رأيته مشمّر النعل درن الجورب مغضّن الخفّ دقيق الجِرابة[2] ، انشد ابن الأعرابيّ

---

1 C حبا 2 ?. Conj., C الحربان, als ob الجُرُبّان gemeint wäre, wozu aber دقيق nicht passt

فإن كنت قد أُعطِيتَ خزًّا تجرّه * تبدّلتَه من فروه وإهاب
فلا تأيسنْ ان تملك الناس إنّنى * ارى أُمّة قد ادبرت لذهابِ ،

قال ايّوب يقول الثوب أطوِنى اجملك ، هشام بن عروة عن ابيه قال يقول المال ارنى صاحبى اعمّرْ ويقول الثوب اكرمنى داخلا اكرمك خارجا ، ويقال لكلّ شىء راحة فراحة البيت كنسه وراحة الثوب طيّه ، قيل لأعرابىّ انّك تُكثِر لبس العمامة فقال ان عظما فيه السمع والبصر لجدير ان يكنّ من الحرّ والقرّ ، ويقال خُصّى العرب حيطانها وعمائمها تيجانها ، وذكروا العمامة عند ابى الأسود الدؤلىّ فقال جُنّة فى الحرب ومكنّة فى الحرّ والقرّ وزيادة فى القامة وهى بعدُ عادة من عادات العرب ، وقال طلحة بن عبيد الله الدهن يذهب البؤس والكسوة تظهر الغنى والإحسان الى الخادم ممّا يكبت الله به العَدُوّ ، ابو حاتم قال حدّثنا العُتْبىّ قال سمعت اعرابيًّا يقول لقد رأيت بالبصرة برودا كأنّها نُسِجت بأنوار الربيع وهى تروع واللابسوها أروع ، قال يحيى بن خُلَد للعتّابىّ فى لباسه وكان لا يبالى ما لبس يا أبا علىّ أخزى الله امرءًا رضى ان يرفعه هيئتُه من جماله وماله فانّما ذلك حظّ الأدنياء من الرجال والنساء لا والله حتّى يرفعه اكبراه همّته ونفسه وأصغراه قلبه ولسانه ، وفى الحديث المرفوع إنّ الله اذا انعم على عبد نعمة احبّ ان يرى اثرها عليه ، قال حبيب بن ابى ثابت ان تعزّ فى خَصَفه خير لك من ان تذلّ فى مِطْرف وما افترضتُ من احد خير من ان افترض من نفسى ، قال عمرو بن معدى كرب

ليس الجمال بمئزرٍ * فاعلم وإن رُدِّيتَ بُرْدَا
أنّ الجمالَ معادنٌ * وموارثٌ أَوْرَثْنَ مجدا ،

وقال ابن هرمة

لو كان حولى بنو اميّة لم * ينطق رجال اذا هم نطقوا
ان جلسوا لم تضق مجالسهم * او ركبوا ضاق عنهم الأفق
كم فيهم من اخٍ وذى ثقة * عن منكبيه القميص منخرق
تجهم عوّذ النساء اذا * ما احمرّ تحت القوانس الحدق
فوجهم عند ذاك اندى من * المسك وفيهم لخابط ورق ،

قال حدّثنى احمد بن اسماعيل قال رأيت على[1] الى[2] سعيد المخزومى الشاعر كُرْدوانيّا مصبوغا بسواد فقلت له يأبا سعيد هذا خزّ فقال لا ولكنّه دعىٌّ على دعىٍّ وكان ابو سعيد دعيّا فى بنى مخزوم وفيه يقول ابو البرق

*لمّا تاه[3] على الناس * شريف يأبا سعد
فته ما شئت اذ كنت * بلا اصل ولا[4] جدّ
وانّ حظّك فى النسبـ*ـة بين الحرّ والعبد
وان[5] فاتك المفحـ*ـش فى أمن من الحدّ ،

قال عمر بن عبد العزيز لمؤدّبه كيف كانت طاعتى ايّاك وأنت تؤدّبنى قال أحسن طاعة قال فأطعنى الآن كما كنت اطيعك خذ من شاربك حتّى تبدوا شفتاك ومن ثوبك حتّى يبدوا عقباك ، وكيع قال راح الأعمش الى الجمعة وقد قلب فروة جلدها على جلده وصوفها الى خارج وعلى كتفيه منديل الخوان مكان الرداء ، قال حدّثنى ابو الخطّاب عن ابى

---

1 C علىّ 2 C بن 3 Conj.; C لم يته قط gegen das Metrum
4 C والا 5 C واذا

داؤد عن قيس عن ابن حصين قال رأيت الشعبيّ يعصى على جلد ، قال الأحنف استجيدوا النعال فانّها خلاخيل الرجال ، ابو الحسن المدائنيّ قال دخل محمد بن واسع على قتيبة بن مسلم فى مدرعة صوف فقال له قتيبة ما يدعوك الى لبس هذه فسكت فقال له قتيبة اكلّمك فلا تجيبنى قال اكره ان اقول زهدا فأزكّى نفسى او اقول فقرا فأشكو ربّى ، قال ابن السمّاك لأصحاب الصوف والله ان كان لباسكم هذا موافقا لسرائركم لقد احببتم ان يطّلع الناس عليها وإن كان مخالفا لها فقد هلكتم ، وقال بعض المحدثين يعتذر من اطمار عليه

فما انا الّا السيف يأكل جَفْنَهُ * له حِلْيَةٌ من نفسه وهو عاطل ،

المختتم ،

قال حدّثنى ابو الخطّاب زياد بن يحيى الحسّانيّ قال حدّثنا عبد الله بن ميمون قال حدّثنا جعفر بن محمّد عن ابيه عن جابر بن عبد الله انّ النبيّ صلعم تختّم فى يمينه ، قال حدّثنى ابو الخطّاب قال حدّثنا سهل بن حمّاد قال حدّثنا ابو خلدة خالد بن دينار قال سألت ابا العالية ما كان نقش خاتم النبيّ صلعم قال صدق الله قال فألحق الخلفاء بعد صدق الله محمد رسول ، قال ابو الخطّاب حدّثنا عتّاب قال حدّثنا سالم بن عبد الأعلى عن نافع عن ابن عمر أنّ النبيّ صلعم كان اذا اراد ان يذكر الشىء اوثق فى خاتمه خيطا ، حدّثنى ابو الخطّاب قال حدّثنا عبد الله بن ميمون قال حدّثنا جعفر بن محمّد عن ابيه أنّ خاتم علىّ كان من ورق نقشه نِعْمَ القادر الله ، كان على خاتم علىّ بن

الحسين بن علىّ علمت فاعمل، كان نقش خاتم طلحة بن عبيد الله ابن علىّ تبارك من نُجرى يأتى له عبد، ونقش خاتم شريح الخاتم خير من الظنّ، ونقش خاتم طاهر وضع الخدّ للحقّ عزّ، وكان لأبى نواس خاتمان احدهما عقيق مربّع وعليه

تعاظمنى ذنبى فلمّا قرنته * بعفوك ربّى كان عفوك اعظما

والآخر حديد صينىّ مكتوب عليه الحسن يشهد ان لا اله الّا الله مخلصا فاوصى عند موته ان يقلع الفصّ ويغسل ويجعل فى فمه ❀

باب الطيب

قال حدّثنا محمد بن عبيد قال حدّثنا سفيان بن عيينة عن عاصم الأحول عن ابى عثمان النهدىّ قال قال رسول الله صلعم خير طيب الرجال ما ظهر ريحه وخفى لونه وخير طيب النساء ما ظهر لونه وخفى ريحه، حدّثنا القطعىّ قال حدّثنا بشر عن ابن لَهيعة قال حدّثنى بكير عن نافع انّ ابن عمر كان يستجمر بعود غير مطرّى ويجعل معه الكافور ويقول هاكذا كان رسول الله يستجمر، قال حدّثنا زياد بن يحيى قال حدّثنا زياد بن الربيع عن يونس قال قال ابو قلابة كان ابن مسعود اذا خرج الى المسجد عرف جيرانه ذاك بطيب ريحه، حدّثنى القومسىّ قال حدّثنا ابو نعيم عن شعبة عن الأعمش قال قال ابو الضحى رأيت على رأس ابن الزبير من المسك ما لو كان لى كان رأس مال، قال حدّثنى ابو الخطّاب قال حدّثنا ابو قتيبة وأبو داود عن الحسن بن زيد الهاشمىّ عن ابيه قال رأيت ابن عبّاس حين احرم والغالية على صلعته

كأنّها الربّ، قال حدّثنى احمد بن الحلبل عن عمرو بن عون عن خلد عن عمرو بن يحيى عن محمّد بن يحيى بن حيّان قال كان عبد الله بن زيد يتخلّق بالخلوق ثمّ يجلس فى المجلس، وحدّثنى ايضا عن سويد ابن سعيد عن ضمّام بن اسماعيل عن عمارة بن غزيّة قال لمّا اولم[1] عمر بن عبد العزيز بفاطمة بنت عبد الملك اسرج فى مسارجه تلك الليلة الغالية، قال وحدّثنى عن ابى عبد الرحمٰن المقرئ عن سعيد ابن ابى ايّوب عن عبيد الله بن ابى جعفر عن الأعرج قال قال ابو هريرة قال النبىّ صلعم لا تردّوا الطيب فانّه طيّب الريح خفيف المحمل، قال حدّثنى زيد بن اخزم قال حدّثنا ابو داود قال حدّثنا انس بن مالك قال حدّثنا عبد الرحمٰن بن الأسود عن ابيه عن عائشة قالت كأنّى انظر الى وبيص الطيب فى مفارق رسول الله عمّ وهو محرم، ابراهيم بن الحكم عن ابيه قال عكرمة كان ابن عبّاس يطلى جسده بالمسك فاذا مرّ بالطريق قال ابن عبّاس[2] امرّ ابن عبّاس ام مرّ المسك، قال المسيّب بن علس[3] يمدح بنى شيبان

تبيت الملوك على عَتْبها * وشيبان ان غضبت تعتُب
وكالشُّهْد بالراح احلامهم * وأحلامهم منهما اعذب
وكالمسك تُرْبُ مقاماتهم * وترب قبورهم اطيبُ،

اخذه العبّاس بن الأحنف فقال

وأنت اذا ما وطئتَ الترا * بَ صار ترابك للناس طيبا،

وقال كعب بن زهير يمدح قوما

1 > C 2 So! 3 C غَلَس

المُطْعِمون اذا ما أَزْمةٌ أَزِمتْ   والطيّبون ثيابا كلّما عرقوا

وانشد ابن الأعرابيّ

خَوْدٌ[1] يكون بها القليل تمسّه * من طيبها عَبَقًا يطيب ويكثر

شَكَرَ الكرامةَ جلدُها وصفاتها * إنّ القبيحة جلدها لا يشكر،

حدّثني ابو حاتم عن الأصمعيّ قال ذُكِر لأيّوب هؤلاء الذين يتقشّفون فقال ما علمت ان القذر من الدين،

باب المجالس والجلساء والمحادثة

قال حدّثني احمد بن الخليل عن حبّان بن موسى قال حدّثنا ابن المبارك عن معمر عن سهيل عن ابيه عن ابي هريرة قال قال رسول الله صلعم الرجل احقّ بمجلسه اذا قام لحاجة ثمّ رجع، وحدّثني ايضا عن سعيد بن سليمان عن اسحٰق بن يحيى عن المسيّب بن رافع عن عبد الله بن يزيد الخَطْميّ عن عبد الله بن الغسيل قال قال رسول الله صلعم المرء احقّ بصدر بيته وصدر دابّته وصدر فراشه وأحقّ ان يؤُمّ في بيته، قال حدّثني محمد بن عبيد قال حدّثنا ابن عيينة عن عمرو بن دينار عن ابي جعفر محمد بن عليّ قال أُلقي لعليّ وسادة فجلس عليها وقال انّه لا يأبى الكرامة الّا حمار، وفي الحديث المرفوع عن ابي موسى قال قال رسول الله صلعم مثل الجليس الصالح مثل الداريّ ان لم يُحذِك من طيبه علقك من ريحه ومثل جليس السوء مثل الكير ان لم يُحْرِقك بشرار ناره علقك من نَتْنه، قال ابو إدريس[2] الخولانيّ المساجد مجالس الكرام،

---

1 C خور   2 C ادريس

قال الأحنف طيب المجالس ما سافر فيه البصر واتّدع فيه البدن فأخذه علىّ بن الجهم فقال[1]

صحون تسافر فيها العيون * وتحسر عن بعد اقطارها،

وقال المهلّب خير المجالس ما بعد فيه مدى الطرف وكثرت فيه فائدة الجليس، قيل للاوسيّة[2] اىّ منظر احسن فقالت قصور بيض فى حدائق خضر، ونحوه قول عدىّ بن زيد

كدمى العاج فى المحاريب او كالـ * ـبيض فى الروض زهره مستنير،

حدّثنا سهل بن محمد قال حدّثنا الأصمعىّ قال كان الأحنف اذا اتاه انسان اوسع له فإن لم يجد موضعا تحرّك ليريه انّه يوسع له وكان آخر لا يوسع لأحد ويقول تَهْلان ذو الهضاب ما يتحلحل، قال ابن عبّاس لجليسى علىّ ثلث ان ارميه بطرفى اذا اقبل وأن أُوسع له اذا جلس وأُصغِىَ اليه اذا تحدّث، وقال الأحنف ما جلست مجلسا فخفت ان أُقامَ عنه لغيرى، وكان يقول لان أُدعى من بعيد فأُجيبَ احبُّ الىّ من ان اقصى من قريب، كان القعقاع بن شور اذا جالسه رجل فعرفه بالقصد اليه جعل له نصيبا فى ماله واعانه على عدوّه وشفع له فى حاجته وغدا اليه بعد المجالسة شاكرا، وقسم معوية يوما آنية فضّة ودفع الى القعقاع حظّه منها فآثر به القعقاع اقرب القوم اليه فقال

وكنت جليس قعقاع بن شور * ولا يشقى بقعقاع جليس

ضحوك السنّ ان نطقوا بخيرٍ * وعند الشرّ مطراق عَبوسُ،

كان يقال اتاك وصدر المجلس فانّه مجلس قُلْعة، قيل لمحمّد بن واسع

---

1 S S ٣٦٣ 3 — 2 Ğāḥiẓ Bajān I 21 apu-u

الا تجلس متّكئا فقال تلك جِلسة الآمنين، قال عمرو بن العاص ثلثة لا املّهم جليسي ما فهم عنّي وثوبي ما سترني ودابّتي ما حملت رحلي، وزاد آخر وامرأتي ما احسنت عشرتي، ذكر رجل عبد الملك بن مروان فقال انّه لآخذ بأربع تارك لأربع آخذ بأحسن الحديث اذا حَدّث وبأحسن الاستماع اذا حُدّث وبأحسن البِشر اذا لُقي وبأيسر المؤونة اذا خولف وكان تاركا لمحادثة اللئيم ومنازعة اللجوج ومماراة السفيه ومصاحبة المأبون، كان رجل من الأشراف اذا اتاه رجل عند انقضاء مجلسه قال انّك جلست الينا على حين قيام منّا افتأذن، قال الفُضيل بن عياض للثوريّ دلّني على من اجلس اليه قال تلك ضالّة لا توجد، قال مطرّف لا تطعم طعامك من لا يشتهيه يريد لا تقبل بحديثك على من لا يقبل عليك بوجهه، وقال سعيد بن سلم اذا لم تكن المحدِّث او المحدَّث فانهض، ونحوه قول ابن مسعود حدِّث القومَ ما حدجوك بأبصارهم، قال زياد مولى عيّاش بن ابي ربيعة دخلت على عمر بن عبد العزيز فلمّا رآني زحل عن مجلسه وقال اذا دخل عليك رجل لا ترى لك عليه فضلا فلا تأخذ عليه شرف المجلس، وقال ابن عبّاس ما احد اكرم عليّ من جليسي انّ الذباب يقع عليه فيشقّ عليّ، ذكر الشعبيّ قوما فقال ما رأيت مثلهم اشدّ تنابذا في مجلس ولا احسن فهما عن محدّث، قال سليمان بن عبد الملك قد ركبنا الفارِه ووطئنا الحسناء ولبسنا الليّن وأكلنا الطيّب حتّى اجِمْنا ما انا اليوم الى شيء احوج منّي الى جليس اضع عنّي مؤونة التحفّظ فيما بيني وبينه، روى ابن ابي ليلى عن حبيب بن ابي ثابت عن يحيى بن جعدة قال قال عمر بن الخطّاب لولا ان اسير في سبيل الله او اضع جبهتي في التراب لله

او اجالس قوما يلتقطون طيّب القول كما يلتقط طيّب التمر لأحببت ان اكون قد لحقت بالله، قال عامر بن عبد قيس ما آسى على شيء من العراق الّا على ظماء الهواجر وتجاوب المؤذّنين واخوان لى منهم الأسود ابن كلثوم، وقال آخر ما آسى من البصرة الّا على ثلث رطب السكّر وليل الخزين وحديث بن ابى بكرة، وقال المغيرة كان يجالس ابراهيم صيرفىّ ورجل منهم يرى رأى الخوارج فكان يقول لنا لا تذكروا الربا اذا حضر هذا ولا الأهواء[1] اذا حضر هذا، وكان امام مسجد الحرام لا يقول[2] تَبَّتْ يَدَا أَبِى لَهَبٍ الّا عند ختم القرآن فى شهر رمضان من أجل اللّهبيّين، كان يقال محادثة الرجال تُلقح البابها، كان بعض الملوك فى مسير له ليلا فقال لمن حوله انّه لا يُقطع سرى الليل بمثل الحديث فيه فليفتضّ كلّ رجل منكم بنا جوشا منه، قال معاوية لعمرو بن العاص ما شيء من لذّة الدنيا تلذّه قال محادثة اهل العلم وخبر صالح يأتينى من ضيعتى، قال ابو مسهر ما حدّثت رجلا قطّ الّا حدّثنى اصغاؤه أَفَهِمَ ام ضيّع ☆

باب الثقلاء

قال ابراهيم اذا علم الثقيل انّه ثقيل فليس بثقيل، كان يقال من خاف ان يثقل لم يثقل، قيل لأيّوب ما لك لا تكتب عن طاوس فقال جئته فوجدته بين ثقيلين ليث بن ابى سليم وعبد الكريم بن ابى اميّة، قال الحسن قد ذكر الله الثقيل فى كتابه[3] قال فَإِذَا طَعِمْتُمْ فَٱنْتَشِرُوا، كان ابو هريرة اذا استثقل رجلا قال اللهمّ اغفر له وأَرِحْنا منه، وكتب رجل على خاتمه أَبْرَمتَ فقم فكان اذا جلس اليه ثقيل ناوله ايّاه، قال

1 C الاهو   2 Süre 112 1   3 Süre 33 53

بختيشوع للمأمون لا تجالس الثقلاء فانّا نجد فى الطبّ مجالسة الثقيل حمّى الروح، قال بعض الشعراء

انى اجالس معشرا * نوكى أخفّهم ثقيل
قوم اذا جالستهم * صدئت بقربهم العقول
لا يُفْهِمونى قولهم * ويَدِقّ عنهم ما اقول
فهم كثير بى وأعـــلَمُ أنّنى بهم قليل،

اخبرنا النوشجانىّ عن عمر بن سعيد القرشىّ قال حدّثنى صدقة بن خلد قال اتيت الكوفة فجلست الى ابى حنيفة فقام رجل من جلسائه فقال يا الفيل تحمله ميّتا بأثقل من بعض جُلّاسنا ما حملت عنه شيئا، مرّ رجل بصديق له ومعه رجل ثقيل فقال له كيف حالك فقال

وقائل كيف انت قلتُ له * هذا جليسى كما ترى حالى،

وقال بشّار

ربّما يثقل الجليس وإن كا * ن خفيفا فى كفّة الميزانِ
ولقد قلت حين وتّد فى الأ * رض ثقيلٌ اربى على ثهلانِ
كيف لم تحمل الأمانةَ[1] ارضٌ * حملت فوقها ابا سفيانِ،

وقال آخر

هل غُرْبة الدار منك مُنْجِيَتى * اذا اغتدت بى قلائص ذُمُلُ
وما اظنّ الفلاة تنجينى * منك ولا الفلك ايّها الرجلُ
ولو ركبت البُراق ادركنى * منك على نأيه دارك الثقلُ
هل لك فيما ملكت نافلة * تأخذه جملة وترتحلُ،

---

1 Vgl. Sûre 33 72

وقال اعرابيّ

كأنّى عند حمزة فى مقامى * الا حُيّيتِ عنّا يا مَدِينَا
يُلينا عنده حتّى كأنّا * ألا اهباء[1] يضحك فامّحينا ،

وقال آخر

تقبيل بطالعنا من أَمَمْ * اذا سرّه رَغْمُ انف أَلَمْ
لطلعته وَخْزَةٌ فى الحشا * كوخز المشارط فى المحاجم
اقول له اذ بدا طالعا * ولا حملته البنا قَدَمْ
فقدتُ خَيالك لا من عَمًى * وأُذنى كلامك لا من صَمَم ،

قال سهيل بن عبد العزيز من ثقل عليك بنفسه وغمّك فى سؤاله فالزمه اذنا صمّاء وعينا عمياء ، وكتب بعض الكتّاب فى فصل من كتابه ما آمن نَزْغ مستمنح حرمته وطالب حاجة رددته ومثابر تقبيل حجبته او منبسط ناب قبضته ومقبل بعنانه علىّ لويت عنه فقد فعلتَ هذا مستحيين وبتعذّر الحال فتثبّتْ رحمك الله ولا تطع كلّ حلّاف مهين ، وقال بعض المحدثين للثخلبل

خرجنا نريد غزاةً لنا * وقينا زياد ابو صعصعهْ
فستّةُ رَهْط به خمسةٌ * وخمسةُ رهط به اربعهْ ،

باب البناء والمنازل

الهيثم بن عدىّ عن مجالد عن الشعبىّ قال قال السائب بن الأقرع لرجل من العجم اخبرنى عن مكان من القرية لا يخرب حتّى استقطع

---

1 C هبى

ذلك الموضع فقال له ما بين الماء الى دار الإمارة فاختطّ المعمى ذلك الموضع قال الهيثم بن عديّ ثبتتُ عندهم فإذا ليلهم بمنزلة النهار، وقال قائل في الدار ليكن أوّلَ ما تبتاع وآخرَ ما تبيع، وقال يحيى بن خالد لابنه جعفر حين اختطّ داره ليبنيها هي قميصك فإن شئت فوسّعه وإن شئت فضيّقه وأتاه وهو يبني داره التي ببغداد بقرب الدور وإذا هم يبيّضون حيطانها فقال اعلم انّك تغطّي الذهب بالفضّة فقال جعفر ليس في كلّ مكان يكون الذهب انفع من الفضّة ولكن هل ترى عيبا قال نعم مخالطتها دور السوقة، دخل ابن التوأم على بعض البصريّين وهو يبني دارا كثيرة الذرع واسعة الصحن رفيعة السَّمْك عظيمة الأبواب فقال اعلم انّك قد ألزمت نفسك مؤونة لا تطاق وعيالا لا تحتمل مثلهم ولا بدّ لك من الخدم والستور والفرش على حسب ما ابتليت به نفسك وإن لم تفعل فقد هجّنت رأيك، وقرأت في كتاب الآيين انه كان يُستقبل بفراش الملك ومجلسه المشرق ويستقبل به مهبّ الصبا وذلك أنّ ناحية المشرق وناحية الصبا توصفان بالعلوّ والارتفاع وناحية الدبور وناحية المغرب توصفان بالسفلة والانخفاض وكان يُستقبل بصدور ايوانات الملك المشرق او مهبّ الدبور ويُستقبل بصدور الخلاء وما شبهه من المقاعد مهبّ الصبا لأنّه يقال انّ استقبال الصبا في موضع الخلاء آمن من سحر السحرة ومن ريح الجِنّة، وكان عمر يقول على كلّ خائن أمينان الماء والطين، ومرّ ببناء يبنى بآجرّ وجصّ فقال لمن هذا قالوا لفلان عامل له فقال تأبى الدراهم الّا ان تُخْرِجَ اعناقها وشاطره ماله، ابو الحسن قال لمّا بلغ عمر انّ سعدا وأصحابه قد بنوا بالمدر قال قد كنت اكره لكم

البنيان بالمدر فأمّا اذ قد تعلّمتم فعرّضوا الحيطان وأطيلوا السَمْك وقاربوا من الخشب، وقيل ليزيد بن المهلّب لِمَ لا تبنى بالبصرة دارا فقال لأنّى[1] لا ادخلها الّا اميرا او اسيرا فإن كنت اسيرا فالسجن دارى وإن كنت اميرا فدار الامارة دارى، وقال الصواب ان تتّخذوا الدور بين الماء والسوق وان تكون الدور شرقيّة والبساتين غربيّة، قال بعض الشعراء

بنو عُمير مجدهم دارهم * وكلّ قوم لهُمْ مَجْدُ،

وقال آخر لابى محمّد اليزيدىّ

قومى خيارٌ غيرَما أنّهم * صَوْلتهم منهم على جارهم
ليس لهم مجد سوى مسجد * به تعدّوا فوق اطوارهم
لو هُدِم المسجد لم يُعْرَفوا * يوما ولم يُسمع بأخبارهم،

وقال رجل من خزاعة[2]

فخرُ المسيّب بالمنارهْ * ومنارهْ يرجا عُمارهْ
فاذا تفاخرت القبا * ئلُ من تميم او فزارهْ
جَعَلَتْ عليك شيوخ ضبّة بالمسيّب والمنارهْ،

مرّ رجل من الخوارج بدار تبنى فقال هذا الذى يقيم كفيلا وقالوا كلّ مال لا يخرج بخروجك ولا يرجع برجوعك ولا ينفعك فى الوجوه بانتقالك فهو كفيلك، وقالت الحكماء من الروم اصلح مواضع البنيان ان يكون على تلّ او كِبْس وندى ليكونَ مطلّا وأحقّ ما جُعلت اليه ابواب المنازل وأفنيتها وكواؤها المشرق واستقبال الصبا فإنّ ذلك اصلح للأبدان

1 C لان   2 C جزاعة   3 C كفيلت

لسرعة طلوع الشمس وضوءها عليهم ، ومن حَسَن التشبيه فى النساء قول علىّ بن الجهم

صُحون تسافر فيها العيون * وتَحْسَرُ[1] عن بُعد اقطارِها
وقبّة مُلْك كأنّ النجو * م تُفْضِى اليها بأسرارها
وفوّارة ثارها فى السماء * فليست تقصّر عن ثارها
اذا أُوقدت نارها بالعراق * أضاء الحجازَ سنا نارها
تَرُدُّ على المُزْن ما انزلت * على الأرض من صوب اقطارها
لها شُرفاتٌ كأنّ الربيع * كساها الرياض بانوارها
فهنّ كمصطحبات[1] خرجن * لِفِصْح النصارى وافطارها
فمِنْ بين عاقصة شعرها * ومصلحة عَقْدَ زُنّارها ،

وقال الوليد بن كعب

بكت دار بشر شَجْوَها ان تبدّلت * هلال بن عَبّاد بمشر بن غالب
وما هى الاّ مثل عِرْسٍ تنقّلت * على رغمها من هاشم فى محارب ،

وقال[3] آخر

الم تر حوشبا امسى يبنّى * قصورا نفعها لبنى بقيلةْ
يؤمّلُ ان يعمّر عمر نوح * وأمْرُ الله يحدث كل ليلةْ ،

كان مُلك بن اسماء يهوى جارية من بنى اسد وكانت تنزل خُصًّا وكانت دار مُلك مبنيّة بآجرّ فقال

يا[4] لَيْتَ لى خُصًّا بجاورها * بَدَلًا بدارى فى بنى أَسَدِ

---

1 C وبحسر   2 C كمصطخبات   3 s o p ٢٥٤ 15. 16, vgl Tab III ١٥٣٠ 4 und dazu Add et Em (de Goeje)   4 Conj , > C

اَلْخَفْضُ فيه تَقَرُّ أَعْيُنُنَا ۰ خَيْرٌ من آلآخِرِ والكَمَدِ

حدّثنى محمّد بن خلد بن خداش عن ابيه قال حدّثنا اسحٰق بن الفرات عن معمر عن الأوزاعى عن يحيى بن ابى كثير قال قال سليمان ابن داود لابنه يا بُنىّ انّ من ضيق العيش شرى الخبز من السوق والنُقلة من منزل الى منزل ، بلغنى انّ رجلا من الزهّاد مرّ فى زورق فلمّا نظر الى بناء المأمون وأبوابه صاح وا عمراه فسمعه المأمون فدعا به فقال ما قلت قال رأيت بناء الأكاسرة فقلت ما سمعتَ قال المأمون ارأيت لو تحوّلتُ من هذه المدينة الى ايوان كسرى بالمدائن هل كان لك ان تعيب تحوّلى عنك قال لا قال فأراك انّما عبت إسرافى فى النفقة قال نعم قال فلو وهبت ثمنه[1] هذا لبناء رجل اكنت تعيب ذلك قال لا قال فلو بنى هذا الرجل ثم كنت اعطيه بدنه اكنت تصيح به كما صحت بى قال لا قال فأراك انّما قصدتنى لخاصّتى فى نفسى لا لعلّة هى فى غيرى ثمّ قال له هذا البناء ضرب من مكايدنا نبنيه ونتّخذ الجيوش ونعدّ السلاح والكراع وما بنا الى اكثره حاجة فلا تعودنّ الى ممسّك عقوبتى فانّ الحفيظة ربّما صرفت ذا الرأى الى هواه فاستعمله ۞

باب المزاح والرخص فيه

قال حدّثنا محمّد بن عبيد عن معٰوية عن ابى اسحٰق عن هشام بن عروة عن ابى سلمة قال اخبرتنى عائشة انّها سابقت رسول الله صلعم فى سفر فسبقته وسابقته فى سفر آخر فسبقها وقال هذه بتلك ، حمّاد

1 C ثمه

ابن سلمة عن ثابت عن ابى رافع قال كان ابو هريرة على المدينة خليفة لمروان فربّما ركب حمارا قد شدّ عليه برذعة وفى رأسه خلبة فيلقى الرجل فيقول الطريق قد جاء الأمير وربّما دعا الى عشائه بالليل فيقول دع العُراق للأمير فانظر فاذا هو ثريد بزيت ، قال حدّثنى محمّد ابن محمّد بن مرزوق عن راشد بن العملت الطاحىّ عن سعيد بن عثمان قال قال الشعبىّ للخيّاط مرّ به عندنا حُبّ مكسور تخيطه فقال الخيّاط ان كان عندك خيوط من ريح ، وحدّثنى بهذا الاسناد قال دخل رجل على الشعبىّ ومعه فى البيت امرأة فقال ايّكم الشعبىّ قال الشعبىّ هذه ، وسئل الشعبىّ عن لحم الشيطان فقال نحن نرضى منه بالكفاف قال ما تقول فى الذبّان قال ان اشتهيته فكله ، قال خالد بن صفوان للفرزدق وكان يمازحه ما انت يا ابا فراس بالذى لمّا رأينه اكبرنه وقطّعن ايديهنّ قال ولا انت يا ابا صفوان بالذى قالت فيه الفتاة لأبيها [1] يَا أَبَتِ ٱسْتَأْجِرْهُ إِنَّ خَيْرَ مَنِ ٱسْتَأْجَرْتَ ٱلْقَوِىُّ ٱلْأَمِينُ ، حمّاد بن زيد عن غالب انّه سأل ابن سيرين عن هشام بن حسّان قال توفّى البارحة اما شعرت فجزع واسترجع فلمّا رأى ابن سيرين جزعه قرأ [2] ٱللَّهُ يَتَوَفَّى ٱلْأَنْفُسَ حِينَ مَوْتِهَا وَٱلَّتِى لَمْ تَمُتْ فِى مَنَامِهَا ، مرّ بالشعبىّ حمّال على ظهره دنّ خلّ فلمّا رآه وضع الدنّ وقال ما كان اسم امرأة ابليس فقال الشعبىّ ذاك نكاح ما شهدناه ، حدّثنى محمّد بن عبد العزيز عن الاصبهانىّ عن يحيى بن ابى زائدة عن الأعمش قال عادنى ابراهيم فنظر الى منزلى فقال امّا انت فيعرف فى منزلك انّك لست من

---

1 Süre 25:26 2 Süre 39:43

اهل العرسين عظيم، وروى وكيع عن ربيعة عن الزهرىّ عن وهب بن عبد بن زمعة قال قالت امّ سلمة خرج ابو بكر فى تجارة ومعه نعيمان وسويبط بن حرملة وكانا شهدا بدرا وكان نعيمان على الزاد فقال له سويبط وكان مزّاحا اطعِمْنى فقال حتّى يجىء ابو بكر فقال اما وِالله لأغيظنّك[1] فمرّوا بقوم فقال لهم سويبط انشترون[2] منّى عبدا لى قالوا نعم قال انّه عبد له كلام وهو قائل لكم انّى حُرّ فإن كنتم اذا قال لكم هذه المقالة تركتموه فلا تفسدوا علىّ عبدى فقالوا بل نشتريه منك بعشر قلائص ثمّ جاءوا فوضعوا فى عنقه حبلا وعمامة واشتروه فقال نعيمان انّ هذا يستهزئ بكم وإنّى حُرّ قالوا قد اخبرنا بخبرك وٱنطلقوا به وجاء ابو بكر فأخبروه فٱتّبعهم فردّ عليهم القلائص وأخذه فلمّا قدموا على النبىّ صلعم اخبروه فضحك هو وأصحابه منهما حولا، حدّثنى محمّد بن عبد العزيز قال حدّثنا عبد الله بن عبد الوهّاب الحُجُبىّ عن ابى عوانة عن قتادة انّ عدىّ بن ارطاة تزوّج امرأة بالكوفة وشرط لها دارها فاراد ان ينقلها فخاصمته الى شريح فقال اين انت اصلحك الله قال بينك وبين الحائط قال انّى رجل من اهل الشأم قال بعيد سحيق قال انّى تزوّجت امرأة قال بالرِفاء والبنين قال وولدت غلاما قال ليهنئك الفارس قال وشرطتُ لها دارها قال الشرط املك قال اقض بيننا قال قد فعلت قال بمَهْ قال شريح حدّث امرأةٌ حديثين فإن ابت فأربَعْ قال لى المحدّث فأربعة وإنّما هو فأرْبَعْ اى كفّ وأمسك، وتقدّم رجلان الى شريح فى خصومة فأقرّ احدهما بما يدّعى الآخر عليه وهو لا يعلم فقضى عليه

---

1 C لاغيضنك 2 C اسرون

شريح فقال الرجل اتقضى علىّ بغير بيّنة فقال قد شهد عندى ثقة قال ومن هو قال ابن اخت خالتك ، كان ابن سيرين ينشد

نبّئت انّ فتاةً كنت اخطبها * عرقوبها مثل شهر الصوم فى الطول ،

وقال ايضا

لقد أصبحتْ عِرْسُ الفرزدق ناشزا * ولو رَضِيَتْ رمحَ استه لاستقرّتِ ،

وكان ابن سيرين يضحك حتى يسيل لُعابه ، المدائنيّ قال قال عمرو ابن العاص لمعوية انّى رأيت البارحة فى المنام كأنّ القيمة قد قامت ووُضعت الموازين وأُحضر الناس للحساب فنظرتُ اليك وأنت واقف قد الجمك العَرَق وبين يديك صُحُف كأمثال الجبال فقال معاوية فهل رأيت شيئًا من دنانير مصر ، كان معن بن زائدة ضنينا فى دينه فبعث الى ابن عيّاش المنتوف بألف دينار وكتب اليه قد بعثتُ اليك بألف دينار اشتريت بها دينك فاقبض المال واكتب الىّ بالتسليم فكتب اليه قد قبضت الدنانير وبعتُك بها دينى خلا التوحيد لما عرفتُ من زهدك فيه ، قال الرشيد ليزيد بن مزيد ما اكثر الخلفاء فى ربيعة فقال يزيد اجل ولكنّ منابرهم الجذوع ، قال بلال بن ابى بردة لابن ابى علقمة انّما دعوتك لأسخر منك فقال له ابن ابى علقمة لان قلت ذاك لقد حكّم المسلمون رجلين يسخر احدهما من الآخر ، كان يقال النسيب مزاح النوكى ، وقال الشاعر

اخو الجِدّ ان جاددتَ ارضاك جِدّه * وذو باطل ان شئت الهاك باطلُه ،

وقال مِسْعَرُ بن كِدام لابنه

ولقد حبوتك يا كِدامُ نصيحتى * فاسمع لقول اب عليك شفيق

اما المزاحة والمراء فدعهما * خُلُقان لا ارضاهما لصديق
ولقد بلوتهما فلم احمدهما * لمجاور جار ولا لرفيق،

وقال الكميت

وفى الناس أَقْذَاعٌ ملاهيج بالخنا * متى يبلغ الجِدّ الحفيظةَ يلعبوا،

ومما يعارض هذا قول بعض المحدثين

ارى لى سأُبْدِى عند أوّلِ سَكْرةٍ * هواى لفضل فى خفاء وفى ستر
فان رضيتْ كان الرضى سبب الهوى * وان غضبت حمّلتُ ذنبى على السكر،

وقال الراعى فى نحو هذا يصف نساء

يناجيننا بالطرف دون حديثنا * ويُقْضِين حاجات وهنّ موارح،

عرض بعض الامراء على رجل عملين ليختار احدهما فيولّيه فقال كلاهما وتمرا فقال اعندى تمزح لا وليت لى عملا، وقال عمر بن الخطّاب من كثر ضحكه قلّت هيبته، وقال علىّ اذا ضحك العالم ضحكة مجّ من العلم مجّة[1]، وقال اكثم المزاحة تذهب المهابة، الهيثم عن عوانة الكلبىّ قال دخل الأخطل على عبد الملك بن مروان وهو مغموم وعنده رجل كان يحسده الأخطل ويعارضه فقال الأخطل يا امير المؤمنين عهدى بابى هذا الفتى وهو سيّدنا معشر بنى جُشَم ونصيحنا[2] الذى نصدر عن رأيه فاهتزّ لها الفتى وقال يا امير المؤمنين هو اعلم بما قديمنا[3] وحديثنا قال الأخطل إنّ اباه امرنا ذات يوم وقد نوّرت[4] الرياض ان نخرج الى روضة فى ظهر بيوت الحىّ فنتحدّث فيها فخرجنا وانبسطنا لَعْبًا[5] وخرج الرجل منّا بالبكرة الكوماء وبالخروف والجدى وقام الغلمان فاجتزروا واشتووا

---

1 Vgl. b. Saad V 237,20 2 C نسيحنا 3 C قديما 4 C نورت 5 C العبا

ودارت السقاة علينا فبينا نحن كذلك رُعف ابوه ثمّا تركنا فى الحىّ روثة حمار الآ نشّقناه ايّاها فلم يرقأ[1] دمه فقال لنا شيخ شدّوا خصيى[2] الشيخ عصبا ففعلنا ذلك فرقأ الدم فوالله ما دارت الكأس الآ دَوْرة حتّى اتانا الصريخ عن امّه انّها قد رعفت فبادرنا اليها فوالله ما درينا ما نعصب منها[3] حتّى خرجت نفسها وعبد الملك يفحص برجليه ضحكا والفتى يقول كذب والله فقال عبد الملك الم تزعم انّه اعلم الناس بقديمكم وحديثكم ، حدّثنى احمد بن عمرو قال كان رجل من الفقهاء فى طريق مكّة فرأى وهو محرم يربوعا فرماه بعصا كانت فى يده فقتله فقال الجمّال الست محرما قال بلى وما كانت بى الى رميه حاجة الآ ان تعلم انّ احرامى لا يمنعنى من ضربك قال وكان الأعمش يقول من تمام الحجّ ضرب الجمّال ، المدائنىّ قال كان نعيمان رجلا من الأنصار وشهد بدرا وجلّده النبى عم فى الخمر اربع مرّات فمرّ نعيمان بمخرمة بن نوفل وقد كُفّ بصره فقال الا رجل يقودنى حتّى ابول فأخذ بيده نعيمان فلمّا بلغ مؤخّر المسجد قال هاهنا فبُلْ فبال فصيح به فقال من قادنى قيل نعيمان قال لله علىّ ان اضربه بعصاى هذه فبلغ نعيمان فأتاه فقال له هل لك فى نعيمان فقال نعم قال قم فقام معه فأتى به عثمان بن عفّان وهو يصلّى فقال دونك الرجل فجمع يديه فى العصا ثمّ ضربه فقال الناس امير المؤمنين فقال من قادنى قالوا نعيمان قال لا اعود الى نعيمان ابدا ، حدّثنى ابو حاتم عن الأصمعىّ عن ابن ابى الزناد عن ابيه قال قلت لخارجة بن زيد هل كان الغناء يكون فى العُرُسات قال قد كان ذاك ولا يحضر بما يحضر اليوم

---

1 C يبرق   2 C خصى   3 C منا

من السفه دعانا اخوالنا بنو نُبيط فى مدعاة لهم فشهد المدعاةَ حسّان بن ثابت وابنه وعبد الرحمن وأنا وجاريتان تغنّيان

اُنْظُرْ خليلى بباب جِلّقَ هل * تُؤْنِسُ دون البلقاء من احدِ

فبكى حسّان وقد كُفّ بصره وجعل عبد الرحمن يومئ اليهما ان زيدا فلا ادرى ماذا يعجبه من ان تبكيا اباه ثمّ جيء بالطعام فقال حسّان اطعام يد أم طعام يدين فقالوا طعام يدين يريدون الثريد فأكل ثمّ أُتى بطعام آخر فقال[1] اطعام يد ام طعام يدين قالوا طعام يدين يعنون الشواء فكفّ ، حدّثنا ابو حاتم عن الأصمعىّ قال كان طويس يتغنّى فى عُرس فدخل النعمان بن بشير العرس وطويس يقول

أَجَدَّ بعمرة غُنيانها * فتهجر ام شأنُنا شأنُها

وعمرة امّ النعمان فقيل له اسكت اسكت فقال النعمان انّه لم يقل بأسا وانّما قال

وعمرة من دين هانى[2] النسا * ء تنفح بالمسك اردانها ،

حدّثنى يزيد بن عمرو قال حدّثنا الحجّاج بن نصير قال حدّثنا شعبة عن قتادة عن ابى العالية انّه كان مع ابن عبّاس وهو محرم فقال ابن عبّاس

وهُنّ يمشين بنا هميسا * ان تصدق الطير ننك لميسا

فقالوا تقول الرَّفَث وأنت محرم يابن عبّاس فقال انّما الرفث عند النساء ، قال جابر الجعفىّ رأيت الشعبىّ خارجا من الكوفة فقلت له اين قال أُنظُرُ الى الفيل ، حدّثنى ابو الخطّاب قال حدّثنا سالم بن قتيبة قال حدّثنا

---

1 C فقالوا   2 ?, Conj ; C وات (so !)

شريك عن جابر الجعفيّ عن عكرمة قال ختن ابن عبّاس بنيه فأرسلني فدعوت اللعّابين فلعبوا فأعطى ربّهم اربعمائة درهم، حدّثني شيخ لنا من اهل المدينة قال ولي الأوقص المخزوميّ قضاء مكّة فما رُؤي مثله في العفاف والنبل فبينما هو نائم ذات ليلة في جناح له مرّ به سكران يتغنّى فأشرف عليه فقال له يا هذا شربت حراما وأيقظت نُوّاما وغنّيت خطاء خذ عنّي فأصلحه له، وقال الأوقص قالت لي امّي يا بُنيّ إنّك خُلقت خلقة لا تصلح معها لمجامعة الفتيان في بيوت القيان انّك لا تكون مع احد الّا تخطّأتك اليه العيون فعليك بالدين فإنه يرفع الخسيسة ويتمّ النقيصة فنفعني الله بكلامها فوليتُ القضاء، قال عبد الله بن جعفر لرجل لو غنّتك فلانة جاريتي صوت كذا ما ادركت دابّتك، حدّثني شيخ لنا عن سالم بن قتيبة عن عبد الرحمن بن عبد الله بن دينار عن زيد بن اسلم عن ابيه قال مرّ بي عمر وأنا وعاصم بن عمر نتغنّى غناء النَصْب فقال اعيدا فأعدنا فقال مثلكما مثل حمارَي العِباديّ قيل له ايّ حماريك أشرّ قال هذا ثمّ هذا، وحدّثني ايضا عن ابن عاصم عن ابن جريج[1] قال سألت عطاء عن القراءة على الحان الغناء والحداء فقال وما بأس بعد حدّثني عبيد بن عمير الليثيّ قال كانت لداوُد نبيّ الله معزفة يضرب بها اذا قرأ الزبور فكان اذا قرأ اجتمع اليه الانس والجنّ والطير فبكى وابكى من حوله وقال لي غيره ولهذا قيل مزامير داوُد كأنّه اغاني داوُد، خرج[2] ابو معوية الضرير يوما على اصحابه فقال

واذا المِعْدة جاشت فارمها بالمنجنيق * بثلث من نبيذ ليس بالحلو الرقيق،

---

1 C جويج 2 Māwardī Adab 245 5–8

النوشجانى قال حدّثنى محمد بن سابق قال حدّثنا مالك ابن مغول عن ابى حصين قال شرب الأسود فقال لو سقيتمونى آخر لعنّيت، حدّثنى محمّد بن عبيد قال حدّثنا ابو اسامة عن المجالد عن الشعبى عن عمّه قال صحبت ابن مسعود حولا من رمضان الى رمضان لم يصم يوما واحدا اعنى ذلك وسألت عنه ولم اره صلّى الضحى حتى خرج من بين أظهرنا، قال حدّثنى محمّد بن عبيد قال حدّثنا مسلم بن ابراهيم عن مهدى ابن ميمون قال كان ابو صادق لا يتطوّع من السنة يصوم يوم ولا يصلّى ركعة سوى الفريضة قبلها ولا بعدها وكان به من الورع شىء عجيب، حدّثنى الزيادى قال قال حمّاد بن زيد عن ايوب قال دخلت على رجل من الفقهاء وهو يلعب بالشطرنج، وحدّثنى الزيادى قال حدّثنا حمّاد ابن زيد عن هشام بن حسّان قال سئل ابن سيرين عن اللعب بالشطرنج فقال لا بأس به هو رِقّ، حدّثنى ابو حاتم عن الأصمعى عن معتمر قال قال ابى ترون انّ الشطرنج وضعت على امر عظيم، قال وحدّثنا الأصمعىّ عن ابن ابى زائدة عن اسماعيل بن ابى خالد قال كان قيس بن ابى حازم فى مدعاة فقال لصاحب المنزل طَيِّرْ[1]، حدّثنى شبابة قال حدّثنى القسم بن الحكم العُرَنى[2] قال حدّثنى سليم مولى الشعبى انّ الشعبى كان اذا اختضب فعرض لاعب ابنته بالنرد حتى يعلق الخضاب، حدّثنا اسحق بن راهويه قال اخبرنا النضر بن شميل قال حدّثنا شعبة عن عبد ربّه قال سمعت سعيد بن المسيّب وسئل عن

1 C ohne Punkte „lass fliegen", nämlich Tauben zum Wettflug

2 C العزّنى

اللعب بالنرد فقال اذا لم يكن قمارا فلا بأس، حدّثنا اسحق بن راهويه قال اخبرنا الفضل بن موسى عن رشدين بن كريب قال رأيت عكرمة اقيم قائما على اللعب بالنرد قال اسحق ان كان تعبه على غير معنى القمار يريد به التعليم والمكايدة فهو مكروه ولا يبلغ ذلك اسقاط شهادته، وروى عبد الملك بن عمير عن ابراهيم بن محمّد قال اخبرني ابي قال رأيت ابا هريرة يلعب مع ابي بالاربعة عشر على ظهر المسجد، حدّثني محمّد ابن عبيد قال حدّثني عليّ بن عاصم عن ابي اسحق الشيبانيّ عن خوّات التيميّ عن الحُرّ بن سويد قال اتى عبد الله بن مسعود رجل فقال يأبا عبد الرحمن انّ لي جارا يُرْبي وما يتورّع من شيء اصيبه وانّي أُعْسِر فاستسلفه ويدعوني فاجيبه فقال كل ذلك مَهْنَأُه وعليه وزره، كان ابو ثمالة اسنّ وشقّت عليه الصلاة فكان يقول مشتمة منتنة مقيمة مقعدة لا تزال بصاحبها حتّى تضع اكرمه وترفع الحشمة، قال عبد الله ابن العقفاء الأسديّ

اتانا بها صفراء يزعم انّها * زبيب فصدّقناه وهو كذوب
فهل هي الّا ليلة غاب نحسها * اصلّي لربّي بعدها وأتوب،

وقال آخر

من ذا يحرّم ماء المزن خالطه * في جوف آنية ماء العناقيد
انّي لأكره تشديد الرواة لنا * فيها ويعجبني قول ابن مسعود،

وعيون الأخبار ومتخيّر الشعر في الشراب يقع في كتابي المؤنق في الأشربة ولذلك تركت ذكرها، وكتب بعض الكتّاب الى صديق له في فصل ونحن نحمد الله اليك فانّ عقدة الإسلام في قلوبنا صحيحة وأواخيه

نابتة ولقد اجتهد قوم ان يُدخلوا قلوبنا من مرض قلوبهم وان يُلبسوا يقيننا بشكّهم فمنعتنا عصمة الله منهم وحال توفيقه دونهم ولنا بعد مذهب فى الاقتداء به جميل لا يشوبه أَذًى ولا قذى يخرج الى الانس من العبوس والى الاسترسال من القطوب ويُلحقنا بأحرار الناس وأشرافهم الذين ارتفعوا عن لُبْسة الرياء والتصنّع ❁

التوسّط فى الاشياء وما يُكره من التقصير فيها والغلوّ

باب التوسّط فى الدين

حدّثنى الزيادىّ قال حدّثنا عبد العزيز الدَّراوَرْدىّ قال حدّثنى محمّد ابن طحلاء عن ابى سلمة بن عبد الرحمن عن عائشة قالت قال النبىّ صلعم اكلفوا من العمل ما تطيقون فإنّ الله لا يملّ حتّى تملّوا وإنّ افضل العمل ادومه وإن قلّ، حدّثنى محمّد بن يحيى القطعىّ قال حدّثنا محمّد بن علىّ بن مقدّم عن معن الغفارىّ عن المقبرىّ عن ابى هريرة قال قال رسول الله صلعم انّ الدين[1] يُسْر ولن يُشادَّ[2] الدينَ[1] احدٌ الاّ غلبه فسدّدوا وقاربوا وأبشروا، حدّثنى القومسىّ عن احمد بن يونس عن زهير عن قابوس عن ابيه عن ابن عبّاس قال قال رسول الله صلعم الدين الحسن والسمت الصالح والاقتصاد جزءٌ من خمسة وعشرين جزءًا من النبوّة، حدّثنى محمد بن عبيد عن معٰوية بن عمرو عن ابى اسحٰق عن خٰلد الحذّاء عن ابى قلابة عن مسلم بن يسار انّ رفقة من الاشعريّين كانوا فى سفر فلمّا قدموا قالوا يا رسول الله أَحَدًا بَعْدَ رسول

---

[1] C الذين [2] C يُساد

الله افضل من فلان يصوم النهار فاذا نزلنا قام يصلّى حتى نرتحل قال من كان يمهَن له ويكفيه او[1] يعمل له قالوا نحن قال كلّكم افضل منه ، وروى ابو معاوية عن عبد الرحمن بن اسحق عن النعمان بن سعد عن علىّ عمّ قال خياركم كلّ مُفتَّن توّاب وقال علىّ ايضا خير هذه الامّة النمط الأوسط يرجع اليهم العالى ويلحق بهم التالى ، وروى وكيع عن محمد ابن قيس عن عمرو بن مرّة قال قال حُذيفة خياركم الذين يأخذون من دنياهم لآخرتهم ومن آخرتهم لدنياهم ، وكان يقال دين الله بين المقصّر والغالى ، وقال المطرّف لابنه يا بنىّ الحسنة بين السيّئتين يعنى بين الإفراط والتقصير وخير الأمور اوساطها وشرّ السير الحقحقة ، وفى بعض الحديث المرفوع ليس خيركم من ترك الدنيا للآخرة ولا الآخرة[2] للدنيا ولكنّ خيركم من اخذ من هذه وهذه ، وقال إنّ الله بعثنى بالحنيفيّة السهلة ولم يبعثنى بالرهبانيّة المبتدَعة سنّتى الصلاة والنوم والإفطار والصوم فمن رغب عن سنّتى فليس منّى ، وفى الحديث انّ هذا الدين متين فأوغل فيه برفق فانّ المنبتّ ارضا قطع ولا ظهرا ابقى ، وكان يقال طالب العلم وعامل البرّ كآكل الطعام ان اخذ منه قوتا عصمه وإن اسرف فى الأخذ منه بشمه وربّما كانت فيه منيّته وكأخذ الأدوية التى قصدها شفاء ومجاوزة القدر فيها السمّ المميت ، حدّثنى محمّد بن عبيد قال حدّثنا سفيان بن عيينة عن سالم بن ابى حفصة انّ ابن ابى نُعم كان يُهلّ من السنة الى السنة ويقول فى تلبيته لبّيك لو كان رياء لاضمحلّ ، حدّثنى احمد بن الخليل قال حدّثنا موسى بن مسعود عن

---

1 C او   2 C للاخره

سفيان عن ابى اسحٰق قال عمرو بن ميمون لو ادرك اصحابنا محمد بن ابى نُعْم لرجموه كان يواصل كذا وكذا يوما ويهلّ بالحجّ اذا رجع الناس من الحجّ، وقال سلمان القصد والدوام وأنت السابق الجواد، وفى بعض الحديث انّ عيسى بن مريم لقى رجلا فقال ما تصنع قال اتعبّد قال من يعود عليك قال اخى قال اخوك اعبد منك، روح بن عباده عن الحجّاج بن الأسود قال من يدلّنى على رجل بكّاء بالليل بسّام بالنهار، وروى ابو اسامة عن حمّاد بن زيد عن اسحٰق بن سُويد قال قال مطرّف انظروا قوما اذا ذكروا ذكروا بالقراءة فلا تكونوا منهم وانظروا قوما اذا ذكروا ذكروا بالفجور فلا تكونوا منهم كونوا بين هؤلاء وهاؤلاء ❁

باب التوسّط فى المداراة والحلم

قرأت فى كتب للهند[1] بعض المقاربة حزم وكلّ المقاربة عجز كالخشبة المنصوبة فى الشمس تمال فيزيد ظلّها ويُفرط فى الإمالة فينقص الظلّ، ومن امثال العرب[2] فى هذا لا يكن حُلْوا فتُسْتَرَطَ[3] ولا مُرًّا فتلفظ وأبو زيد يقول ولا مُرًّا فتُعْقِىَ يقال اعقى الشىء اذا اشتدّت مرارته، وقال الشاعر

وانّى لصعب الرأس غير جموح،

وقال آخر فى صفة قوس

فى كفّه مُعْطِيَةٌ منوع،

وقال آخر

شَرْيانةٌ تُمْنَعُ[4] بعد اللين،

---

1 DE SACY 182 12–31 2 Maidānī II 122, Lane s v سرط, عقى
3 C فتشترط 4 C نمنع

وقال ابرويز لابنه اجعل لاقتصادك السلطان على افراطك فانّك اذا قدرت الأمور على ذلك وزنتها بميزان الحكمة وقوّمتها بتقويم الثقاف ولم تجعل للندامة سلطانا على الحلم، وقال النابغة الجعدىّ[1]

ولا خيرَ فى حلم اذا لم يكن له * بوادرُ تحمى صَفْوَهُ ان يكدّرا،

وقال آخر

ولا خيرَ فى عِرْض امرئٍ لا يصونه * ولا خير فى حلم امرئٍ ذلّ جانبه،

وقال اكثم بن صيفىّ الانقباض من الناس مُكسِبة للعداوة وافراط الانس مكسبة لقرناء السوء ✿

باب التوسّط فى العقل والرأى

روى فى الحديث انّ زياد بن ابى سفيان كان كاتبا لأبى موسى الأشعرىّ فعزله عمر عن ذلك فقال له زياد اعن عجز عزلتنى يا امير المؤمنين ام عن خيانة فقال لا عن ذاك ولا عن هذا ولكنّى كرهت ان احمل على العامّة فضل عقلك، ويقال افراط العقل مضرّ بالجَدّ، ومن الأمثال المبتذلة استأذَنَ العقل على الجَدّ فقال اذهب لا حاجة لى اليك، وقال الشاعر

فعِش فى جَدِّ أَنْوَكَ حالفَتْه * مقاديرٌ يساعدها الصواب،

وقال آخر

إنّ المقادير اذا ساعدت * ألحقت العاجز بالحازم،

وقال آخر

ارى زمنا نوكاه اسعد اهله * ولكنّه يشقى به كلُّ عاقل،

---

1 L. Poes. ed. DE GOEJE 159 3, Māwardī Adab 198 17

وقال الحسن تشبّه زياد بعمرو أفرط وتشبّه الحجّاج بزياد فأهلك الناس، وقالت الحكماء افضل الأدب فى غير دين مهلكة وفضل الرأى اذا لم يستعمل فى رضوان الله ومنفعة الناس قائد الى الذنوب والحفظ الزاكى الواعى لغير العلم النافع مضرّ بالعمل الصالح والعقل غير المورّع عن الذنوب خازن الشيطان، تنازع اثنان احدهما سلطانىّ والآخر سوقىّ فضربه السلطانىّ فصاح واعمراه ورفع خبره الى المأمون فأمر بادخاله عليه فقال من اين انت قال من اهل فامية قال انّ عمر بن الخطّاب كان يقول من كان جاره نبطيّا واحتاج الى ثمنه فليبعه فإن كنت تطلب سيرة عمر فهذا حكمه فيكم وأمر له بألف درهم ❁

باب ذمّ فضل الأدب والقول

قيل لبعض الحكماء متى يكون الأدب شرّا من عدمه قال اذا كثر الأدب ونقص العقل، وكانوا يكرهون ان يزيد منطق الرجل على عقله، ويقال من لم يكن عقله اغلب خصال الخير عليه كان حتفه فى اغلب خصال الخير عليه، وقال الشاعر[1]

رأيت اللسان على اهله * اذا ساسه الجهل لبثًا[2] مغيرا،

وقال سليمان بن عبد الملك زيادة منطق على عقل خدعة وزيادة عقل على منطق هجنة وأحسن من ذاك ما زيّن بعضه بعضا، قال ضرار بن عمرو لابنته حين زوّجها امسكى عليك الفضلين فضل الغلمة[3] وفضل الكلام، وقال عمر بن الخطّاب رحمه الله رحم الله امرءا امسك فضل القول

---

1 Māwardī Adab 216 25   2 C ليثا   3 C العلمة

وقدّم فصل العمل، نزل المنذر بن المنذر فى كتيبة موضعا فقال له رجل ابيت اللعن ان ذُبح رجل هاهنا الى اىّ موضع يبلغ دمه من هذه الرابية فقال المنذر المذبوح والله انت ولأنظرنّ اين يبلغ دمك فقال رجل ممّن حضر رُبّ كلمة تقول دعنى، قال زياد على المنبر انّ الرجل ليتكلّم بالكلمة لا يقطع بها ذنب عنز مَصُور ولو بلغت امامه سفكت دمه، وقال اكثم بن صيفىّ مقتل الرجل بين فكّيه وقال الأحنف حتف الرجل مخبوء تحت لسانه ✿

باب التوسّط فى الحدّة

كان دعاء رسول الله صلّعم اللهمّ انّى اعوذ بك من غِنًى مطغٍ ومن فقر ملبٍ او مربّ وكذلك اللهمّ لا غِنًى يطغى ولا فقرا يُنسى، وقال ابو المعتمر السلمىّ الناس ثلثة اصناف اغنياء وفقراء وأوساط فالفقراء موتى الّا من اغناه الله بعزّ القناعة والأغنياء سكارى الّا من عصمه الله بتوقّع الغِيَر وأكثر الخير مع اكثر الأوساط واكثر الشرّ مع الفقراء والأغنياء لسخف الفقر وبطر الغِنى، ومن امثال العرب[1] فى هذا بين المُمِخّة والعَجْفاء ✿

باب الاقتصاد فى الإنفاق والإعطاء

قال الله عزّ وجلّ[2] وَلَا تَجْعَلْ يَدَكَ مَغْلُولَةً إِلَى عُنُقِكَ وَلَا تَبْسُطْهَا كُلَّ ٱلْبَسْطِ، وقال عزّ وجلّ[3] وَٱلَّذِينَ إِذَا أَنْفَقُوا لَمْ يُسْرِفُوا وَلَمْ يَقْتُرُوا وَكَانَ بَيْنَ ذٰلِكَ قَوَامًا، حدّثنى احمد بن الخليل عن مسلم بن ابراهيم عن سُكين بن عبد العزيز عن ابراهيم بن مسلم عن ابى الأحوص عن عبد

---

1 Maidānī I 61 2 Sūre 17 31 Sūre 25 67

الله قال قال رسول الله صلعم ما عالَ مقتصِدٌ، وحدّثني ايضا عن مسلم قال حدّثنا ابو قدامة الحٰرث بن عبيد قال حدّثنا بُرْد بن سنان عن الزهريّ قال قال ابو الدرداء حُسْنُ التقدير في المعيشة افضل من نصف الكسب ولَقْطُ حَبًّا منثورا وقال انّ فقه الرجل رفقه في معيشته، قال ابو الأسود لولده لا تجاودوا الله فإنّه اجود وأمجد ولو شاء ان يوسّع على الناس كلّهم حتّى لا يكون محتاج لَفَعَلَ فلا تجهدوا انفسكم في التوسعة فتهلكوا هُزْلَى، قيل لمحمّد بن عمران قاضي المدينة وهو من ولد طلحة بن عبيد الله انّك تُنسَب الى البخل فقال والله انّي لا اجمد في الحقّ ولا اذوب في الباطل، وكان يقال لا تُضْعِف كثيرا عن حقّ ولا تُنْفِق قليلا في باطل، ومن امثال العرب في ذلك لا وَكْسَ ولا شَطَطَ وإذا جدّ السؤال جدّ المنع، وقال الشاعر

الّا اكن كلّ الجواد فإنّني * على الزاد في الظلماء غير لئيم
والّا اكن كلّ الشجاع فإنّني * أَرُدّ سنان الرمح غير سليم
وقد علمت عليا هوازن انّني * فتاها وسفلى عامر وتميم،

قال معوية ما رأيت سرفا قطّ الّا والى جنبه حقّ مضيّع،

افعال من افعال السادة والاشراف

حدّثني الرياشيّ قال حدّثنا الأصمعيّ قال حدّثنا عمران قاضي المدينة انّ طلحة كان يقال له طلحة[1] الخير وطلحة الفيّاض وطلحة الطلحات وانّه فدى عشرة من اسارى بدر وجاء يمشي بينهم وانّه سُئل

---

1 Conj., > C

برحمه فقال ما سئلت بهذه الرحمة قبل اليوم وقد بعث حثتنا لى بتسعمائة الف درهم وانا معه بالحمار فان شئت ارجعته واعطيتكه وإن شئت اعطيتك ثمنه ، حدّثنى سهل بن محمد عن الأصمعىّ قال اخبرنى شيخ من مشيختنا وربّما قال عُمرو بن الأعور انّ قتيبة بن مسلم قال ارسلنى ابى الى ضرار بن القعقاع بن معبد بن زرارة فقال قل له قد كان فى قومك دماء وجراح وقد احبّوا ان تحضر المسجد فيمن يحضر قال فأتيته فأعلمته فقال يا جارية غدّينى فجاءت بارغفة خشن فثردتهنّ فى مَريس[1] ثمّ بزيتهنّ فأكل قال قتيبة فجعل شأنه يصغر فى عينى ونفسى ثمّ مسح يده وقال الحمد لله حنطة الاهواز وتمر الفرات وزيت الشأم ثمّ اخذ نعله وارتدى ثمّ انطلق معى وأتى المسجد الجامع فصلّى ركعتين ثمّ احتبى فما رأيت حدقة الّا تحوّلت اليه فاجتمع الطالبون والمطلوبون فأكثروا الكلام فقال الى ماذا صار امرهم قالوا الى كذا وكذا من إبل قال هى علىّ ثمّ قام ، الهيثم عن ابن عبّاس قال كان معدى كرب بن ابرهة جالسا مع عبد العزيز بن مروان على سريره فأُتى بفتيان قد شربوا الخمر فقال يا اعداء الله اتشربون الخمر فقال معدى كرب انشدك الله ان لا تفضح هاؤلاء فقال إنّ الحقّ فى هاؤلاء وفى غيرهم واحد فقال معدى كرب يا غلام صبّ من شرابهم فى القدح فصبّ له فشربه وقال والله ما شرابنا فى منازلنا الّا هذا فقال عبد العزيز خلّوا عنهم فقيل له حين انصرفوا شربت الخمر فقال اما والله انّ الله ليعلم انّى لم اشربها قطّ فى سرّ ولا علانية ولكنّى كرهت ان تُفضح مثل هاؤلاء بحضرتى ، وحدّثنى سميح

1 Glosse am Rande المريس تمر وزيت

ثنا قال مدح شاعرٌ الحسن بن سهل فقال له احتكمْ وظنّ ان همّته قصيرة[1] فقال الف ناقة فوجم الحسن ولم يمكنه وكره ان يفتضح وقال يا هذا انّ بلادنا ليست ببلاد إبل ولكن ما قال امرؤ القيس[2]

اذا ما لم يكن إبلٌ فمِعْزى * كأنّ قُرُونَ جِلّتها عِصِيُّ

قد امرت لك بألف شاة فألقَ يحيى بن خاقان فأعطاه بكلّ شاة دينارا،

قال وقدم زائر على ابى دلف فأمر له بألف دينار وكسوة ثمّ قال ويقال إنّ الشعر لعبد الله بن طاهر

اعجلتنا فأتاك عاجلُ برّنا * قُلًّا ولو امهلتنا لم نُقْلِلِ
فخذ القليل وكن كأنّك لم تَسَلْ * شيئا ونحن كأنّنا لم نَفْعَلِ،

وقال بعض الشعراء

ليس جود الفتيان من فضل مال * إنّما الجُودُ للمُقِلّ المُواسى،

وقال دعبل[3] فى نحوه

لئن كنت لا تولى يدا[4] دون امره * فلستَ بمُولٍ نائلًا آخر الدهر
فأىّ اناء لم يَفِضْ عند مَلْئِه * وأىّ حبل لم يُنِلْ ساعة الوَفْرِ
وليس الفتى المعطى على البُسْرِ وحده * ولكنّه المعطى على العُسْرِ واليُسْرِ،

ابن الكلبىّ قال اخبرنى غير واحد من قريش قالوا اراد عبد الله وعبيد الله ابنا العبّاس ان يقتسما ميراثهما من ابيهما بمكّة فدُعِىَ القاسم ليقسم فلمّا مدّ الحبل قال له عبد الله اسم المِطْمَر يعنى الحبل الذى يمدّ فقال له عبيد الله يا اخى الدار دارك لا يمدّ واللّه فيها اليوم مِطْمَر

1 C نصيرة 2 Ahlwardt 68 1 3 Māwardī Adab 107 22 23
4 M ندى

وكان يقال من اراد العلم والسخاء والجمال فليأت دار العبّاس وكان عبد الله اعلم الناس وعبيد الله اسخى الناس والفضل اجمل الناس ؛ باع عبد الله بن عتبة ارضا بثمانين الفا فقيل له لو اتّخذت لولدك من هذا المال ذخرا فقال انا اجعل هذا المال ذخرا لى عند الله وأجعل الله ذخرا لولدى وقسم المال ؛ ويقال إنّه اوّل ما عرف به سودد خالد بن عبد الله القسرىّ انّه مرّ فى بعض طرق دمشق وهو غلام فأوطأ فرسه صبيّا فوقف عليه فلمّا رآه لا يتحرّك امر غلامه فحمله ثمّ انتهى به الى اوّل مجلس مرّ به فقال ان حدث بهذا الغلام حدث الموت فأنا صاحبه اوطأته فرسى ولم اعلم ؛ قال عدىّ بن حاتم لابن له حدَثٍ قم بالباب فامنع من لا تعرف وأْذن لمن تعرف فقال لا والله لا يكون اوّل شىء وليتنيه من امر الدنيا منع قوم من الطعام ؛ حدّثنى ابو حاتم عن الأصمعىّ قال ضاف بنى زياد العبسيّين ضيف فلم يشعروا الّا وقد احتضن امّهم من خلفها فرُفع ذلك الى ربيع بن زياد الكامل فقال له يصار الليلة عائذ امّى إنّه عاذ بحقويها ؛ المدائنىّ قال احدث رجل فى الصلاة خلف عمر بن الخطّاب فلمّا سلّم عمر قال اعزم على صاحب الضرطة الّا قام فتوضّأ وصلّى فلم يقم احد فقال جرير بن عبد الله يا امير المؤمنين اعزم على نفسك وعلينا ان نتوضّأ ثمّ نعيد الصلاة فأمّا نحن فتصير لنا نافلة وأمّا صاحبنا فيقضى صلاته فقال عمر رحمك الله ان كنت لشريفا فى الجاهلية فقيها فى الإسلام ؛ كان عبد الله بن جُدْعان التيمىّ حين كبر اخذ بنو تيم على يده ومنعوه ان يعطىَ شيئا من ماله فكان الرجل اذا اتاه يطلب منه قال أدنُ منّى فاذا دنا منه لطمه ثمّ قال اذهب فاطلب لطمتك او ترضى

فتُرضيه بنو تيم من ماله وفيه يقول ابن قيس الرقيّات حين فخر بسادة قريش [1]

والذى ان اشار نَحْوَكَ لَطْمًا * تَبِعَ اللَّطْمَ نائلٌ وعطاءْ

وابن جدعان هو القائل

انّى وإنْ لم ينَلْ مالى مَدَى خُلُقِى * وهّابُ ما ملكت كفّى من المال

لا احبس المال الّا ريث أُتلفه * ولا تُغيّرنى حال عن الحال

الهيثم عن حمّاد الراوية عن مشايخ طيّء قالوا كانت عَنَبة بنت عفيف ام حاتم لا تمسك شيئًا سخاء وجودا فمنعها اخوتها من ذلك فأبت وكانت موسرة فحبسوها فى بيت سنة يطعمونها قوتها رجاء ان تكفّ ثمّ اخرجوها بعد سنة وظنّوا انها قد اقصرت ودفعوا اليها صِرْمة فأتتها امرأة من هوازن فسألتها فأعطتها الصِرْمة وقالت والله لقد مسّنى من الجوع ما آليت معه ألّا امنع سائلا شيئًا وقالت

لعمرى لقِدْمًا عضّنى الجوع عضّة * فآليت ان لا امنع الدهر جائعا

فقولا لهذا اللائمى الآن أعْفِنى * فإن انت لم تفعل فعَضّ الاصابعا

ولا ما ترون الدهرَ الّا طبيعة * فكيف بتركى يا ابن أُمّى [2] الطبائعا

ابن الكلبىّ عن ابيه عن رجالات طيّئ قالوا كان حاتم جوادا شاعرا وكان حيث ما نزل عُرِف منزله وكان ظفرا اذا قاتل غلب واذا غنم نهب واذا سُئل وهب واذا ضرب بالقداح سبق واذا اسر اطلق وكان اقسم بالله لا يقتل واحد امّه ، ابو اليقظان قال اخذ عبيد الله بن زياد عروة بن اذينة اخى بلال فقطع يديه ورجليه وصلبه على باب داره فقال لأهله

1 Dīwān ed Rhodokanakis XXXIX, 42 2 C ام

انظروا هاؤلاء الموكّلين بي فأحسنوا اليهم فانّهم اصدقكم ، سفيان بن عيينة قال كان سعيد بن العاص اذا اتاه سائل فلم يكن عنده ما سأل قال اكتب عليّ بمسئلتك سجلًّا الى ايّام مُيسرتي ، جاء اعرابيّ فاخذ ثوبا من مُلّاك بن اسماء فلمّا صار الثمن في يده نظر اليها فذرفت عيناه ثمّ قال

وقد تنزع الحاجات يا أُمَّ مَعْمَرٍ · كرائمَ من ربّ بهنّ ضنينِ

فقال له مالك خذ ثوبك وقد سوّغتك الثمن ، اشترى عبيد الله بن ابي بكرة جارية نفيسة فانقطعت دابّة تُحمل عليها فلم توجد فجاء رجل بدابّة يحملها فقال له عبيد الله اذهب بالجارية الى منزلك ، باع حبيش ابن عبيد الله بن ابي بكرة دار الصِّعفاق من معقل بن مسمع بنسيئةً[1] ثم اقتضاه فلزمه في دار ابيه فرآه عبيد الله فقال ما لك قال حبيش ابنك قال بِمَ قال بثمن دار الصعفاق قال يا بنيّ اما وجدت لغريمك محبسا الّا داري ادفع اليه صكّه وأعوّضك ، وقيل لرجل ما لك نسيل في الأطراف فقال منازل الأشراف في الأطراف يتناولون ما يريدون بالقدرة ويتناولهم من يريدهم بالحاجة ، لمّا كبر عديّ بن حاتم آذاه برد الأرض وكان رجلا لحيما فنبشت الارض فحذته فجمع قومه فقال يا بني ثُعَل اني لست بخيركم الا ان تروا ذلك فقد كان ابي بمكان لم يكن به احد من قومه بنى لكم الشرف ونفى عنكم العار واصبح الطائيّ اذا فعل خيرا قال العرب من حيّ لا يحمدون على الجود ولا يعذرون على البخل وقد بلغت من السنّ ما ترون وآذاني برد الأرض فَأْذنوا لي في وطاء فوالله ما اريده فخرا عليكم ولا احتقارا لكم وسأخبركم ما على مَنْ وضع ضفيسة

---

1 C نسيئة

وقعد حوله الا إنّ الحقّ عليه ان يدخل في عرضه ويتحدع في ماله ولا يجسد شربها ولا خمرا وصبغا فقالوا القوم دعنا ليوم[1] ثمّ غدوا عليه فقالوا يا أبا طريف صح الطنفسة والبس الثياب فبلغ ابن دارة الشاعر فأتاه وقال قد مدحتك فقال امسك عليك حتّى انبئك بمالي فتمدحني على حسبه لي الف ضائنة والفا درهم وثلثة اعبد وفرسي هذا حبيس في سبيل الله هات الآن فقال

يحنّ قلوصي في معدّ وإنّما * تلاقي الربيع في ديار بني ثُعَل
وأبقى الليالي من عديّ بن حاتم * حُساما كلون الملح سُلّ من الخِلَل
ابوك جواد ما يُشَقّ غباره * وأنت جواد لست تعذر بالعِلَل
فان تفعلوا شرًّا فمثلكم اتّقى * وإن تفعلوا خيرا فمثلكم فَعَل

فقال امسك عليك لا يبلغ مالي اكثر من هذا وشاطره ماله ٭ جاء رجل الى معن فاستحمله عَيْرا فقال معن يا غلام اعطه عيرا وبغلا وبرذونا وفرسا وبعيرا وجارية ولو عرفت مركوبا غير هذا لأعطيتكه وكان يقال حدّث عن البحر ولا حَرَجَ وعن بني اسرائيل ولا حَرَجَ وعن معن ولا حَرَجَ ٭ قال رجل من كلب للحكم بن عَوانة وهو على السِنْد انّما انت عبد فقال الحكم والله لأعطينّك عطيّة لا يعطيها العبيد فأعطاه مائة رأس من السبي ٭ وقرأت في بعض كتب العجم ان جامات كسرى التي كان يأكل فيها كانت من ذهب فسرق رجل من اصحابه جاما وكسرى ينظر اليه فلمّا رفعت الموائد فقد الطبّاخ الجام فرجع يطلبها فقال له كسرى لا تتعبنّ فقد اخذها من لا يردّها ورآه من لا يفشي عليه ثمّ دخل عليه

---

1 Verbessert aus اليوم

الرجل بعد ذلك وقد حلّق سقفه ومقدّمته ذهبا فقال له كسرى بالفارسيّة يا فلان هذا فعى السمع من ذاك قال نعم وهذا وأشار الى مقطعه، قالوا لم يكن لخلد بن برمك اخ الّا بنى له دارا على قدر كفايته ووقف على اولاد الاخوان ما يُعيشهم ابدا ولم يكن لإخوانه ولد الّا من جارية هو وهبها له، بلغ ابن المقفّع انّ جارا له يبيع دارا له لدين ركبه وكان يجلس فى ظلّ داره فقال ما قمت اذا[1] بحُرْمة ظلّ داره ان باعها معدما وبتّ واجدا فحمل الثمن من الدار وقال لا تبع، قال ابو اليقظان باع نهيك بن مالك بن معونة ابله وادّانوا ثمنها الى منى فجعل يُنهبه والناس يقولون مجنون فقال لستُ بمجنون ولكنّى سَمِح ابيهمكم مالى اذا عزّ الفتح، قال رأى عبدَ الله بن جعفر قهرمانه يحسابه فكان فى اثره حبل بخمسين درهما فقال عبد الله لقد علت الحبال فقال القهرمان انّه ابرق فقال عبد الله ان كان ابرق فانا اجبره فهو الآن مثل مضروب بالمدينة، كان ابو سفيان اذا نزل به جار قال له يا هذا انّك قد اخترتنى جارا فجنايتك علىّ دونك وإن جنت عليك يد فاحتكم علىّ حكم الصبىّ على اهله، وقال بعض الشعراء يثنى على قوم تجمّر الجوار

هُمُ خلطونى بالنفوس ودفعوا * ورائى بركن ذى مناكب مِدْفع
وقالوا تعلّم أنّ مالك ان يُصَبْ * نَعُدْك وإن تحبس نُزِدْك وتشفع،

وروى عبد الله بن بكر السهمىّ عن حاتم بن ابى صغيرة عن حبيب ابن ابى ثابت انّ الحرث بن هشام وعكرمة بن ابى جهل وعيّاش بن ابى ربيعة خرجوا يوم اليرموك حتى أثبتوا فدعا الحرث بن هشام بماء ليشربه

---

1 Conj ; C اذا

فنظر اليه عكرمة فقال ادفعه الى عكرمة فنظر اليه عيّاش فقال عكرمة ادفعه الى عيّاش فما وصل الى عيّاش حتّى مات ولا عاد اليهم حتّى ماتوا فسمّى هذا حديث الكرام وهذا الحديث عندى موضوع لأنّ اهل السير يذكرون انّ عكرمة قُتل يوم اجنادين وعيّاش مات بمكّة والحرث مات بالشأم فى طاعون عمواس ٥ اعطى رجل امراة سألته مالا عظيما فلاموه وقالوا انّها لا تعرفك وانّما كان يرضيها اليسير فقال ان كانت تُرضَى باليسير فانّى لا ارضى الّا بالكثير وإن كانت لا تعرفنى فأنا اعرف نفسى ٥ قال بعض الشعراء

وما خيرُ مال لا يقى الذمّ ربّه * ونفس امرئٍ فى حقّها لا يهينها ٥

وقال عبد الله بن معوية بن عبد الله بن جعفر

ارى نفسى تتوقُ الى امور * ويقصر دون مبلغهنّ حالى
فنفسى لا تطاوعنى ببخل * ومالى ليس يبلغه فعالى ٥

وقال ايضا

ولا اقول نعم يوما وأُتْبِعها * مَنْعًا ولو ذهبت بالمال والولد
ولا ائْتُمِنْتُ على سرٍّ فبُحْتُ به * ولا مددت الى غير الجميل يدى ٥

وقال كعب بن سعد الغنوىّ

وذى نَدَب دامى الأظلّ قسمته * محافظة بينى وبين زميلى
وزادٍ رفعتُ الكفّ عنه تجمّلا * لأُوثر فى زادى علىّ اكيلى
وما انا للشىء الذى ليس نافعى * ويغضب منه صاحبى بقؤول ٥

وقال زهير[1]

---

1 Ahlw. 15 30 31 33–35

وَأَبْيَضَ فَيّاضٍ يداه غمامةٌ * عَلَى مُعْتَفِيهِ ما تُغِبُّ نوافلُهْ[1]
غدوتُ[2] عليه غُدْوَةً فوجدته[3] * قُعُودًا لَدَيْهِ بالصَّرِيمِ عَوَاذِلُهْ
فأعرضن[4] منه عَنْ كَرِيمٍ مُرَزَّإٍ * جموعٍ[5] عَلَى الأَمْرِ الذى هو فاعِلُهْ
اخى ثِقَةٍ لا يُذهب الحمدُ[6] ماله * وَلٰكِنَّهُ قَدْ يُذْهِبُ[7] المالَ نائلُهْ
تراه اذا ما جئتَهُ مُتَهَلِّلًا * كَأَنَّكَ تُعطيهِ الذى أَنْتَ سائلُهْ ،

المدائنىّ قال اضلّ فيروز بن[8] حصين سوطه يوما فأعطاه رجل سوطا فأمر له بألف درهم ثمّ اتاه بعد حول فقال من انت قال صاحب السوط فأمره بألف درهم ثمّ اتاه بعد حول فقال من انت قال صاحب السوط قال اعطوه الف درهم ومائة سوط فانقطع عنه ، قال الشاعر

إنّى حمدت بنى شيبان اذ خمدت * نيران قومى فشبّت فيهم النار
ومن تكرّمهم فى المَحْل أنّهمُ * لا يحسب الجار فيهم انّه جار ،

وقال آخر

نزلتُ على آل المهلّب شاتيا * بعيدا قصىّ الدار فى زمن مَحْل[9]
فما زال بى إلطافهم وافتقادهم * وإكرامهم حتّى حسبتُهمُ اهلى ،

وقال آخر

اذا كان لى شيئان يا امّ مالك * فإنّ لجارى منهما ما تخيّرا[10]

وقال عمرو بن الأهتم

ذرينى فإنّ الشيخ يا امّ هيثم * لصالح اخلاق الرجال سَرُوقُ

---

1 A فَوَاضِلُهْ 2 A بَكَرْتُ 3 A فَرَأَيْتُهُ 4 A فَأَقْصَرْنَ 5 A عَزُومٍ 6 A تُتْلِفُ الخَمْرُ 7 A يُهْلِكُ 8 > C 9 C نحل 10 C تخيّروا

درستى حظى فى هواى بيتى * على لحسب العدل الرفيع شفيق

ومسمع بعد الهدوء دعوته * وقد كان من سرى انشد، تشوق

تعلمت اهلا وسهلا ومرحبا * فهذا ميمت مدح وصديق

اصدمنظم الحبش عليه ولم اقل * لاخرمه ان انمد، محسن

نعم نما صفكت بلاد باهلها * ونكن اخلاق الرجال تصون،

دن بدالعباس بن عبد المطلب ثوب نعارى بنى قشم وحقنه لجاره

بمعتدر واخلاق، قال بكر بن النطاح

وبو خلفت اموله خود كفه * نفاسم من برجوه بعض خدمته

وبو جهد فى العمر قسما نوائر * لجاد له بنشطر من خدمته،

ا ومن الرقيق *

ان المهالبة الكرام حموا * دفع النكرا عن ذوى النكر،

روا قديما حسن حديثك * وكريم اخلاق حسن وحود،

در بدالشرف فى الشرف، قال عمر بن النطفل

ا نرك بالناس يوما مليئة * تسوق من الانجم دائم ان

ما دنفى با حتى لتقيم ميلها * ولم نهد عنه بلاسف و نستبقى

نمر نقيم بعصانا ود ابنا * الا ما التقينا لان اخفى ندى ابدى

منصعوبى اللاوأ مطاعين فى الوغى * شمائك نبقى واست نبقى،

ودل طم طيى،

انفريحى بان بنا اننقم * الا ما مددم وحمد معا

٢٠   واننا   مكدن بدى بن جلب اورد لقرة

وقال جابر بن حبّان

فإنْ يقتسمْ مالى بنىّ ونسوتى * فلن يقسموا خلقى الكريمَ ولا فعلى
وما وجد الأضياف فيما ينوبهم * لهم عند ذات النفس أبا مثلى
أعِين لهم مالى وأُعْلِمُ أنّنى * سأورثه الأحياء ميراثَ من قبلى

كان سعيد بن عمرو مؤاخيا ليزيد بن المهلّب فلما حُبس عمر بن عبد العزيز يزيد ومُنع من الدخول عليه اتاه سعيد فقال يا امير المؤمنين لى على يزيد خمسون الف درهم وقد حلت بينى وبينه فان رأيت ان تأذن لى فاقتضيه فأذن له فدخل عليه فسُرّ به يزيد وقال كيف وصلت الىّ فأخبره فقال يزيد والله لا خرج الّا وهى معه فامتنع سعيد فحلف يزيد ليقبضنّها فقال عدىّ بن الرقاع

لم ار محبوسا من الناس واحدا * حبى زائرا بالسجن غيرَ يزيد
سعيد بن عمرو اذْ اتاه اجازه * خمسين الفا عجّلت لسعيد

وقال بعض الشعراء

وإنّى لحلّال فى حُقوق أنسفى * اذا نزل الضيف ان اتجمّما
اذا لم تذدْ البانُ عن لحومها * حلبنا لها بيض السيوف دما

دخل شاعر على المهدىّ فامتدحه فأمر له بمال فقبضه ففرّقه على من حضر وقال

لمستُ بكفّى كفّه ابتغى الغنى * ولم ادر انّ الجود من كفّه يُعدى
فلا انا منه ما افاد ذوو الغنى * افدتُ واعدانى فبدّدت ما عندى

اخبرنى ابو الحسن علىّ بن هرون الهاشمىّ قال اخبرنى وكيع قال حدّثنى

1 C ميرة   2 C عبيد   3 C اذا

فرنى وحظّى فى هواى تأنّى * على الحَسَب العالى الرفيع شفيق

ومستنبح بعد الهدوء دعوته * وقد كان من سارى الشتاء طُروقُ

فقلت له اهلا وسهلا ومرحبا * فهذا مبيت صالح وصديق

اضفت فلم أُفحش عليه ولم اقل * لأحرمه انّ الفناء مضيق

لعمرك ما ضاقت بلاد بأهلها * ولكنّ اخلاق الرجال تضيق،

كان يقال للعبّاس بن عبد المطّلب ثوب لعارى بنى هاشم وجفنة لجائعهم ومقطره لجاهلهم، قال بكر بن النطّاح

ولو خذلت امواله جُود كفّه * لقاسم من يرجوه بعض حياته

ولو لم يجد فى العمر قسما لزائر * لجاد له بالشطر من حسناته،

وقال الفرزدق[1]

إنّ المهالبة الكرام تحمّلوا * دفع المكاره عن ذوى المكروه

زانوا قديمهم بحسن حديثهم * وكريمَ اخلاقٍ بحسن وجوه،

كان يقال الشرف فى السرف، قال عامر بن الطُفَيل

اذا نزلت بالناس يوما مُلِمّة * تسوق من الأيّام داهيةً أدّا

دلفنا لها حتّى تقوّم مَيلها * ولم نهد عنها بالأسنّة او نُهْدَى

وكم مُظهِرٍ بغضاءنا وَدَّ أنّنا * اذا ما المغبنا كان اخفى الذى أبْدَى

مطاعيم فى اللأوا مطاعين فى الوغى * شمائلنا تُبكى وايماننا تُندَى،

وقال حاتم طيّء[2]

أكُفّ يدى من ان تنال أكفّهم * اذا ما مددناها وحاجتنا معا

وإنّى لأستحيى رفيقىَ ان يرى * مكان يدى من جانب الزاد اقرعا

---

1 Dīwān ed. HELL 415   2 Diwān ed SCHULTHESS XX 2 1

وقال جابر بن حبّان

فإنْ يغتنم مالى بنىّ ونسوتى * فلن يغنموا خُلقى الكريمَ ولا فعلى
وما وجد الأضياف فيما ينوبهم * لهم عند علّات النفوس أبًا مثلى
أُهين لهم مالى وأُعْلِمُ أنّنى * سأُورثه الأحياء ميراث[1] مَنْ قبلى

كان سعيد بن عمرو مؤاخيا ليزيد بن المهلّب فلمّا حبس عمر بن عبد[2] العزيز يزيد ومُنع من الدخول عليه أتاه سعيد فقال يا امير المؤمنين لى على يزيد خمسون الف درهم وقد حُلْتَ بينى وبينه فإن رأيت ان تأذن لى فأقتضيه فأذن له فدخل عليه فسُرّ به يزيد وقال كيف وصلت الىّ فأخبره فقال يزيد والله لا تخرج الّا وهى معك فامتنع سعيد فحلف يزيد ليقبضنّها فقال عدىّ بن الرقاع

لم ار محبوسا من الناس واحدا * حبا زائرا فى السجن غير يزيد
سعيد بن عمرو إذْ[3] اتاه اجازه * بخمسين الفا عُجّلَتْ لسعيد

وقال بعض الشعراء

وإنّى لحلّال بى الحقّ أتّقى * اذا نزل الأضياف ان اتجشّما
اذا لم تَذُدْ البانُها عن لحومها * حلبنا لهم منها بأسيافنا دما

دخل شاعر على المهدىّ فامتدحه فأمر له بمال فلمّا قبضه فرّقه على من حضر وقال

لمستُ بكفّى كفّه ابتغى الغنى * وما خِلْتُ انّ الجود من كفّه يُعْدى
فلا انا منه ما افاد ذوو الغنى * أَفَدتُ وأعدانى فبدّدتُ ما عندى

اخبرنى ابو الحسن علىّ بن هرون الهاشمىّ قال اخبرنى وكيع قال حدّثنى

---

1 C ميره 2 C عبيد 3 C اذا

ابو العيناء قال كان بالبصرة لنا صديق يهوديّ وكان ذا مال وعنده تأدّب وقال الشعر وعرف شيئًا من العلوم وكان له وُلْد ذكور فلمّا حضرتْه الوفاة جمع ماله وفرّقه على اهل العلم والأدب ولم يترك لولده ميراثا فعوتب على ذلك فقال

رأيت مالي أبرّ من وَلَدي * فاليومَ لا نُحْلَةٌ ولا صَدَقَهْ
من كان منهم لها فأبعده * اللّٰه ومن كان صالحا رَزَقَهْ

وحدّثني الأخفش بهذا الخبر عن المبرّد عن الرياشيّ والله اعلم ✿

تمّ كتاب السودد والحمد لله ربّ العٰلمين
وصلواته على خير خلقه محمّد وآله الطاهرين

يتلوه كتاب الطبائع وهو الكتاب الرابع
من عيون الأخبار من تأليفات ابي محمّد عبد الله
ابن مسلم بن قتيبة الدينوريّ رحمة الله عليه

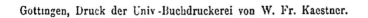

Göttingen, Druck der Univ.-Buchdruckerei von W. Fr. Kaestner.

IBN QUTAIBA'S 'UJÛN AL AḪBÂR

Nach den Handschriften zu Constantinopel und St. Petersburg

herausgegeben von

CARL BROCKELMANN

TEIL IV

STRASSBURG
VERLAG VON KARL J TRUBNER
1908

ZEITSCHRIFT

FÜR

ASSYRIOLOGIE

UND VERWANDTE GEBIETE

IN VERBINDUNG MIT

Eb. Schrader in Berlin und Anderen

HERAUSGEGEBEN VON

CARL BEZOLD

IN HEIDELBERG

BEIHEFT ZUM XXI BAND

IBN QUTAIBA'S 'UJÛN AL AḪBÂR

HERAUSGEGEBEN VON

CARL BROCKELMANN

TEIL IV

STRASSBURG

VERLAG VON KARL J. TRÜBNER

1908

UJŪN AL AHBĀR

zu Constantinop und

rsburg

von

KELMANN

IV

URG

L. J. TRÜBNER

TSCHRIFT

LOGIE

كتاب الطبائع

وهو الكتاب الرابع من عيون الاخبار

تأليف الشيخ الامام ابى محمد عبد الله

ابن قتيبة الدينورىّ رحمة الله عليه

بسم الله الرحمن الرحيم

كتاب الطبائع والاخلاق المذمومة

تشابه الناس فى الطبائع وذمّهم

حدّثنى محمد بن عبيد قال حدّثنا يحيى بن هاشم الغسّانى عن اسماعيل بن ابى خالد عن مصعب بن سعد قال قال عمر بن الخطّاب رضه الناس بأزمانهم اشبه منهم بآبائهم ؞ قال وحدّثنى حسين بن حسن المروزىّ قال حدّثنا عبد الله بن المبارك عن سفيٰن قال قال ابو الدرداء وجدت الناس اخبر تَقْلِهْ ؞ قال حدّثنى محمد بن عبيد قال حدّثنا شريك بن النعمان عن المعافى بن عمر انّ عمر بن الخطّاب رضه مرّ بقوم يتبعون رجلا قد أُخِذ فى ريبة فقال لا مرحبا بهذه الوجوه التى لا تُرى الّا فى الشرّ ؞ قال وحدّثنى محمد بن داود قال حدّثنا الصلت بن مسعود قال حدّثنا عثام بن علىّ عن الاعمش عن ابى اسحق عن عبيدة انّ الوليد السوائىّ[1]

[1] C السوأى

عتبتُ على سَلْمٍ فلمّا فقدتُه * وجرّبتُ اقواما بكيتُ على سَلْمِ

وهذا مثل قولهم ما بكيت من زمان الّا بكيت عليه؛ وقال الاحنف بن قيس

وما مرّ بى يومٌ أُرَجّى[1] فيه راحةً * فأخبُره الّا بكيتُ على امسِ

وقال آخر

ونعتب احيانا عليه ولو مضى * لكنّا على الباقى من الناس أعتبا

وقال آخر

سبكناه ونحسبه لُجَيْنا * فأبدى الكيرُ عن خبث الحديد

قال وحدّثنى ابو حاتم قال حدّثنى الأصمعى عن ابن ابى الزناد عن ابيه قال لا يزال فى الناس بقيّة ما تعجّب من العجب ✿

رجوع المخلوق الى طبعه

بلغنى انّ اعرابيّا ربّى جرو ذئب حتى شبّ وظنّ انّه يكون اغنى عنه من الكلب وأقوى على الذبّ عن الماشية فلمّا قوى وثب على شاة فقتلها وأكل منها فقال الاعرابىّ

اكلتَ شُوَيهتى ورَبيتَ فينا * فما ادراك انّ اباك ذئبُ

ويروى ولدتَ بقفره ونشأت عندى

اذا كان الطباع طباع سوءٍ * فليس بنافع ادب الأديبِ

وقال الخُزيمىّ

يُلام ابو الفضل فى جوده * وهل يملك البحرُ ألّا يفيضا

وقال ابو الاسود

---

1 Fur يومٌ أُرَجّى

ولائمة لامتك يا فيض فى الندى * فقلت لها هل يقدح اللوم فى البحر

ارادت لتثنى الفيض عن عادة الندى * ومن ذا الذى يثنى السحاب عن القطر

مواقع جود الفيض فى كلّ بلدة * مواقع ماء المزن فى البلد القفر

وقال كثيّر[1]

ومن يبتدعْ ما ليس من سُوس نفسه * يدعه ويغلبه على النفس خيمها

وقال زهير[2]

ومهما تَكُنْ عند امرئ من خليقة * وإن خالها تخفى على الناس تُعْلَم

وانشدنى ابن الاعرابىّ لذى الإصبع العدوانىّ

كلّ امرئ راجع يوما لشيمته * وإن تخلّق اخلاقا الى حين

وقال آخر

ارْجِعْ الى خلقك المعروف دَيْدَنُه * انّ التخلّق يأتى دونه الخُلُق

وقال كثيّر فى خلاف هذا[3]

وفى الحلم والاسلام للمرء وازعٌ * وفى ترك اهواء الفؤاد المتيّم

بصائر رُشْدٍ للفتى مستبينة * واخلاق صدق علمُها بالتعلّم

ونحوه للمتلمّس[4]

تجاوَزْ عن الادنَيْنَ واستبقِ وُدَّهم * ولن تستطيعَ الحلم حتّى تحلّما

وقال الطائىّ

ليس الشجاعة انّها كانت له * قِدَمًا نشوءا فى الصبى وتَزيُّدا

بأسا فيلبثا وبأس تكرّم * ثمّنا وبأس غريزة مولودا

---

1 Liber poesis 326,13 2 Ahlwardt 16,58 3 Ǧāḥiẓ Bajān I 81 12 13 4 Fehlt bei Vollers

وقال ابو جعفر الشطرنجيّ مولى المهديّ في سوداء

اشبهك المسكُ وأشبهته * قائمةً في لونه قاعدهْ
لا شكّ أنّ لونكما واحدٌ * انّكما في طيبة واحدهْ،

وقال ابو نواس[1]

تلقى الندى في غيره عرضا * وتراه فيه طبيعة اصلا
واذا قربت تناول املا * كانت تحيّة قوله تعلا،

وانشدنا الرياشيّ

لا تصحبنّ أمرءًا على حَسَب * انّي رأيت الأحساب قد دُخِلَتْ
ما لك من ابن فعال انّ لي[2] * ابا كريما في امّة سلفت
بل احمنّه على خلائقه * فكلّ نفس تجري كما طُبِعت،

وقال العبّاس بن مرداس

انّك لم تك كابن الشريد * ولكن ابوك ابو سالم
حملتَ المئين واثقالها * على أُذُنَيْ قنعذ رازم
وأشبهت جدّك شرّ الجدود * والعِرْقُ يسرى الى النائم،

وقال بعض العبديّين

وما يستوى المُرّان هذا ابن حرّة * وهذا ابن اخرى ظهرها متشرّك
وادركه خالاته فخذلنه * ألا انّ عِرْقَ السُّوء لا بُدّ يُدْرِكُ ☆

باب الشيء يفرط فينتقل الى غير طبعه

قرأت في كتاب الهند[3] لا ينبغي اللجاج في اسقاط ذي الهمّة والرأى

---

1 Kairo 1277, S 30, 17 21, ed Āṣāf, Kairo 1898, S 110. 10 14
2 C لَه 3 Cal. w Dimna ed de Sacy 89 12–15 Cheikho 61, 8–14

وإن الثقة فإنه إمّا شرس الطبع كالحيّة ان وطئت عليها تلسع لم تعتز بها فيعاد لوطئها وإمّا سُجُح الطبع كالصندل البارد ان افرط في حكّه عاد حارًّا مؤذيًا، وقال ابو نواس[1]

قل لزهير اذا حدا وشدا * أقلِلْ وأكثِرْ فأنت مهذارُ
سخنت من شدّة البرودة حتّـ * ـى صرت عندي كأنّك النارُ
لا يعجب السامعون من صفتي * كذلك الثلج بارد حارُّ،

ويقال انما مُلح الهزل عند الناس لافراط برده، قال الطائي

اخرجتموه بكُرْهٍ من سجيّته * والنار قد تُنتضى من ناضر السَّلَمِ
امن عَمًى تترك الناس الرُّبَى صحوًا * وانتمُ تحت سُبْل الغمّة العَمِمِ
ام ذاك من همّ حاشت فكم صعد * حدا الهيا غلوّ القوم في الهمم،

وكان يقال من التوقّي ترك الافراط في التوقّي ۞

باب الحسد

قال حدّثنا اسحق بن راهويه قال اخبرنا عبد الرزّاق عن معمر عن اسماعيل بن اميّة قال قال رسول الله صلعم ثلث لا يسلم منهنّ احد الطيرة والظنّ والحسد قيل فما المخرج منهنّ يا رسول الله قال اذا تطيّرت فلا ترجع واذا ظننت فلا تحقّق واذا حسدت فلا تبغ، وقال بكر بن عبد الله حسبك من الباغي حسن المكاشرة وذنبك الى الحاسد دوام النعم من الله عليك، وقال روح بن زنباع الجذامي كنت ارى قوما دوني في المنزلة عند السلطان يدخلون مداخل لا ادخلها فلمّا اذهبت عنّي

1 Ed. Āsāf 181 20–22

الحسد دخلت حيث دخلوا، وقال ابن حُمام

تمنّى ليَ الموتَ المعجَّل خالدٌ ۰ ولا خير فيمن ليس يعرف حاسدَه،

وقال الطائيّ

واذا اراد الله نشر فضيلة * طُوِيَتْ اتاح لها لسان حسود
لولا اشتعال النار فيما جاورت * ما كان يُعرف طيب عَرْف العود
لولا التخوّف للعواقب لم تزل * للحاسد النعمى على المحسود،

وقال عبد الملك للحجّاج انّه ليس من احد الّا وهو يعرف عيب نفسه فعِب نفسك قال اعفني يا امير المؤمنين قال لتفعلنّ قال انا لجوج حقود حسود قال عبد الملك ما في الشيطان شرّ ممّا ذكرت، قال بعض الحكماء الحسد من تعادى الطبائع واختلاف التركيب وفساد مزاج البنية وضعف عقد العقل والحاسد طويل الحسرات، قال ابن المقفع أَقلُّ ما لتارك الحسد في تركه ان يصرف عن نفسه عذابا ليس بمدرك به حظّا ولا غائظ به عدوّا فانّا لم نر ظالما اشبه بمظلوم من الحاسد طول اسف ومحالفة كآبة وشدّة تحرّق ولا يبرح زاريا على نعمة الله ولا يجد لها مزالا ويكدّر على نفسه ما به من النعمة فلا يجد لها طعما ولا يزال ساخطا على من لا يترضّاه ومتسخّطا لما لن ينال فوقه فهو منغّص المعيشة دائم السخطة محروم الطلبة لا بما قسم له يقنع ولا على ما لم يقسم له يغلب والمحسود يتقلّب في فضل الله مباشرا للسرور منتفعا به ممهّلا فيه الى مدّة ولا يقدر الناس لها على قطع وانتقاص، قيل[1] للحسن البصري ايحسد المؤمن اخاه قال لا ابا لك انسيت اخوة يوسف، وكان يقال اذا اردت ان

1 Ǧāḥiẓ Rasā'il (Kairo 1324) 7,8

تسلم من الحاسد فعمّ عليه امورك، وقال اذا اراد الله ان يسلّط على عبده عدوّا لا يرحمه سلّط عليه حاسدا، وقال العتبى وذكر ولده الذين ماتوا

وحتّى بكى لى حسّادهم * وقد اقرعوا[1] بالدموع العيونا

وحسبك من حادث بامرئ * ترى حاسديه له راحمينا،

قيل لسفين بن عيينة ما اسرع حسد الناس الى قومك فقال

اذا العرانين تلقاها محسّدة * ولا ترى للئام الناس حسّادا،

وقال آخر

وترى اللبيب محسّدا لم يجترم * شتم الرجال وعرضه مشتوم

حسدوا الفتى اذ لم ينالوا سعيه * فالقوم اعداء له وخصوم

كضرائر الحسناء قلن لوجهها * حسدا وظلما انّه لدميم،

وقال يحيى بن خالد الحاسد عدوّ مهين ولا يدرك وتره الا بالتمنّى، قيل لبعضهم اىّ الاعداء لا تحبّ[2] ان يعود لك صديقا قال من سبب عداوته النعمة، وقال الاحنف لا صديق لملول ولا وفاء لكذوب ولا راحة لحسود ولا مروءة لبخيل ولا سودد لسيّء الخلق، وقال معوية كلّ الناس استطيع ان ارضيه الا حاسد نعمة فانّه لا يرضيه الا زوالها، وقال الشاعر

كلّ العداوة قد تُرجَى اماتتها * الا عداوة من عاداك من حسد،

وفى بعض الكتب يقول الله الحاسد عدوّ لنعمتى متسخّط لقضائى غير راض بقسمى بين عبادى، وكان يقال قد طلبك من لا يقصر دون الظفر وحسدك من لا ينام دون الشفاء، وخطب الحجّاج يوما بروستقباذ[3]

---

1 C اقرحوا   2 C تحبب   3 C بروشنقباذ, vgl ١٣٧ 14

يقول سويد بن ابى كاهل

كيف ترجون سقاطى بعد ما * جلّل الرأسَ بياض وصَلَعْ
رُبَّ من انضجت غيظا صدره * قد تمنّى لِىَ موتا لم يُطَعْ
ويرانى كالشجا فى حلقه * عسِرا مخرجه ما ينتزعْ
مزبدا يخطر ما لم يرنى * فاذا اسمعته صوتى انقمع
لم يضرنى غير ان يحسدنى * فهو يزقو[1] مثل ما يزقو[1] الضُوَّعْ[2]
ويحيّينى اذا لاقيته * واذا يخلو له لحمى رتع[3]
قد كفانى الله ما فى نفسه * واذا ما يكف شيئا لا يُضَعْ ء

وقال آخر

ان يحسدونى فانّى لا الومكمُ * قبلى من الناس اهل الفضل قد حُسِدُوا
فدام لى ولكم ما بى وما بكمُ * ومات اكثرنا غيظا بما يجد
انا الذى يجدونى فى حلوقكمُ[4] * لا ارتقى صعدا فيها ولا ارد ء

وقال بعضهم الحسد اوّل ذنب عُصى الله به فى السماء يعنى حسد ابليس آدم واوّل ذنب عُصى الله به فى الارض يعنى حسد ابن آدم اخاه حتى قتله ء وانشدنى شيخ لنا عن ابى زيد الأعرابىّ

لا تقبل[5] الرشد ولا ترعوى[6] * تأنِىَ رأس كابن عوّاء[7]
حسدتّنى حين افدتُ الغِنَى * ما كنت الا كابن حوّاء
عادى اخاه محرما مسلما * بطعنة فى الصلب نجلاء

---

1 C يرقوا 2 C الضوع mit demselben Fehler wie Freytag II 532 und Ǧāhiẓ Ḥaj II 108 3, vgl 109 3 3 Vgl syr echal qaṛsē 4 C حلوقهم 5 C يقبل 6 C يرعوى 7 Glosse am Rande عواء الكلب

وأنت تعلمين ولا ذنب لي * لكنّني حمّال أعباء
من يأخذ النار بأطرافه[1] * تمصّح على النار من الماء

مرّ قيس بن زهير ببلاد غطفان فرأى ثروة وجماعات وعددا فكره ذلك فقال له الربيع بن زياد أنّه يسوءك ما يسرّ الناس فقال له يا أخي انّك لا تدري انّ مع الثروة والنعمة التحاسد والتخاذل وأنّ مع القلّة التحاشد والتناصر، قال الأصمعي رأيت أعرابيّا قد أتت له مائة وعشرون سنة فقلت له ما طوّل[2] عمرك فقال تركت الحسد فبقيت، وقال زيد بن الحكم الثقفي

ملأت من غيظ عليّ فلم يزل * بك الغيظ حتّى كدت بالغيظ تنشوي
وما برحت نفس حسود حُسبتها[3] * تذيبك حتّى قيل هل أنت مكتوي
وقال النطاسيّون[4] انّك مستعَر * سُلالا ألا بل أنت من حسد دوي
بدا منك غِشٌّ طال ما قد كتمته * كما كتمت داء ابنها امّ مدّوي
جمعت وفحشا غيبة ونميمة * خلالا ثلاثا لست عنها بمرعوي

وكان يقال ستّة لا تخلون من الكآبة رجل افتقر بعد غنى وغنيّ يخاف على ماله التَوى وحقود وحَسود وطالب مرتبة لا يبلغها قدره ويخالط[5] الأدباء بغير أدب ۞

باب الغيبة والعيوب

قال حدّثني احمد بن الخليل قال حدّثنا عبد الأعلى عن داوُد بن أبي هند عن ابن خثيم عن شهر بن حوشب عن أسماء بنت يزيد انّ رسول الله

---

1 C باطراف 2 C اطول 3 C حسبنها 4 C النطاشيون
5 C ويختلط

صلعم قال الا اخبركم بشراركم قالوا بلى قال من شراركم المشاؤون بالنميمة المفسدون بين الأحبّة الباغون البراء العَنَتَ، قال وحدّثنى حسين بن حسن المروزىّ قال حدّثنا عبد الله بن المبارك قال اخبرنا الأجلح عن الشعبىّ قال سمعت النعمان بن بشير يقول على المنبر يا ايّها الناس خذوا على ايدى سفهائكم فإنّى سمعت رسول الله صلعم يقول[1] انّ قوما ركبوا البحر فى سفينة واقتسموها فأصاب كلّ واحد منهم مكان فأخذ رجل منهم الفأس فنقر مكانه فقالوا ما تصنع فقال مكانى اصنع به ما شئت فإن اخذوا على يده نجا ونجوا وان تركوه غرقوا وغرق، بلغنى عن حمّاد بن زيد عن ابن عون قال قال ابو الدرداء لبئس من يوم اصبح فيه لا يرمينى الناس بداهية الّا كان نعمة من الله علىّ، وقال حسّان قلت شعرا لم اقل مثله

وإنّ امرءا امسى وأصبح سالما * من الناس الّا ما جنى لسعيدُ،

وبلغنى عن ابن عيينة قال قال مِسْعَر ما نصحتُ احدا قطّ الّا وجدته يفتّش عن عيوبى، وقال بعضهم من عاب سفلة فقد رفعه ومن عاب شريفا فقد وضع نفسه، وقال عمر بن الخطّاب احبّ الناس الىّ من اهدى الىّ عيوبى، احمد بن يونس عن الفضيل انّه سمعه يقول انّ الفاحشة لتشيع فى الذين آمنوا حتّى اذا صارت الى الصالحين صاروا لها خزّانا، قال وسمعته يقول ايضا حسناتك من عدوّك اكثر منها من صديقك لأنّ عدوّك اذا ذُكرت عنده يغتابك وانّما يدفع اليك المسكين حسناته، محمد بن عبد الله الأنصارىّ قال حدّثنا ابن عون قال مرّ ابن سيرين

1 > C

بقوم فقام اليه رجل فقال يابا بكر انّا قد نلنا منك فحللنا فقال انّى لا أُحلّ لك ما حرّم الله عليك فأمّا ما كان الىّ فهو لك، محمد بن سالم الطائفىّ قال جاء رجل الى ابن سيرين فقال بلغنى انّك نلت منّى فقال نفسى اعزّ علىّ من ذلك، الوليد بن مسلم عن الاوزاعىّ عن بلال بن سعد قال اخ لك كلّما لقيك اخبرك بعيب فيك خير لك من اخ لك كلّما لقيك وضع فى كفّك دينارا، شريك عن عقيل قال قال الحسن لا غيبة الّا لثلثة فاسق مجاهر بالفسق وذى بدعة وإمام جائر، وكان يقال خروج ومن استغفر الله رفاء، وفى بعض الحديث انّ رسول الله صلعم قال اذا عاب احدكم اخاه فليستغفر الله، كان يقال ايّاك وما يصمّ الاذن، العتبىّ قال قال الوليد بن عتبة بن ابى سفيان كنت اساير ابى ورجل يقع فى رجل فالتفت الىّ ابى فقال يا بنىّ نزّه سمعك عن استماع الخنا كما تنزّه لسانك عن الكلام به فانّ المستمع شريك القائل ولقد نظر الى اخبث ما فى وعائه فافرغه فى وعائك ولو رُدّت كلمة جاهل فى فيه لسعد رادّها كما شقى قائلها، فضيل بن عياض قال حدّثنا عبد الله بن رجاء عن موسى بن عبيدة عن محمد بن كعب قال اذا اراد الله بعبد خيرا زهّده فى الدنيا وفقّهه فى الدين وبصّره عيوبه، قال فضيل وربّما قال الرجل لا اله الّا الله او سبحان الله فأخشى عليه النار قيل وكيف ذاك قال يُغتاب بين يديه ويُعجبه ذلك فيقول لا اله الّا الله وليس هذا موضعه انّما موضع هذا ان ينصح له فى نفسه ويقول له اتّق الله، فى الحديث المرفوع انّ امرأتين صامتا على عهد النبىّ عم وجعلتا تغتابان الناس فأُخبر النبىّ صلعم بذلك فقال صامتا عمّا أُحلّ لهما وأفطرتا على

ما حرّم الله عليهما ، وقال حمّاد بن سلمة ما كنت تقوله للرجل وهو حاضر فقلته من خلفه فليس بغيبة ، عاب رجل رجلا عند بعض الأشراف فقال له قد استدللت على كثرة عيوبك بما تُكثر من عيب الناس لأنّ الطالب للعيوب انّما يطلبها بقدر ما فيه منها[1] ، قال بعض الشعراء

وأجرأ من رأيت بظهر غيب * على عيب الرجال ذوو العيوب ،

وأنشد ابن الاعرابىّ

أُسْكُتْ ولا تنطق فأنت خُباب * وكُلّك ذو عيب وأنت عيّاب ،

وانشد ايضا

رُبَّ غريب ناصح الجيب * وابن اب متّهم الغيب
وكلّ عيّاب له منظر * مشتمل الثوب على العيب ،

وكان عتبة بن عبد الرحمن يغتاب الناس ولا يصبر ثمّ ترك ذلك فقيل له اتركتها قال نعم على انّى والله احبّ ان اسمعها ، اتى رجل عمرو بن مرثد فسأله ان يكلّم له امير المؤمنين فوعده ان يفعل فلمّا قام قال بعض من حضر انّه ليس مستحقّا لما وعدته فقال عمرو ان كنت صدقت فى وصفك اياه فقد كذبت فى ادّعائك مُؤْتَمَنا لأنّه ان كان مستحقّا كانت اليد موضعها وان لم يكن مستحقّا فما زدت على ان اعلمتنا انّ لنا بمغيبنا عنك مثل الذى حضرت به من عاب من اخواننا ، وفى الحديث انّ الغيبة اشدّ من الزنا قيل كيف ذلك قال لأنّ الرجل يزنى فيتوب فيتوب الله عليه وصاحب الغيبة لا يُغفَر له حتّى يَغفر له صاحبها ، قال رجل للحسن يابا سعيد انّى اغتبت رجلا وأريد ان استحلّه فقال له لم يكفك

---

1 C فيها

ان اغتبته حتّى اردت ان تبينه؛ اغتاب رجل عند قتيبة بن مسلم فقال له قتيبة أمسك ايّها الرجل فوالله لقد تلمّظت بمضغة طالما لفظها الكرام؛ مرّ رجل بجارين له ومعه ريبة فقال احدهما لصاحبه اتيهمت ما معه من الريبة فقال الآخر غلامى حرّ لوجه الله شكرا له اذ لم يعرّفنى من الشرّ[1] ما عرّفك؛ شعبة عن يحيى بن حصين عن طارق قال دار بين سعد بن ابى وقّاص وبين خُلد بن الوليد كلام فذهب رجل ليقع فى خُلد عند سعد فقال سعد مه انّ ما بيننا لم يبلغ ديننا اى عداوة وشرّ؛ وقال الشاعر

ولستُ بذى نَيْرَبٍ فى الكرام * ومنّاع خير وسبّابَها
ولا من اذا كان فى جانب * اضاع العشيرة واغتابها
ولكن اطاوع ساداتها * ولا اتعلّم القابَها؛

وقال آخر

لا تأمل الجار خيرا فى جوارهم * ولا محالة من هُزْءٍ وألقاب؛

وقال الفرزدق[2]

تصرّم منّى ودّ بكر بن وائل * وما خلت عنّى ودّهم يتصرّم
قوارص تأتيهم وتحتقرونها * وقد يملأ القطرُ الاناءَ فيفعم؛

انشد ابو سعيد الضرير لبعض الضبّيين

الا رُبَّ من يغتابنى ودّ أنّنى * ابوه الذى يدعى اليه وينسبُ
على رشده من امّه او لغيّة * فيغلبها فحل على النسل منجب
فبالخير لا بالشرّ فاطلب مودّتى * وأىّ امرئ يقتال منه الترهّب؛

---

1 C البشر 2 Ed Boucher ٩, 5 6

وقال آخر فى نحوه

ولمّا عصيتُ العاذلين ولم أُبَلْ * ملامتهم العوا على غاربى حبلى [1]
وهازئة منّى تودّ لو ابنها * على شيمتى او انّ قيّمها مثلى

قيل لبزرجمهر هل من احد ليس فيه عيب قال لا انّ الذى لا عيب فيه ينبغى ان يموت وقال فى مثل هذا موسى شَهَوات [2]

ليس فيما بدا لنا منك عيب * عابه الناس غير انّك فانى
انت خيرُ المتاع لو كنت تبقى * غير ان لا بقاء للانسانِ

وقال ابو الاسود الدؤلى

وترى الشقىّ اذا تكامل عيبه * يرمى ويُعْزَى بالذى لم يفعلِ

لقى بكر بن عبد الله اخا له فقال اذا اردت ان تلقى من النعمة عليك اعظم منها عليه وهو اشكر للنعمة لقيته واذا شئت ان تلقى من انت اعظم منه جرما وهو أَخْوَنُ لله منك لقيته ارأيت لو صحبك رجلان احدهما مهتوك لك ستره ولا يذنب ذنبا الّا رأيته ولا يقول هُجْرا الّا سمعته فأنت تحبّه على ذلك وتواقعه وتكره ان تفارقه والآخر مستور عنك امره غير انّك تظنّ به السوء فانت تبغضه اعدلت بينهما قال لا قال فهل مثلى ومثلك ومثل من انت راءٍ من الناس الّا كذلك انّا نعرف الحقّ فى الغيب من انفسنا فنحبّها على ذلك ونتظنّى الظنون على غيرنا فنبغضهم على ذلك ثمّ قال انزل الناس منك ثلث منازل فاجعل من هو اكبر منك سنّا بمنزلة ابيك ومن هو تِرْبك بمنزلة اخيك ومن هو دونك

---

1 C رحلى s. Lane s. v. غارب, ʿOmar b. a. Rabiʿa 1694   2 Liber poes. 367 9 10

بمنزلة ولدك ثمّ انظر أيّ هاؤلاء تحبّ ان تهتك له سترا او تبدى له عورة ، سعيد بن واقد المرئىّ قال حدّثنا صُلَيح بن الصقر عن عبد الله ابن زهير قال وفد العلاء بن الحضرمىّ على النبىّ صلعم فقال اتقرأ من القرآن شيئا فقرأ عبس وزاد فيها من عنده وهو الذى اخرج من الحبلى نسمة تسعى من بين شراسيف وحشى فصاح به النبىّ صلعم وقال له كفّ فإنّ السورة كافية ثمّ قال هل تروى من الشعر شيئا فأنشده

حَيِّ ذوى الأضغان تَسْبِ[1] قلوبهم * تحيّتك العربى وقد يُرْقَع النَّعْلُ
فإن دحسوا بالكره فاعْفُ تكرّما * وإن خنسوا عنك الحديث فلا تَسَلْ
فإنّ الذى يؤذيك منه سماعه * وإنّ الذى قالوا وراءك لم يُقَلْ

فقال النبىّ انّ من الشعر حكما وانّ من البيان سحرا ، وحدّثنى ابو حاتم عن الأصمعىّ قال قال رجل لبكر بن محمد بن علقمة بلغنى انّك تقع فىّ انت اذا اكرم علىّ من نفسى ، وقال بعض الشعراء

لا تلتمس من مساوى الناس ما ستروا * فيكشفَ الله سترا عن مساويكا
واذكر محاسن ما فيهم اذا ذُكروا * ولا تَعِبْ احدا منهم بما فيكا

وقال ابو الدرداء لا تحرز الانسانَ من شرار الناس الّا قبره ، قال عمر بن عبد العزيز لمزاحم مولاه انّ الولاة جعلوا العيون على العوامّ وأنا اجعلك عينى على نفسى فإن سمعت منّى كلمة تربأ بى عنها او فعالا لا تحبّه فعظنى عنده وانهنى عنه ، العتبىّ قال تنقّص ابن لعامر بن عبد الله بن الزبير علىّ بن ابى طالب عم فقال له ابوه لا تنتقصه يا بنىّ فإنّ بنى مروان ما زالوا يشتمونه ستّين سنة فلم يزده الله الّا رفعة وإنّ الدين

---

1 C نسب

لم تَبْنِ شيئا فهدمته الدنيا وإنّ الدنيا لم تبن شيئا الّا عادت على ما بنت فهدمته ، وقال بعض الشعراء

ابْدَأْ بنفسك فانْهَها عن غيّها * فاذا انتهت عنه فأنت حكيم
فهناك تُعذَر ان وعظت ويُقتدَى * بالقول منك ويُقبل التعليم
لا تَنْهَ عن خُلُقٍ وتأتي مثله * عارٌ عليك اذا فعلت عظيم ،

وقال آخر

ويأخذ عيب الناس من عيب نفسه * مراد لعمري ما اراد قريب ،

وقال آخر

لك الخير لُمْ نفسا عليك ذنوبها * ودع لوم نفس ما عليك تُليمُ
وكيف ترى في عين صاحبك القذى * وتخفى قذى عينيك وهو عظيم ،

كان رجل من المترفين لا يزال يعيب النبيذ وشرابه فاذا وجده سرّا شربه فقال فيه بعض جيرانه

وعيّابة للشرب لو أنّ امّه * تبول نبيذا لم تزل تستبيلها ،

قال رجل لعمر بن عبيد انّي لأرحمك ممّا تقول الناس فيك قال افتَسمعني اقول فيهم شيئا قال لا قال ايّاهم فارحم ، قال اعرابيّ لامرأته

وانّا علمتُ فلا تنكحي * ظلومَ العشيرة حسّادها
يرى مجده ثَلْبَ اعراضها * لديه ويبغض من سادها

باب السعاية

روى وكيع عن ابيه عن عطاء بن السائب قال قدمت من مكّة فلقيني الشعبيّ فقال يا ابا زيد أَطْرِفْنا ممّا سمعتَ قلت سمعتُ عبد الرحمن

ابن عبد الله بن سابط يقول لا يسكن مكّة سافك دم ولا آكل ربًا[1] ولا مشّاء بنميم فعجبت منه حين عدل النميمة بسفك الدماء وأكل الربا فقال الشعبيّ وما يعجبك من هذا وهل تسفك الدماء وتركب العظائم الّا بالنميمة ، عتب مصعب بن الزبير الأحنف بن قيس على شيء بلغه عنه فاعتذر اليه الأحنف من ذلك ودفعه فقال مصعب اخبرني بذلك الثقة فقال الأحنف كلّا ايّها الأمير إنّ الثقة لا يبلّغ ، قال الأعشى

ومن يُطع الواشين لا يتركوا له ° صديقا وإن كان الحبيب المقرّبا ،

وذُكر السُعاة عند المأمون فقال رجل ممّن حضر يا امير المؤمنين لو لم يكن من عيبهم الّا انّهم اصدق ما يكونون ابغض ما يكونون الى الناس لكفاهم ، سعى رجل الى بلال بن ابى بردة برجل فقال له انصرف حتّى اسأل عمّا ذكرت وبعث فى المسألة عن الساعى فاذا هو لغير ابيه الذى يدّعى له فقال بلال اخبرنا ابو عمرو قال حدّثنى ابى قال قال رسول الله صلعم الساعى من الناس لغير رشده ، وقال الشاعر

اذا الواشى نعى يوما صديقا ° فلا تدعِ الصديق لقول واشى ،

اتى رجل الوليد بن عبد الملك وهو على دمشق لأبيه فقال للأمير عندى نصيحة فقال ان كانت لنا فأظهرها وإن كانت لغيرنا فلا حاجة لنا فيها قال جارٌ لى عصى من بعثه قال امّا انت فتخبر انّك جار سوء فان شئت ارسلنا معك فان كنت صادقا اقصيناك وإن كنت كاذبا عاقبناك وإن شئت تاركناك قال تاركنى ، وقال عبدة بن الطبيب

وأعصوا الذى يُسدى النميمة بينكم ° متنصّحا وهو السمام المُنْقَع[2]

---

1 C ربوا   2 C المنقّع

تُزْجِى[1] عقاربه لِتَبْعَثَ بَيْنَكُم * حربا كما بعث العروقَ الأخدع
حَرّانُ لا يشفى غليل فؤاده * عسل بماء فى الإناء مشعشع
لا تأمنوا قوما يشبّ صبيُّهم * بين القوابل بالعدوان ينشع
انّ الذين ترونهم خلّانكم * يشفى صداع رؤوسهم ان تُصْرَعوا
قتلت عداوتهم على احلامهم * وأبت ضِباب صدورهم لا تُنْزَعُ
قومٌ اذا دمس الظلام عليهم * حدجوا قنافذ بالنميمة تمزع

وقال ابو دهبل الجمحى

وقد قطع الواشون ما كان بيننا * ونحن الى ان يوصَل الحبل احوج
رأوا عورة فاستقبلوها بألبهم * فراحوا على ما لا نحبّ وأدلجوا
وكانوا اناسا كنت آمن غيبهم * فلم ينههم حلم ولم يتحرّجوا

وقال بشّار

تشتهى قربك الرباب وتخشى * غير واشٍ وتتّقى إسماعَهْ
انت من قلبها محلّ شراب * تشتهى شربه وتخشى صداعَهْ

وقال ابو نواس[2]

كنت من الحبّ فى ذرى نِيقِ * ازود[3] منه[4] مراد موموق[5]
حتّى ثنانى[6] عنه تخلّق وا * شٍ كذبة نقّها بتزويق
حبيت[7] وفا ما بمه معتذرا * وقد فرت منه[8] بعد تحريق
كقول كسرى فيما تمثّله * من فُرَصٍ[9] اللصّ ضجّة السوق

---

1 C يرجى 2 Ed Kairo 1277 p 28 ll 13–15, ed Āsāf 89 6 8 9 17
3 C زود 4 C فمه 5 C موثوق 6 Edd دعانى 7 C حبت
8 C منه وقد فرت 9 Edd فرصة

وقرأت في كتاب للهند[1] قلّ ما يمنع القلب من القول اذا تردّد عليه كان الماء اللين من القول والحجر اصلب من القلب واذا انحدر عليه وطال ذلك اثّر فيه وقد تُقطع الشجرة بالفؤوس فتنبت وتُقطع اللحم بالسيوف فيندمل واللسان لا يندمل جرحه والنصول تغيب في الجوف فتنزع والقول اذا وصل الى القلب لم ينزع ولكلّ حريق مطفئ للنار الماء وللسمّ الدواء وللحزن الصبر وللعشق الفرقة ونار الحقد لا تخبو وقال طرفة بن العبد[2]

وتصدّ عنك مخيلة الرجل ال * عرّيض موضحة عن العظم

بحسام سيفك او لسانك والـكلم الأصيل كأوسع الكلم

ونحوه قوله

والقول ينفذ ما لا تنفذ الإبَرُ

وقال امرؤ القيس[3]

وجُرْح اللسان كجرح اليد

سأل رجل عبد الملك بن مروان الخلوة فقال لأصحابه اذا شئتم تنحّوا[4] فلمّا تهيّأ الرجل للكلام قال له ايّاك وأن تمدحني فأنا أعرف بنفسي منك او تكذبني فانّه لا رأيَ لكذوب او تسعى بأحد اليّ وإن شئت ان اقيلك اقلتك قال أقِلْني وقال ذو الرئاستين قبول السعاية شرّ من السعاية لأنّ السعاية دلالة والقبول اجازة وليس من دلّ على شيء كمن قبل وأجاز فامقت الساعي على سعايته وإن كان صادقًا للؤمه في هتك

---

1 Cal. wa Dimna ed. de Sacy 189 u—190 6, Cheikho 151 8–11
2 Ahlw. 17 5 6 3 Ahlw. 11 4 4 > C; conj.

العورة واضاعة الحرمة وعامة ان كان كاذبا لجمعه بين هتك العورة واضاعة الحرمة مبارزة الله بقول البهتان والزور، وقال بعض المحدثين لعبد الصمد بن المعذّل لعمرك ما سبّ الأميرَ عدوُّه ولكنّما سبّ الأميرَ المبلّغُ، قال رجل للوليد بن عبد الملك انّ فلانا شتمك فأكبّ ثمّ قال اراه شتمك، وأتى رجل ابن عمر فقال له انّ فلانا شتمك فقال له انّى وأخى عاصما لا نسابّ[1] احدا، عوانة قال كان بين حاتم طيّء وبين اوس بن حارثة الطائى ما يكون بين اثنين فقال النعمان بن المنذر لجلسائه والله لأفسدنّ ما بينهما قالوا لا تقدر على ذلك قال بلى فقال ما جَرَت الرجالُ فى شىء الّا بلغته فدخل عليه اوس فقال يا اوس ما الذى يقول حاتم قال وما يقول قال يقول انّه افضل منك وأشرف قال أبيت اللعن صدق والله لو كنت انا وأهلى وولدى لحاتم لأنهبنا فى مجلس واحد ثمّ خرج وهو يقول

يقول لى النعمان لا من نصيحة * ارى حاتما فى قوله متطاولا
له فوقنا باعٌ كما قال حاتم * وما النصح فيما بيننا كان حاولا

ذا ثمّ دخل عليه حاتم فقال له مثل مقالته لأوس قال صدق ابن عمّى ان اقع من اوس له عشرة ذكور اخسّهم افضل منّى ثمّ خرج وهو يقول[2]

يسائلنى النعمان كى يستزلّنى * وهيهات لى ان استضام فأضرعا
كفانى بعضا ان اصمّ عشيرتى * بقول ارى فى غيره متوسّعا

فقال النعمان ما سمعت بأكرم من هذين الرجلين، ذكر يعقوب بن داود ايّام كان مع المهدىّ انّه وافاه فى يوم واحد ثمانون رقعة كلّها سعاية

1 C انساب   2 Nicht bei SCHULTHESS

منها ستون لأهل البصرة وعشرون لسائر البلاد ، وهى وأس برحل الى الاسكندر فقال له احبّ ان اقبل منك ما قلت فيه على ان نقبل منه ما قال فيك قال لا قال فكفّ عن الشرّ يكفّ عنك الشرّ ، كتب بعض اخواننا من الكتّاب الى عامل وكان سُعِىَ به اليه لست ادعك فيما بينى وبينك من احدى اربع امّا كنت محسنا وإيّاك لكذلك فأرْبُبْ او مسيئا ولست به فأبْقِ او اكون ذا ذنب ولم اتعمّد فتغمّد او معروفا وقد نلحق به حِبَل الأشرار فتثبّتْ ولا تطع كلّ حلّاف مهين همّاز مشّاء بنميم ۞

باب الكذب والقحة

حدّثنى احمد بن الخليل قال حدّثنا سليمان بن داود عن مسلمة بن علقمة عن داود بن ابى هند عن شهر بن حوشب عن الزبرقان عن النوّاس بن سمعان قال قال رسول الله صلعم لا يصلح الكذب الّا فى ثلثة مواضع[1] الحرب فانّها خدعة والرجل يُصلح بين اثنين والرجل يُرضى امرأته ، حدّثنى محمد بن عبيد قال حدّثنا يزيد بن هرون قال اخبرنا سفين بن حسين عن الزهرىّ عن حميد بن عبد الرحمن عن امّه قال قال رسول الله صلعم لم يكذب من قال خيرا و[2]أصلح بين اثنين ، قال حدّثنى عبدة بن عبد الله قال حدّثنا ابو داود عن عمران عن قتادة قال قال ابو الأسود الدؤلىّ اذا سرّك ان تكذب صاحبك فلقّنه ، حدّثنى محمد بن داود عن سويد بن سعيد عن مالك عن صفوان بن سليم

1 Daruber مواضن   2 C او

قال قيل للنبي صلعم ايكون المؤمن جبانا قال نعم قال فيكون بخيلا قال نعم قال افيكون كذابا قال لا ، قال حدثني سهل بن محمد عن الأصمعي قال عاتب انسان كذابا على الكذب فقال يا ابن اخي لو تغرغرت به ما صبرت عنه ، قال وقيل لكذوب اصدقت قط قال اكره ان اقول لا فأصدق ، وقال ابن عباس الحدث حدثان حدث من فيك وحدث من فرجك ، وقال مدينيّ من ثقل على صديقه خفّ على عدوّه ومن اسرع الى الناس بما يكرهون قالوا فيه ما لا يعلمون ، ومثله قول الشاعر

ومن دعا الناس الى ذمّه * ذمّوه بالحقّ وبالباطل

مقالة السوء الى اهلها * اسرع من منحدر سائل ،

بلغني عن وكيع عن ابيه عن منصور قال قال مجاهد ما اصاب الصائم شوى ما خلا الغيبة والكذب ، وقال سلمان بن سعد لو صحبني رجل فقال اشترط خصلة واحدة لا يزيد عليها لقلت لا تكذبني ، كان ابن عبّاس يقول الكذب فجور والنميمة سحر فمن كذب فقد فجر ومن نمّ فقد سحر وكان يقال أسرع الاستماع وأبطئ التصديق ، قال الأحنف ما خان شريف ولا كذب عاقل ولا اغتاب مؤمن وكانوا يحلفون فيحنثون ويقولون فلا يكذبون ، ذمّ رجل رجلا فقال اجتمع فيه ثلاثة طبيعة العقعق يعني السرق وروغان الثعلب يعني الخبّ ولمعان البرق يعني الكذب ، ويقال الأرذال اربعة النمّام والكذّاب والمدين والفقير ، قال ابن المقفع لا تتهاونن بإرسال الكذبة في الهزل فإنها تسرع في ابطال الحقّ ، وقال الأحنف اثنان لا يجتمعان ابدا الكذب والمروّة ، وقالوا من شرف

الصدق ان صاحبه يصدّق على عدوّه، وقال الأصمعي لابنه يا بنيّ اتّخذ الكذب كنزا اى لا تخرجه، قيل لأعرابيّ كان يُسهب في حديثه اما لحديثك هذا آخِر فقال اذا انقطع وصلته، وقال ابن عمر رفعوا[1] زاملة الكذب، كان يقال علّة الكذوب اقبح علّة وزلّة الموقى اشدّ زلّة، كان المهلّب كذّابا وكان يقال له راح يكذب وفيه يقول الشاعر

تبدّلت المنازل من قريش * مَزُونيّا[2] يقعقعه الحلبُ
فأصبح قائلا كرم وجود * وأصبح قائما كذب وحُوبُ،

قال رجل لأبي حنيفة ما كذبت كذبة قطّ قال امّا هذه فواحدة نُشهد بها عليك، قال ميمون بن ميمون من عُرف بالصدق جاز كذبه ومن عُرف بالكذب لم يجز صدقه، قال ابو حيّة النميريّ[3] وكان كذّابا عنّ لي ظبي فرميته فراغ عن سهمي فعارضه والله السهم فراغ فراوغه السهم حتّى صرعه ببعض الخبارات، وقال ايضا[4] رميت ظبية فلمّا نفذ السهم ذكرت بالظبية حبيبة لي فشددت وراء السهم حتّى قبضت على قُذَذه[5]، وصف اعرابيّ امرأة فقيل ما بلغ من شدّة حبّك لها قال انّي لأذكرها وبيني وبينها عقبة الطائف فأجد من ذكرها ريح المسك، انشد ابو الفرزدق سليمان بن عبد الملك[6]

ثلاث واثنتان فهنّ خمس * وسادسة تميل الى سهام
فبتن بجانبيّ[7] مصرَّعات * وبتّ افضّ اغلاق الختام[8]

---

1 … 2 C مرونيما, s. Jāqūt IV 522, 3 3 S. Ǧāhiẓ Bajān II 7 21 ff 4 Ǧāhiẓ a. a. O. 22 5 So Ǧāhiẓ cod. Köpr. II 5r, ed. Kairo قذذه, C قذره 6 > Hill und Bouchir wiederholt C fol. 318v 7 So 315v, hier حذابى 8 Hier الحثام

قال ذبيل للفتى صلّعم ايكون المؤمن جبانا قال نعم قال فيكون بخيلا قل
نعم قال افيكون كذّابا قل لا، قال حدّثنى سهل بن محمد عن
الأصمعى قل عاتب انسان كذّابا على الكذب فقال يأبن اخى لو
تغرغرت به ما صبرت عنه، قال وقيل لكذوب اصدقت قط قل ادرِه
٥ ان اقول لا تُصدق، وقال ابن عبّاس لحدث حدثان حدث من فِيك
وحدث من فرجك، وقيل مديتى من نقل على صديقه خف على عدوّه
ومن اسرع الى الناس بما يكرهون قالوا فيه ما لا يعلمون، ومثله قول
الشاعر

ومن دعا الناس الى ذمّه * ذموه بالحقّ وبالباطل
مقالة السوء الى اهلها * اسرع من منحدر سائل،
١٠ بلغنى عن وكيع عن ابيه عن منصور قل قال مجاهد ما اصاب الصائم
شَوى ما خلا الغيبة والكذب، وقال سليمن بن سعد نو صحبتى رجل
فقال اشترط خصلة واحدة لا يزيد عليها نقلت لا تكذبنى، كان ابن
عبّاس يقول الكذب فجور والنميمة سحر فمن كذب فقد فجر ومن نمّ فقد
سحر وكان يقول أسرع الاستماع وأبطأى التحقيق، قال الأحنف ما كان
شريف ولا كذب عاقل ولا اغتاب مؤمن وكانوا يحلفون فيحنثون ويقولون
فلا يكذبون، ذمّ رجل رجلا فقال اجتمع فيه ثلثة طبيعة العقعق
يعنى السرق وروغان الثعلب يعنى لحبّ ولمعان البرق يعنى الكذب،
ويقال الأزرّاء اربعة النمّام والكذّاب والمديون والفقير، قال ابن المقفع لا
٢٠ تهاونون بارسل الكذبة فى الهزل فانّها تسرع فى ابطال لحقّ، وقال
الأحنف اثنان لا يجتمعان ابدا الكذب والمروّة، وقالوا من شرف

الصدق ان صاحبه يصدّق على عدوّه، وقال الأحنف لابنه يا بنىّ اتّخذ الكذب كنزا اى لا تخرجه، رقيل لأعرابىّ كان يُسهب فى حديثه اما لحديثك هذا آخِر فقال اذا انقطع وصلته، وقال ابن عمر زعّموا[1] زاملة الكذب، كان يقال علّة الكذوب اقبح علّة وزلّة المتوقّى اشدّ زلّة، كان المهلّب كذّابا وكان يقال له راح يكذب وفيه يقول الشاعر

تبدّلت المنازل من قريش * مَزُونيّا[2] بفقحته الصليبُ

فأصبح قائلا كرم وجود * وأصبح قدما كذب وحُوبُ،

قال رجل لأبى حنيفة ما كذبت كذبة قطّ قال امّا هذه فواحدة يُشهد بها عليك، قال ميمون بن ميمون من عُرف بالصدق جاز كذبه ومن عُرف بالكذب لم يجز صدقه، قال ابو حيّة النميرىّ[3] وكان كذّابا عنّ لى ظبى فرميته فراغ عن سهمى فعارضه والله السهم فراغ فراوغه السهم حتّى صرعه ببعض الجبارات، وقال ايضا[4] رميت ظبية فلمّا نفذ السهم ذكرت بالظبية حبيبة لى فشددت وراء السهم حتّى قبضت على قُذَذه[5]، وصف اعرابىّ امرأة فقيل ما بلغ من شدّة حبّك لها قال انّى لأذكرها وبينى وبينها عقبة الطائف فأجد من ذكرها ريح المسك، انشد الفرزدق سليمان بن عبد الملك[6]

ثلث واثنتان فهنّ خمس[7] وسادسة تميل الى شمام

فبتن بجانبىّ[7] مصرّعات * وبتّ افضّ اغلاق الختام[8]

? 2 C مزوبيا; s. Jāqūt IV 522, 3   3 S. Ǧāḥiẓ Bajān II 7 21 ff.   4 Ǧāḥiẓ a. a. O. 22   5 So Ǧāḥiẓ cod. Köpr. II 5r, ed. Kairo قذقذه, C قذره   6 > Hell und Boucher; wiederholt C fol. 318v   7 So 318v, hier جنابى   8 Hier الختام

كأنّ مغالق الرمّان فيه * وجمر غضا قعدن عليه حامى

فقال له سليمان ويحك يا فرزدق احللت بنفسك العقوبة اقررت عندى بالزنا وأنا امام ولا بدّ لى ان احدّك فقال الفرزدق بأىّ شىء اوجبت علىّ ذلك قال بكتاب الله قال فإنّ كتاب الله هو الذى يدرأ عنّى الحدّ قال وأين قال فى قوله[1] وَٱلشُّعَرَاءُ يَتَّبِعُهُمُ ٱلْغَاوُونَ أَلَمْ تَرَ أَنَّهُمْ فِى كُلِّ وَادٍ يَهِيمُونَ وَأَنَّهُمْ يَقُولُونَ مَا لَا يَفْعَلُونَ فأنا قلت يا امير المؤمنين ما لم افعل ، وقول الشاعر

وإنّما الشاعر مجنون كَلِبْ * اكثر ما يأتى على فيه الكَذِبْ ،

وقال الشاعر

حَسْبُ الكذوب من البليّـة * بعض ما يُحكى عليه
مهما سمعت بكذبة * من غيره نُسِبَتْ اليه ،

وقال بشّار

ورضيت من طول العناء بيأسه * واليأس ايسر من عدات الكاذب ،

والعرب تقول[2] اكذب من سالئة[3] وهى تكذب مخافة العين على سمنها وأكذب من مجرِّب لأنّه يخاف ان يطلب من هنيئه وأكذب من يلمع وهو السراب ، منصور بن سلمة الخزاعىّ قال حدّثنا شبيب بن شيبة ابو معمر الخطيب قال سمعت ابن سيرين يقول الكلام اوسع من ان يكذب ظريف ، وقال فى قول الله عزّ وجلّ[4] لَا تُؤَاخِذْنِى بِمَا نَسِيتُ لم ينس ولكنّها من معاريض الكلام ، وقال العتبىّ اصدق فى صغار ما يضرّنى لأصدّق فى كبار ما ينفعنى ، وكان يقول انا رجل لا ابالى ما استقبلت به

---

1 Sūra 26 226–228   2 Maidānī I 176   3 C سالبة   4 Sūra 18 72

الأحرار، ناشر رجل من جرم رجلا من الأنصار الى رجل من قريش فقال[1] للجرمي أبالجاهلية تفاخره ام بالإسلام فقال بالإسلام فقال كيف تفاخره وهم آووا رسول الله ونصروه حتى اظهر الله الإسلام فقال الجرمي فكيف بكون وقلة الحياء، وذكر اعرابي رجلا فقال لو دُقّ وجهه بالحجارة لرضّها ولو خلا بأستار الكعبة لسرقها، وقيل لرجل من بني اسد بأيّ شيء غلبت الناس قال ابهت الاحياء وأستشهد الموتى، وقال طُريح الثقفي يذمّ قوما[2]

ان يعلموا الخير يُخفوه وإن علموا * شرّا أُذيع وإن لم يعلموا كذبوا،

وكان يقال اثنان لا يتفقان ابدا القناعة والحسد واثنان لا يفترقان ابدا الحرص والفحة، وقال الشاعر[3]

ان يحملوا[4] او يغدروا او يفجروا[4] لا تحفلوا[5]

يغدوا[6] عليك مُرَجّلين * كأنّهم لم يفعلوا

كأبي براقش كلّ لو * ن لونه يتخيّل،

هجا ابو الهول الحميري الفضل بن يحيى ثمّ اتاه راغبا اليه فقال له الفضل ويلك بأيّ وجه تلقاني قال بالوجه الذي القى به ربّي وذنوبي اليه اكثر فضحك ووصله، ومن امثال العرب في الوقاحة[7] رمتني بدائها وانسلّت، وقال الشاعر

أكولٌ لأرزاق العباد اذا سما * صبور على سوء الثناء وقاح،

قال رجل لقوم يغتابون ويكذبون توقّفوا فانّ ما تقولون شرّ من الحدث، وبلغني عن حمّاد بن زيد عن هشام عن محمد قال قلت لعبيدة ما

---

1 C فقال. 2 Liber poesis 427 16 3 LA 8, 152 4* LA او يجبنوا او يغدروا 5 C تحلفوا 6 LA يغدوا 7 C الوقاح: Maidani I 193

يوجب الوضوء قال الحدث وأذى المسلم ، روى الصلت بن دينار عن عقبة عن انس بن مالك قال بعثني ابو موسى الأشعريّ من البصرة الى عمر فسألني عن احوال الناس ثمّ قال كيف يصلح اهل بلد جُلّ اهله هذان الحيّان بكر بن وائل وبنو تميم كذب بكر وبخل تميم ، ذكر بعض الحكماء اعاجيب البحر وتزيُّد المحدّثين فقال البحر كثير العجائب وأهله اصحاب تزيُّد فأفسدوا بقليل الكذب كثير الصدق وأدخلوا ما يكون فيما يكاد لا يكون وجعلوا تصديق الناس لهم في غريب الأحاديث سلّما الى ادّعاء المحال ، حدّثني ابو حاتم عن الأصمعيّ قال كان يقال الصدق احيانا يحزّن ، حدّثني شيخ لنا عن ابي معاوية قال حدّثنا ابو حنيفة عن معن بن عبد الرحمن عن ابيه قال قال عبد الله بن مسعود ما كذبت على عهد النبيّ صلعم الّا كذبة واحدة كنت ارحل لرسول الله عم فجاء رجل من الطائف فقلت هذا يغلبني على الرحال فقال اىّ الرحال احبّ الى رسول الله فقلت الطائفيّة المكّيّة فرحل بها فقال رسول الله صلعم من رحل لنا هذا فقالوا الطائفيّ فقال مروا عبد الله فليرحل لنا فعدت الى الرحال ۞

باب سوء الخلق وسوء الجوار والسباب والشرّ

حدّثني زياد بن يحيى قال حدّثنا ابو داوُد عن صدقة بن موسى عن مالك بن دينار عن عبد الله بن غالب عن ابي سعيد الخدريّ قال قال رسول الله صلعم خصلتان لا تجتمعان في مؤمن سوء الخلق والبخل ، قال وحدّثني احمد بن الخليل عن ازهر بن جميل عن اسماعيل بن حكيم

عن الفضل بن عيسى عن محمد بن المنكدر عن جابر قال[1] قيل يا رسول الله ما الشؤم قال سوء الخلق، قال وحدّثني ابو الخطّاب قال حدّثنا بشر بن المفضّل قال حدّثنا يونس عن الحسن قال قال رسول الله صلعم المستبّان ما قالا فعلى البادئ منهما ما لم يعتد المظلوم، قال وحدّثني سهل بن محمد عن الأصمعيّ قال حدّثني شيخ بمنًى قال صحب ايّوب رجل في طريق مكّة فاذا الرجل سيّء خلقه فقال ايّوب انّي لأرحمه لسوء خلقه، قال وحدّثني عبد الرحمن عن الأصمعيّ قال قال ابو الأسود اطعما المساكين في اموالنا كنّا اسوأ حالا منهم وأوصى بنيه فقال لا تجاودوا الله فإنّه اجد وأجود ولو شاء ان يوسع على الناس كلّهم حتّى لا يكون محتاج لفعل فلا تجهدوا انفسكم في التوسّع فتهلكوا هزلا، قال وسمع رجلا يقول من يعشّي الجائع فقال عليّ به فعشّاه ثمّ ذهب ليخرج فقال اين تريد قال اريد اهلي قال فأبيت عليّ ان لا تؤذي المسلمين الليلة ووضع في رجله الأدهم حتّى اصبح، قال وأكل اعرابيّ معه تمرا فسقطت في يد الأعرابيّ تمرة فأخذها وقال لا ادعها للشيطان فقال ابو الأسود لا والله ولا لجبريل، نظر ابن الزبير يوما الى رجل وقد دقّ ذا في صدور اهل الشأم بلبلة ارماح فقال اعملوا حربنا فانّ بيت المال لا يقوم لهذا، وذكر ابو عبيدة انّه كان يأكل في كلّ سبعة ايّام اكلة ويقول في خطبته انّما بطني شبر في شبر وما عسى ان يكفيني، وقال ابو وجزة مولى آل الزبير

لو كان بطنك شبرا قد شبعت وقد * فضلت فضلا كثيرا للمساكين

1 > C

فإن نصيبك من الأيّام جائحة[1] * لا بيك منك على دنيا ولا دين ؏

وفيها يقول

ما زلت في سورة الأعراف تدرسها * حتى فؤادك[3] مثل الخزّ في اللبن ؏

وفيها يقول

انّ امرءا كنت مولاه فضيّعني ٭ يرجو الفلاح لعندي حقُّ مغبونِ ؏

وفيه يقول آخر

رأيت ابا بكر وربُّك غالب * على امره يبغي الخلافة بالتمر

هذا حين نال اكلهم تمري وعصيتم امري ؏ وقال بعض الشعراء

من دون سيبك لون ليل مظلم * وحفيف نافجة[4] وكلب مُوسَدُ

وأخوك محتمل عليك ضغينة * ومُسيء قومك لائم لا يُحْمَدُ

والضيف عندك مثل اسود سالخ * لا بل احبّهما اليك الأسود ؏

ومدح اعرابيّ سعيد بن سلم[5] فقال

الا سائلا باللمل لا تخش ضلّة * سعيد بن سَلْمٍ ضوء كلّ بلاد

لنا سيّد اربى على كلّ سيّد * جواد حبى[6] في وجهه[7] كلّ جواد

فلم يعطه شيئا فقال يهجوه

لكلّ اخي مدح ثواب يعدّه * وليس لمدح الباهليّ ثواب

مدحت ابن سلم والمديح مهزّة * فكان كصَفْوانٍ عليه تُرابُ ؏

وقال فيه المهزّق الحضرمي

اذا ولدت حليلةُ باهليٍّ ٭ غلاما زيد في عدد اللئام

---

1 C حابحة 2 C دنياك 3 C فوادى 4 C نافحة
5 C سالم 6 ?, C حبى 7 C وجهه

وعرض الباهليّ وإن توقّى ، عليه مثل منديل الطعام
ولو كان الخليفة باهليًّا * لقصّر عن مساماة الكرام،

ودخل قدامة بن جعدة على قتيبة بن مسلم فقال اصلح الله الأمير بالباب الأم العرب قال ومن ذاك قال سلوليّ رسول محاربيّ الى باهليّ فضحك قتيبة، وقال آخر

قوم اذا اكلوا أخفَوْا كلامهمُ * واستوثقوا من رتاج الباب والدار
لا يقبس الجار منهم فضل نارهمُ * ولا تكُفّ يد عن حرمة الجار،

وقال عمر بن عبد العزيز الطائيّ من اهل حمص

سُمْتُ المديحَ رجالًا دون قدرهمُ * صدّ قبيحٍ ولفظ لمس بالحسن
فلم أفُزْ منهمُ الّا بما حملتْ * رِجْلُ البعوضة من تجارة اللبن،

وقال آخر

أُلامُ وأُعْطِي والبخيل مجاوِرٌ * الى جنب بيتي لا يُلام ولا يُعْطِي،

ونحو هذا قولهم منع الجميع ارضى للجميع، وقال بشّار

اعطى البخيل بما اقنعت به * وكذاك من يعطيك من كَدَرِه،

قيل لخالد بن صفوان ما لك لا تنفق فانّ مالك عريض قال الدهر اعرض منه قيل له كأنّك تأمُلُ ان تعيش الدهر كلّه قال ولا اخاف ان اموت في اوّله، قال الجاحظ[1] قلت مرّة للحزاميّ قد رضيت بقول الناس عبد الله بخيل قال لا اعدمني الله هذا الاسم قلت كيف قال لأنّه لا يقال فلان بخيل الّا وهو ذو مال فسلّم لي المال وأَدْعُنى بأيّ اسم شئت قلت ولا يقال سخيّ الّا وهو ذو مال فقد جمع هذا الاسم المال والحمد

---

1 k al buhalā (ed v Vloten) 65 18 ff

وجمع هذا الاسم المال والذمّ قال دمنهما شرق قلت هاته قال فى قولهم تحمل تميمت لاقامة المال فى ملكه وفى قولهم سخىّ اخبار عن خروج المال عن ملكه واسم البخل فيه حزم وذمّ واسم السخاء اسم فيه تضييع وحمد والمال راعى[1] ناجع ومكرم لأهله معزّ والحمد ريح وسخرية واستماعه ضعف وفسولة وما اقلّ والله غناء الحمد عنه اذا جاع بطنه وعرى جلده وضاع عياله وشمت عدوّه، وكان محمد بن الجهم يقول من شأن من استغنى عنك ان لا يقيم عليك ومن احتاج اليك ان لا يذهب عنك فمن ضنّ بصديقه وأحبّ الاستكثار منه وأحبّ التمتع به احتال فى دوام رغبته بأن يقسم له ما يقوته ويمنعه ما يغنيه عنه فانّ من الزهد فيه ان تغنيه عنك ومن الرغبة فيه ان تحوجه اليك وابقاؤك مع الضنّ به اكرم من اعتدائك له مع الزهد فيه وقيل فى مثل اجع كلبك يتبعك من اغنى صديقه فقد اعانه على الغدر وقطع اسبابه من الشكر والمعين على الغدر شريك الغادر كما انّ مزيّن الفجور شريك الفاجر، قال وأوصى عند موته وقال فى وصيته يزعمون انّ رسول الله صلعم قال قلّ[2] الثلث والثلث كثير وأنا ازعم ان ثلث الثلث كثير والمساكين حقوقهم فى بيت المال ان طلبوا طلب الرجال اخذوه وان جلسوا جلوس النساء مُنعوه فلا يرحم الله الّا انفسهم ولا يرحم الله من يرحمهم، تقدّم رجلان من قريش الى سوّار احدهما ينازع مولى له فى حدّ ارض اقطعها ابوه مولاه فقال سوّار اتنازع مولاك فى حدّ ارض اقطعها ابوك اياه فقال السحيج أعذر من الظالم فرفع سوّار يده ثم قال اللهمّ اردد على قريش اخطارها، وقال الخزرجى انّ

1 Ed v. Vloten زاهر   2 > C

جود المكّى جود حجازىّ وجود الحجاز فيه اقتصاد ليس يرجو السوال عن كفّ مُعْطٍ قد غذّته الافراض والأمداد، نظر سلمٰن بن مراحم الى درهم فقال فى شقّ لا اله الا اللهُ محمّد رسول الله وفى وجه آخر الله لا اله الّا هو الحىّ القيّوم فقال ما ينبغى ان يكون هذا الّا معاذة وقذفه فى الصندوق، انشدنا عبد الرحمن بن هانئ صاحب الأخفش عن الأخفش للخليل

وكفّاه[1] لم يُخلقا للندى * ولم يكُ بخلهما بِدْعَهْ
فكَفٌّ[2] عن الخير مقبوضةٌ * كما نقصت[3] مائة تِسْعَهْ
وكفٌّ ثلثة آلافهـا * وتسع مئيها لها شِرْعَهْ،

قال ابو علىّ الضرير

لَعَمْرُ[4] ابيك ما نُسِبَ المعلّى * الى كرم وفى الدنيا كريم
ولكنّ البلاد اذا اقشعرّت * وَصَوّحَ[5] نَبْتُها رُعِىَ الهشيم،

وقال آخر

امن خوف فقر تعجّلته * وأخّرت إنفاق ما تجمع
فصرت الفقير وأنت الغنىّ * وهل كنت تعدو الذى تصنع،

خوّف رجل رجلا جوادا الفقر وأمره الابقاء على نفسه فكتب اليه انّى اكره ان اترك امرا قد وقع لأمر لعلّه لا يقع، وقال ابو الشمقمق[6]

رأيت الخُبْزَ[7] عزّ لديك حتّى * حسبت الخبز فى جوّ السحاب
وما روّحتنا لتذبّ عنّا * ولكن خفت مرزئة الذُّباب

---

1 C كفّاه   2 C نكفّ   3 C نقصت   4 C لعمرو   5 C وصوح
6 Ǧāḥiẓ k. al buḫalā' 77 9–12, 137 3–6   7 C الخبر

وقال دعبل[1]

صَدَقْ أَلْمَثَلُ[2] اذ قال مجتهدا * لا والرغيف فذاك البرّ من قَسَمِهْ
قد كان يعجبني لو أنّ غيرته * على جرادقه كانت على حرمهْ
فإنْ هممت به فافتك خبزته * فإنّ موقعها من لحمه ودمهْ

وقال الشاعر[3]

ارفق بحفص حين تأ * كُل يا معاوى من طعامهْ
الموت ايسر عنده * من مضغ ضيف والتقامهْ
وتراه من خوف النزيـ*ـل به يروّع فى منامهْ
سيّان كسر رغيفه * او كسر عظم من عظامهْ
لا تكسرنّ رغيفه * ان كنت ترغب فى كلامهْ
واذا مررت ببابه * فاحفظ رغيفك من غلامهْ

وقال ابو نواس[4]

خبز اسمعيل كالوشـى اذا ما انشقّ يرفا
عجبا من اثر الصنـ*ـعة فيه كيف يخفى
انّ رفّاءك[5] هـذا * احذق[6] الامّة كفّا
فاذا[7] قابل بالنصـف[8] من الجردق نصفا
احكم الصنعه[9] حتّى * لا ترى موضع اشفى
مثل ما جاء من التنّـور ما غادر حرفا

---

1 Wiederholt 289 v 2 C البتّه, 289 v النبيه 3 Wiederholt 289 v mit starken Abweichungen 4 Wiederholt 289 v, Diwan ed Kairo 1272 p 71 22 23, 72 1 2 4–8, ed. Āsāf 172 2–4 5–9, v 1 Ǧāhiz buḫ 77 1 5 C hier رفاءكم 6 C hier ارفق 7 C + ما 8 C النصف 9 C الصنيعه

ولهُ فى الماء اسحتا · عمل ابدع ظرفا

مزجه العذب بماء الثلج كى يزداد ضعفا

فهو لا يشرب منه · مثل ما يشرب صرفا ۞

باب الحمق

قال الشعبيّ لرجل استجهله ما احوجك الى محدرَجٍ شديد الفتل حَيّد الجلاز عظيم الثمْرة ليّن[1] المهزّة يأخذ منك فيما بين مَجْب الذنب ومَغْرِز العنق فتكثر له رقصانك من غير جذل فقال وما هذا فقال بعض الأمر ؛ قال حدّثنى القومسيّ عن محمّد بن الصلت الأسديّ عن احمد بن بشير عن الأعمش عن سلمة بن كهيل عن عطاء عن جابر قال كان فى بنى اسرائيل رجل له حمار فقال يا ربّ لو كان لك حمار لعلفتُه مع حمارى هذا فهمّ به نبيّ فأوحى الله اليه انّما أُثيب كلّ انسان على قدر عقله ؛ حدّثنى محمّد بن خلد بن خداش عن ابيه عن حمّاد بن زيد عن هشام بن حسّان عن محمّد بن سيرين انّ رجلا رأى فى المنام انّ له غنما وكأنّه يعطى بها ثمانية ثمانية فباع غنمه فلم ير شيئا فغمّض عينيه ومدّ يده وقال هاتوا اربعة اربعة ؛ مرّ رجل من العبّاد على عنقه عصا فى طرفيها[2] زبيلان قد كادا يحطمانه فى احدهما برّ وفى الآخر تراب فقيل له ما هذا قال عدلت البرّ بهذا التراب لأنّه كان قد امالنى فى احد جانبيّ فأخذ رجل زبيل التراب فقلبه وجعل البرّ نصفين فى الزبيلين وقال له احمل الآن فحمله فلمّا رآه خفيفا قال ما اعقلك من شيخ ؛ حفر

---

2 C طرفها

اعرابىّ لقوم قبرا فى ايّام الطاعون بدرهمين فلمّا اعطوه الدرهمين قال بأبى دعوهما عندكم حتّى يجتمع لى ثمن ثوب ، كانت امّ عمرو بنت جندب ابن عمرو بن جمعة السدوسىّ عند عثمان بن عفّان وكانت حمقاء تجعل الخنفساء فى فيها ثمّ تقول حاجيتك ما فى فى وهى امّ عمرو وأبان ابنى عثمان ، ابراهيم بن المنذر قال حدّثنا زيد بن عبد الرحمن بن زيد ابن اسلم عن ابيه عن جدّه قال رأيت طارقا وهو والٍ[1] لبعض الخلفاء من بنى اميّة على المدينة يدعو بالغداء فيتغدّى على منبر رسول الله صلعم ويكون فيه العظم المُمِخّ فيكسره على رمّانة المنبر فيأكله ، قالت امّ غزوان الرقاشىّ لابنها ورأته يقرأ فى المصحف يا غزوان اما تجد فيه بعيرا لنا ضلّ فى الجاهليّة فما كيّرها وقال يا امّه اجد والله فيه وعدا حسنا ووعيدا شديدا ، سفين بن عيينة عن ايّوب بن موسى قال قال ابن ابى عتيق لرجل ما اسمك قال وثّاب قال فما كان اسم كلبك قال عمرو قال واخلافاه ، قال ابو الدرداء علامة الجاهل ثلث العجب وكثرة المنطق فيما لا يعنيه وأن ينهى عن شىء ويأتيه ، أُغمى على رجل من الأزد فصاح النساء واجتمع الجيران وبعث اخوه الى غاسل الموتى فجاء فوجده حيّا بعدُ فقال اخوه اغسله فإنّك لا تفرغ من غسله حتّى يقضى ، وقال اردشير بحسبكم دلالة على عيب الجهل انّ كلّ انسان ينتفى منه ويغضب اذا نُسب اليه ، وكان يقال لا يغرّنّك من الجاهل قرابة ولا اخوّة ولا إلف فإنّ احقّ الناس بتحريق النار اقربهم منها ، قال عمر بن عبد العزيز خصلتان لا تعدما بك من الجاهل كثرة الالتفات وسرعة الجواب ،

---

1 C والى

وقال عمر بن الخطاب اياك ومؤاخاة الأحمق فانه يريد ان ينفعك فيضرك، وقال بعضهم لأن ازاول احمق احبّ الىّ من ان[1] ازاول نصف احمق يعنى الأحمق المتعاقل، وقال[2] هشام بن عبد الملك يُعرف حمق الرجل بأربعة بطول لحيته وبشناعة كنيته ونقش خاتمه وإفراط شهوته فدخل عليه ذات يوم شيخ طويل العثنون فقال هشام امّا هذا فقد جاء بواحدة فانظروا اين هو من الثلث فقيل له ما كنيتك فقال ابو الياقوت فقالوا ما نقش خاتمك قال[3] وَجَاءُوا عَلَى قَمِيصِهِ بِدَمٍ كَذِبٍ وفى حكاية اخرى وَتَفَقَّدَ ٱلطَّيْرَ فَقَالَ مَا لِيَ لَا أَرَى ٱلْهُدْهُدَ[4] فقيل له اىّ الطعام تشتهى فقال جلجبين وفى حكاية اخرى مُضاضة، سمع عمر بن عبد العزيز رجلا ينادى رجلا يا ابا العُمَرَيْن فقال لو كان له عقل كفاه احدهما، وقال ابو العاج يوما لجلسائه وكان يلى واسط انّ الطويل لا يخلو من ان يكون فيه احدى ثلث ان يَعْقِرَ الكلابَ او يكون فى رجله قرحة او يكون احمق وما زلت وأنا صغير فى رجلى قرحة وما عَقَرَ الكلاب أَحَدٌ قَرَنى وأمّا الحمق فأنتم اعلم بوالبكم، ويقال الأحمق اعلم بشأنه من العاقل بشأن غيره، وقال بشّار[5]

خَليلىّ انّ العسر سوف يفيق * وإنّ يسارا فى غد لخليق
وما كنت الّا كالزمان اذا صحا * صحوت وان ماق الزمان اموق
فريبى أَشُبْ همّى براح فإنّنى * ارى الدهر فيه كربة ومضيق،

وقال رجل فلان الى من يداوى عقله احوج منه الى من يداوى بدنه، وقيل لبعض الحكماء متى يكون الأدب شرّا من عدمه قال اذا كثر الأدب

---

1 > C 2 Ǧāḥiẓ Bajān II 163 2ff 3 Sūra 12 18 4 Sūra 27 20
5 Vers 1 u 2 wiederholt fol 234ᵛ

ونقص العقل، وقرأت في كتاب للهند[1] ومن الحمق التماس الرجل الاخوان بغير وفاء والأجر بالرياء ومودّة النساء بالغلظة ونفع نفسه بضرّ غيره والعلم والفضل بالدعة والخفض، وفيه[2] ثلثة يُبرأ بهم مدّعي الحرب ولقاء الزحوف وشدّة النكاية في الاعداء وبدنه سليم لا اثر به ومنتحل علم الدين والاجتهاد في العبادة وهو غليظ الرقبة اسمن من الأدَمة والمرأة الحاملة تغتب ذات الزوج، وفيه[3] من يعمل بجهل خمسة مستعمل الرماد في حقنه بدلا من الزبل ومطهر مستور عورته والرجل يتزيّا بزيّ المرأة والمرأة تتزيّا بزيّ الرجل والمتهلّك في بيت مضيفه والمتكلّم بما لا يعنيه ولا يسأل عنه، وفيه[4] الأدب يذهب عن العاقل السكر ويزيد الأحمق سكرا كما انّ النهار يزيد كلّ ذي بصر بصرا ويزيد الخفافيش سوء بصر، وكانوا يكرهون ان يزيد منطق الرجل على عقله، قال الشاعر في جاهل

ما لي ارى الناس يأخذون ويعـطون ويستمتعون بالنَّشَـب
وأنت مثل الحمار أبْهَمُ لا تشكو جراحات ألْسُنِ العَرَب،

سمع الأحنف رجلا يقول ما ابالي أمُدحت ام هُجيت فقال الأحنف استرحت من حيث تعِبَ الكرام، كان عامر بن كُريز ابو عبد الله بن عامر من حمقى قريش نظر الى ابنه عبد الله وهو يخطب فأقبل على رجل الى جانبه وقال انّه والله خرج من هذا وأشار الى ذكره، ومن حمقى قريش العاص بن هشام اخو ابي جهل وكان ابو لهب قامره فقمره ماله ثمّ داره

1 Guidi, Studii XVII 10–12, ed Cheikho 94 13–15 2 Guidi XLV pu—XLVI 4, Cheikho 193 1–6 3 > de Sacy, Guidi, Cheikho 4 Guidi XVI pu—XVII 2, Cheikho 94, 3, 4

ثمّ فلماه وكثره وأهاه ونفسه فاتّخذه عمدا وأسلمه دمنا علمّا كان يوم بدر بعث به عن نفسه فقتل ببدر كافرا قتله عمر بن الخطّاب وكان خال عمر، ومن حمقى قريش الأحوص بن جعفر بن عمرو بن حُريث قال له يوما مجالسوه ما بال وجهك أصفر اتشتكى شيئا وأعادوا عليه ذلك فرجع الى اهله يلومهم ويقول لهم انا شاكٍ ولا تُعلمونى أَلقُوا علىّ الثياب وابعثوا الى الطبيب، وتمارض مرّة فعاده اصحابه وجعل لا يتكلّم فدخل سراقة بن عبيد الله بن الزبدبوذ وكان املح اهل الكوفة فعرف انّه متمارض فقال يا فلان كنّا امس بالحيرة فأخذنا الخمر بلبن فتمنه¹ بدرهم والخمر يومئذ ثلثة فثانىّ بدرهم فرفع الأحوص رأسه وقال كذا متى فى كذا من ام الكاذب واستوى جالسا فنشر اهله على سراقة الشكر² فقال له سراقة اجلس لا جلست وهات شرابك فشربا يومهما، ومن حمقى قريش بكّار ابن عبد الملك بن مروان وكان ابوه ينهاه ان يجالس خالد بن يزيد ابن معاوية لما يَتعرّف من حمق ابنه فجلس يوما الى خالد فقال بكّار انا والله كما قال الأوّل *مردّد فى بنى اللخناء ترديدا، وكان له باز فقال لصاحب الشرطة اغلق ابواب المدينة لئلا يخرج البازى، ومن حمقى قريش معاوية بن مروان اخو عبد الملك بن مروان بينما هو واقف بباب دمشق ينتظر عبد الملك على باب طحّان نظر الى حمار الطحّان يدور الرحا وفى عنقه جلجل فقال للطحّان لم جعلت فى عنق الحمار جلجلا فقال ربّما ادركتنى سآمة او نعسة فإذا لم اسمع صوت الجلجل علمت انّه قام فصحت به فقال معاوية رأيت ان قام وحرّك رأسه ما علمك انّه قائم

---

1 C (sic) منبًا 2 C السكر

قال الطحّان ومَنْ لحمارى بمثل عقل الأمير، وقال معاوية هذا لأبى امرأته ملأتنا ابنتك البارحة بالدم فقال انّها من نسوة يخبأن ذلك لأزواجهنّ، وقال له ايضا يوما آخر لقد نكحتُ ابنتك بعَصَبة ما رأت مثلها قطّ قال لو كنت عِنّينا[1] ما زوّجناك، ومن حمقى قريش سليمان بن يزيد بن عبد الملك قال يوما لعن الله الوليد اخى فانّه كان فاجرا والله لقد ارادنى على ان يفعل بى فقال له قائل اسكت فوالله لئن كان همّ لقد فعل، خطب سعيد بن العاص عائشة بنت عثمان على اخيه فقالت هو احمق لا اتزوّجه ابدا له برذونان اشهبان فهو يحتمل مؤونة اثنين وهما عند الناس واحد، وأخبرنى رجل انّه كان له صديق له برذونان فى شية واحدة فكنّا لا نظنّ الّا انّ له برذونا واحدا وغلامان يسمّيان جميعا بفتح وكان اذا دعا واحدا قال يا فتح الكبير واذا دعا الآخر قال يا فتح الصغير، قال ابو عبيدة[2] ارسل ابن لعجل بن لجيم فرسا له فى حلبة فجاء سابقا فقال لأبيه يا ابت بأىّ شىء اسمّيه فقال افقأ احدى عينيه وسمّه الأعور، وقال الشاعر

رمتنى بنو عِجْل بداء ابيهم * وأىّ عباد الله أَنْوَكُ من عجل
أليس ابوهم عار عين جواده * فأَضْحَتْ به الأمثال تُضْرَبُ فى الجهل،

ومن عِجْل دُغَة[3] التى يضرب بها المثل[4] فى الجهل فيقال هى دُغة[3] بنت مَغْنَج[5] ويقال دُغة[3] لقب واسمها مارية بنت زمعة، قال ابو اليقظان ومن عجل حسّان بن غضبان ورث نصف دار ابيه فقال اريد ان ابيع

1 C غنّدنا 2 Ğāḥiz Bajān II 5 28 29 3 C دغّة 4 Maidānī I 147 5 C مِغْنَج, s LA 18, 288, TA 10, 128 entstellt zu معبج

حصّى من الدار وأشترى النصف الباقى فصيّر كلّها لى ، ومن القبائل المشهور فيها بالحمق الأزد قال رجل منهم فى المهلّب بن ابى صفرة

نعم امير الرفقة المهلّبْ

ابيض وضّاح كتيس[1] الحُلّبْ * ينفض بالقوم انفضاض الكوكبْ

فلمّا انشده المهلّب قال حسبك رحمك الله ، ومن اشعارهم

يا ربّ جارية فى الحىّ خالية * كأنّها عُومة فى جوف راقود ،

وقال آخر منهم

زياد بن عمرو عينه تحت حاجبهْ * وأسنانه بيض وقد طرّ شاربهْ ،

وقال عمرو بن لجا يصف ابلا[2]

تصطكّ ألحيها على دلائها * تلاطُمَ الأزد على عطائها ،

وقال ابو حيّة النميرى

وكأنّ غلْىَ دنانهم فى دورهم * لغط العتيك على خوان زياد ،

كتب مسلمة بن عبد الملك الى يزيد بن المهلّب والله ما انت بصاحب هذا الأمر صاحب هذا الأمر مغمور موتور وأنت مشهور غير موتور فقام اليه رجل من الأزد فقال قدّم ابنك مخلّدا حتى نُقتَل فتصير موتورا[3] ، وقام رجل من الأزد الى عبيد الله بن زياد فقال اصلح الله الأمير انّ امرأتى هلكت واردت ان اتزوّج امّها وازوّج ابى ابنتها وهذا عريفى فأعنّى فى الصداق فقال فى كم انت من العطاء قال فى سبع مائة قال حُطّا عنه اربعمائة يكفيك ثلثمائة ، ومن حمقى الأزد قبيصة بن المهلّب رأى جرادا يطير فقال لا يهولنّكم ما ترون فإنّ عامّتها موتى ، وقال يوما رأيت عُرّته

1 C كمبس   2 Liber poes. 428 11   3 Ǧāḥiẓ Bajān II 10u—11 2

فوق سنة، وقال لغلامه اذهب الى بقّاص الملاء، ومن حمقى العرب كلاب بن صعصعة خرج اخوته يشترون خيلا وخرج معهم كلاب فجاء بعجل يقوده فقال له اخوته ما هذا قال فرس اشتريته قالوا يا مائق هذه بقرة اما ترى قرنيها فرجع الى بيته فقطع قرنيها فأولاده يدعون بنى فارس البقرة قال الكميت

ولو لا امير المؤمنين فى ذمّة[1] ، تحمّل عن العجل المرتع ما حملْ ،

وكان شذرة بن الزبرقان من الحمقى دخل يوم الجمعة المسجد فأخذ بعضادتى الباب ثمّ قال السلام عليكم ابلج[2] شذرة فقالوا له هذا يوم لا يستأذن فيه قيل افيبلج[3] مثلى على جماعة مثل هاؤلاء ولا يعرف مكانه، عوانة قال[4] استعمل معاوية رجلا من[5] كلب فذكر المجوس يوما فقال لعن الله المجوس ينكحون امّهاتهم والله لو اعطيت عشرة آلاف ما نكحت امّى فبلغ ذلك معوية فقال قبّحه الله اترونه لو زادوه فعل وعزله، حدّثنى ابو حاتم عن الأصمعىّ قال سأل القوم الحرث بن حزان ان يعينهم فى تأسيس مسجد فقال عمّروه وعلىّ الودع، خطب والى اليمامة فقال انّ الله لا يقارّ على المعاصى عباده وقد اهلك امّة عظيمة فى ناقة ما كانت تساوى مائتى درهم فسُمّى مقوّم الناقة[6]، شرد بعير لهبنّقة[7] واسمه يزيد بن ثروان فقال من وجد بعيرى فهو له فقيل له وما ينفعك من هذا قال انّكم لا تدرون ما حلاوة الوجدان[8]، وقال المنصور للربيع كيف تعرف الرجل قال انظر الى خادمه فان كان سلسا

---

1 C ذمة 2 C ابلج 3 C افيبلج 4 Ǧāḥiẓ Bajān II 17 14 ff, Māwardī Adab 13 5 ff 5 C فى 6 Ǧāḥiẓ Bajān II 9 23 24 7 C لهنيقة 8 Ǧāḥiẓ Bajān II 11 24–26

فهي شمال وإلّا فهي جنوب فسأل القسم بن محمد الطائحي عن ذلك فقال اضرب بيدك الى خصيتيه فان كانتا[1] قلصتا[2] فهي شمال وإن كانتا[1] مندلّيتين فهي[3] جنوب ¤ قال ابو كعب القاصّ في قصصه انّ النبيّ صلعم قال في كبد حمزة ما قد علمتم فادعوا الله ان يطعمنا من كبد حمزة ¤ وكان يقول في قصصه ليس فيّ خير ولا فيكم فبلّغوا فيّ حتّى تجدوا خيرا منّي ¤ وقال هو او غيره في قصصه كان اسم الذئب الذي اكل يوسف كذا وكذا قالوا فانّ يوسف لم يأكله الذئب قال فهذا اسم الذئب الذي لم يأكل يوسف[4] ¤ حدّثني عبد الرحمن بن عبد الله عن عمّه قال كان قاصّ يقصّ في المسجد فيقول مثل الكافر مثل قصر الاسكاف خارجه حسن وداخله نجوّه ومثل المؤمن مثل قصر زرنيّ جداره كالح وداخله زهره ويقول وما الدنيا اخزى الله الدنيا انّما مثلها مثل ابي تمار بينما هو قد انعظ اذ طفئ وقال المؤمن غذاؤه تلعه ويمكنه شلعه ودواؤه علقه ومرفقه سلعة ¤ اصابت داؤد المصاب مصيبة فاغتمّ فقال له صاحب له لا تتّهم الله في قضائه فقال داؤد اقول لك شيئا تكتمه قال نعم قال والله ما صاحبي غيره ¤ واستشاره رجل في حمل امّه الى البصرة فقال ان حملتها في البرّ خفت عليها اللصوص وإن حملتها في الماء خفت عليها الغرق فقال خذ بها سفينة ¤ دعا بعض السلاطين مجنونين ليضحك منهما فأسمعاه فغضب فدعا بالسيف فقال احدهما للآخر كنّا اثنين وقد صرنا ثلاثة ¤ قال رجل لابن سبّابة مولى بني اسد ما اراك تعرف الله قال انّى

---

1 C كانا 2 C قلصا 3 C فهو 4 Ǧāḥiẓ k. al ḥajawān bei Goldziher M. St. II 164.

لا اعرف من اجاعنى وأعرانى وأخزانى ، وقيل لأعرابىّ كيف برّك بأمّك فقال ما قرعتها سوطا قطّ ، وقيل لآخر وهو يضرب امّه فقيل ويحك تضرب امّك قال احبّ ان تنشوا على ادبى ، وقال بعض الشعراء

جنونك مجنون ولست بواجد * طبيبا يداوى من جنون جنون ،

وقال آخر

وكيف يفيق الدهر كعب بن ناشب * وشيطانه بين الأهلّة يُصْرَعُ ،

وقال اعرابىّ وذكر الله عزّ وجلّ

خلق السماء وأهلها فى جمعة * وأبوك يمدُر حوضه فى عام ،

كان ابو العاج والى واسط وأتاه صاحب شرطته بقوّادة فقال اصلح الله الأمير هذه قوّادة قال وأىّ شىء تصنع قال تجمع بين الرجال والنساء قال لما ذا قال للزنا قال وانّما اتيتنى بها لتعرفها منزلى خلّ عنها لعنك الله ، واتاه يوما بمخنّث فقال له ما هذا قال مخنّث قال وما يصنع[1] قال يُنكح كما تنكح[2] المرأة قال يدخل هذا استه وأحطى انا عليه اذهب تابن اخى فارنّد بها ، خطب[3] وكيع بن ابى اسود بخراسان فقال انّ الله خلق السموات والأرض فى ستّة اشهر فقيل له انّها ستّة ايّام فقال والله لقد قلتها وانا استقلّها ، تغدّى[4] رجل عند سليمان بن عبد الملك وهو يومئذ ولىّ عهد وقدّامه جدى فقال له سليمان كل من كليته فانّها تزيد فى الدماغ فقال لو كان هذا هكذا كان رأس الأمير مثل رأس البغل ، ابو عبيدة أُجريت الخيل فطلع منها فرس سابق فجعل رجل من النظّارة يكبّر ويثب من الفرح فقال له رجل الى جانبه يا فتى هذا

---

1 C تصنع   2 C ينكح   3 Ğāhiẓ Bajān II $9_{26,27}$ 4 Ib 10_{10-12}

الفرس فرسك قال لا ولكنّ اللجام لى ، دخل ابو عتّاب على عمرو بن هلراب[1] وقد كفّ بصره والناس يعزّونه فقال يأبا زيد لا يسوءنّك ذهابهما فانّك لو رأيت ثوابهما[2] فى ميزانك تمنّيت ان الله قطع يديك ورجليك ودقّ ظهرك ، كان رجل يقود اعمى بكراء فكان الاعمى ربّما يعثر[3] فيقول اللهمّ ابدلنى به قائدا خيرا منه ويقول القائد اللهمّ ابدلنى اعمى خيرا منه ، ادّعى ابو بكر الشيبانىّ الى العرب ذات ليلة فأصبح من الغد على الشمس فقعد فيها فثارت به مرّة فجعل يحكّ جسده بأظفاره خمشا ويقول انّما نحن ابل فقال له قائل والله انّك تشبه العرب فغضب وقال ايقال لى هذا انا والله جرباء منصبة تشهد لى سواد لونى وغوور عينى وحبّى للشمس ، قيل لأبى السمّاح عند موته أَوْصِهْ فقال انا لكرام قوم طبخة قالوا قل خيرا يا ابا السمّاح فقال ان احبّت امرأتى فأعطوها بعيرا قالوا[4] قل خيرا قال اذا غلامى فهو حرّ ، وقيل لرجل عند موته قل لا اله الّا الله فأعرض فأعادوا عليه مرارا فقال اخبرونى عن ابى طالب اقالها عند موته قالوا وما انت وأبو طالب قال لا ارغب بنفسى عنه ، ولمّا احتضر العجير السلولىّ قال لقومه عنده انا فى آخر يوم من ايّام الدنيا وأوّل يوم من ايّام الآخرة والله لئن وجدت لى عند الله موضعا لأكلّمنّه فيكم ، وقيل لأوس بن حارثة عند موته قل لا اله الّا الله فقال لم يأْنِ بها بعد ، وقيل لآخر عند موته الا توصى قال انا مغفور لى قالوا قل ان شاء الله قال قد شاء الله ذلك قالوا الا تدع الوصيّة فقال لبنى اخيه يا بنى حريث ارفعا وسادى واحتفظا بالجلّة الجلاد فانّما[5] حونكم الاعادى ،

1 So'   2 C نوابها   3 C عنر   4 C قال   5 C فانها

قال سهل بن هرون نلته من المجانين وان كانوا عقلاء الغضبان والغيران والسكران قالوا فما تقول[1] في المنعظ فضحك وقال

وما شرّ الثلثة امّ عمرو * بصاحبك الذى لا تصبحينا،

قال الوليد الا انّ امير المؤمنين عبد الملك كان يقول انّ الحجّاج جلدة ما بين عينيّ[2] الا وانّ الحجّاج جلدة وجهى كلّه، خطب عتّاب بن ورقاء فحثّ على الجهاد وقال هذا كما قال الله تعالى كُتب القتل والقتال علينا وعلى الغانيات جرّ الذيول، وقال آخر في الربيع والى اليمامة[3]

شهدتُ بأنّ الله حقّ لقاؤه * وأنّ الربيع العامريّ رقيع[4]

اقاد لنا كلبا بكلب ولم تدَعْ * دماء كلاب المسلمين تضيع،

دخل شابّ على المنصور فسأله عن وفاة ابيه فقال مات رحمه الله يوم كذا وكذا وكان مرضه رضى الله عنه كذا وكذا[5] وترك عفا الله عنه من المال كذا وكذا فانتهره الربيع وقال ابين يدى امير المؤمنين توالى الدعاء لأبيك فقال الشابّ لا الومك انّك لم تعرف حلاوة الآباء قال فما علم انّ المنصور ضحك مثل ضحكه يومئذ وكان الربيع لقيطا، دخل رجل من بني هاشم على المنصور فاستجلسه ودعا بغدائه فقال للفتى آدْنُهْ فقال قد تغدّيت فلمّا خرج استخفّ به الربيع ودفع في قفاه وقال هذا كان يسلّم من بعيد وينصرف فلمّا استدناه امير المؤمنين وأمره بالجلوس ودعاه الى طعامه وتبذّل بين يديه فبلغ من جهله بفضيلة المنزلة التى صيّره فيها ان قال قد تغدّيت واذا ليس عنده لمن تغدّى مع امير المؤمنين الّا

---

1 C دعول   2 C عمن، cf ٢٠٣ 10   3 Ǧāḥiẓ Bajān II 177 8, Māwardī 139 ff   4 C رفيع   5 > C

سدّ خلّته الجوع ٭ يونس الهجريّ قال مات رجل من جند اهل الشأم فحضر الحجّاج جنازته وكان عظيم القدر فصلّى وجلس على قبره وقال لينزل قبره بعض اخوانه فنزل نفر منهم فقال احدهم وهو يسوّى عليه رحمك الله ابا فلان ان كنت ما علمتك لتجيد الغناء وتسرع ردّ الكأس ولقد وقعت فى موضع سوء لا تخرج منه الى الدكّة فما تمالك الحجّاج ان ضحك فأكثر وكان لا يكثر الضحك فى جدّ ولا هزل ثمّ قال له لا امّ لك هذا موضع هذا قال اصلح الله الأمير فرسى حبيس لو سمعه يتغنّى

يا لبينا اوقدى النارا

لانتشر الأمير على سَعْنَه وكان الميّت يلقّب سعنه وكان من اوحش خلق الله صورة وأذمّهم فقال الحجّاج انّا لله اخرجوه عن القبر ثمّ قال ما أَبْيَنَ حجّة اهل العراق فى جهلكم يا اهل الشأم ولم يبق احد حضر القبر الّا استفرغ ضحكا ٭ تبع داوٗد بن المعمّر امرأة ظنّ انّها من الفواسد فقال لها لو لا ما رأيت عليك من سيماء الخير لم اتبعك فضحكت المرأة وأسندت ظهرها الى الحائط ثمّ قالت انّما يعصم مثلى من مثلك بسيماء الخير فاذا صار سيماء الخير هو الدالّ لمثلك على مثلى فالله المستعان ٭ كان بهلول المجنون يتغنّى بضراط ولا يسكت الّا بدانق ٭ وكان رجل يهوى جارية تختلف فى حوائج اهلها وكانت اذا خرجت الى السوق ولم يعلم بخروجها ثمّ رجعت فرآها قال وهو يتبعها لَوْ كُنْتُ أَعْلَمُ ٱلْغَيْبَ لَٱسْتَكْثَرْتُ مِنَ ٱلْخَيْرِ[1] وإن وعدته شيئا فأخلفت قال يَا أَيُّهَا ٱلَّذِينَ آمَنُوا لِمَ تَقُولُونَ مَا لَا تَفْعَلُونَ[2] فإنْ نغضبت بشىء

1 Sūra 7 188   2 Sūra 61 2

بلغها عنه قال يَا أَيُّهَا ٱلَّذِينَ آمَنُوا إِنْ جَاءَكُمْ فَاسِقٌ بِنَبَإٍ فَتَبَيَّنُوا[1]، مرّ بعض الحمقى بامرأة قاعدة على قبر وهي تبكي فرقّ لها وقال من هذا الميّت قالت زوجي قال فما كان عمله قالت يحفر القبور قال ابعده الله اما علم[2] انّ من حفر حفرة وقع فيها، احدث رجل من الحمقى ليلة على باب رجل فلمّا خرج الرجل زلق ووقع على ذراعه فانكسرت واجتمع الجيران وجعلوا يختصمون ويوقعون الظنون وهو ناحية يسمع كلامهم فلمّا اكثروا قال

رأيت الحرب يجنيها رجال * ويَصْلَى حَرَّها قوم بُرَاءُ

فأخذوه وقالوا انت صاحبنا، قال داود المصاب رأيت رؤيا نصفها حقّ ونصفها باطل رأيت كأنّ على عنقي بدرة من ثقلها احدثت فاستيقظت فرأيت الحدث ولم ار البدرة، رُوي اعرابيّ يبكي بكاء شديدا فسئل عن سبب بكائه فقال بلغني انّ جالوت قُتل مظلوما، رأى رجل احمق شيخا في الحمّام اعكن البطن فقال له يا عمّ انّي اشتهيت ان اضع هذا يعني ذكره في سرّتك فقال له الشيخ يابن اخي فأين يكون استك حينئذ، نزل يهوديّ على اعرابيّ فمات عنده فقام الاعرابيّ يصلّي عليه فقال اللهمّ انّي ضيف وحقّ الضيف ما قد علمت فأمهلنا الى ان نقضي ذمامه ثمّ شأنك والكلب، وحدّثني عبد الرحمن عن الاصمعيّ قال كان بين اثنين عبد فقام احدهما فجعل يضربه فقال له الآخر شريكه ما تصنع قال انّما اضرب حصّتي، قال اعرابيّ لرجل ما اسمك قال عبد الله قال ابن من قال ابن عبيد الله قال ابو من قال ابو عبد الرحمن قال اشهد انّك

لتلوذ بالله لواذ نئيم[1] جبان ، قال بعضهم رأيت رجلين بالبصرة على باب مونس[2] يتنازعان في العنب النيروزيّ والرازقيّ أيّهما اطيب فجرى بينهما كلام الى ان تواثبا فقطع الكوفيّ اصبع البصريّ وفقأ البصريّ عين الكوفيّ ثمّ لم البث الّا يسيرا حتّى رأيتهما متصافيين متنادمين ، قال وقال ثمامة مررت في غبّ سماء والأرض ندية والسماء متغيمة والريح شمال وإذا شيخ اصفر كأنّه جرادة وقد قعد على قارعة الطريق وحجّام يحجمه على كاهله وأخدعيه بمحاجم كأنّها قعاب وقد مصّ دمه حتّى كاد يستفرغه فوقفت وقلت يا شيخ لِمَ تحتجم قال لمكان الصفار الذى ترى[3] ، اتى الطحّان قوما يعود عليلا لهم تعوّدهم به قالوا انّه لم يمت فرجع وهو يقول يموت ان شاء الله يموت ان شاء الله ، ابو حاتم عن الأصمعيّ عن نافع قال كان الغاضريّ من احمق الناس فعمل له ما ثمّه فجعل يتربّث فلمّا اكثر عليه قال قال لى مرّة البحر من حفره وممّا[4] حُفر فأين نبيثته[5] اترى امير المؤمنين يقدر على ان يحفر مثله فى ثلثة ايّام ، دخل رجل من الحمقى من الشعراء على رجل من الأشراف يقل في نسبه فقال انّى قد امتدحتك بشعر لم تُمْدَحْ قطّ بأنفع لك منه قال ما احوجني الى المنفعة فهاته فقال

سألت عن اصلك فيما مضى * ابناء سبعين وقد نيّفوا
فكلّهم يخبرني انّه * مهذّب جوهره يُعْرَف

فقال له قم فى لعنة الله وفى سخطه لعنك الله ولعن من سألت ومن اجابك ، وحدّثنى ابو حاتم عن الأصمعيّ قال جاء رجل من الأعراب

1 C نبنتم (so!) 2 C مونس 3 C بر (so!) 4 ?, C وها 5 C نبمثه

الى عمّه فقال يا عمّ انّ ولد جارية آل فلان منّى[1] فافسده ففعل ثمّ جاءه مرّة اخرى فقال له مثل ذلك فقال له عمّه لو عزلتَ قال بلغنى انّ العزل مكروه، قال وحدّثنا الأصمعىّ قال بلغنى عن شيخ جزع على ميّت جزعا شديدا فقيل له فى ذلك فقال نحن قوم لم نتعوّد الموت، ابو الحسن الجعفرىّ قال قيل لكردم السدوسىّ كُلْ قال ما اريد قيل ولِمَ قال اكلت قليل ارزّ فأكثرت منه، ضلّ بعير لأعرابىّ فجعل ينشده الى ان دخل الإمارة فأخذ منها بعيرا فقيل له انّ بعيرك كان اعرابيّا قال انّه لمّا اكل مال الامارة تبخّت، الهيثم عن عيّاش قال لمّا ولى مروان وجّه جيش ابن دلجة القينىّ الى المدينة وكان يصعد المنبر ومعه الكُتْلة من التمر فيأكلها ثمّ يلقى النوى على وجوه اهل المدينة يمينا وشمالا ثمّ يقول يا اهل المدينة انّى لأعلم انّ هذا المكان فى حرمته وموضعه ليس موضع اكل ولا شرب ولكن احبّ ان أُرِيَكم هوانكم على الله، قيل لمعلّم ابن معلّم ما لك احمق قال لو لم اكن احمق كنت ولد زنا، قال بعض الشعراء

فإن كنت قد بايعت مروان طائعا * فصرتُ اذًا بعد المشيب معلّما،

وقال آخر

وكيف ترجّى العقل والرأى عند من * يروح على انثى ويغدو على طِفْلِ،

ابن المدائنىّ قال[2] تحوّل ابو عبد الله الكرخىّ الى الحُرْبيّة فادّعى الفقه وظنّ انّ ذلك يجوز له لمكان لحيته وسَمْته فألقى على باب داره البواريّ وجلس فجلس اليه قوم فقال له رجل منهم يا ابا عبد الله رجل فى الصلاة

---

1 C هى   2 Ğāḥiẓ Bajān II 36_{23} ff

ادخل اصبعه فى انفه فخرج عليها دم اىّ شىء يصنع قال يحجم رحمك الله فقال له السائل ظننت انّك فقيه ولم ادر انّك طبيب · قال رجل للشعبىّ انّى اجد فى قفاى حكّة فترى لى ان احتجم فقال الشعبىّ الحمد لله الذى نقلنا من الفقه الى الحجامة[1] · وقال له آخر رجل استمنى فى يوم من شهر رمضان هل يؤجر قال اوما يرضى ان يفلت رأسا برأس · نازع التيمىّ رجل من بنى عمّه فى حائط بينهما فبعث الى قوم يشهدهم[2] فأتاه جماعة من القبائل فوقف بهم على ذلك الحائط وقال اشهدكم جميعا انّ نصف هذا الحائط لى · وقدّم آخر رجلا الى القاضى فى شىء يدّعيه عليه فأنكر الرجل فقال ايّها القاضى أكتب انكاره فقال القاضى الإنكار فى يدك متى شئت · قال مسعدة بن طارق الذارع إنّا لوقوف على حدود دار لنقسمها ونحن فى خصومة اذ اقبل سيّد بنى تميم وموسرهم والمصلّى على جنائزهم فأمسكنا عن[3] الكلام فقال حدّثونى عن حدّ هذه الدار هل ضمّ منها بعضنا الى بعض احدا قال مسعدة فانا منذ ستّين سنة افكّر فى كلامه فما ادرى ما عنى · اتت جارية ابا ضمضم فقالت انّ هذا قبّلنى فقال يا فتى اقعد لها بحقّها فقبّليه عافاك الله كما قبّلك فانّ الله يقول[4] وَٱلْجُرُوحَ قِصَاصٌ · حدّثنى ابو حاتم عن الأصمعىّ قال أُغمِىَ على رجل فربطه فاشتدّت عليه فجعل يحسب غرغا فقالوا فى ذلك فقال عسى ان يكون ترك شيء ما ذكروا · حدّثنى محمّد بن عمر عن ابن كناسة قال قال بعض الطالبيّين لأشعب لو رويت الحديث وتركت النوادر كان انبل لك قال والله قد سمعت الحديث ورويته قال فحدّثنا

1 Ǧāḥiẓ Bajān II 36 26 27 2 C شهدهم 3 C على 4 Sūra 5 49

قال حدّثنى نافع عن ابن عمر انّ رسول الله صلعم قال خلّتان من كانتا فيه كان من خالصة الله قال هذا حديث حسن ما فيها قال نسى نافع واحدة ونسيت انا الأخرى ، وكان بالبصرة ثلثة اخوة من ولد عتّاب ابن أُسيد كان احدهم يحجّ عن حمزة ويقول استُشهد قبل ان يحجّ وكان الآخر يضحّى عن ابى بكر وعمر ويقول اخطآ السنّة فى ترك الأُضحيّة وكان الآخر يفطر عن عائشة ايّام التشريق ويقول غلطت فى صومها ايّام العيد فمن صام عن ابيه وأمّه فأنا افطر عن امّى عائشة ، قال ثمامة كنّا فى منزل رجل من الدهاقين وفينا شيخ منهم فأتى ربّ البيت بدهن طيّب فدهن بعضنا رأسه وبعضنا لحيته ومسح بعضنا شاربه وبعضنا يديه فقال احدهم ادهنوا استاهكم وأمنوا الحزاز وأمرّوها على وجوهكم فأخذ شيخ منهم بطرف اصبعه فأدخله فى انفه ومسح حاجبيه فعمد الشيخ الى بقيّة الدهن فصبّه فى اذنه فقلنا له هل رأيت احدا أُتى بدهن طيّب فصبّه فى اذنه قال انّه مع هذا يضرّنى ، قال[1] عبد الله بن المبارك كان عندنا رجل يكنى ابا خارجة فقلت له لم كنوك ابا خارجة قال لأنّى ولدت يوم دخل سليمان بن علىّ البصرة ، قال عمرو بن بحر[2] ذكر لى ذاكر عن شيخ من الاباضيّة انّه جرى ذكر الشيعة عنده فأنكر ذلك واشتدّ غضبه فقلت له ما انكرت قال انكر مكان الشين فى اوّل كلمة لأنّى لم اجدها قطّ الّا فى مسخوط عليه مثل شؤم وشرّ وشيطان وشحّ وشغب وشيب وشكّ وشرك وشتم وشيعة وشطرنج وشاكر وشانئ وشجّ وشَوْصة وشابشى وشكوى فقلت ما تقوم بهاؤلاء قائمة ابدا ، قال

---

1 Ǧāḥiẓ Bajān II 164 28–30   2 Wo? Nicht im k. albajān, wie es scheint

وسمعت رجلا يقول عجبت لمن يأخذه النوم وهو لا يزعم انّ الاستطاعة مع الفعل فقلت له ما الدليل على ذلك فقال سبحان الله الأشعار الصحاح قلت مثل ما ذا قال مثل قول رؤبة[1]

ما إنْ يَقَعْنَ ٱلأَرْضَ إلّا وَفْقَا

وقوله[2]

يَهْوِينَ شَتّى[3] وَيَقَعْنَ وَفْقَا[4]

وقوله

مِكَرٍّ مِفَرٍّ مُقْبِلٍ مُدْبِرٍ مَعًا

وقولهم في المثل[5] وقعا كعِكْمَيْ عَيْرٍ ثمّ قال هل في هذا تقنُّع قلت بلى وفي دون هذا ، وعد رجل رجلا من الجمعي ان يهدي له من مكة نعلا فطال عليه الانتظار فأخذ قارورة فبال فيها ثمّ اتى بها الطبيب ثمّ قال انظر في هذا الماء هل يهدى لي بعض اخواني نعلا حضرمية ، وقال الزيادي مرّ اشعب برجل يعمل طبقا وقال له زِدْ فيه طوقا قال ولم قال لعلّه يهدى لي فيه شيء ، ابو حاتم عن الأصمعي قال حدّثنا ابراهيم ابن العقاع قال رأيت اشعب بسوق المدينة معه قطيفة قد ذهب خَمْلها وهو يقول من يشترى من الرمدة[6] فأتاه رجل يساومه قال ابرأ اليك من عيب فيها قال وما هو قال تحترق ان انت لبستها ، سقط اعرابيّ من بعير له فانكسرت ضلع من اضلاعه فأتى الجابر يستوصفه فقال خذ تمرا جيّدا فانزع اقماعه ونواه واعجنه بسمن ثمّ اضمده عليه قال اى بأبي انت

---

1 Nicht bei AHLWARDT 2 AHLW. App No 71₂ 3 C شن 4 C وقع 5 Maidānī II 214 u 6 C الوَمَدة

من داخل او من خارج قال من خارج قال لا اما لشانيك هو من داخل انفع لى قال صفه حتى تعلم انه انفع ، مات ابن صغير لأعرابىّ فقيل له نرجو ان يكون لك شفيعا فقال لا وكّلنا الله الى شفاعته حسبه المسكين ان يقوم بأمر نفسه ، جاء اعرابىّ الى المسجد والامام يخطب فقال لبعض القوم ما هذا قال يدعون الناس الى الطعام قال فما يقول صاحب المنبر قال يقول ما يرضى الأعراب ان يأكلوا حتّى يحملوا معهم فتخطّى الأعرابىّ الناس حتّى دنا من الوالى فقال يا هذا انّ الذين يفعلون ما تقول سفهاؤنا ، اخذ الحجّاج لصّا اعرابيّا فضربه سبعمائة سوط فكلّما قرعه بسوط قال اللهمّ شكرا فأتاه ابن عمّ له فقال والله ما دعا الحجّاج الى التمادى فى ضربك الّا كثرة شكرك لأنّ الله يقول[1] لَئِنْ شَكَرْتُمْ لَأَزِيدَنَّكُمْ فقال انّ هذا فى كتاب الله فقال اللهمّ نعم فأنشأ الأعرابىّ يقول

يا ربّ لا شُكْرَ فلا تزِدْنى * اسرفت فى شكرك فاْعفُ عنّى *
باعِدْ ثواب الشاكرين منّى

فبلغ الحجّاج فخلّى سبيله ، جاء اعرابىّ الى صيرفىّ بدرهم قال هذا ستّوق فقال الأعرابىّ له وما هو الستّوق بأبى انت قال داخله نحاس وخارجه فضّة قال ليس كذلك قال اكسره فان كان كذلك فأنا منه برىء قال نعم فكسره فلمّا رأى النحاس قال بأبى انت منى اموت فأنا اشهد انّك تعلم الغيب ، لمّا حضرت الحطيئة الوفاة قال احملونى على حمار فانّه لم يمت عليه كريم قطّ فلعلّى ان ابقى ثمّ تمثّل

لكلّ جديد لذّة غير انّنى * رأيت جديد الموت غير لذيذ ،

---

1 Sūra 14 7

المدائنيّ قال دعا رجل بمكّة لأمّه فقال له قائل ما بال ابيك قال هو رجل يحتال لنفسه، قيل لأشعب ارأيت احدا قطّ اطمع منك قال نعم خرجت الى الشأم فنزلت انا ورفيق لى بدير فيه راهب فتلاحينا فى امر فقلت الكاذب منّا[1] كذا من الراهب فى كذا من امّه فأتى الراهب وقد انعظ وهو يقول بلى من الكاذب منكما، مرّ اسحٰق بن سليمان بن علىّ الهاشمىّ بقاصّ وهو يقرأ[2] يَتَجَرَّعُهُ وَلَا يَكَادُ يُسِيغُهُ فتنفّس ثم قال اللهم اجعلنا ممّن يتجرّعه ويسيغه، الأصمعىّ عن ابيه قلت لأعرابىّ اتيكم زنا قال بالحرائر ذاك عند الله عظيم ولكن مساءاه بهذه الاماء، موسى بن طلحة قال جاء علىّ بن ابى طالب رحمه الله ونحن فى المسجد شباب من شباب قريش فتحيّينا له عن الاسطوانة وقلنا هاهنا يا عمّ فقال يا بنى اخى انتم لشيوخكم خير من مَهْرة فانّه اذا كبر الشيخ فيهم شدّوه عقالا ثمّ يقال له ثب فيه فإن وثب خلّوا سبيله وقالوا فيه بقيّة من عُلالة وإن لم يثب قدّموه فضربوا علاوته وقالوا لا تصيبك عندنا بلاء، قيل لبحر بن الأحنف ما يمنعك ان تكون مثل ابيك قال الكسل[3]، وقال يوما لزَبْراء[4] جارية ابيه يا زانية فقالت لو كنت كذلك جئت اباك بمثلك، ابو الحسن قال جاء قوم الى رجل من الوجوه فقالوا له مات جارك فلان فمُرْ لنا بكفن فقال ما عندنا اليوم شىء ولكن تعودون قالوا افنمهل الى ان يتيسّر عندك شىء، وأتى رجل رجلا فقال له اصلحك الله تعيرنا ثوبا نكفّن فيه ميّتنا، قال قاسم التمّار فى كلام له بينهما كما بين السماء الى قريب من الأرض، وقال ايضا رأيت ايوان كسرى فاذا هو

---

1 C ما   2 Sūra 14 20   3 C الكسد   4 ?; C لزبرا

كأنّما رفعت المد عنه اوّل من امس، كان عبد الملك بن هلال الهنائى له زبّيل مملوءة حَصًا للتسبيح فكان يسبّح بواحدة واحدة فاذا ملّ طرح ثنتين ثنتين ثمّ ثلثا ثلثا فاذا زاد ملاله طرح قبضة قبضة وقال سبحان الله عَدَدَك فاذا ضجر اخذ بعُرَى الزبّيل وقال الحمد لله بعدد هذا كلّه، دخل يوم منزل الرستمىّ لأمر وقع فحضر وقت صلاة الظهر فقالوا كيف القبلة فى دارك هذه فقال انّما نزلناها منذ شهر[1]، المدائنىّ عن علىّ بن مجاهد عن محمد بن ابى البخترىّ انّ الشعبىّ قال مرضت فلقيت ابن الحرّ فأمرنى ان امشى كلّ يوم الى الثويّة فكنت اغدو كلّ يوم اليها فانصرفت ذات يوم فلمّا كنت فى جهينة الظاهرة اذا شيخ منهم قاعد على طنفسته متّكئ على وسادة فسلّمت ثمّ القيت نفسى على الرمل فقال لقد جلست جلسة عاجز او ضعيف قلت قد جمعتهما قال ادام الله لك ذلك ثمّ قال انّ اهلى كانوا يتخوّفون علىّ ثلثا نقصان البصر وترك النساء والعطاف فى المشى فوالله انّهم ليرون الشخص واحدا وأراه اثنين ولقد تركت النساء فما لى فيهنّ من حاجة وإنّى لأمشى فأفلج قلت ادام الله لك ذلك، قال المدائنىّ ركب يزيد بن نهشل النهشلىّ بعيرا وقال اللهمّ انّك قلت[2] وَمَا كُنَّا لَهُ مُقْرِنِينَ وإنّى لبعيرى هذا لمقرن فنفر به فطرحه وبقيت رجله فى الغرز فجعل يضرب براسه كلّ حجر ومدر حتّى مات، حدّثنا ابو حاتم عن الأصمعىّ قال اختصمت الطفاوة وبنو راسب فى رجل يدّعيه الفريقان الى ابن عرباض فقال الحكم بينكم ابين من ذلك يُلْقَى فى النهر فان طفا فهو لطفاوة وإن رسب فهو لبنى راسب،

1 C شهرا　　2 Sūra 43 12

المدائنيّ[1] قال لمّا حضرت الحطيئةَ الوفاة قيل له أوص قال بما أوصي مالي للذكور دون الإناث فقالوا إنّ الله لم يأمر بهذا فقال لكنّي آمر به ثمّ قال ويل للشعر من رواة الشعر فقيل له أوص يا أبا مليكة للمساكين بشيء قال أوصيهم بالمسئلة ما عاشوا فإنّها تجارة لن تبور فقيل أعتق عبدك يسارا قال اشهدوا أنّه عبد ما بقي فقيل فلان اليتيم ما توصي فيه قال أوصي أن تأكلوا ماله وتنيكوا أمّه قالوا ليس إلّا هذا قال[2] احملوني على حمار فإنّه لم يمت عليه كريم لعلّي أنجو ومات مكانه ✱ لمّا حضرت سعد بن زيد الوفاة جمع ولده وقال يا بنيّ أوصيكم بالناس شرّا كلّموهم نَزْرا[3] وانظروا إليهم شزرا ولا تقبلوا لهم عذرا قصّروا الأعنّة واشحذوا الأسنّة تأكلوا القريب ويرهبكم البعيد ✱ ولمّا حضرت وكيعا الوفاة دعا بنيه فقال يا بنيّ إنّي لأعلم أنّ قوما سيأتونكم قد أقرحوا جباههم وعرّضوا لحاهم يدّعون أنّ لهم على أبيكم دينا فلا تقضوهم فإنّ أباكم قد حمل من الذنوب ما إن غفر الله له لم تضرّه وإلّا فهي مع ما تقدّم ✱ تقدّم رجل من بني العنبر إلى سوّار فقال إنّ أبي مات وتركني وأخا لي وخطّ خطّين ناحية ثمّ قال وهجينا لنا ثمّ خطّ خطّا آخر ناحية ثمّ قال كيف ذا ينقسم المال بيننا فقال المال بينكم أثلاثا إن لم يكن وارث غيركم فقال له لا أحسبك فهمت[4] أنت تركني وأخي وهجينا لنا فقال سوّار المال بينكم سواء فقال الأعرابيّ أيأخذ الهجين كما آخذ ويأخذ أخي قال أجل فغضب الأعرابيّ وقال تعلم والله أنّك قليل الخالات بالدهناء فقال

---

1 Vgl. Goldziher ZDMG 46, 32, Sujūṭī, Šarḥ Šaw. al Mugnī 162/3
2 S. o. p. 446 18 3 C شزرا 4 C فهممت

سوار اذًا لا تصلّي عند الله شيئًا ؛ قال بعض العمّال لأعرابيّ ما احسبك تدرى كم تصلّي في كلّ يوم وليلة فقال ارأيت ان انبأتك بذلك تجعل لى عليك مسألة قال نعم قال الأعرابيّ

انّ الصلاة اربع وأربعْ * ثمّ ثلاث بعدهنّ اربعْ *
ثمّ صلاة الفجر لا تُضَيَّعْ

قال قد صدقت فسل قال كم فقار ظهرك قال لا ادرى قال فتحكم بين الناس وأنت تجهل هذا من نفسك ؛ اخبرني رجل حضر مجلس محمد ابن الجهم البرمكيّ انّه دخل عليه رجل يكتب في حوائج له فقرأها ووعده قضاءها فنهض وهو يدعو له وقال ابقاك الله وحفظك وأتمّ نعمته عليك فقال له محمد بن الجهم كفاني البك وأنا في عافية ۞

طبائع الإنسان

حدّثني عبد الرحمن بن عبد المنعم عن ابيه عن وهب بن منبّه انّه وجد في التوراة انّى حين خلقت آدم ركّبت جسده[1] من اربعة اشياء ثمّ جعلتها وراثة في ولده تنمى في اجسادهم وينمون عليها الى يوم القيامة رطب ويابس وسخن وبارد وذلك لأنّي خلقته من تراب وماء ثمّ جعلت فيه نفسا وروحا فيبوسة كلّ جسد من قبل التراب ورطوبته من قبل الماء وحرارته من قبل النفس وبرودته من قبل الروح ثمّ خلقت للجسد بعد هذا الخلق الأوّل اربعة انواع من الخلق الآخر وهي ملاك الجسد بإذني وقوامه لا يقوم الجسد الّا بهنّ ولا يقوم واحدة الّا بهنّ المرّة الصفراء

---

1 C جده

والمرّة السوداء والدم والبلغم ثمّ اسكنت بعض هذه الخلق في بعض فجعلت مسكن اليبوسة في المرّة السوداء ومسكن الرطوبة في الدم ومسكن البرودة في البلغم ومسكن الحرارة في المرّة الصفراء فأيّما جسد اعتدلت فيه هذه الفطر الأربع فكانت كلّ واحدة منهنّ ربعاً لا تزيد ولا تنقص كملت صحّته واعتدل بنيانه وإن زادت واحدة منهنّ غلبتهنّ وقهرتهنّ ومالت بهنّ ودخل على اخواتها[1] السقم من ناحيتها بقدر ما زادت وإذا كانت ناقصة تقلّ عنها وملن بها وعلونها وأدخلن عليها السقم من نواحيها لقلّتها عنهنّ حتّى تضعف عن طاقتهنّ وتعجز عن مقاربتهنّ ، قال وهب وجعل عقله في دماغه وسرّه في كليته وغضبه في كبده وصرامته في قلبه ورغبه في رئته وضحكه في طحاله وحزنه وفرحه في وجهه وجعل فيه ثلثمائة وستّين مفصلاً ، قال حدّثني زيد بن اخزم قال حدّثنا بشر بن عمر عن ابي الزناد عن ابيه عن الأعرج عن ابي هريرة عن النبيّ صلعم قال كلّ ابن آدم تأكل الأرض الّا عجب الذنب منه خلق وفيه يركب ، وقالت الحكماء الخنث يعترى الأعراب والأكراد والزنج والمجانين وكلّ صنف الّا الخصيان فإنّه لا يكون خصيّ يخنث ، وقالوا[2] اذا كلّ ذي ريح منتنة وذفر كالتيس وما اشبهه اذا خُصي نقص نتنه وذهب صنانه غير الانسان فإنّ نتنه يشتدّ وصنانه يحدّ وعرقه يخبث وريحه ....[3] كلّ شيء من الحيوان يخصى فإنّ عظمه يدقّ فإذا دقّ عظمه استرخى لحمه وتبرّأ من عظمه خلا الانسان فإنّه اذا خصي طال عظمه وعرض وقالوا الخصيّ والمرأة لا يصلعان والخصيّ يطول قدمه ويعظم ،

---

1 C اخوانها 2 S. Ǧāḥiẓ k. al ḥajawān I 487 ff. 3 Fehlt ein Wort

وبلغني انّه كان لمحمّد بن الجهم برذون رموح لجافر فخصاه فجاد حافره اعتبرْ ذلك بالانسان اذا خصى عظمت رجله، قالوا والخصىّ يشتدّ وقع رجله لانّ معاقد عصبه تسترخى ويعتريه الاعوجاج والفَدَع فى اصابعه وتسرع دمعته ويتخدّد جلده ويسرع غضبه ورضاه ويضيق صدره عن كتمان السرّ ويزعم قوم انّ اعمارهم تطول لترك الجماع قالوا وتلك علّة طول عمر البغل وقالوا علّة قصر عمر العصفور كثرة سفاده، قالوا فى شأن الغريق اذا كان رجلا ثمّ ظهر على الماء ان يظهر على قفاه وإن كان امرأة ان تظهر على وجهها، والرجل اذا ضربت عنقه سقط على وجهه ثمّ يقلبه ذكره اذا انتفخ، قالوا وفى الغلمان من لا يحتلم ابدا وفى النساء من لا تحيض ابدا وذلك عيب، وفى الناس من لا يسقط ثغره ولا يستبدل منه منهم عبد الصمد بن علىّ ذكروا انّه دخل قبره برواضعه والصبىّ لا يسقط له سنّ وكذلك الخنزير لا يلقى شيئًا من اسنانه وكذلك تقول العرب فى مثل لها[1] لا آتيك سنّ الحِسْل يريدون لا آتيك ابدا، ويقول الأطبّاء انّه ليس شىء من الحيوان يستطيع ان ينظر الى اديم السماء الّا الانسان وذلك لكرامته على الله، ويقول بعضهم انّ الجنين يغتذى دم الحيض ويسيل اليه من السرّة فيغذّيه وقالوا لذلك لا يحيض الحوامل وقد رأينا من الحوامل من تحيض والعرب تقول حملت فلانة سهوا اذا حاضت على الحمل قال الهذلىّ يمدح رجلا[2]

ومبرّأً من كلّ غُبّرِ حَيْضَةٍ * ورضاع مُغْيلة وداء مُعْضِلِ[3]

---

1 Maidānī II 117 2 Nicht bei Kosegarten und Wellhausen; s. p 454 9 3 C معظل

فأعلمك انها لم تر عليه دم حيض في حملها ودلّ على انه قد يكون ، قالوا فاذا خرج الجنين من الرحم دفعت الطبيعة ذلك الدم الذى كان يغتذيه الى الثديين وهما عضوان ناهدان[1] عصبيّان فغيّراه وجعلاه لبنا ، بقول الله عزّ وجلّ[2] وَإِنَّ لَكُمْ فِي ٱلْأَنْعَامِ لَعِبْرَةً نُسْقِيكُمْ مِمَّا فِي بُطُونِهِ مِنْ بَيْنِ فَرْثٍ وَدَمٍ لَبَنًا خَالِصًا سَائِغًا لِلشَّارِبِينَ ، قالوا والانسان يعيش حيث تحيا النار ويتلف حيث لا تبقى النار ، وأصحاب[3] المعدن والحفائر اذا هجموا على نَفَق[4] في بطن الأرض ومغارة قدّموا شمعة في طرف قناة فان بقيت النار وعاشت دخلوا في طلب ما يريدون والّا امسكوا ، والعرب تتشأّم ببكر ولد الرجل اذا كان ذكرا وكان قيس بن زهير ازرق بكرا بين بكرين ، حدّثني محمّد بن عائشة عن حمّاد عن قتادة عن عبد الله بن الحٰرث بن نوفل قال بكر البكرين شيطان مخلّد لا يموت الى يوم القيامة يعني من الشياطين ، قالوا وابن المذكّرة من النساء والمؤنّث من الرجال اخبث ما يكون لأنّه يأخذ بأخبث خصال ابيه وخصال امّه والعرب تذكر ان الغَيْرَى لا تُنْجِب ، قال عمرو بن معدى كرب

ألست صبيرا اذا ما[5] نُسِبْتَ بين المُعارة والأحمق ،

وقال بعض الحكماء كلّ امرأة ودابّة تبطئ عن الحبل اذا وافقها الفحل في الأيّام التي تجري الماء في الغَوْر[6] فانّها تحمل باذن الله ، قال عبد الله ابن الحسن اذا اردت ان تُذْكِر المرأة فأعْصِبْها ثمّ قَعْ عليها ، وقال

---

1 ?, C ناداں 2 Sūra 16₆₈ 3 Ǧāhiẓ Ḥaj V 37₁₅₋₁₉ 4 So (G نعق
5 > C 6 C العود

وبلغني انه كان لمحمد بن الجهم برذون رقيق الحافر فخصاه فجاد حافره اعتبرْ ذلك بالانسان اذا خصي عظمت رجله، قالوا والخصيّ يشتدّ وقع رجله لانّ معاقد عصبه تسترخي ويعتريه الاعوجاج والفدع في اصابعه وتسرع دمعته ويتخدّد جلده ويسرع غضبه ورضاه ويضيق صدره عن كتمان السرّ ويزعم قوم انّ امرأة تطول ثمرة الجماع قالوا وتلك علّة طول عمر البغل وقالوا علّة قصر عمر العصفور كثرة سفاده، قالوا في شأن الغريق اذا كان رجلا ثمّ طفا على الماء ان يطفو على قفاه وان كان امرأة ان تطفو على وجهها، والرجل اذا ضربت عنقه سقط على وجهه ثمّ يقلبه ذكره اذا انتفخ، قالوا وفي الغلمان من لا يحتلم ابدا وفي النساء من لا تحيض ابدا وذلك عيب، وفي الناس من لا يسقط ثغره ولا يستبدل منه منهم عبد الصمد بن علي ذكروا انّه دخل قبره برواضعه والضبّ لا يسقط له سنّ وكذلك الخنزير لا يلقي شيئا من اسنانه وكذلك تقول العرب في مثل لها[1] لا آتيك سنّ الحسل يريدون لا آتيك ابدا، ويقول الاطبّاء انّه ليس شيء من الحيوان يستطيع ان ينظر الى اديم السماء الّا الانسان وذلك لكرامته على الله، ويقول بعضهم انّ الجنين يغتذي دم الحيض يصير اليه من السرّة بغذائه وقالوا لذلك لا تحيض الحوامل وقد رأينا من الحوامل من تحيض والعرب تقول تحمل ثلاثة ميلوا اذا حاضت على الحمل قال الهذلي يمدح رجلا[2]

ومبرّأ من كلّ غبّر حيضة * ورضاع مغيلة وداء مغضل[3]

---

1 Maidânî II 117 2 Nicht bei Kosegarten und Wellhausen; s. p. 454 s 3 C. معضل

الحرث بن كلدة اذا اردت ان تحبل المرأة فمشّها[1] فى عرصة الدار عشرة اشواط فانّ رحمها تنزل فلا تكاد تُخْلِفُ، والعرب تقول انّ المرأة اذا لقحت فى قبل الطهر فى اوّل الشهر عند تبلّج الفجر ثمّ اذكرت جاءت به لا تطاق، قال الشاعر وجمع هذه المعانى

لَقِحَتْ فى الهلال عن قُبُلِ * الطُّهْرِ وقد لاح للصباح بشير،

ويقولون اذا اكره الرجل المرأة وهى مذعورة ثمّ اذكرت انجبت، قال ابو كبير الهذلى[2]

حَمَلَتْ به فى ليلة مزؤودةً * كرهًا وعقد نطاقها لم يُحْلَلِ
فأتت به حُوشَ الجَنان مبطّنا * سُهُدًا اذا ما نام[3] ليل الهَوْجَلِ
ومُبَرَّأً مِنْ كُلِّ غُبَّرِ حيضةٍ * ورضاع مُغْيِلة وداءٍ مُعْضِلِ

يقول لم تر عليه فى حملها دماء باقية من حيضة ولا حملته وهى ترضع ولا ارضعته وهى حامل فكانت العرب تكره ذلك وتُسَبّ به، وقال رسول الله صلعم[4] لقد هممت ان انهى عن الغيلة ثم ذكرت انّ فارس والروم يفعلونه فلا يضرّهم، وفى حديث آخر انّه ليدرك الفارس فيدعثره اى يطرحه، حدّثنى اسحق بن راهويه قال اخبرنا يحيى بن آدم عن الحسن قال رأيت جدّة ابنة احدى وعشرين سنة، قال وأوّل اوقات حمل المرأة تسع سنين وهو اوّل وقت الوطء ودخل رسول الله صلعم بعائشة وهى بنت تسع، وقال عبد الله بن صالح حدّثنى الليث عن ابن عجلان انّ[5] امرأته حملت له مرّة وأقامت خمس سنين حاملا ثمّ ولدت له وحملت له مرّة اخرى

1 C فمشيها 2 S 452 u, Sujūṭī šarḥ šawāhid al Muġnī 81, 13–15
3 C قام 4 Ibn Sa'd VIII 177 19 5 > C

ثلث سنين ثمّ ولدت، قال الليث وحملت مولاة لعمر بن عبد العزيز ثلث سنين حتى خافت ان يكون فى جوفها داء ثمّ ولدت غلاما قال الليث ورأيت انا ذلك الغلام وكانت امّه تأتى اهلنا، وفى بعض الحديث انّ عيسى بن مريم عمّ ولدته امّه لثمانية اشهر ولذلك لا يولد مولود لثمانية اشهر فيعيش، وروى زيد بن الحُباب عن ابن سنان قال حدّثنى ثابت بن جابان العجلىّ انّ الضحّاك بن مزاحم وُلد وهو ابن ستّة عشر شهرا فامّا يزيد بن هٰرون فانّه روى عن جويبر انّ الضحّاك وُلد لسنتين وولد شعبة لسنتين، حدّثنا الرياشىّ او رجل عنه قال حدّثنا ابو عاصم عن عبد الله بن مؤمّل عن ابن ابى مُليكة انّ عمر رحمه الله قال يا بنى السائب انّكم قد اضويتم فانكحوا فى النزائع، قال وقال الأصمعىّ قال رجل بنات العمّ اصبر والغرائب انجب وما ضرب رؤوس الأبطال كابن عجميّة والعرب تقول اغتربوا لا تُضْوُوا اى انكحوا فى الغرائب فانّ القرائب يضوين الأولاد، قال الشاعر

انّ بلالا لم تَشِنْهُ امّه * لم يتناسَبْ خاله وعمّه،

وقال آخر

تنجّبتها للفَسْل وهى غريبة * فجاءت به كالبدر خِرْقًا معمّما
فلو شاتَم الفتيان فى الحىّ ظالما * لما وجدوا غير التكذّب مسلما،

وكان يقال انجب النساء الفَرُوك لأنّ الرجل يغلبها على الشبه[1] لزهدها فى الرجال، وحدّثنى ابو حاتم عن الأصمعىّ انّ المنجبة التى تنزع بولدها الى اكرم الجدّين، ابو حاتم عن الأصمعىّ قال حدّثنا حرب

1 C ohne Punkte Cf LA 12, 362 u.

ابن قطن قال نقل ابن الرجل يستفرغ [1] ولد امرأتين تولد له وهو ابن تسعين سنة ، وقالت عائشة *لا تلد[2] امرأة بعد خمسين سنة ، قالت الحكماء الزنج شرار الخلق وأردأهم تركيبا لأنّ بلادهم سخنت فأحرقتهم الأرحام وكذلك من بردت بلاده فلم تطبخه الأرحام وانّما فضل اهل بابل لعلّة الاعتدال قالوا والشمس شيّطت شعورهم فقبضته والشعر اذا ادنيته الى النار تجعّد فإن زدته تفلفل فان زدته احترق وقالوا اطيب الأمم افواها الزنج وان لم تستنّ وكلّ انسان رطب الفم كثير الريق فهو طيّب الفم وخلوف فم الصائم يكون لخثورة الريق وكذلك الخلوف فى آخر الليل ، وقالت الحكماء كلّ الحيوان اذا أُلقى فى الماء سبح الّا الانسان والقرد والفرس الأعسر فإنّ هذه تغرق ولا تسبح الّا ان يتعلّم الانسان السباحة ، قالوا والرجل اذا ضربت عنقه فأُلقى فى الماء قام فى وسط الماء وانتصب ولم يلزم القعر جاريا كان الماء او ساكنا حتّى اذا جيّف انقلب وظهر بدنه كلّه مستلقيا الّا المرأة فانّها تظهر منكّبة على وجهها ، وقالوا كلّ من قُطعت يداه لم يُجِد العَدْوَ وكذلك الطائر اذا قطعت رجلاه لم يُجِد الطيران ، قالوا وليس فى الأرض هارب من حرب او غيرها يستعمل الحُضْر الّا اخذ عن يساره الّا ان يترك عزمه او تشوُّم[3] طبيعته ولذلك قالوا تجاك على وحشة والحىّ على شؤمى يديه ، وقالوا[4] كلّ ذى عين من ذوات الأربع من السباع والبهائم الوحشيّة والانسيّة فانّما الأشعار لجفنه الأعلى الّا الانسان فإنّ الأشعار نعى الهُدْب لجفنيه الأعلى والأسفل ، قالوا ليس فى الأرض انسان الّا وهو

1 C يستفرغ   2* Conj.; > C   3 C سوم   4 Ğāḥiẓ Ḥaj. VII 32/3

يطرب من صوت نفسه ويعتريه الغلط فى شعره وولده قال الطائى

ويسىء بالإحسان ظنّا لا كمن * هو بابنه وبشعره مفتون،

وقالوا كلّ ذى جلد فإنّ جلده ينسلخ الّا جلد الانسان فإنّه لا ينسلخ كما ينسلخ جلود الأنعام ولكنّ اللحم يتبعه، حدّثنى ابو حاتم عن الأصمعىّ عن ابن ابى طرفة الهذلىّ عن جندب بن شعيب قال اذا رأيت المولود قبل أن يغتذى من لبن امّه يعلى وجهه مصباح من البيان يريد انّ البيان النساء يعتّره ولذلك قولهم اللبن يُشتبه عليه يراد انّه ينزع بالمولود فى شبه الظئر[1] قال الشاعر

لم ارضع الدهر الّا ثدى واحده * لواضحِ الوجه يحمى ساحة الدار،

وحدّثنى الزيادىّ قال حدّثنا عبد الوارث عن يونس عن الحسن انّ عمر أُتى بامرأة ولدت لستّة اشهر فهُمّ بها فقال له علىّ قد يكون هذا قال الله عزّ وجلّ[2] وَحَمْلُهُ وَفِصَالُهُ ثَلَاثُونَ شَهْرًا وقال والوالدات يرضعن اولادهنّ حولين كاملين، ابو حاتم عن الأصمعىّ قال اختصم رجلان فى غلام كلاهما يدّعيه فسأل عمر امّه فقالت غشينى احدهما ثم هرقت دما ثم غشينى الآخر فدعا عمر قائفين فسألهما فقال احدهما أعلن ام أُسرّ قال بل أَسِرّ قال اشتركا فيه فضربه عمر حتى اضطجع ثم سأل الآخر فقال مثل قوله فقال ما كنت ارى انّ مثل هذا يكون وقد علمت انّ الكلبة يسفدها الكلاب فتؤدّى الى كلّ[3] فحل نجله، وركُب الناس فى ارجلهم وركُب ذوات الأربع فى ايديها وكلّ طائر ركبته[4] فى رجليه ☆

---

1 C النظر   2 Sūra 46 14   3 > C   4 C كفه (sic)

ما نقص خلقه من الحيوان

حدثنى ابو حاتم عن ابى عبيده قال الفرس لا طحال له والبعير لا مرارة له والظليم لا مخّ لعظمه قال زهير[1]

كأنّ الرَّحْلَ منها فوق صَعْلٍ[2] * من الظلمان جؤجؤه هواءُ

وكذلك طير الماء وحيتان البحر لا السنة لها ولا ادمغة وصَفَن البعير لا بيضة فيه والسمكة لا رئة لها ولذلك لا تتنفّس وكلّ ذى رئة يتنفّس ✿

المشتركات من الحيوان

والزاغبىّ[3] بين الورشان والبمامة والبخاتى من الإبل بين العراب والفوالج والحمير الأخدريّة[4] من الأخدر وهو فرس كان لأردشير توحّش فحمى عانات من الحمير فضرب فيها واعمارها كأعمار الخيل والزرافة[5] بين الناقة من نوق الوحوش وبين البقرة الوحشيّة وبين الضبعان واسمها اشتركاوبلنك[6] اى بين الجمل والنكركين[7] وذلك انّ الضبعان ببلاد الحبشة يسفد الناقة فتجىء بولد خلقه بين الناقة والضبع فإن كان ولد الناقة ذكرا عرض للمهرة فألقحها زرافة وسمّيت زرافة لأنّها جماعة وهى واحده كأنّها جمل وبقرة وضبع والزرافة فى كلام العرب الجماعة وقال صاحب المنطق[8] الكلاب يسفدها الذئاب فى ارض سلوقيّة فيكون بينها الكلاب السلوقيّة ✿

المتعاديات

بين البوم والغراب عداوه وبين الفأرة والعقرب عداوة وبين الغراب وابن

1 AHLWARDT 1 15 2 C صقل 3 C الداعى, Ğāhiz Hajawān III 50 4 4 LA 5, 315 14 5 Ğāhiz Haj I 65 17 6 C اشتركلنك, s LA 11, 33 17, Damīrī II 5 29 7 So! 8 So citiert auch Ğāhiz stets Aristoteles ἱστορίαι περὶ ζῴων, vgl. VIII 167 (ed AUBERT u. WIMMER II 196)

عرس عداوة وبين الحدأه والغداف عداوه وبين العنكبوت وبين العظاء[1] عداوه وبين الحية وبين ابن عرس عداوه وبين ابن آوى والدجاج عداوة وبين السنّور والحمام عداوه وبين البوم وبين جميع الطير عداوه لأنّ البومة رديئة البصر كليلة بالنهار فاذا كان الليل لم يقو عليها شيء والطير تعرف ذلك من حالها فهي بالنهار تضربها وتنتف ريشها ولحرصها على ذلك صار الصائد ينصبها للطير، وبين الحمار وبين عصفور الشوك عداوة ومتى نهق الحمار سقط بيض عصفور الشوك[2]، وبين الحمار وبين الغراب عداوة وبين الحيّة والخنزير عداوة، والغراب مصادق للثعلب والثعلب مصادق للحيّة، والجمل يكره قرب الفرس ابدا ويعاديه، وبين الأسد وبين الفيل عداوة ويقال انّ الأسد والنمر مختلفان والأسد والببر متّفقان ✿

الأمثال المضروبة بالطبائع[3]

يقال فلان اسمع من قُراد[4] والقردان تكون عند الماء فان شربت الإبل منها تحرّكت وانتعشت فيستدلّون بذلك على اقبال الإبل وأسمع من فرس[5] وأحزم من فرخ العقاب[6] وذلك انّه يكون في عرض الجبل فلا يتحرّك فيسقط وأحلم من حيّة[7] وأهدى من قطاة وحمامة[8] وأخفّ رأسا من الذئب[9] وأنوم من فهد[10] وأظلم من حيّة[11] وذلك لأنّها تدخل جحرة الحشرات وتخرجها وأحذر من غراب[12] وأصنع من تُنَوِّط[13] وهو طائر يصنع عشا مدلى من الشجر واصنع من سُرْفة[13] وهي دويبّة[14] تعمل بيتا

---

1 C العضاه 2 Ǧāhiz Ḥaj V 72 3 Cf Ib I 104. 4 Maidānī I 236 5 Ib 235 6 Ib 148 7 > Maid 8 Ib II 246 9 Ib I 171 10 Ib. II 205 11 Ib I 302 12 Ib I 152 13 Ib I 278 14 C دور

من قطع العيدان وأسرق من زبابة[1] وهي فأرة برّيّة وأسرف من كندش[2] وهو العقعق ويقال ايضا احمق من عقعق[3] لأنّه من الطير الذي يضيّع فراخه وأخرق من حمامة[4] وذلك لأنها لا تجيد عمل العشّ فربّما وقع البيض فانكسر قال عبيد بن الأبرص[5]

عَيُّوا[6] بأمْرِهِمْ كما * عَيَّتْ[7] بِبَيْضَتِها[8] الحَمامَةْ
جعلت لها عودَيْن من * نَشَمٍ وآخَرَ من ثُمامَةْ

يقول فرشت النشم بالثمام وهو ضعيف فتكسّر ووقع البيض فانكسر، وفي الانجيل[9] انّ المسيح عم قال للحواريّين كونوا حلماء كالحيّات وبُلْهًا كالحمام، وأعقّ من ضبّ[10] لأنّه يأكل ولده من الجوع وأبرّ من هرّة[11] وهي تأكل ولدها من شدّة محبّتها[12] وأروغ من ثعلب[13] وأموق[14] من رخمة[15] وأزهى من ذباب[16] [17] لأنّه يقع على انف الملك وراحته وأصنع من الدَّبْر[18] وهي النحل وأسمح من لافظة[19] [20] ويقال هي العنز تسمح بالحلب ويقال الرحى لأنها تلفظ ما تطحنه لا تخبّئ[21] منه شيئا وأصرد من عين حرباء[22] وألجّ من الخنفساء[23] وأخيل[24] من مُذالة[25] وهي الأمة تهان وهي تتبختر[26] وأحلم من فرخ الطائر[27] وأكيس من قِشّة[28] وهي القردة وأجبن من صافر[29] وهو ما صفر من الطير ويقال هو الصافر بالمرأة المريبة[30] وأنمّ[31]

---

1 Maid I 238 2 > Maid 3 Maid. I 152 4 Ib. I 171
5 LA 20, 349 6 6 C عيبوا 7 C عببت 8 C بيصتها 9 Mt
10 16 10 Maid I 333 11 Ib I 77 12 C محبنه 13 Maid. I 214 14 C اجوق (so!) 15 Maid. II 186 16 C خرباب (so!)
17 > Maid, Damiri I 322 12 18 Maid I 278 19 C لافطة
20 Maid I 238 21 C تحسن 22 Maid I 278 23 Ib II 134
24 C واحمل 25 Maid. I 174 26 C تحتر 27 Maid. I 148
28 Ib II 78 29 Ib. I 124 30 C للربية 31 C وانمّ

من ضبّ[1] وأبعد من بيض الأنوق[2] والأنوق الرخمة تبيض في اعالي الجبال والشواهق حيث لا يبلغه سبع ولا طائر وأشجع من ليث عِفِرِّين[3] قال بعضهم هو الأسد كانّه قال اشجع من ليث ليوث تعفر من نازعها وتصرعه وقال الأصمعيّ هو دابّة مثل الحرباء تتحدّى الراكب وتضربه بذنبه[4] وأحنّ من شارف[5] وهي الناقة المسنّة وأسرع من عدوى الثُّوَباء[6] وأروى من النقاقة[7] وهي الضفادع وأزنى من قِرْد[8] ويقول بعضهم انّه رجل من هذيل كان كثير الزنا وأخدع من ضبّ[9] وأشأم من الزرقاء[10] وهي ناقة ٭

الأنعام

حدّثني يزيد بن عمرو عن عبد العزيز الباهليّ عن الأسود بن عبد الرحمن عن ابيه عن جدّه قال قال رسول الله صلعم ما خلق الله دابّة اكرم عليه من النعجة وذلك انّه ستر عورتها ولم يستر عورة غيرها ٭ قال حدّثني ابو حاتم عن الأصمعيّ عن اغلب بن عمير قال كان لنا جمل يعرن كشح الحامل من غير ان يشهى ٭ فقيل لابنة الخُسّ ما تقولين في مائة من المعز قالت قنى قيل فمائة من الضأن قالت غنى قيل فمائة من الابل قالت مُنًى ٭ والعرب تضرب المثل في الصيد بالمعزى فيقول اصيد من ذا عنز جرباء[11] ٭ وسُئل دغفل عن بني مخزوم فقال معزى مطيرة علتها قشعريرة الّا بني المغيرة فانّ فيهم تشادق الكلام ومصاهرة الكرام ٭ وقالت العرب فيما تقول على السنة البهائم قالت المعزى الاست جبوى والذنب الوى والجلد رقاق والشعر دقاق ٭ قالوا والضأن تنتج مرّة في

1 Maid II 206 2 Maid I 330 mit اعز 3 Maid I 257 4 S LA 6, 265 12 5 Maid I 154 6 Ib I 236 7 > Maid; s Damīrī s v 8 Maid I 230 9 Maid I 175 10 Ib I 260 11 Maid I 279

السنة وتُفْرِد ولا تُتْئِم والماعز قد تُولَد مرتين فى السنة تضع الثلثة وأكثر وأقلّ والنماء والبركة والعدد فى الضأن، وكذلك الخنازير تضع الأُنثى منها عشرين خنّوصا ولا نماء فيها، ويقال الجواميس ضأن البقر والبخت ضأن الإبل والبراذين ضأن الخيل والجرذان ضأن الفار والدلدل ضأن القنافذ والنمل ضأن الذرّ، ويقول الأطبّاء فى لحم الماعز انّه يورث الهمّ ويحرّك السوداء ويورث النسيان ويخبّل الأولاد ويفسد الدم ولحم الضأن يضرّ بمن يُصْرَع من المرّة ضرارا شديدا حتى يصرعهم فى غير اوان الصرع وأوان الصرع الأهلّة وأنصاف الشهور وهذان الوقتان هما وقت مدّ البحر وزيادة الماء والدم ولزيادة القمر الى ان يصير بدرا اثر فى زيادة الدم والدماغ وجميع الرطوبات، قال الشاعر[1]

كأنّ القوم عُشّوا لحم ضأن * فهم[2] نَعِجون قد مالت طلاهم،

وفى الماعزة انّها ترتضع من خلفها وهى محفّلة حتى تأتى على كلّ ما فيه قال ابو احمر

انّى وجدت بنى اعيا وجاملهم * كالعنز تعطف رَوْقيها فترتضع،

وإذا رعت الضائنة[3] والماعزة فى قصيل نبت لم ينبت ما تأكله الماعزة لأنّ الضائنة[3] تقرضه بأسنانها والماعزة تقتلعه وتجذبه فتنثره من اصله، وإذا حمل على الماعزة فحملت انزلت اللبن فى أوّل الحمل الى الضرع والضائنة[3] لا تنزل اللبن الّا عند الولاد ولذلك تقول العرب[4]

رَمَّدَتِ المِعْزَى فَرَنِّقْ رَنِّقْ * ورمّد[5] الضأنُ فَرَبِّقْ رَبِّقْ[6]،

---

1 Wiederholt 296r 2 > C hier 3 C الضانية 4 LA 12, 49 5 C ومدت 6* C فرنق رنق

وذكور كلّ شيء احسن من اناثه الّا التيوس فانّها اقبح من الصفايا وأصوات الذكور من كلّ شيء اجهر وأغلظ الّا اناث البقر فانّها اجهر اصواتا من ذكورها، وقيل لأعرابيّ بأيّ شيء تعرف حمل شاتك قال اذا ورم حياؤها ورجّت شعرتها استفاضت خاصرتها، قال الأصمعيّ[1] لبني عقيل ماعزة لا تَرِد[2] تجتزئ بالرطب، وقرأت في كتاب[3] من كتب الروم[4] ان اردت ان تعرف ما لون[5] جنين النعجة فانظر الى لسانها فانّ الجنين يكون على لونه، وقرأت فيه[6] انّ الابل تحامى أمّهاتها وأخواتها فلا تسفدها، قالوا وكلّ ثور اغطس وكلّ بعير اعلم وكلّ ذبّاب اقرح، وقالوا البعير اذا صعب وخافه الناس استعانوا عليه حتّى يبرك ويُعْقَل ثمّ يركبه فحل آخر فيذلّ، والعرب تعرف البعير المغتلم بسقوط الذباب عليه ويقولون بعير مذبوب اذا عرض له داء يدعو الذباب الى السقوط عليه، وقال بعض القصّاص ممّا فضّل الله به الكبش ان جعله مستور العورة من قبل ومن دبر وممّا اهان به التيس ان جعله مهتوك الستر مكشوف القبل والدبر، حدّثني عبد الرحمن بن[7] عبد المنعم عن اميّة عن وهب بن منبّه انّه قال كان في مناجاة عزير الله انّك اخترت من الأنعام الضائنة ومن الطير الحمامة ومن النبات الحُبْلة ومن البيوت بكّة[8] وايليا ومن ايليا بيت المقدس، وفي الحديث انّ امرأة اتت النبيّ صلعم فقالت يا رسول الله صلّى الله عليك انّي اتّخذت غنما ابتغي نسلها ورِسْلها وانّها لا تنمو فقال رسول الله صلعم ما الوانها قلت سود فقال عفّري وابعثي[9] الى الرعيان من

---

1 Gâhiz Haj. VI 91 13   2 C تريد   3 C كتب   4 Geoponica XVIII 6 (ed. Beckh 489)   5 C لو   6 Ib. XVI, 22, 2 (468 4 5)   7 C عن   8 C بكا   9 C وبعث

كانت له غنم سود فلا تخالطها بعُقْر فانّ دم عفراء ازكى من دم سوداوين[1]، وقال الغنم اذا اقبلت اقبلت واذا ادبرت اقبلت والابل اذا ادبرت ادبرت واذا اقبلت ادبرت ولا يأتى نفعها الّا من جانبها الأشأم، والأوِط قد يكون من المعزى قال امرؤ القيس[2]

لنا غَنَمٌ نسوّقها[3] غِزارٌ * كأنّ قرون جِلّتها عِصِىّ
فتملأ بيتنا أقِطا وسَمْنا * وحسبك من غِنًى شِبَعٌ ورِىّ،

وقالوا شِقْشِقة البعير لهاة يخرجها، ومن احسن ما قيل فى الغنم قول مخارق بن شهاب فى تيس غنمه[4]

راحت أُصَيْلالا كأنّ ضروعها * دلاء وفيها واتد القرن لَبْلَبُ[5]
له رَعَثات[6] كالشنوف[7] وغُرّة * شديخ ولون كالوذيلة مُذْهَبُ
وعينا احمّ المقلتين وعصمة * تواصلها[8] دانٍ من الظلف مُكْنِبُ
اذا دُوّخت من مُخْرِف الضأل اقبلت * عطاها كما يعطو ذرى الضال قرهب
ابو الجُوْن الغُرّ اللوانى كأنّها * من الحسن فى الأعناق جِزْعٌ مثقّبُ
ترى ضيفها فيها يبيت بغبطة * وضيف ابن قيس جائع يتحوّب

فوفد[9] ابن قيس هذا على النعمان فقال كيف المخارق فيكم قال سيّد كريم من رجل يمدح تيسه ويهجو ابن عمّه، قال الحجّاج فى وصف شاة حمراء المقدّم شعراء المؤخّر اذا اقبلت حسبتها نافرا واذا ادبرت حسبتها نافرا اى كأنّها تعطس يريد من اىّ اقطارها رأيتها وجدتها مشرفة، قال الأصمعىّ قال اعرابىّ يهزأ بصاحبه اشترِ لى شاة فقماء كأنّها

1 C سوداوتين 2 AHLWARDT 68 1. 5 3 C يسوقها 4 Ǧāhiẓ Haj V 143 18–21, 23, 144 1 5 LA II 230 6 C غربات, G رعنات 7 C كالسموف 8 C نبى وصلها 9 C فوقف

تصحّك منخلعة خاصرتها لها صرع ارعظ كأنّه حبيب دل تكمّمه القعلل قال أنّى لهذه عنَل العطل العمق يقول انّ سمنها تحسب انّه لا عنق لها، وممّا يقوله العرب على السند المتائم قالت الضائنة أولد رخالا وأجزّ حفالا وأحلب كُثَبًا ثقالا ولم تر مثلى مالا حفالا تقول أُجَزّ مرّة وذلك انّ الضائنة اذا جُزّت لم يسقط من صوفها شىء الى الأرض حتّى يؤتى عليه والكُثَب جمع كثبة وهى الدفعة من اللبن تقول أحلَب دفعا ثقالا من اللبن وذلك لأنّ لبنها ادسم وأخثر[1] من لبن المعز فهو اثقل ۞

السباع وما شاكلها

يقال انّه ليس شىء من السباع اطيب افواها من الكلب ولا فى الوحوش اطيب افواها من الظباء ويقال ليس شىء اشدّ حرا من اسد وصقر ولا فى السباع اسخ من كلب وليس فى الارض فحل من جميع اجناس الحيوان لذكره حجم ظاهر الا الانسان والكلب، والأسد لا يأكل الحارّ ولا يدنو من النار[2] ولا يأكل الحموضة وكذلك اكثر السباع، ويقول الروم انّ الأسد يذعر لصوت الديك[3] ولا يدنو من المرأة الطامث والأسد اذا بال شغر كما يشغر الكلب[4] وهو يلمّل الشرب للماء ويحوّه يشمه نحو الكلب[5] ودواء عضّته دواء عضّة الكلب الكَلِب[6]، وقالوا العيون التى تضىء بالليل عيون الأسد والنمور والسنانير والأفاعى، والعرب تقول هو احمق من جهيزة[7] وهى الذئبة لأنّها تدع ولدها وترضع ولد الضبع، ويقولون

1 C اختر 2 Arist Zool 9, 225 3 C الذئب, Geop 15, 1, 9. φοβεῖται καὶ τὸν ἀλεκτρυόνα καὶ τὸν φθόγγον αὐτοῦ 4 Arist. Zool. 8, 57 5 Ibid 6 Ib 9, 228 7 Maid I 147, Ğāhiz Haj I 91 pu, Baihaqi 636 10

الضبع اذا صيدت او قُتلت عال الذئب اولادها وأتاها باللحم، قال الكميت[1]

كما خامرتْ في بيتها امّ عامر * لدى الحَبْل حتّى عال اوس عيالها

اوس الذئب، وقالوا ثلثة من الحيوان ترجع في قيئها الأسد والكلب والسنّور وقال الضبّ ايضا، وأمراض الكلاب ثلثة الكَلَب وهو جنون والذبحة والنقرس، والعرب تقول دماء الملوك شفاء من عضّة الكلب الكَلِب والجنون والخبل[2]، قال الفرزدق[3]

من الدارميّين الّذين دماؤهم * شفاء من الداء المَجَنّة والخَبْل،

وبلغني عن الخليل بن احمد انّه قال دواء عضّة الكلب الكَلِب الذراريح والعدس والشراب العتيق يُصنع وقد ذكر كيف صنعته وكم يشرب منه[4] وكيف يُتعالج به، والكلب الكلِب اذا عضّ انسانا فربّما احاله نبّاحا مثله ثمّ احبله وألقحه بأجرٍ[5] صغار تراها علقا في صور الكلاب، قال ابو اليقظان كان الأسود بن اوس بن الحمرة اتى النجاشيّ فعلّمه دواء الكَلَب فهو في ولده الى اليوم ثمّ ولده المُحِلّ وقد داوى المُحِلّ عتيبة بن مرداس فأخرج منه مثل جراء الكلاب علقا، قال ابن فسوة حين برأ[6]

ولولا دواء ابن المُحِلّ وعلمه * هررتُ اذا ما الناس هرّ كليبها
وأخرج بعد الله اولاد زارع * مولّعةٍ اكتافها[7] وجنوبها

الكليب جمع كلب على غير قياس مثل عبد وعبيد، وعضّ رجلا[8] من

---

1 LA VII 315 1   2 Ǧāḥiẓ Ḥaj. V 105 4, Wellhausen Reste² 162 n 3   3 Naqā'iḍ No 32, 24   4 C به   5 C بأخر   6 Liber poes 219 5. 6   6 C اكتافها   7 C رجل

بنى العنبر كلب كَلِبَ فبال عليها في صبر[1] الكلاب فقالت امرأته

ابالك أدراصا وأولاد زارع * وتلك لعمرى نهية المتعجب ،

ويزعمون انه يطلب الماء اشد طلب فاذا اتوه به صاح عند معاينته لا اريد لا اريد او شيئا في معنى ذلك ، قالوا وتمام[2] حمل الكلبة ستون يوما فان وضعت في اقل من ذلك لم يكد اولادها تعيش ، واناث الكلاب تحيض في كل سبعة ايام وعلامة ذلك ان تَرِمَ ثغر الكلبة ولا تريد السفاد في ذلك الوقت ، وذكور السلوقية تعيش عشرين سنة والاناث تعيش اثنتى عشرة سنة وليس يُلقى الكلب شيئا من اسنانه سوى النابين ، قالوا وعلامة سرعة الكلب ان يطول ما بين يديه ورجليه ويكون قصير الظهر ، ويوصف الكلب بصغر الرأس وطول العنق وغلظها وإفراط الغضف[3] وزرق العينين وعظم المقلتين وطول الخطم مع اللطافة وسعة الشدقين ونتوّ الحدقة ونتوّ الجبهة وعرضها وأن يكون الشعر الذى تحت حنكه طاقة طاقة ويكون غليظا وكذلك شعر خدّيه ويكون قصير اليدين طويل الرجلين عريض الظهر طويل الصدر في ركبته احناء ويكره للذكور طول الأذناب ، ومن علامة الفراهة التي لا تكاد تخلف ان تكون على ساقيه او على احدهما او على رأس الذنب مخلب وينبغى ان يقطع من الساقين ، وسود الكلاب اعقرها[4] ولذلك أُمر بقتلها ، قالوا واذا هرم الكلب أُطعم السمن مرارا فانه يعود كالشاب ، واذا حفى دهنت استه وأُرجم ويمسح على يديه ورجليه القطران ، واذا بلغ ان يشغر فقد بلغ الالقاح والكلب من الحيوان الذى يحتلم ، قالوا وفي

---

1 C صفر   2 C وتمام   3 C العصن   4 C اعفرها

الكلبة انّه يسفدها كلب اسود وكلب ابيض وكلب اصفر فتؤدّى لكلّ سافد شكله وشبهه، وقد جماعة من اصحابنا يعدّون ما جاء فى الكلب من الأمثال فحفظت منه الأمر من كلب على عِرْق[1] وأَجِعْ كلبك يتبعك[2] ونعيم كلب فى بؤس اهله[3] وأَسْمِن كلبك يأكلك[4] وأَحْرَصُ من كلب على عِقْى صبىّ[5] وأجوع من كلبة حَوْمَلَ[6] وأبول[7] من كلب[8] وجلس فلان فرجر الكلب[9] والكلاب على[10] والكلب احبّ اهله اليه الظاعن[9] وهو كالكلب فى الأذى لا يعلف ولا يدع الدابّة تعلف[9] ☆

الذئب

الذئب[11] اذا سفد الذئبة فالتحم الفرجان وهجم عليهما هاجم قتلهما كيف شاء الّا انّهما لا يكادان يوجدان كذلك لأنّ الذئب اذا اراد السفاد توخّى موضعا لا يطأه انس خوفا على نفسه، وتقول الروم انّ الذئب اذا نهش شاة ثمّ افلتت منه طاب لحمها وخفّ وسلمت من الفدان، قالوا والذئب اذا رأى انسانا قبل ان يراه الإنسان ابحّ الذئب صوت ذلك الإنسان، وقالوا فى طبع الذئب محبّة الدم ويبلغ به طبعه انّه يرى الذئب مثله قد دمى فيثب عليه فيمزّقه[12]، قال الشاعر[13]

وكنتَ كذئب السوء لمّا رأى دما * بصاحبه يوما احال على الدم،

قالوا والفرس اذا وطئ اثر الذئب ثقلت قائمته التى وطئ بها، وفى كتاب علىّ رضه الى ابن عبّاس لمّا رأيت العدوّ على ابن عمّك قد حرب

---

1 Maid II 138 2 Ib I 111 3 Ib. II 195 4 Ib. I 225 5 > Maid ; Ǧāḥiẓ Ḥay I 107 6 6 Maid I 125 7 C ابرا 8 Maid I 79 9 > Maid 10 > Maid., oder ist zu ergänzen على البعر, Maid II 59? 11 Ǧāḥiẓ Ḥay II 78 15 12 Ib. VI 98 1 13 Ib 97 23, Farazdaq ed Boucher 26 3

والزمان قد كلب عليه لادن عمّك طير المجنّ بقراءة مع المعترضين وخذلانه مع الخاذلين واختلفت ما قدرت عليه من الأموال اختطاف الذئب الأزلّ دامية المعزى، ويقولون انّ الذئب ربّما نام بإحدى عينيه وفتح الأخرى، وقال حميد بن ثور[1]

ينام بإحدى مقلتيه ويتّقي ◦ المنايا بأخرى فهو يقظان هاجع،

والذئب اشدّ السباع مطالبة وإذا عجز عوى عُواء استغاثة فتسامعت الذئاب فأقبلت حتّى تجتمع على الإنسان فتأكله وليس شيء من السباع يفعل ذلك ✿

الفيل

قالوا[2] لسان الفيل مقلوب طرفه الى داخل والهند تقول لولا انّ لسانه مقلوب لتكلّم، والفيل اذا ساء خلقه وضعف عصبوا رجليه فسكن، وليس في جميع الحيوان شيء لذكوره ثدي في صدره الّا الإنسان والفيل[3]، والفيل المغتلم ان سمع صوت خنوص من الخنازير ارتاع ونفر والفيل يفزع من السنّور، وتزعم الهند انّ نابي الفيل لمّا قرناه تخرجان مستبطنين حتّى تخرقا الحنك وتخرجا اعقفين، وقال صاحب المنطق طير فيل عاش اربع مائة سنة[4]، قال حدّثنا شيخ لنا قال رأيت فيلا ايّام ابي جعفر قيل انّه سجد لسابور ذي الأكتاف ولأبي جعفر، والفيلة تضع في سبع سنين ✿

الفهد

قالوا[5] السباع تشتهي رائحة الفهد فاذا سمن الفهد عرف انّه مطلوب

1 Liber poes 231$_{12}$ 2 Ǧāḥiẓ Ḥaj VII 32$_{20}$ 3 Arist. Zool. 11$_{4}$
4 Ib 8$_{6?}$ 5 Ǧāḥ VII 15$_{20}$

وأنّ حركته قد ثقلت فأخفى نفسه حتّى ينقضى الزمان الذى تسمن فيه الفهود ويعترى الفهدَ داءٌ يقال له خانقة الفهود فاذا اعتراه اكل العَذِرة فبرأ والوحشىّ المسنّ منها فى الصيد انفع من الجرو المربّب ✿

الأرنب

قالوا الأرنب تحيض ولا تسمن الّا بزيادة اللحم وقضيب الذكر من الأرنب ربّما كان من عظم وكذلك قضيب الثعلب والأرنب تنام مفتوحة العين وإنفحة الأرنب اذا شربتها المرأة من بعد ان تطهر من الحيض مُنِعت من الحبل والكَلَف ان طُلى بدم الأرنب اذهبه ✿

القرد والدُبّ

قال حدّثنى محمّد بن خُلد بن خداش قال حدّثنى سلم بن قتيبة عن هشام عن حصين وأبى بلج عن عمرو بن ميمون قال زنت قردة فى الجاهليّة فرجمها القرود ورجمتها معهم، قالوا وليس شىء يجتمع فيه الزواج والغيرة الّا الإنسان والقرد، قالوا والديسم جرو الدبّ تضعه امّه وهو كقِدْرة لحم فتهرب به فى المواضع العالية من الذرّ والنمل حتّى تشتدّ اعضاؤه ✿

مصايد السباع العادية

السباع العادية تصطاد بالزُبَى[1] والمُغَوَّيات وهى آبار تحفر فى انشاز[2] الأرض فلذلك يقال قد بلغ السيل[3] الزُبَى[4]، قال صاحب الفلاحة[5] وممّا تصاد به السباع العادية ان تؤخذ سمك من سمك البحر الكبار والسمان

1 C بالذبى 2 C ابشار 3 C السيف 4 C الذبا
5 Geop. 18 cap 14 (der griech Text ist unvollstandig)

فتقطع قطعا ثمّ تشرح ثمّ تكمل كتلا ثمّ تؤجّج نار في غائط من الأرض بقرب فيه السباع ثمّ تقذف تلك الكتل في النار واحده بعد واحده حتّى ينتشر دخان تلك النار وقتار تلك الكتل في تلك الأرض ثمّ تُطرح حول تلك النار قطع من لحم قد جعل فيها الخَرْبَق الأسود والافيون وتكون تلك النار في موضع لا ترى فيه حتّى تقبل السباع ريح القتار وهي آمنة فتأكل من قطع اللحم وتغشى عليها فيصيدها الكامنون لها كيف شاءوا ❁

النعام

قالوا في الظليم انّ الصيف اذا اقبل وابتدأ البسر في الحمره ابتدأ لون وظيفه بالحمرة ولا يزالان يتلوّنان ويزدادان حمرة الى ان تنتهي حمرة البسر ولذلك قيل له خاضب ، وفي الظليم انّ كلّ ذي رجلين اذا انكسرت احدى رجليه قام على الأخرى وتحامل على ظلع غيره فانّه اذا انكسرت احدى رجليه جثم ولذلك قال الشاعر في نفسه وأخيه

فإنّي وإيّاه كرجلي نعامة * على ما بنا[1] من ذي غنًى وفقير

فيقول لا غنى بواحد منّا عن الآخر ، وقال آخر

اذا انكسرت رجل النعامة لم تَجِدْ * على اختها نهضا ولا باستها حبوا ،

قالوا وعلّة ذلك انّه لا مخّ له في ساقيه وكلّ عظم فهو ينجبر الّا عظما لا مخّ فيه وزماخر[2] الشاء لا تنجبر ، قال الشاعر

اجدّك لم تقطع برجل نعامة * ولست بنقّاض وعظمك زمخر

اي اجوف لا مخّ فيه ، والظليم يغتذي المرو والصخر فتذيبه[3] قانصته

---

1 C بنى 2 C وزمخ 3 C تنذنبه

بطبعها حتى تصير كالماء، قال ذو الرمة يذكره[1]

أَلْهاه آءٌ وتَنُّومٌ وعُقْبَتُه * مِنْ لائحِ المَرْوِ والمرعى له عُقَبُ،

قال ابو النجم[2]

والمَرْوُ يلعبه الى امعائه * فى سَرْطَمٍ هادٍ على التوائه،

والظليم[3] يبتلع الجمرة وربّما أُلقيَ الحجر فى النار حتى صار كأنّه جمرة فقذف[4] به بين يديه فيبتلعه وربّما ابتلع اوزان الحديد، وفى النعامة انّها اخذت من البعير المنسم والوظيف[5] والعنق والخزامة ومن الطائر الريش والجناحين والمنقار فهو لا بعير ولا طائر، وقال اوس بن حجر[6]

ونَنْهَى ذوى الأحلام عنّا حُلومُهم * وأَرْفَعُ صوتى للنعام المخزَّمِ

جعله مخزّما للخرقين اللذين فى عرض انفه فى موضع الخزامة من البعير، قال يحيى بن نوفل[7]

ومثل نعامة تدعى بعيرا * تعاظمها اذا ما قيل طيرى

فإن قيل احملى قالت فإنّى * من الطير المُرِبّة فى الوكور،

وتقول العرب فى المثل[8] هذا احمق من نعامة وذلك انّها ربّما خرجت لطلب الطعم فمرّت ببيض نعامة اخرى فحضنته وتركت بيضها، ولذلك قال الشاعر وهو ابن هرمة[9]

وإنّى وتَرْكى ندى الأكرمين * وقَدْحى بكفّى زندا شحاحا

كتاركة بيضها بالعراء * ومُلبِسة بيض اخرى جناحا،

وقال سهيم بن حنظلة[10]

---

1 LA II 107 3, Ǧāḥiẓ Ḥay IV 103 15 2 Ǧāḥ ib 17 (corrupt) 3 Cf. Ǧāḥ ib. 106 4 C وقذف 5 C والوصيف 6 Geyer 43 6 7 Ǧāḥiẓ Ḥay IV 107 3 4 8 Maid. II 186 9 Lib poes 474 8 9, Maid a. a. O. 10 Ǧāḥiẓ IV 109 20. 21

اذا ما لقيت بنى عامر * رأيت جفاء ونوكا كبيرا
نعام تمدّ بأعناقها * ويمنعها نوكها ان تطيرا،

ويضرب بها المثل فى الشراد والنفار قال بشر بن ابى خازم

وامّا بنو عامر بالنسار * فكانوا غداة لقونا[1] نعاما

يريد مرّوا منهزمين، وربّما حضنت النعامة اربعين بيضة او نحوها واخرجت ثلثين رألا قال ذو الرمّة

كأنّه خاضب بالسيّ مرتعه * ابو ثلثين امسى وهو منقلب،

والبواقى من بيضها الذى لا تنفقه[2] يقال لها التريائك، وأشدّ ما يكون الظليم عدوا اذا استقبل الريح لأنّه يضع عنقه على ظهره ثمّ يخرق الريح وإذا استدبرها كبّته من خلفه، والنعامة تضع بيضها طولا تغطّيها كلّ بيضة مما يصيبها من الحضن، قال ابن احمر

وُضِعْن وكلّها على غِرار،

وقال آخر

على غِرارٍ كاستواء المِطْمَرِ

والمِطْمر خيط البنّاء الّا انّ ثعلبة بن صُعير خالف ذلك فقال بذكر الظليم والنعامة[3]

فتذكّرا ثَقَلًا رَثيدا بعد ما * أَلْقَتْ ذُكاء يمينها فى كافرِ

والرثيد المنضود بعضه على بعض، قالوا الوحش فى الفلوات ما لم تعرف الانسان ولم يره الّا نفر منه اذا رآه خلا النعام فإنّه شارد ابدا قال ذو الرمّة

---

1 C لعونها   2 C تنعبه   3 Liber poes. 156 14, LA IV 152

وكلّ احمّ المقلتين كأنّه * اخو الإنس من طول الخلاء المغفّل

يريد انّه لا ينفر من الناس لأنّه فى خلاء ولم ير احدا قبل ذلك ، وقال أُحيمر السعدىّ كنت حين خلعنى قومى وأطلّ السلطان دمى وهربت وتردّدت فى البوادى ظننت انّى قد جزت نخل وبار او قربت منها وذلك انّى كنت ارى النوى فى رجع الذئاب وكنت اغشى الظباء وغيرها من بهائم الوحش فلا تنفر منّى لأنّها لم تر احدا قبلى وكنت امشى الى الظبى السمين فآخذه وعلى ذلك رأيت جميع تلك الوحوش الّا النعام فانّه لم اره قطّ الّا نافرا فزعا ۞

الطير

قال حدّثنى زياد بن يحيى قال حدّثنا ابو عتّاب قال حدّثنا طلحة بن يزيد الشأمىّ عن بقيّة بن الوليد عن عبد الله بن ابى كبشة عن ابيه قال كان النبىّ عم يعجبه ان ينظر الى الأفرج[1] والى الحمام الأحمر ، حدّثنى الرياشىّ قال ليس[2] شىء يغيب اذناه الّا وهو يبيض وليس شىء يظهر اذناه الّا وهو يلد وروى ذلك عن علىّ بن ابى طالب عم ، حدّثنى محمد ابن عبيد عن معوية عن عمرو عن ابى اسحق عن ابن جريج قال ابن شهاب قال رسول الله صلعم اربع لا يقتلن النملة والنحلة والهدهد والصرد ، بلغنى عن مكحول قال كان من دعاء داود النبىّ عم يا رازق النعّاب فى عشّه وذلك انّ الغراب اذا فقص عن فراخه خرجت بيضا فاذا رآها كذلك نفر عنها فتفتح افواهها ويرسل الله لها ذبابا فيدخل فى اجوافها فيكون غذاءها حتّى تسودّ واذا اسودّت عاد الغراب فغذّاها

---

1 C الاترج   2 > C

ويرفع الله الذباب، قال حدّثني احمد بن الخليل عن محمّد بن عبّاد عن الوليد بن كثير عن عبد الملك بن يحيى قال قال رسول الله صلعم لا تطرقوا الطير في اوكارها فإنّ الليل امان الله، حدّثني ابو سفيان الغنوىّ عن معاوية بن عمرو عن طلحة بن زيد عن الأحوص بن حكيم عن خالد بن معدان عن رجل من الأنصار قال قال رسول الله صلعم الديك الأبيض صديقي وصديق صديقي وعدوّ عدوّ الله يحرس دار صاحبه وسبع ادؤر وكان النبيّ صلعم يُبيته معه في البيت، قالوا الطير ثلثة اضرب بهائم الطير وهو ما لقط الحبوب والبزور وسباع الطير وهي التى تغتذى اللحم والمشترك وهو مثل العصفور يشارك بهائم الطير في انّه ليس بذي مخلب ولا منسر وإذا سقط على عود قدّم اصابعه الثلث وأخّر الدابرة وسباع الطير تقدّم اصبعين وتؤخّر اصبعين ويشارك سباع الطير بأنّه يلقم فراخه ولا يزقّ وأنّه يأكل اللحم ويصطاد الجراد والنمل، قالوا والعصفور شديد الوطئ والفيل خفيف الوطئ والورشان يصرع في كلّ شهر مرّة، قالوا وأسوأ الطير هداية الأسود والأبيض لا يجيء من الغاية لضعف قوّته واجودها هداية الغبر والنمر، قال صاحب الفلاحة[1] ان الحمام يعجب بالكمّون ويألف الموضع الذى يكون فيه الكمّون وكذلك العدس ولا سيّما اذا أُنقعا في عصير حلو وممّا يصلحن عليه ويكثرن ان يدخّن بيوتهنّ بالعلك وأسلم[2] مواضعها وأصلحها ان يبنى لها بيت على اساطين خشب ويجعل فيه ثلث كوى كوّة في سمك البيت وكوّة من قبل المشرق وكوّة من قبل المغرب وبابان من قبل مهبّ الجنوب قال[3]

1 Geop. 14 Cap 3   2 Ib. Cap 6 § 6   3 Ib. Cap 4

والسذاب اذا العى فى البرج حامته السنانير البرّيه ، حدّثنى ابن ابى سعد عن علىّ بن الصباح عن ابى المنذر هشام بن محمّد قال حدّثنى الكلبىّ انّ اسماء كنائن نوح اذا كتبن فى زوايا[1] بيت حمام تمّت الفروخ وسلمت من الآفات قال هشام قد جرّبته انا وغيرى فوجدته كما قال ابى قال واسم امرأة سام بن نوح مَحْلَث مَحْو واسم امرأة حام آذْنَق نشا واسم امرأة يافث زدقت نبث ، قالوا[2] وأمراض الحمام اربعة الكُباد والخُنان والسِلّ والقمل فدواء الكباد الزعفران والسكّر الطبرزد وماء الهندباء يجعل فى اسكرّجة ثمّ يمجّ فى حلقه قبل ان يلقط شيئًا ودواء الخنان ان يليّن لسانه يوما او يومين بدهن البنفسج ثمّ بالرماد والملح ويدلك بهما حتّى ينسلخ الجلدة العُليا التى غشيت لسانه ثمّ يطلى بعسل ودهن ورد حتّى يبرأ ودواء السِلّ ان يطعم الماش المقشور ويمجّ فى حلقه لبن حليب ويقطع من وظيفيه[3] عرقان ظاهران فى اسفل ذلك ما يلى المفصل ودواء القمل ان يطلى اصول ريشه بالزيبق المخلوط بدهن البنفسج يفعل به ذلك مرارا حتّى يسقط[4] قمله ويكنس مكانه الذى يكون فيه كنسا نظيفا ، قالوا والطير الذى يخرج من وكره بالليل البومة والصدى والهامة والضُوَع والوطواط والخُفّاش وغراب الليل ، قالوا اذا خرج فرخ الحمامة نفخ ابواه فى حلقه الريح لتتّسع الحوصلة من بعد التحامها وتنبثق[5] فاذا اتّسعت زقّاه عند ذلك اللعاب ثمّ[6] زقّاه سورج اصول الحيطان ليدبغا به الحوصلة ثمّ زقّاه الحبّ ، قال المثنّى بن زهير[7]

---

1 C زوا 2 Ǧāḥiẓ Ḥaj III 84 13 ff. 3 C وظيفة 4 C سقط
5 C ohne Punkte 6 Arist Zool 9, 54 7 Ǧāḥiẓ Ḥaj III 51 5 ff.

لم أرَ شيئًا قطّ فى رجل وامرأة الّا وقد رأيته فى الحمام رأيت حمامة لا تريد الّا ذكرها ورأيت حمامة لا تمنع شيئًا من الذكور ورأيت حمامة لا تريف الّا بعد شدّة طلب ورأيت حمامة تريف للذكر ساعة يطلبها ورأيت حمامة وهى تمكّن آخر ما تعدوه ورأيت حمامة تقمط حمامة ورأيت حمامة تقمط الذكر ورأيت ذكرا يقمط الذكر ورأيت الذكر يقمط ما لقى ولا يزاوج ورأيت ذكرا له انثيان يحضن مع هذه وهذه ويزقّ هذه وهذه ۞

البيض

قالوا والبيض يكون من اربعة اشياء منه ما يكون من السفاد ومنه ما يكون من التراب ومنه ما يكون من[1] نسيم الريح يصل الى ارحامها ومنه شىء يعترى الحجل وما شاكله من الطبيعة فانّ الأنثى منه ربّما كانت على سُفالة الريح التى تهبّ من شقّ الذكر فى بعض الزمان فتحشى[2] من ذلك بيضا وكذلك النخلة تكون بجنب الفحال وتحت ريحه فتلقح بتلك الريحة وتكتفى بذلك، والدجاجة اذا هرمت لم يكن لبيضها مخّ واذا لم يكن للبيضة مخّ لم يتخلّق فيها فرخ لأنّه لا يكون له طعم يغذوه والفرخ والفرّوج يُخلقان من البياض وغذاؤهما الصفرة واذا باضت الدجاجة بيضتين فى اليوم كان ذلك من علامات موتها والطائر اذا انتقّ ريشه احتبس بيضه واذا سمع صوت الرعد الشديد ۞

الخُفّاش[3]

قالوا عجائب الخُفّاش انّه لا يطير[4] فى الضوء الشديد ولا فى الظلمة

1 > C 2 C فتحشى 3 S. Ǧāḥiz Haj III 105 4 So Ǧāḥ , C يبيض

الشديدة وتحبل وتلد وتحيض وترضع وتطير بلا ريش وتحمل الأنثى ولدها تحت جناحها وربّما قبضت عليه بفيها خوفا عليه وربّما ولدت وهي تطير ولها اذان وأسنان وجناحان متّصلان برجليها وأبصارها تصحّ على طول العمر وانّما تظهر في العمر منها المسنّات[1]، وقال بعض الحكماء الخفّاش فأر يطير ۞

الخطّاف والزرزور

قالوا الخطّاف والزرزور يتبع الربيع حيث كان قالوا ويقلع احدى عينيه فترجع والزرزور لا يمشي ومتى وقع بالأرض لم يستقلّ وأُخذ وانّما يعشّش في الأماكن المرتفعة فإذا اراد الطيران رمى بنفسه في الهواء فطار، وإذا اراد ان يشرب الماء انقضّ عليه فشرب منه اختلاسا من غير ان يسقط بالأرض ۞

العقاب والحدأة

قالوا[2] العقاب يبيض ثلث بيضات في اكثر حالاتها فإذا فرخت غذت اثنين وباعدت عنها واحدا فيتعهّد فرخها طائر يقال له كاسر العظام ويغذوه حتّى يكبر ويقوى، وقال صاحب الفلاحة[3] العقاب والحدأة يتبدّلان فيصير العقاب حدأة والحدأة عقابا وكذلك الأرانب يتبدّلان فيصير الذكر منها انثى وتصير الأنثى ذكرا، قال صاحب المنطق العقاب اذا اشتكت كبدها من رفعها الثعلب والأرنب في الهواء وحطّها لذلك وأشباهه تعالجت بأكل الأكباد حتّى تبرأ ۞

---

1 So Ğāḥiẓ 167 3; C المبيّنات 2 Arist. Zool 6 87 3 Geop. 15, Cap 3, 22

الغراب

الغربان[1] لا تقرب النخل المواقير وإنّما تسقط على النخل المصرومة فتلقط ما يسقط من التمر فى الكلبة وأصول الكَرَب وعلى اناث الغربان الحضن وعلى الذكور ان تأتى الاناث بالطعم ·والإورّة دون الذكر[2] والغربان اكثر شىء للسفاد ✿

القطا

قالوا والقطا لا تضع بيضها ابدا الّا افرادا قال ابو وجزة[3]

وَهُنّ يَنْسُبْنَ وَهْنًا[4] كلّ صادقة *باتت تباشر عُرْمًا غير ازواج ✿

الحيوان الذى لا يصلح شأنه الّا برئيس او رقيب الناس والغرانيق والكراكىّ والنحل فأمّا الابل والبقر والحمير فتتخذ رئيسا من غير رقيب ✿

باب مصايد الطير

قال صاحب الفلاحة[5] من اراد ان يحتال للطير والدجاج حتى يتحيّرن ويغشى عليهنّ حتى يصيدهنّ عمد الى الحلتيت فيذيبه بالماء ثمّ جعل فى ذلك الماء شيئا من عسل ثمّ انقع فيه بُرًّا يوما وليلة ثمّ القى ذلك البُرّ للطير فإنّها اذا التقطته تحيّرن وغشى عليها فلم تقدر على الطيران الّا ان تُسْقَى لبنا خلطه سمنا[6]؛ قال وإن عمد الى طحين بُرّ غير منخول فعجن بخمر ثمّ طرح للطير والحجل فأكلن منه تحيّرن وإن جعل خمر فى اناء وجعل فيه بنج فشربن منه غشى عليهنّ؛ قال وممّا يصاد به الكراكىّ وغيرها من الطير ان يوضع فى مواضعهنّ اناء فيه خمر وقد جعل

---

1 Ǧāḥiẓ Ḥay III 141 f 2* So! 3 LA 15, 289 4 C وهن
5 Geop 14, 21 (der griech Text stark verkürzt) 6 C سمن

فيه خربق اسود وأُنقع فيه شعير فإذا اكلن منه اخذهنّ الصائد كيف شاء، قال غيره وممّا تصاد به العصافير بأسهل حيلة ان تؤخذ سلّة فى صدرها المحبرة المهودنّة المنكوسة وتجعل فى جوفها عصفور فتنقضّ عليه العصافير ويدخلن عليه وما دخل منها لم يقدر على الخروج فيصيد الرجل فى اليوم الواحد مائتين وهو وادع، قال ويصاد طير الماء بالقرعة وذلك ان يؤخذ قرعة يابسة صحيحة فيرمى بها فى الماء فإنها تتحرّك فاذا ابصرها الطير تتحرّك فزع فاذا كثر ذلك عليه انس حتّى لربّما سقط عليها ثمّ تؤخذ قرعة فيقطع رأسها ويخرق فيها موضع عينين ثمّ يدخل الصائد رأسه فيها ويدخل الماء فيمشى اليها مشيا رويدا فكلّما دنا من طائر ادخل يده فى الماء فقبض على رجليه ثمّ غمسه فى الماء ثمّ دقّ جناحه وخلّاه فيبقى طافيا فوق الماء يسبح برجله ولا يطيق الطيران وسائر الطير لا ينكر انغماسه فاذا فرغ من صيد ما يريد رمى بالقرعة ثمّ يلقطها ويحملها ✿

الحشرات

حدّثنى يزيد بن عمرو قال حدّثنا عبد الله بن الربيع قال اخبرنا هشام ابن عبد الله عن قتادة عن عبد الله بن عمرو انّه قال الفأرة يهوديّة ولو سقيتها البان الابل ما شربتها، والفأر اصناف منهنّ الزَباب وهو اصمّ قال الحٰرث بن حلّزة[1]

وهمُ زَبابٌ حائر * لا تسمع الآذان رعدا،

والخُلْد هو اعمى وتقول العرب[2] هو اسرق من زبابة، وفأرة البيش

---

1 LA I 429 u 2 Maid I 238

والمبش سمّ قاتل ويقال هو قرون السنبل وله فأرة تعتلفه لا تأكل غيره، ومن غير هذا فأرة المسك وفأرة الإبل فاحت[1] ارواحها اذا عرقت، قالوا ومن الحيّات ما يقتل ولا يخطئ الثعبان والأفعى والهندية[2] فأمّا سوى هذه فإنّما يقتل بما يحدّه من الفزع لأنّه اذا فزع تفتّحت مسامّه فوغل السمّ الى مواضع الصميم وعمق البدن فإن نهشت النائم والمغمى عليه والطفل الصغير والمجنون الذى لا يعقل لم تقتل[3]، وأذناب الأفاعى تقطع فتنبت[4] وانيابها تقطع بالعُكّاز[5] فينبت[6] حتّى يعود فى ثلث ليال، قالوا والحيّة ان تُعَثّ فى فيها حمّاض الأترجّ وأُطبق لحيها الأعلى على الأسفل لم تقتل بعضّتها ايّاما صالحة ومن الناس من يبصق فى فم الحيّة فيقتلها بريقه، والحيّات تكره ريح السذاب والشيح وتعجب بالاقاحى[7] والبطّيخ والخردل الموخف[8] واللبن والخمر، وليس فى الأرض حيوان اصبر على جوع من حيّة ثمّ الضبّ بعدها فإذا هرمت صغرت فى بدنها وأقنعها[9] النسيم ولم تشته الطعام ولذلك قال الراجز جارية قد صغرت من الكِبَرِ، وقال صاحب الفلاحة[10] ان ضربتها بقصبة مرّة اوهنتْها القصبة فى تلك الضربة وحيّرتها فإن الححت عليها بالضرب انسابت ولم تكترث، قال[11] قال ومن جيّد ما يعالج به الملسوع ان يشقّ بطن الضفدع ثمّ يوضع به موضع لسعة العقرب، قال[11] والضفدع لا يصيح حتّى يدخل حنكه الأسفل فى الماء فإذا صار فى فيه بعض الماء صاح ولذلك لا تسمع للضفدع

1 Conj > C 2 Ǧāḥiẓ Ḥay. IV 42 6 3 Ib. 42 19–21 4 C تتنبت 5 Conj, C بالمكماز 6 C فينهت 7 C بالاناح 8 C الموجف 9 C واقعقعها 10 Geop 13, 8, 6. 11 Nicht im griech. Text

نعمها اذا خرجن من الماء، قال الراجز

يدخل فى الأشداق ماء ينطفه * حتى ينق والنقيق يتلفه

يريد ان النقيق يدل عليه حية البحر كما قال الآخر

ضفادع فى ظلماء ليل تجاوبت * فدل عليها صوتها حية البحر،

وقال فى السمك انه ان اخرق فيه خرق بمقدار منخر الثور حتى تدخله الريح استحال ذلك السمك ضفادع، الضفادع لا عظام لها ويضرب بها المثل فى الرسح[1] فيقال[2] ارسح[3] من ضفدع واخلط عينا من ضفدع، قالوا وكل شيء يأكل فهو يحرك فكه الأسفل الا التمساح فانه يحرك فكه الأعلى، وعصر سمك يقال له الرعاد من صاد منه سمكة لم يزل يده ترعد وتنتفض ما دام فى شبكته او شصه، والجعل اذا دفنته فى الورد سكنت حركته حتى يتوهم من رآه انه قد مات فاذا اعدته الى الروث تحرك ورجع فى حسه، والبعير اذا ابتلع فى علفه خنفساء قتلته ان وصلت الى جوفه حية، وأطول شيء ذماء الخنفساء فانها يشرح[4] على ظهرها فتصبر ويمشى والضب يذبح فيمكث ليله ثم يقرب من النار فيتحرك والأفعى اذا ذبح فبقى اياما يتحرك وان وطئها واطئ نهشته ويقطع ثلثها الأسفل فتعيش وينبت ذلك المقطوع والكلب والخنزير يجرحان الجرح القاتل فيعيشان، قالوا[5] وللضب ذكران وللضبة حران خبرني بذلك سهل عن الأصمعي او غيره، قال ويقال لذكره نزك وأنشد[6]

سِبَحْلٌ[7] له نزكان كانا فضيلة * على كل حافٍ فى البلاد وناعل،

---

1 C الرشح 2 Maid I 213 3 ارشح 4 C يسرج
5 Ğāhiz Haj VI 22 17 6 LA 12, 288; Adab el kātib 219 2, Ğāh I.I 21
7 C بسحل

وكذلك الحرذون، والذبّان لا تقرب قدرا فيها كمأة، وسامّ الأبرص لا يدخل بيتا فيه زعفران، ومن عضّه الكلب الكَلِب احتاج الى ان يستر وجهه من الذباب لئلّا يسقط عليه، وخرطوم الذباب يده وفمه يعني وفيه يجرى الصوت كما يجرى الزامر الصوت في القصبة بالنفخ، قالوا ليس شيء يدّخر الّا الإنسان والنملة والفأرة، والذرّة تدّخر في الصيف للشتاء فاذا خافت العفن[1] على الحبوب اخرجتها الى ظاهر الأرض فشرّرتها وأكثر ما تفعل ذلك ليلا في القمر فان خافت ان ينبت الحبّ نقرت[2] وسط الحبّة لئلّا تنبت، والسلحفاة[3] اذا اكلت افعى اكلت سعترا جبليّا، وابن عرس اذا قاتل الحيّة اكل السذاب، والكلاب اذا كان في اجوافها دود اكلت سنبل القمح[4]، والأيّل اذا نهشته الحيّة اكل السراطين، قال ابن ماسويه فلذلك نظنّ انّ السراطين صالحة لمن نُهش من الناس، والوزغ[5] يزاقّ الحيّات ويعاديها[6] ويكرع في اللبن والمرق ثمّ يمجّ في الإناء، وأهل السجن يعملون من الوزغ سمّا انفذ من السمّ ومن ردىء الأفاعي وذلك انّهم يدخلون الوزغة قارورة ثمّ يصبّون عليها من الزيت ما يغمرها ويضعونها في الشمس اربعين ليلة حتّى يتبرّأ في الزيت فان مسحت على اللسعة منه مسحة وأكله آكل مات من يومه، والجراد[7] اذا طلع فعُمد الى الترمس والحنظل فطُبخا بماء ثمّ نُضح ذلك الماء على زرع تنكّبه الجراد، واذا[8] زرع خردل في نواحي زرع نجا من الدبا[9] واذا[10] أُخذ المرداسنج فسُحق بعجين ثمّ طرح للفأر فأكله موّتن عنه وكذلك

---

1 C العفر 2 C نقرت 3 Ġāḥiẓ Ḥay IV 76 18 ff. 4 C العنج 5 Ġāḥiẓ Ḥay IV 97 12 6 So Ġāḥiẓ, C يغارها 7 Geop 13 1 9 8 Ib. 13 2 9 C انوبا, Geop. βροῦχος 10 Ib. 12 1–3

بُرابة الحديد، واذا[1] أُخذ الأفيون والشونيز[2] والبازرد وقرن الأيّل وبابونج[3] وطلق من اظلاف المعز فخلط ذلك جميعا ثمّ دقّ وعجن بخلّ ثقيف ثمّ قطع قطعا فدخّن بقطعة منه نفرت لذلك الحيّات والهوامّ والنمل والعقارب وان احرق منه[4] شىء ودخّن به هرب ما وجد منها تلك الريح، والنمل[5] تهرب من دخان اصول الحنظل وإن عُمد الى كبريت وسذاب وخربق فدقّ ذلك جميعا وطرح فى قرية النمل قتلها[6] ومنعها[7] ظهورهنّ من ذلك الموضع ذهبن[8] والبعوض[9] تهرب من دخان القَلْقَديس[10] اذا دخّن به ومعه حبّ السوس وتهرب من دخان الكبريت والعلك، وقالت الأطبّاء لحم ابن عرس نافع من الصرع ولحم القنفذ نافع من الجُذام والسِلّ والتشنّج ووجع الكلى يجفّف ويشرب ويُطْعَمُهُ العليل مطبوخا ومشويّا ويضمد به المتشنّج[11]، والعقرب[12] اذا شقّ بطنها ثمّ شدّ على موضع اللسعة نفعت وقد تجعل فى جوف فخّار مشدود الرأس مطيّن الجوانب ثمّ يوضع الفخّار فى تنّور فاذا صارت العقرب رمادا سقى من ذلك الرماد من به الحصاة مقدار نصف دانق وأكثر فيُفتّت[13] الحصاة من غير ان تضرّ بشىء من سائر الاعضاء والأخلاط، وقد تلسع العقرب من به حمّى عتيقة فتقلع، وتلسع[14] المفلوج فيذهب عنه الفالج وتلقى فى الدهن وتترك فيه حتّى يأخذ

---

1 Geop. 13 8, 2 2 Cf. LA VII 229 18, Geop. *μελάνθιον* 3 C دايونج, Geop *πύρεθρον* 4 C منها 5 Geop. 13, 19 5 6 C قتلهم auf Rasur 7 C منعهم mit لعله auf Rasur 8 So! 9 Geop. 13, 11 1 10 C العلقدس, Geop *καλακάνθη* 11 C النشنج 12 Ǧāḥiẓ Ḥaj. V 107/8 13 C فيعنت 14 Ǧāḥ. I 1 110 12

الدهن منها وتجذب فواعا فيكون ذلك الدهن مقويًا للاورام الغليظة، ومن طبع العقرب انك ان القيتها فى ماء غَمْر بقيت فى وسط الماء لا تطفو ولا ترسب وهى من الحيوان الذى لا يسبح، وعين الجرادة وعين الأفعى لا تدوران، وانما تنسج من العناكب الأنثى والذكر[1] هو الخَدَرْنَق وولد العنكبوت ينسج ساعة يولد، والقمل يُخلق فى الرؤوس على لون الشعر ان كان اسود او ابيض او مخضوبا بالحنّاء، الحَلْكاء[2] دويبّة تغوص فى الرمل كما يغوص طائر الماء فى الماء، وبنات[3] النقا كذلك هى التى يقال لها شحمة الأرض، وأمّ حُبين لا تقيم بمكان تكون فيه السُّرْفة والسرفة دويبّة يضرب بها المثل فى الصنعة فيقال[4] اصنع من سرفة[5]، ومن احسن ما قيل فى الافعى قول امرأة من الأعراب[6]

خُلقت لهازمه عِزِين ورأسه * كالقُرْص افطح[7] من دقيق شعير
وكأنّ ملقاه بكلّ تنوفة * ملقاك كفّة منخل[8] مأطور
ويدير عينا للوقاح[9] كأنّها * سمراء طاحت من نفيض[10] برير،

قيل[11] لماسرجويه تجد ملسوع العقرب يعالج بالاسقيوش[12] فينفعه وآخر يعالج بالبندق فينفعه وآخر بشرب الأنفاس فينفعه وآخر بأكل التفّاح دا الحامض فينفعه وآخر يطليه بالغلى والخلّ فيحمده وآخر يعصب عليه الثوم الحارّ المطبوخ وآخر يُدخل يده فى مرجل حارّ لا ماء فيه فيحمده

---

1 Conj ; > C   2 Ǧāḥiẓ Ḥaj VI 119 11   3 C نبات ; s. LA 15, 212 11   4 Ǧāḥiẓ Ḥaj II 53 115, Maid I 278   5 C صرفة , vgl. Grundriss § 59c   6 Ǧāḥiẓ Ḥaj IV 60 7 9 8   7 C قطع   8 C منحل   9 C للوقع   10 C نفيص , vgl Gloss Tabarı   11 Ǧāḥiẓ Ḥaj IV 74 9 ff   12 C بالاسفيون , Ǧāḥ. بالامسوس

وآخر يعالجه بالنُّخالة[1] الحارّة فتحمدها وآخر يحجم ذلك الموضع فيحمده ثمّ رأيناه يتعالج بعدُ بذلك الشىء للسعة اخرى فلا يحمده فقال لمّا اختلفت السموم فى انفسها بالجنس والقدر والزمان وباختلاف ما لاقاه اختلف الذى يوافقه على حسب اختلافه، قالوا وأشدّ ما يكون لسعتها اذا خرج الانسان من الحمّام لتفتّح المنافس وسعة المجارى وسخونة البدن، وحدّثنى ابو حاتم عن الأصمعىّ قال قال ابو بكر البحرىّ ما من شىء يضرّ الّا وفيه منفعة وقيل لبعض الأطبّاء انّ قائلا قال انا مثل العقرب اضرّ ولا انفع فقال ما اقلّ علمه بها انّها لتنفع اذا شُقّ بطنها ثمّ شُدّت على موضع اللسعة وقد تجعل فى جوف فخّار مشدود الرأس مطيّن الجوانب ثمّ يوضع الفخّار فى تنّور فاذا صارت العقرب رمادا سقى من ذلك الرماد مقدار نصف دانق او اكثر قليلا من به الحصاة فتفتّتها من غير ان يضرّ بشىء من[2] سائر الأعضاء والأخلاط وقد تلسع العقرب من به الحمّى العتيقة فتقلع عنه ولسعت العقرب رجلا مفلوجا فذهب عنه الفالج وقد تُلْقَى[3] العقرب فى الدهن وتترك فيه حتّى يأخذ الدهن منها ويجتذب قواها فيكون ذلك الدهن مفرّقا للاورام الغليظة، قال ابو عبيدة[4] ولسعت اعرابيّا عقرب بالبصرة وخيف عليه فاشتدّ جزعه فقال بعض الناس له ليس شىء خير من ان تغسل له خصية زنجىّ عَرِق ففعلوا وكان ذاك فى ليلة وَمِدة فلمّا سقوه قطب فقيل له طعم ما ذا تجد قال اجد طعم قربة جديدة، قال المأمون قال لى بختيشوع وسلمويه وابن ماسويه انّ الذباب اذا دلك على موضع لسعة

---

1 C بالنخال   2 C و   3 C يترك   4 Ğāhız Haj V 111_{17-20}

الزنبور هدأ وسكن الألم فلسعني زنبور فحككت على موضعه اكثر من عشرين ذبابا فما سكن الألم[1] الّا في قدر الزمان الذي كان يسكن فيه من غير علاج فلم يبق في يدي منهم الّا ان يقولوا كان هذا الزنبور حنقا قاضيا ولولا ذلك العلاج مملك، قالوا ومّما ينفع من اللسعة ان تُضمروا على موضعها قطعة رصاص رقيقة وتُشَدَّ عليه ايّاما وقد يموّه بهذا قوم فيجعلونه خاتما فيدفعونه الى الملسوع وإذا نهش في اصبعه، قال محمد ابن الجهم لا تتهاونوا بكثير مّما ترون من علاج العجائز فإنّ كثيرا منه وقع اليهنّ من قدماء الأطبّاء كالذباب يلقى في الاثمد فيسحق معه فيزيد ذلك في نور البصر ونفاذ النظر ونشدد مراكز الشعر في كفاف[2] الجفون، قال وفي امّة من الأمم قوم يأكلون الذباب فلا يرمدون وليس لذلك يأكلونه ولكن كما يأكل غيرهم فراخ الزنابير، وقال ابن ماسويه المجرّب للسع العقرب ان يسقى من الزرواند[3] المدحرج ويشرب عليه ماء بارد ويمضغ ويوضع على اللسعة، قال وللسع الأفاعي والحيّات ورق الآس الرطب يُعصر ويسقى من مائه قدر نصف رطل وكذلك ماء المرزنجوش وماء ورق التفاح المدقوق والمعصور مع المطبوخ ويضمد الموضع بورق التفاح المدقوق والأدوية والسموم القاتلة[4] البندق والبيش[5] والسذاب يُطعم ذلك العليل، قال والثوم والملح وبعر الغنم نافع جدّا اذا وضع على موضع لسعة الحيّة الّا ان تكون أَصَلة فإنّ الأصلة توضع على لسعتها الكلبتان جميعا بالزيت والعسل والخطمي اذا اخذ ورقه فدقّ ثم وضع

---

1 > C   2 C كافات   3 So!; lies الزرنبا?   4 ?; C العاطله
5 C النين

على لسع نملة النسر كان دواء له وإن طلى احد به بدنه[1] او جسده لم يلدغ ذلك الموضع منه زنبور وإن لدغ احدا زنبور فآذاه فشرب من مائه نفعه والبشكول وهو الطرشقوق ان دقّ فضمد به لسعة العقرب نفع اذا اغلى وشرب من عصيره، قالوا وإن اخذ من حذر على نفسه السموم العاقلة البيش[2] مع الشونيز على الريق وقاه ✿

النبات

حدّثنى اسحق بن ابراهيم بن حبيب بن الشهيد قال حدّثنا قريش ابن انس عن كليب ابى وائل رجل من المطوّعة قال رأيت ببلاد الهند شجرا له ورد احمر مكتوب فيه ببياض محمد[3] رسول الله[4]، والعرب تقول فى مثل هذا هو اشكر من البَرْوَقة[5] وهو نبت ضعيف ينبت بالغيم، ويزعم قوم انّ النارجيل هو نخل المقل قلبه طباع البلد، وقال صاحب الفلاحة[6] بين الكرنب وبين الكرم عداوة فإذا زرع الكرنب بحضرة الكرم ذبل احدهما وشنج ولذلك يبطئ السكر عمّن اكل منه ورقات على ريق النفس ثمّ شرب، وقضبان الرمّان اذا ضرب بها ظهر رجل اشتدّ عليه الأمر، قالوا وكلّ زهر ونور فإنّه يتحرك مع الشمس ويحوّل اليها وجهه ولذلك يقال هو يضاحك الشمس، قال الأعشى

ما روضة من رياض الحَزْن مُعْشِبة * خضراء جاد عليها مُسْبِل هَطِل
يضاحك الشمس منها كوكب شَرِق * مؤزّر بعميم النبت مُكْتَهِل[7]

---

1 C بد   2 C النين   3 C + بن   4 S. b. Baṭūṭa (Būlāq 1287) II 134u (Bezold)   5 C البروق, s. Maid. I 262   6 Geop. 13, 17 18 19   7 LA 14, 122

وقال آخر[1]

فنُوّاره مِيلٌ الى الشمس زاهِرُهْ

والخُبّازى ينضمّ ورقه بالليل وينفتح بالنهار والنيلوفر ينبت فى الماء فيغيب الليل كلّه ويظهر اذا طلعت الشمس وقالوا فى الطُّحْلُب ان أُخذ فجفّف فى الظلّ ثمّ سقط فى النار لم يحترق ، وذكروا انّ قسيسا[2] رأى على صليب فى عنقه من خشب انّه لا يحترق وقال هو من العود الذى صُلب عليه المسيح فكاد يفتتن بذلك خلقا حتّى فطن له بعض اهل النظر فأتاهم بقطعة عود تكون بكرمان فكان ابقى على النار من صليبه ، والطَّلْق كذلك لا يصير جمرا وطلاء النفّاطين طلق وخطمى ومَغْرة ، وقالوا اذا اخذ بزر السذاب البرّىّ وزرع وطال به ذلك تحوّل حوملا . والنمّام اذا اعتق تحوّل حبقا ، قالوا والقُسْط انّما هو جزر بحرىّ ، قالوا بالسند نبت من الحشيش يُسمّى تِرِيّه اذا اخذ فطبخ ثمّ صفّى ماؤه فجعل فى وعاء لم يلبث الّا يسيرا حتّى يشتدّ ويُسكر شاربه اسكار الخمر ، قال صاحب الفلاحة[3] من اراد ان يضرّ ببقلة عمد الى شىء من خرؤ البطّ فخلط به مثله من ملح ثمّ طرحا فى ماء فديفا فيه فينضح ذلك الماء على البقل فانّه يفسد ، قال[4] ومن اراد افساد الرمّان الكثير القى فى اضعافه ذوى التمر والملح والجريش ، ومن[5] اراد قتل السمك فى الماء القائم عمد الى نبت يسمّى ماهى زهره فدقّ وطرح فى الماء فانّه يموت سمك ذلك الماء والمازريون يفعل ذلك ، قال[6] وممّا يجفّ له الشجر ان يعمد الى

---

1 al-Ḥuṭai'a ZDMG 46, 181, II 2, LA 14, 159 pu   2 C قسسا
3 Geop. 12, 8, 3, 4?   4 Ib. 10, 30?   5 Graece?   6 Geop. 10, 67, 2

مسمار من حديد فيحمى بالنار حتّى تشتدّ حمرته ثمّ يدقّ فى اصل الشجرة وأن يعمد الى وتد من طرفاء فيُنقب[1] اصل الشجرة بمثقب حديد ثمّ يجعل ذلك العود على قدر الثقب[2] فى المثقب فتجفّ الشجرة ان كان غلظ العود على قدر الثقب، وقيل لماسرجويه ما بال الأكرة وسكّان البساتين مع اكلهم الكرّاث والتمر وشربهم الماء الحارّ على السمك المالح اقلّ عميانا وعورانا وعمشانا قال فكّرت فى ذلك فلم اجد علّة الّا طول وقوع ابصارهم على الخضرة ۞

الحجارة

قال ارسطاطاليس حجر سنعيلا اذا رُبط على بطن صاحب الاستسقاء نشف منه الماء والدليل على ذلك انّه يوزن بعد ان كان[3] على بطنه فيوجد قد زاد فى وزنه وذاكرت بهذا رجلا من علماء الأطبّاء فعرفه وقال هذا الحجر مذكور فى التوراة، وحجر المغناطيس يجذب الحديد من بُعد اذا وضع عليه علقة فان دُلك بالثوم بطل عمله، قالوا والرماد والقِلْى يدبّران فيستحيلان حجارة سودا تصلح للأرحاء، ومن الحجارة حصاة فى صورة النواة تسبح فى الخلّ كأنّها سمكة، ومنها خرزة العُقَر[4] *ان كانت[5] فى حقو المرأة فلا تحبل، وحجر يوضع على حرف التنّور فيتساقط خبز التنّور كلّه، وحجر من قبض عليه بجميع كفّيه يأكل شىء فى جوفه فان هو لم ينبذه من كفّه خبث عليه، ومن الحجارة النَّشَف ليس شىء من الحجارة يطفو على الماء غيره وفيه حُفَر صغار، قالوا الرصاص قد

---

1 C فيثقب   2 > C   3 > C   4 C نقير s. LA VII 211 16   5 > C

يدبّر فيستحيل مرداسنجا واثقلهما النحاس يدبّر فيصير توتيا وحجر الباذَهْر يفرّق الأورام وبالبمن جبل يقطر منه فاذا صار الى الأرض ويبس استحال وصار شبّا وهو هذا الشبّ اليمانى، حدّثنا الرياشىّ عن الأصمعىّ قال اربعة اشياء قد ملأت الدنيا لا تكون الّا باليمن الورس والكُنْدُر والخِطْر والعصب، ويقال حجر تحرّكه فتسمع فى جوفه شيئا يتقلقل كالنواة، حدّثنى شيخ لنا عن علىّ بن عاصم عن خالد الحذّاء عن محمّد بن سيرين قال اختصم رجلان الى شريح فقال احدهما انّى استودعت هذا وديعة وأبى ان يردّها علىّ فقال له شريح ردّ على هذا الرجل وديعته فقال انّها امّنة انّه حجر اذا رأته الحبلى القت ولدها واذا وقع فى الخلّ غلا واذا وضع فى التنّور برد فسكت شريح ولم يقل شيئا حتى قاما ✿

الجنّ

قالوا الشياطين مَرَدة الجنّ والجانّ ضَعَفة الجنّ، وبلغنى عن يحيى بن آدم عن شريك عن ليث عن مجاهد قال قال يعنى ابليس عليه لعنة الله أُعطينا انّا نرى ولا نُرَى وانّا ندخل تحت الثرى وانّ شيخنا يُرَدّ فتى، حدّثنا عبد الرحمن عن عمّه قال حدّثنى يعلى بن عقبة شيخ من اهل المدينة مولى لآل الزبير انّ عبد الله بن الزبير بات بالقفر فقام ليرحل فوجد رجلا طوله شبران عظيم اللحية على الوليّة[1] فنفضها فوقع ثمّ وضعها على الراحلة وجاء وهو بين الشرخين فنفض الرحل ثمّ شدّه وأخذ السوط ثمّ اتاه فقال من انت قال انا ازبّ قال وما ازبّ قال رجل من

الحقّ قال افتح قال انظر فنفخ فاه قال اهاكذا حلوقكم لعن شوّه حلوقكم ثمّ طلب السوط فوضعه في رأس ارب حتى شقّه ، حدّثني خَلد بن محمّد الأزديّ قال حدّثنا عمر بن يونس قال حدّثنا عكرمة بن عمّار قال حدّثنا اسحق بن ابي طلحة الأنصاريّ قال حدّثنا انس بن مالك قال كانت بنت عوف بن عفراء مضطجعة في بيتها قائلة اذ استيقظت وزنجيّ على صدرها آخذا بحلقها قالت فأمسكني ما شاء الله وأنا حينئذ قد حرمت عليّ الصلاة فبينا انا كذلك نظرت الى سقف البيت ينفرج حتّى نظرت الى السماء فاذا صحيفة صفراء تهوي بين السماء والأرض حتّى وقعت على صدري فنشرها وأرسل حلقي فقرأها فاذا فيها من ربّ لُكَيْز الى لكيز اجتنب ابنة العبد الصالح لا سبيل لك عليها ثمّ ضرب بيده على ركبتي وقال لولا هذه الصحيفة لكان دم اي لذبحتك فاسودّت ركبتي حتّى صارت مثل رأس الشاة فأتيت عائشة فذكرت لها ذلك فقالت لها يا ابنة اخي اذا حضت فالزمي عليك ثيابك فانّه لا سبيل له عليك ان شاء الله فحفظها الله بأبيها وكان استشهد يوم بدر ، ابو يعقوب النخعيّ عن عبد الملك بن عمير عن الشعبيّ عن زياد بن النضر انّ عجوزا سألت جنّيّا فقالت انّ بنتي عروس وقد تمرّط شعرها من حمّى رِبْعٍ بها فهل عندك دواء فقال اعمدي الى ذباب الماء الطويل القوائم الذي يكون بأفواه الأنهار فاجعليه في سبعة الوان من العهن اصفر وأحمر وأخضر وأزرق وأبيض وأسود وأغبر ثمّ اجعليه في وسطه وافتليه باصبعك هكذا ثمّ اعقديه على عضدها اليسرى ففعلت فكأنّما أُنشطت من عقال ، حدّثني ابو حاتم عن الأصمعيّ قال اخبرني محمد بن مسلم

الطائفىّ فى حديث ذكره انّ الشياطين لا تستطيع ان تغيّر خلقها ولكنّها تُسخَّر، وقال الأصمعىّ حدّثنا ابو عمرو بن العلاء قال حدّثنا المناسب بن فهم قال دخلت مربدا لنا فاذا فيه شىء كالتِّجّوِل له قرنان وله ريش ينظر الىّ كأنّه شيطان؛ حدّثنا عبد الرحمن بن عبد الله عن عمّه قال سمع رجل بأرض ليس بها احد قائلا من تحته يقول من يجدّنك شعيرانى[1] ذاك مقيلى وظلّ مظلّى حاشا الغرّيد وعبد الملك وجمعه الادم وكانوا يرون انّ الأصمعىّ سمع هذا وذاك انّه كان فى آخر عمره وقد اصابه مسّ ثمّ ذهب عنه، حدّثنى سهل بن محمد عن الأصمعىّ قال اخبرنا عمر بن الهيثم عن عمير بن ضُبيعة قال بينا انا اسير فى فلاة انا وابن ظبيان او رفيق له آخر ذكره عرضت لنا عجوز كذا سمعته يقول ان شاء الله او شيخ ورأيت فى كتاب محمد ابنه صبىّ يبكى فقال انّى منقطَع بى فى هذه الفلاة فلو تحمّلتمانى فقال صاحب عمير لو اردفته فحمله خلفه فكثنا ساعة فنظر فى وجه عمير وتنفّس فخرج من فيه نار مثل نار الأتون فأخذ له عمير السيف فبكى وقال ما تريد منّى فكفّ عنه ولم يعلم صاحبه بما رأى فكث هنيهة ثمّ عاد فأخذ له السيف فبكى وقال ما تريد منّى وبكى فتركه ولم يعلم صاحبه ثمّ عاد الثالثة ففغر فى وجهه فحمل عليه بالسيف فلمّا رأى الجدّ وثب وقال قاتلك الله ما اشدّ قلبك ما فعلته قطّ فى وجه رجل الّا ذهب عقله، بلغنى عن محمد بن عبد الله الأسدىّ عن سفين عن ابن ابى ليلى عن اخيه عن عبد الرحمن عن ابى ايّوب الأنصارىّ انّه كان فى سفرة له وكانت الغول تجىء فشكاها الى النبىّ

---

1 So!?

صلعم فقال اذا رأيتها فقل بسم الله اجيبى رسول الله فجاءت فقال لها ذلك فأخذها فقالت لا اعود فأرسلها فقال له النبىّ عم ما فعل اسيرك فأخبره فقال انّها عائدة ففعلت ذلك مرّتين او ثلثا وقالت فى آخرها ارسلنى وأعلّمك شيئا تقوله فلا يقربك شىء آية الكرسىّ فأتى النبىّ عم فأخبره فقال صدقت وهى كذوب ، حدّثنى زيد بن اخزم قال حدّثنا عبد الصمد عن همّام عن يحيى بن ابى كثير انّ عامل عمان كتب الى عمر بن عبد العزيز انّا أُتينا بساحرة فألقيناها فى الماء فطفت فكتب اليه عمر لسنا من الماء فى شىء ان قامت البيّنة والّا فخلّ عنها ، حدّثنى يزيد بن عمرو قال حدّثنا ابو عاصم قال حدّثنا ابن جريج عن ابن ابى الحسين المكّىّ قال قال رسول الله صلعم نعمت الدُخنة اللبان واللبان دخنة الأنبياء ولن يدخل بيتا دُخن فيه بلبان ساحر ولا كاهن ، حدّثنى عبد الله بن ابى سعد قال حدّثنى عبد الله بن مروان بن معٰوية من ولد اسماء بن خارجة قال سمعت سفيان بن عيينة يقول سمعت اعرابيّة تقول من يشترى من الحَزَا فقلت وما الحزأُ قالت تشتريه الكيّس النساء للطشّة والخافية والإقلات قال عبد الله سألت ابن مناذر فقال الطشّة شىء يصيب الصبيان كالزكام والخافية الجنّ والإقلات قلّة الولد يريد انّ المرأة اذا ولدت يموت اولادها فلا يبقى لها ولد يقال امرأة مقلات ، بلغنى عن شيخ من بنى نمير انّه قال اضللت اباعر لى بالشُرَيف فخرجت فى بغائها فدأبت اياما فأمسيت عشيّة بواد موحش قد كددت راحلتى فاختلبت لها من الشجر وأصبت لها من الماء ثمّ قيّدتها واضطجعت مغموما فلمّا جرى وسن النوم فى عينى اذا همس

قدام قومنا منّى فانتبهت فزعا واذا شيخ يتنحنح وهو يقول لا ترع عليك وجلس ثمّ جاء آخر وآخر حتّى تولّفوا اربعة فقالوا ما بالك ايّها المسلم فقلت اضللت اباعر لى وانا فى طلبها منذ ايّام فقال لى الأوّل منهم كنّ لك ما كنّ وقد وقعن فينا وصرن من حيث صرن فلا تتعبنّ فاجترأت على مسألة فقلت امن الجافية انتم نشدتكم بإلهكم قالوا نعم وإلهنا وإلهكم واحد فقلت علّمونى ممّا علّمكم الله شيئا أنتفع به قالوا اذا اردت حفظ مالك فاقرأ عليه[1] إِنَّ رَبَّكُمُ ٱللَّهُ ٱلَّذِى خَلَقَ ٱلسَّمَوَاتِ وَٱلْأَرْضَ فِى سِتَّةِ أَيَّامٍ ثُمَّ ٱسْتَوَى عَلَى ٱلْعَرْشِ الى آخر الثلث آيات وآية الكرسىّ وإذا امسيت فى خلاء وحدك فاقرأ المعوّذتين وإن احببت ان لا تعبث بك ولا بأهلك وولدك عابث منّا فعليك بالديك الأبيض واجعل فى حجور صبيانك تمائم يعنى خيطا من صوف ابيض وأسود واحشوا بإذخر تنشر فى الصوف فحدّثونى فتحدّثنا تلك الليلة فلمّا اصبحت رجعت؛ قال المدائنىّ كانت وفاة زياد بالعَرْقة ظهرت فى اصبعه واشتدّ عليه الوجع فجمع الأطبّاء فشاورهم فى قطع اصبعه فأشار عليه بعضهم بذلك وقال له رجل منهم انجد الوجع فى الاصبع ام تجده فى قلبك والإصبع قال فى قلبى وفى اصبعى قال عش سليما ومُتْ سليما وأمره ان تغمسها فى الخلّ فكان ذلك يخفّف عنه بعض الوجع فمكث بذلك سبعة عشر يوما ثمّ مات وسمع اهل الحبس ليلة مات قائلا يقول انا النقّاد ذو الرقبة قد كفيتكم الرجل؛ والعرب تدعو الطاعون رماح الجنّ وقال النبىّ صلعم انّه وخز من الجنّ يعنى الطاعون والله اعلم ✿

---

1 Sūra 10 3

تمّ كتاب الطبائع وهو الكتاب الرابع من عيون الأخبار
لابن قتيبة ويتلوه فى الكتاب الخامس كتاب العلم
والحمد لله ربّ العالمين وصلوته على خير
خلقه محمد النبىّ وآله
وصحابته واهل بيته
اجمعين ؞

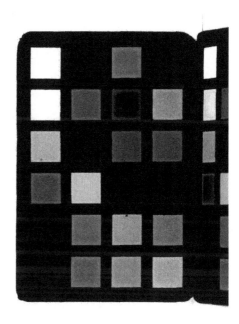